Gérard Pirlot

Psychanalyse des addictions

4e édition

DUNOD

Composition :
Soft Office

NOUS NOUS ENGAGEONS EN FAVEUR DE L'ENVIRONNEMENT :

PAPIER CERTIFIÉ

Nos livres sont imprimés sur des papiers certifiés pour réduire notre impact sur l'environnement.

Le format de nos ouvrages est pensé afin d'optimiser l'utilisation du papier.

Depuis plus de 30 ans, nous imprimons 70 % de nos livres en France et 25 % en Europe et nous mettons tout en œuvre pour augmenter cet engagement auprès des imprimeurs français.

Nous limitons l'utilisation du plastique sur nos ouvrages (film sur les couvertures et les livres).

11 rue Paul Bert - 92240 Malakoff
ISBN : 978-2-10-087177-3

Table des matières

Avant-propos

La quatrième édition de *Psychanalyse des addictions* se voit quelque peu remaniée et augmentée par rapport à la précédente, parue en 2019. Depuis cette date, la problématique addictive n'a malheureusement fait que croître et empirer, en particulier chez les jeunes et adolescents, en dépit des connaissances tant psychiques que biologiques que nous en avons. Dans cette dernière édition, il y a un certain nombre de thèmes sociétaux, psychopathologiques et métapsychologiques sur lesquels nous avons voulu revenir, n'ayant pu suffisamment les développer dans nos précédentes éditions : ceux, en particulier, sur les nouvelles drogues, les sex-addicts, les addictions à l'écran ou l'« addictophilie » auxquelles mène le consumérisme contemporain ainsi que les habitudes alimentaires de plus en plus sucrées, cela dès le plus jeune âge.

Le terme addiction ne fait pas partie du vocabulaire métapsychologique. Pourtant ce sont des psychanalystes qui, dans les années 1940-1950, ont les premiers utilisé ce terme dans le sens qu'on lui connaît aujourd'hui, désignant des formes de « toxicomanies », parfois sans objet. L'aspect compulsif des addictions, cherchant à soulager la psyché comme le corps, souligne l'importance de la théorie freudienne des pulsions, particulièrement dans leurs ancrages excitationnels, c'est-à-dire possiblement passionnels : la force en quête de sens et de lien avec les représentations ne peut s'y constituer que par l'intermédiaire du corps, du geste, d'un état maniaque combattant une incapacité à penser/symboliser une perte d'objet (externe ou interne) ou un manque de celui-ci.

La problématique addictive éclaire de manière « somatopsychique » aussi bien les périodes pubertaires et adolescentes que la question des « fonctionnements limites », en particulier sur l'*investissement phallique de l'excitation* et *de la sensation* pour des sujets présentant bien souvent un narcissisme précocement fragilisé par des débordements de leurs limites psychiques et corporelles. Cet investissement phallique de l'excitation-sensation, s'il court-circuite le « montage » pulsionnel de l'excitation, laisse celle-ci demeurer dans un « entre-deux » confusionnel entre soma et psyché, affect et sensation, désir et besoin, passion et attachement, esclavage et domination, plaisir et jouissance, comme si « séparer » ces domaines relevait d'angoisses indicibles et de détresses traumatiques. Mais cet « entre-deux » a une *fonction* au regard de la dynamique psychique des sujets addicts. Il est porteur d'un espace potentiel (« transitoire ») reconstructeur du narcissisme de ces sujets, ceci à partir de sensations corporelles et motrices procurant habitude par rituel et plaisir – y compris masochiste – mêlé de toute-puissance et de culpabilité pour mieux étouffer des angoisses d'intrusion ou d'abandon, éloigner des terreurs d'exister ou de ne plus exister comme celles les ayant touchés précocement.

Nous sommes avec les addictions dans une « clinique du corps passionnel », celle d'une *passion du besoin* externalisé, « excorporé ». Cet attachement affectif passionnel n'est pas, nous le verrons, sans liens avec ce que nous apprend aujourd'hui la neurobiologie des circuits dopaminergiques et du « système de récompense » – réseau impliqué dans la production d'un

« proto-soi », de sentiments primordiaux reflétant l'état du corps – qui se trouve être en interaction avec le cortex préfrontal, le système limbique, l'amygdale, l'hippocampe, le thalamus, l'hypothalamus, les noyaux sous-corticaux et le tronc cérébral, ces deux derniers régulant les mouvements et l'action. Passion d'un besoin subsumant tout désir, celui-ci étant par trop lié à la perte de l'objet. En anglais, le mot *addiction* désigne des passions dévorantes et des dépendances.

Introduction

Généralités sur les addictions

Sommaire

Que sont donc les angoisses archaïques dont nous parlent les auteurs modernes ? Elles sont l'effet de passions narcissiques [...] là où amour et destructivité affectent d'un même souffle le moi et l'objet. Elles sont les passions au sens strict, c'est-à-dire des amours qui font souffrir, au point de s'en défendre par un sacrifice aliénant.

A. Green, *Le travail du négatif*, Paris, éditions de Minuit, 1993.

1. Définition et historique

Le terme d'addiction recouvre les conduites de toxicomanie, d'alcoolisme et toutes celles entraînant une dépendance *avec ou sans* toxique. On peut ainsi être addicté, aux aliments (boulimie[1]) ou à « l'absence d'aliment » (anorexie[2]), au suicide, aux achats pathologiques[3], à des toxiques (alcool, tabac, haschich, héroïne, morphine, cocaïne, ecstasy, crack, psilocybine[4]), aux psychotropes (*cf.* Annexe), au café[5], aux jeux, y compris vidéo[6], à des médicaments (singulièrement les psychotropes), à la sexualité[7], au travail[8], à l'acte criminel[9], aux scarifications[10] et autres entailles douloureuses, à la relation amoureuse[11] et transférentielle, voire à la psychanalyse...

Le domaine d'application du concept d'addiction est donc large. Son utilisation permet de regrouper des troubles pathologiques parfois très différents sur le plan clinique. L'addiction déborde largement du cadre figé de l'alcoolisme et des toxicomanies, puisqu'elle peut également décrire l'assuétude aux médicaments psychotropes dont les Français sont aujourd'hui les champions mondiaux. La notion d'addiction, transnosographique[12], n'a ainsi de pertinence qu'en raison de la possibilité de fournir un modèle d'interprétation de pathologies dissemblables (boulimie, alcoolisme, toxicomanie, etc.), par l'individualisation de dimensions psychopathologiques communes[13]. En ce sens, comme celles de somatisation ou de « névrose actuelle »

1. Brusset B. (1985, 1992).
2. Combe C. (2002 ; 2004).
3. Ades J. (1993).
4. Olivenstein C. (1982) ; Reynaud M. (2001).
5. Sinanian A. et coll. (2010).
6. Valleur M. et Bucher C. (1997) ; Valleur M. et Matysiak J.-C. (2003).
7. Barth R. J. (1987) ; McDougall J. (1988) ; Carnes P. (1983).
8. Charlot V. (1994).
9. Chabert C., Ciavaldini A., Jeammet P., Schenckery S., dir. (2006).
10. Barbas S. (2007).
11. Reynaud M. (2010).
12. Pedinielli J.-L., Rouan G., Bertagne P. (1997 ; 2005).
13. Corcos M., Flament M., Jeammet P. (1999).

de Freud, elle oblige à repenser le rapport « corps-esprit », singulièrement dans ses aspects « quantitatifs ».

Pour les personnes dépendantes, ce « débordement » (jouissif) de l'esprit dans la conduite d'addiction semble viser une réanimation et une « reviviscence » du fond pulsionnel/passionnel[1] d'une psyché anémiée narcissiquement et clivée dans sa topique et sa dynamique interne, ceci pour une multitude de raisons dont nous tenterons ici d'esquisser les contours.

Selon Bergeret[2], « il n'existe aucune structure psychique profonde et stable spécifique de l'addiction. N'importe quelle structure mentale peut conduire à des comportements d'addictions (visibles ou latents) dans certaines conditions affectives, intimes et relationnelles ». Cette question de la structure psychique a provoqué, au sein des psychanalystes, des divergences d'opinions, certains considérant l'addiction comme une variante d'une pathologie déjà connue (perversion, mélancolie, manie), d'autres démontrant l'impossibilité de rattacher la toxicomanie à une structure connue par la mise en évidence de traits autonomes. Bergeret, prenant en compte aussi bien l'aspect économique que psychogénétique, relie « l'acte » addictif aux « carences affectives » du sujet dépendant comme moyen de « payer par son corps les engagements non tenus et contractés ailleurs[3] », ce qui renvoie à l'étymologie du mot « addiction » (*cf. infra*).

En 1926, Sandor Rado fait l'analogie entre orgasme pharmacogénique dans des cas de morphinomanie et « l'orgasme alimentaire » du nourrisson au sein (auquel on peut ajouter « l'orgasme de la faim » de l'anorexique[4]). En 1933, il souligne que derrière la diversité sémiologique et des pratiques de consommation, c'est d'une même maladie qu'il s'agit – prémisse donc du concept d'addiction – qu'il désigne comme « pharmacothymie », « sorte de désordre narcissique (...) qui trouve son origine dans la "dépression anxieuse[5]" ». Dans ce contexte, disons de dépression primaire, mélancoliforme, le produit toxique amènerait un « effet-plaisir-pharmacogénétique » donnant une augmentation de l'euphorie permettant au moi de retrouver « sa dimension narcissique originelle[6] ».

Le terme d'addiction fait officiellement son apparition en 1932, dans un article de Glover[7] qui présente l'addiction comme appartenant aux états-limites tout en l'employant dans un sens limitatif : une toxicomanie et une accoutumance à un produit[8]. Pour Jacquet et Rigaud,

1. Green A. (1980) ; Roussillon R. (1990).

2. Bergeret J. (1981).

3. Bergeret J. (1981), p. 10.

4. Rado S. (1933) *in* J.-L. Chassaing (1998).

5. *Ibid.*, p. 351.

6. *Ibid.*, p. 353.

7. Glover E. (1932), *in* J.-L. Chassaing (coord.), 1998.

8. « J'ai accordé aux addictions une place spéciale [...] j'ai représenté les addictions comme de réels états *borderlines* en ce sens qu'ils ont un pied dans les psychoses et un pied dans les névroses » (cité par Ferbos, p. 123). Dans la continuité de Glover, Rosenfeld (1960) avance que les toxicomanes ont un « moi faible » qui ne supporte ni la frustration, ni la douleur, ni la dépression. La drogue, en tant qu'objet idéal, est au service

Glover fonde véritablement le champ de la clinique psychanalytique des addictions, lorsqu'il évoque la question de « substances psychiques », ayant une fonction protectrice pour l'économie psychique, tel un précurseur de la pensée d'un paradigme de l'addiction. Ce terme d'addiction est repris en 1945 par d'autres psychanalystes comme Fenichel[1]. Le terme d'addiction, dans son acception actuelle, prend ensuite son essor dans les pays anglo-saxons avec le modèle de Peele[2], qui ne se réfère pourtant ni à la psychanalyse ni à l'hypothèse d'un inconscient.

En France, le terme addiction est venu par la psychanalyste J. McDougall qui en a introduit la première l'usage en 1978 à propos d'une « sexualité addictive[3] », puis par J. Bergeret. On peut parler, comme le fait J. McDougall, d'« économie psychique de l'addiction[4] ». Chez ces sujets « esclaves de la quantité », la résolution des conflits ne se fait pas de manière symbolique ou psychique mais par et dans l'économie pulsionnelle et/ou excitationnelle du corps[5].

Par la suite, des psychanalystes psychosomaticiens, en premier lieu M. Fain[6] et J. McDougall[7], ont contribué à la connaissance *psychosomatique* des addictions. En effet, il existe des liens, parfois paradoxaux, entre comportements addictifs et maladies somatiques[8] : l'apport de l'œuvre de P. Marty[9] et celle de J. McDougall, comme les travaux de l'équipe de pédopsychiatrie de l'École psychosomatique de Paris (Kreisler, Soulé, Fain) sont ici indispensables. Comme le remarque R. Menahem, la question de la causalité dans les travaux de J. McDougall « conduit à distinguer entre les *causes* de l'actualisation du symptôme et son *origine* dans les premières transactions mère-nourrisson et leur effet sur l'organisation et la structuration précoce de la psyché[10] ».

C'est un fait que les addictions illustrent l'ancrage somatique et biologique des pulsions, celles-ci étant force en quête de sens et de liens vers des représentations ne pouvant se

de défenses maniaques et de la maîtrise d'angoisses paranoïdes. *Cf.* Shenckery S. *in* C. Chabert, A. Ciavaldini, P. Jeammet, S. Schencker (2006), p. 197.

1. Fenichel O. (1945).

2. Peele S. (1975).

3. McDougall J. (1978).

4. McDougall J. (2001).

5. J'entends par économique un des trois critères retenus par Freud pour décrire les phénomènes psychiques : l'économique, la dynamique, la topique. L'*économique (economisch)* aborde les processus psychiques en référence à la quantification et à la circulation de l'énergie (psychique). La *dynamique* est quant à elle l'approche des conflits et de la composition des forces dans ceux-ci et la *topique*, celle de l'identification d'instances ou d'espace psychique comme le conscient, le préconscient ou l'inconscient (1re topique) ou encore le moi, le ça, et le surmoi (2e topique). Je ferai ici l'analogie entre une économie psychique non liée (processus primaire) qui, singulièrement chez l'adolescent ou chez l'addicté-toxicomane, paraît excessive au regard des capacités de métaphorisation et mentalisation, et une économie mondiale dont « l'énergie » non liée que sont les flux financiers croît sans cesse en dehors de tout cadre national et international.

6. Fain M. (1981).

7. McDougall J. (1974).

8. Pirlot G. (1997).

9. Marty P. (1976, 1980, 1990 ; 1991).

10. Menahem R. (1997), p. 34.

constituer que par l'intermédiaire d'expériences corporelles et du rapport aux objets, ceci dès les âges les plus précoces. Cela souligne l'importance des relations mère-enfant, des pertes d'objets, de la séparation-individuation, et de l'analité qui lui est contemporaine, du deuil originaire et de la dimension mélancolique sous-jacente à l'advenue du « Je » subjectif comme des traumatismes narcissiques précoces par défaut de la fonction primaire de *holding* de la « mère-environnement ». Dans ces conditions précoces et dans celles de l'après-coup pubertaire, le refus de la perte et de la séparation pour le positionnement sur des figures de toute-puissance et « toute-jouissance » prégénitale, et donc « perverse », fera de l'objet addictif un objet idéalisé, fétichisé, situé aux confins ou en dehors du langage, toujours susceptible de réveiller l'excitation et d'« éprouver » le corps, dans une sensation qui court-circuite l'affect psychisé, rendant ainsi illusoirement mais également réellement, ce corps vivant...

La question du corps est en effet incluse dans l'étymologie du mot addiction. *Addictus* en latin est le substantif d'*addico* et signifie « esclave pour dette » : ceci définissait une pratique de contrainte par corps infligée à des débiteurs (esclaves) dans l'impossibilité d'honorer autrement leurs dettes : notons que la définition n'inclut pas la référence à la présence d'un objet. Le terme latin, *ad-dicere*, signifie « dire à », dire au sens de donner, d'*attribuer* quelqu'un à quelqu'un d'autre en esclavage : l'esclave était *dictus ad, dit à* tel maître, et donc aliéné comme l'addicté l'est à un comportement et/ou un produit.

L'emprise corporelle sur le débiteur insolvable signifiait ainsi pour lui l'emprisonnement pour sa dette, ce qui nous amène aux relations entre pulsion d'emprise, dette et culpabilité impayable symboliquement. Faut-il encore ajouter, en suivant Pascal Quignard, que le mot *obsequium* dont a dérivé « le péché » peut se traduire par *l'addiction à la dépendance elle-même* (comme chez le névrosé) : « Le sentiment du péché, je le définirai ainsi : un lien ravageur à la dépendance. La sensation de culpabilité intérieure qui le nourrit s'accroît jusqu'au manque panique dès l'instant où une vieille dépendance d'esclave fait défaut[1]. » Cela ne renvoie-t-il pas à ce que nous tenterons d'expliciter ici, à savoir à des pratiques addictives témoignant d'une emprise par « sentiment inconscient de culpabilité » provenant d'un surmoi « culpabilisateur », plus prégénital qu'œdipien, maternel, totémique, sadique et castrateur, dévaluant la culpabilité en dette de vie, de même que tout objet du désir en objet (passionnel) du besoin ?

Pour conclure, soulignons que l'addiction est une notion au carrefour entre désir et besoin : véritable corruption des fonctions biologiques, les addictions relèvent bien de cette capacité humaine à pervertir certaines fonctions physiologiques en les détournant de leur finalité naturelle (faim, soif, sexualité[2]) là où les perversions détournent les relations à l'objet sexuel.

1. Quignard P. (1994).
2. *Cf.* Saïet M. (2011), p. 6.

2. En deçà de l'addiction, l'« addictophilie » sociétale contemporaine

Les addictions sont devenues dans notre monde occidental postmoderne le « mal du siècle ». Leur explosion n'est pas sans lien avec une société consumériste stimulant continuellement le sujet dans un hédonisme d'excitations à un quelconque objet de satisfaction, cela dès son plus jeune âge, allant des aliments sucrés aux écrans, aux excitants, à l'alcool, aux drogues, à la publicité, aux objets de consommation, etc., qui le rendent « addictophile », c'est-à-dire cherchant à être constamment « addict » à des stimuli continus.

On peut considérer que le néologisme « addictophilie », composé du terme d'origine latine addiction *(addictus*[1]*)*, et du terme d'origine grec *philia* (φιλία), est contestable pour définir un objet conceptuel que désignerait déjà le terme « addiction ». Pourtant, le sens du mot *philia* est différent de celui Agapé, l'amour universel, ou de celui Éros, l'amour physique. *Philia* n'est en effet pas tant l'amour pour un frère ou une sœur, un sentiment ou une émotion de l'amitié qu'ici, en particulier, *l'amour pour quelque chose*[2], comme l'amour du gain ou du pouvoir, ou encore de ce que nous appelons lien à l'autre, à savoir l'objet ou le produit.

Dès lors, si l'addiction signifie étymologiquement, nous y reviendrons, un « enfermement corporel pour dette non payée » et, sur le plan médical, une dépendance ou un comportement avec perte de contrôle, envie irrépressible, compulsion de répétition et appétence pour un produit ou un comportement produisant des symptômes allant de l'euphorie à l'hallucination, l'ivresse, l'excitation ou la sédation, l'adjonction du terme « philie » qualifie l'émotion, le sentiment, voire l'amour, recherchés dans ce lien à un objet ou un comportement provoquant un besoin doublé du plaisir au point d'en engendrer la dépendance.

On peut noter que cet « amour » de la dépendance s'inscrit très tôt dans la psyché de l'enfant, cela dès sa néoténie, de sa petite enfance à son adolescence, du fait de ses relations aux parents et à sa famille. Cette dépendance sera très tôt « encouragée » par une foule d'objets, allant des jouets aux objets de consommation, prolongeant une excitation sans fin, par exemple, pour les enfants, les écrans.

Cette « addictophilie » relève ainsi d'une dépendance plus large que celle à une drogue, à un produit ou à un comportement. Elle relève d'un consumérisme sociétal devenu « servitude volontaire » comme l'écrivit Étienne de La Boétie. La période de soldes *Black Friday* en est un exemple parfait, ceci par le biais de la publicité. Dans cette période, le marketing s'inspire en effet d'un neuromarketing utilisant l'imagerie cérébrale, créant ainsi une alliance objective entre les chercheurs en neurosciences et les professionnels du marketing.

1. « Esclave pour dette », Gaffiot F. (1934), p. 31.

2. Bailly A. (1901), p. 931 ; « phil » compose également le mot *phil-mdeo* (φιλ-μδέw-ώ), signifiant « chercher son plaisir dans... », notion que nous retrouverons dans le terme allemand *Sucht*, besoin, passion, désir *(infra)*. Bailly A. (1901), p. 930.

Le neuromarketing a en effet montré que *les circuits neuronaux* qui conduisent à la consommation telle qu'elle est présentée dans les images publicitaires, *sont les mêmes* que ceux que l'on va trouver dans les addictions, à savoir les circuits de récompense. Du point de vue de l'économie psychique le recours à l'excitation-sensation-perception des procédés autocalmants que sont les addictions ou les objets de consommation ont une fonction antilibidinale comme le fait la pensée opératoire.

Ce à quoi vise l'addictophilie contemporaine est de diminuer le risque, par le recours à l'excitation continue, de la déception ravivant toute blessure narcissique, celle par exemple d'un affect ravivant celle-ci, ou celle du désir envers un autre qui se refuse à soi. Un de mes amis courait ainsi les magasins de vêtements, comme d'autres se jettent dans la drogue ou le sport, lorsqu'une petite amie l'avait laissé tomber... Ainsi, plus généralement, la pensée opératoire, l'alexithymie, valorisées dans une société qui se veut « performante », sans Histoire, sans limite, sans frontière, ne peut qu'accentuer cette addictophilie.

Ajoutons que ce constat « addictophilique » de notre postmodernité touche également la politique économique et financière des États. L'*addiction à l'emprunt* et *donc à la dette* a été affirmée par l'ancien directeur du Trésor, du FMI et de la Banque de France Jacques de la Rosière qui, dans le chapitre IV de son ouvrage *40 ans d'égarements économiques*, écrit : « La dette publique française s'accroît inexorablement et notre insidieuse *addiction*[1] à la dépense publique nous éloigne de la compétitivité[2]. » Ainsi, en plus d'être transnosographique, il n'est donc pas inutile de constater que les termes d'addiction et d'« addictophilie » sont transdisciplinaires, synonymes d'excès, de démesure, d'*hubris*, jusqu'à être impliqués, au-delà de l'économie psychosomatique, dans l'économie institutionnelle de nos États, voués à continuellement avoir recours à l'emprunt jusqu'à une dette non remboursable.

3. Les processus psychiques à l'adolescence et le contexte social, vecteurs d'addiction

Avant de rappeler certaines généralités sur les addictions, encore faut-il évoquer le contexte psychique qu'est l'adolescence, âge qui, de façon privilégiée, aura recours, voire installera les conduites addictives.

1. Pour le psychanalyste, dénommer les conduites ou troubles psychiques sous les vocables les plus divers (addictions, toxicomanies, alcoolisme, états-limites, etc.) n'est que facilité de langage relevant de catégories psychiatriques qui n'ont pour but que de sensibiliser le

1. Italiques, G.P.

2. De la Rosière J. (2021), p. 47-81. En d'autres termes, comme l'indique Éric Letty du site Boulevard Voltaire à qui nous empruntons ces lignes : endetter la France est un moyen de la vendre à la finance internationale, de même que l'addict, en particulier toxicomane, se vend à son dealer : https://www.bvoltaire.fr/macron-vend-la-france-par-la-dette/

lecteur sur l'ampleur du mal, en lui permettant d'avoir quelques repères de compréhension psychopathologique. Dans notre écoute psychanalytique de l'intimité du colloque analyste-patient, nous suspendons tous ces savoirs pour ne nous intéresser qu'à la singularité du sujet et à la douleur psychique qui l'a amené chez nous[1].

2. On ne peut dissocier la compréhension psychopathologique et psychiatrique des conduites addictives sans les resituer dans le contexte psychogénétique (et social) qui leur sont le plus habituels : la puberté, l'adolescence et la maturité sexuelle. Si la puberté incarne ainsi une longue période pour le jeune Occidental, la période d'adolescence se prolonge bien au-delà. Le problème de l'addiction commence avec l'adolescence. En 1905 dans *Trois essais sur la théorie sexuelle infantile*, Freud dans le chapitre III « Les reconfigurations de la puberté » montre bien qu'à cette période si la prégnance du sexuel infantile est là, les excitations sexuelles vont alors être soumises (influence hormonale oblige) au primat des zones génitales. Freud est ainsi amené à distinguer le plaisir préliminaire, survivance du plaisir prégénital dans lequel les fonctions scopiques, cutanées, orales, anales jouent un rôle essentiel, et le plaisir terminal par où la satisfaction de l'activité sexuelle est liée à la nouvelle capacité, génitale, orgasmique apportée par la puberté. Dans un chapitre ajouté en 1920, il va modifier sa théorie de la libido, distinguant libido du moi et libido d'objet, la puberté apportant une grande quantité d'excitation, aussi bien chez le garçon que chez la fille, le destin de cette excitation dépendant de la construction antérieure en termes de névrose infantile des excitations prégénitales (capacités antérieures de sublimation, déplacement, refoulement, etc.). Enfin, c'est à la puberté que se produirait la jonction entre le courant tendre (attachement dirait-on aujourd'hui) de la sexualité/libido et le courant sensuel (sexuel), de la même manière que la puberté serait le « lieu temporel » de rencontre entre la sexualité infantile et celle amoureuse de l'adulte.
3. L'adolescence peut être conceptualisée, ainsi que E. Kestemberg[2] l'a avancé, comme un « organisateur psychique » né de la nécessité de réajuster la structure du moi désorganisé par les excitations sexuelles de la puberté. L'adolescent doit en effet intégrer les perturbations physiques et psychiques, les transformations de son image corporelle, la sexualisation de son corps, afin de trouver un nouvel équilibre dans ses relations objectales. La resexualisation des identifications bisexuelles de la vie d'enfance qui résultait de la solution au conflit œdipien ranime celui-ci. Cette reviviscence du conflit œdipien parvenue à son comble, le désir conscient de rejeter les imagos parentaux et celui de se replier sur lui-même en suivant le mouvement narcissique de sa libido deviennent alors patents. Les travaux d'E. Kestemberg sur la corrélation à cette époque entre identité et identification – construite dans la petite enfance, durant laquelle se constituent les objets, et revécue à l'adolescence –, vont trouver chez P. Jeammet, son élève et continuateur, des développements qui nous intéressent ici

1. Pirlot G. (2005).
2. Kestemberg E. (1962).

à plus d'un titre : ceux par exemple du conflit entre investissements objectaux et investissements narcissiques, conflit qui peut amener, dans ses cassures, à des pathologies plus ou moins lourdes. L'angoisse identitaire de l'adolescent est majeure du fait d'un possible rejet, ou à tout le moins d'un rapport conflictuel, envers les identifications antérieures aux parents, à la famille, aux idéaux, à « la » société : « il se veut étranger aux autres et il se trouve étranger à lui-même[1] » écrit E. Kestemberg. Enfin, dans un article de 1989 écrit pour un colloque sur le narcissisme et l'adolescence, Piera Aulagnier a montré que l'insertion de l'adolescent dans le « socius », son accession à la position de « sujet social », passait par un *travail de subjectivation spécifique*, celui de « construire son passé[2] » et ainsi de donner un sens à celui-ci jusqu'à l'origine. Ce processus subjectif particulier emprunte volontiers les voies de la projection, de l'identification projective et de la fiction.

4. Il ressort de ce qui précède que le surmoi également sera touché par le processus d'individuation de l'adolescence, resexualisée. La résurgence de son aspect préœdipien risque de représenter une entrave à la réorganisation propre à cette époque. À l'opposé, le pôle narcissique et idéal du surmoi permettra à « l'ado » des retrouvailles avec les imagos idéalisées des parents, déplacées sur les « stars », « rock stars » et autres objets d'illusion narcissique et de passion transitoire. Sublimés, ce seront les idéaux politiques, scientifiques, voire religieux qui seront privilégiés avec tous les excès et la force de l'intransigeance due à ce surmoi-idéal du moi narcissique. On doit à P. Blos[3] d'avoir montré que l'adolescence est *le temps de la deuxième étape d'individuation*, la première ayant lieu vers 3 ans, avec l'avènement du « je » dans un mouvement d'identification aux parents alors que cette deuxième étape se fait dans le désengagement libidinal d'avec ceux-ci et avec des engagements libidinaux (et sociaux) sur des objets externes aux parents.

   Ce second processus d'individuation n'est évidemment pas sans quelques avatars : délinquance, passages à l'acte, fugue, addictions, etc. Mais ces avatars sont, pour la plupart, à considérer comme des étapes et solutions transitoires non dénuées de potentiels régressifs afin de mieux « coller » à des affects, y compris d'angoisse propre à l'enfance, mais que l'adolescent cherche à dépasser, apportant ainsi une satisfaction toute narcissique dont a besoin son moi en mal de stabilité et de confiance. L'accès à cette régression prend le plus souvent à cet âge le « langage d'action », ce que nous avons appelé ailleurs « subjectivation-action » (Pirlot, 2011) ou « subjectiv*action* » (2018). L'acte devient un espace intermédiaire entre le sujet, l'environnement et ses figures parentales, une sorte de « matériel lisible et visible » permettant à la subjectivité de s'assurer de la réalité de son existence. Ce que Blos appelle « langage d'action » permet à l'adolescent de promouvoir une réponse motrice sécurisante face à un danger pulsionnel interne irreprésentable et porteur de destructivité.

1. Kestemberg E. (1999), p. 61.
2. Aulagnier P. (1989), « Se construire un passé », p. 713-740.
3. Blos P. (1967).

L'acte pose, à sa manière et « après-coup », une forme de « représentation » à partir de ce qu'A. Green appelle le « jugement d'action[1] ». Celui-ci appartient pourrait-on dire de plain-pied au « processus de subjectivation[2] » et son raté peut signer le risque psychotique et ses « déliaisons dangereuses[3] », celles-là mêmes avec lesquelles joue l'adolescent dans ses conduites addictives.

Ainsi, comme en rend compte Roussillon[4], l'adolescence oblige à une nécessaire révolution subjective introduite par l'émergence de la potentialité orgasmique liée à la maturation biologique de la puberté. Celle-ci, d'abord vécue passivement, car « imposée » par la biologie, demandera un travail de réappropriation subjective y compris devant la mort. Ce sont les potentialités de l'agir que l'adolescent va alors mobiliser pour tenter de différencier les registres psychiques menacés de confusion par les aléas de cette rencontre et tenter d'introduire des limites en s'étayant sur celles du corps.

5. Évidemment on voit qu'à cet âge adolescent, la nécessité d'exister et de quitter l'étayage anaclitique des imagos parentales (resexualisés) porte le grand risque de se faire sur le mode « traumatophilique ». Cette dimension de conduites de recherche du trauma avait déjà été soulignée par K. Abraham (1907), puis par les psychosomaticiens de l'École de Paris avec le concept de procédés autocalmants (*cf. Les galériens volontaires* de Szwec, 1998). Comme si le sentiment inconscient de culpabilité à « tuer » les parents ne pouvait s'assumer, dans un mouvement masochique, que dans l'effraction traumatique. « Souffrir : seule condition d'acquérir la sensation d'exister ; exister : unique façon de sauvegarder notre perte », écrit Cioran[5]. Dans ces conditions, le risque « ordalique » de prise de drogue retrouve le chemin « traumatotrophique » des pulsions de vie lorsqu'elles se vivent sur le mode de l'excès quantitatif. Le besoin de traumatisme à l'adolescence paraît ainsi lié à une problématique d'intrication de la destructivité (pulsion de mort). En termes greeniens, nous dirions

1. Il convient en effet de mieux catégoriser des concepts tels que « acte », « action », « passage à l'acte », ce qui a amené A. Green à postuler *l'existence d'un « jugement d'action »*, complétant l'opposition principe de plaisir/principe de réalité. Car si dans la psychanalyse, la théorie semble dévaloriser l'acte, passant pour un *Agieren*, la question pour A. Green est tout de même de savoir si un analysant qui n'agirait jamais – au nom de la psychanalyse – ne serait une caricature de *Durarbeitung* porteur d'une résistance imprenable. C'est qu'entre-temps est intervenu un jugement d'action qui ne se confond pas avec réflexion sur la valeur de l'acte mais intervient toujours *après-coup (J'ai bien fait de faire – ou de m'abstenir de faire. J'ai eu tort de faire – ou de m'abstenir de faire).* Le jugement d'action est transitionnel. Il s'évalue dans les rapports, de la réalité psychique à la réalité extérieure. Ainsi, le jugement d'action ne porterait pas seulement sur « la qualité affectivement bonne ou mauvaise (jugement d'attribution) ou sur l'existence réelle ou non de l'objet (jugement d'existence), mais sur la référence à l'agir qui en découle. En effet, si action et pulsion renvoient à des opposés au nom de la logique, *acting et* action réfléchie ne sont souvent séparés que d'un cheveu. L'introduction de la motion pulsionnelle comme fondement du psychisme fait planer la suspicion sur les actes même les plus élaborés », Green A. (2006), *Les voies nouvelles...*, p. 30.

2. Cahn R. (2002).

3. Cahn R. (1985).

4. Roussillon R. (2010).

5. Cioran E. (1956), p. 25.

qu'il y a là tout un travail de *liaison* (aux parents)-*déliaison* (traumatique)-*reliaison* (travail d'après-coup/phase de latence). En d'autres termes, ceux de J. Guillaumin[1], il apparaît que « le besoin de traumatisme » à l'adolescence appartient au besoin caché des pulsions de vie, permettant un dégagement des objets parentaux resexualisés par la puberté.

Comme si le besoin de choc traumatique compensait un déficit de frustration, d'épreuve de réalité et d'angoisse de castration, et que ce « choc » d'une réalité traumatique valait comme une « révélation », un « signe » : moment du *kairos*, occasion opportune, point d'inflexion qui, pour les Grecs, pouvait ouvrir dans une vie sur un basculement décisif. Pour l'adolescent il peut s'agir d'une réorganisation psychique révélée sous forme d'espaces psychiques nouvellement découverts : « Les grandes épreuves de l'esprit », pour paraphraser le titre d'H. Michaux. Voici ce qu'attend « l'ado » : « Agitation diffuse. Difficulté de penser, écrit-il (...). Dans mon état, d'une bizarre, locale, cryptique surtension, ce sont les immodérés qui vont le mieux avec cet état immodéré tout au fond de moi, qui vit, qui s'est éveillé, qui est en agitation. Idées qui, sans que je m'en mêle, ne se retiennent plus, *aspirent à la transgression*[2]. » On est proche ici du « détruit-créé » de D. W. Winnicott permettant la différenciation entre le sujet et l'objet (le passage de l'objet subjectif à l'objet objectif) et la reconnaissance de l'altérité de l'autre, ceci dans le registre d'un « espace transitionnel » auquel l'enfant s'attache avec *passion* (*addicted*, écrit Winnicott[3]), pourvoyeur de plaisir et jeu psychique que l'espace thérapeutique pourra mettre en scène dans des « jeux de cadre » qui, liés à la dynamique transféro-contre-transférentielle, permettront l'élaboration d'affects trouvant la voie de la représentation et la dédramatisation.

6. Il se trouve que si, à cette époque adolescente, des échecs surviennent dans le travail de transformation des investissements objectaux et dans le déplacement des liens d'attachement sur de nouveaux objets, alors des *états dépressifs* ne manquent pas de survenir, ce que souligne A. Braconnier[4]. Ceci s'observe dans la thérapie de l'adolescent où la *rupture du transfert* se joue dans un acting qui ne se veut pas aborder l'angoisse de séparation-individuation que porte la séparation *dans le transfert*. Pour Braconnier, la crise dépressive de l'adolescence est la conjonction de symptômes anxieux liés à la séparation d'avec les imagos parentaux et d'un lien sexuel avec un « objet d'amour » et le risque de perdre celui-ci, et de symptômes dépressifs dus à ces pertes et séparation. La crise dépressive peut s'aggraver en dépression avec repli mélancoliforme libidinal et incapacité à transformer l'objet d'amour originel en objet d'amour sexuel et érotique. L'attachement « toxique » et fusionnel, dirait-on pour employer un vocabulaire allant avec notre sujet d'étude, outre qu'il amène des ruptures fréquentes dans les prises en charge et le transfert, montre une peur panique de la dépression. Remarquons encore que dans ce contexte de bouleversement des investissements libidinaux adolescents,

1. Guillaumin J. (1985, 2001).
2. Michaux H. (1966), p. 59.
3. Winnicott D.W. (1971), « Objets transitionnels et phénomènes transitionnels », *Jeu et réalité*, 1975.
4. Braconnier A. (1986).

les liens homosexuels (ami(e)s) joueront le rôle d'apport de double valence narcissique et objectale et de consolidation de l'Œdipe inverse (Gutton, 1991), permettant à l'adolescent un renforcement de ses assises narcissiques face à l'attraction/séduction provenant de l'objet hétérosexuel comme face à la séparation d'avec les figures parentales. Les liens entre amis s'avèrent particulièrement nécessaires lors des « crises de couple parental » : le divorce ou les conflits entre parents lorsqu'ils sont violents, sont particulièrement déstabilisants pour les « ados » qui, du fait même de leur adolescence, sont en « équilibre instable » psychiquement. La « mère-ado[1] » peut ainsi être vécue comme une mère, non pas « pare-excitante » de l'enfance, mais comme une mère envahissante, abandonnique, instable, rendant confus les distinctions entre le féminin et le maternel, le pouvoir de séduction et le pouvoir d'aliénation. De même, le père revêtira tantôt l'objet d'un séducteur dangereux, d'un impuissant (devant sa femme ou son patron), d'une autorité à abattre car synonyme de tyrannie (potentielle ou réelle), d'un « pauvre type » qu'il convient de dépasser – non sans culpabilité...

7. En 1991, P. Gutton a proposé le concept de « pubertaire » qui est à la psyché ce que la puberté est au corps. Le pubertaire confronte l'adolescent à une expérience psychique bouleversante et radicalement nouvelle pour lui : l'accès à la capacité orgasmique de la sexualité génitale. En termes d'économie psychanalytique, le traumatisme pubertaire se caractérise par ce flux d'excitations, excessif relativement à la tolérance du sujet et à sa capacité de le maîtriser et l'élaborer psychiquement[2]. Ce qu'il faut ici comprendre c'est que le trauma psychique qu'est l'irruption du sexuel, par essence violent, risque d'annihiler l'ordre dynamique et topique du psychisme propre à la période de latence : il peut, y compris de manière provisoire, erratique, subreptice mais répétée, réaliser un collapse psychique, au point que l'adolescent agit « faute de » penser et « perlaborer », ce qu'a bien montré A. Freud (1958) en insistant sur l'origine préœdipienne de ces manifestations : à une époque de désinvestissement des parents (travail de deuil), c'est l'objet interne qui devient désinvesti, libérant alors la libido sur des objets externes. C'est là que surgit pour la psyché un des écueils de l'adolescence : exigences des excitations sexuelles génitales nouvellement acquises réactualisant des figures œdipiennes menaçantes (angoisse de castration) et défense massive du moi devant cette menace, y compris par le recours à des conduites où le corps servira de protection dans une relation à l'autre insécurisante.

   À la puberté, le réveil hormonal va en effet peser de toute sa force économique et dynamique sur les différents éléments pulsionnels et fantasmatiques : les fantasmes œdipiens prennent valeur « d'après-coup » tout à fait réalisables. Cela amène la psyché de « l'ado » à un travail psychique mobilisant les défenses à la différence de l'enfant qui, ne pouvant réaliser génitalement sa pulsionnalité prégénitale et œdipienne, mobilise moins de défenses psychiques : « l'ado » se trouve ainsi souvent « fatigué », « somnolent », « ralenti » sans que cela fasse suite

1. Dargent F., Estellon V. (2018), p. 66.
2. Laplanche et Pontalis (1967).

à des excès, y compris masturbatoires. Au pire peut apparaître le *breakdown* décrit par M. Laufer[1], un effondrement psychotique. Grande est alors la tentation de « court-circuiter » ces défenses mentales – surtout si pendant l'enfance et la période de latence, des traumas (séduction, abandon, etc.) les ont fragilisées – par le recours à la sensation[2] : « l'un des buts du comportement addictif est [alors] de se débarrasser de ses affects ! (...) [mettre] un écran de fumée sur la quasi-totalité de son expérience affective[3] ».

8. L'explosion actuelle des conduites additives relève également pour une part du « contexte » social et sociétal dans lequel elles s'inscrivent[4]. Il est cocasse de voir les pouvoirs publics prôner simultanément la lutte contre les addictions aux jeux et favoriser l'ouverture à la concurrence européenne des casinos en France, des jeux de chance ou des courses de chevaux, etc. Quant à son incidence sur la santé, par exemple sur l'obésité chez les jeunes[5], l'AFSSA (Agence Française de Sécurité Sanitaire des Aliments) a souligné dès 2004 (analyse depuis renouvelée) le rôle spécifique de la publicité télévisée dans l'augmentation de poids, l'obésité des enfants et addiction alimentaire (troubles des comportements alimentaires, *cf. infra*, partie IV). Dans son rapport du 6 juillet 2004, il est rappelé que l'obésité et à un moindre degré le surpoids, touchent 19 % des enfants français et que ce chiffre a doublé tous les 10 ans depuis 30 ans. L'effet de l'environnement dépasse de loin celui du terrain génétique : plus de 70 % du risque provient du mode de vie et, dans celui-ci, le temps passé devant la télévision et l'influence de la publicité sont déterminants (*cf.* Pirlot[6]). Enfin, les liens de filiation eux-mêmes sont aujourd'hui remaniés par les médias. Ils s'organisent en effet beaucoup plus directement à partir d'un modèle social, le plus souvent médiatique, que par le passage par une référence familiale ou scolaire[7].

1. Laufer M. (1983).
2. Zuckerman M. (1971).
3. McDougall J. (2002), p. 14.
4. Jeammet Ph. (1997).
5. Qu'il aille sur des sites de téléphonie où il trouvera ce genre de « pubs » (TOP Sonneries, Logos et Jeux pour Mobiles), de télévisions privées ou de « serveurs » Internet, etc., l'adolescent, voire l'enfant, ne peut que rencontrer des appels à participer à des jeux. Il n'y a donc plus à se demander ce qui fait l'épidémie d'addiction aux jeux et il est bien dommage que ces institutions qui poussent aux conduites addictives ne puissent pas, selon le principe « pollueur-payeur », participer aux dépenses de santé quant aux soins à apporter aux adolescents ou jeunes adultes « addicts ».
6. Pirlot G. (2009), *Déserts intérieurs.*
7. Le journal gratuit *Métro*, version parisienne du 5/10/2005, nous apprend qu'aux USA et en Europe occidentale 60 % des adolescents de 14 à 20 ans se disent plus influencés par les médias et Internet que par leurs parents.

4. Les fausses affinités électives ? Addiction et créativité (addictive)

Dans *Le grand fumeur* et *sa passion*, O. Lesourne, rappelant que « le fumeur a un pied dans le passé, un pied dans l'actuel » (belle formule sur la compulsion de répétition), cite les grands fumeurs que furent Freud évidemment mais aussi Prévert ou Sartre, auxquels nous ajoutons Sainte-Beuve, Boris Vian, Italo Svevo, Guillaume Apollinaire ou encore Tristan Corbière. « Ne pas fumer est un grand vide dans la vie. On est obligé de le remplacer par des distractions trop naturelles qui ne vous suivent pas jusqu'au bout » déclare Sainte-Beuve[1]. Boris Vian fait quant à lui clairement le lien sur le déplacement de satisfaction que procure le tabac : il s'agit d'un déplacement de la libido sexuelle : « Si l'on pouvait se procurer une femme aussi facilement qu'un verre de gin ou un paquet de gauloises, et si l'on avait le loisir, comme l'alcool ou la cigarette, de la déguster en plein air sans être obligé de l'enfermer dans une chambre sale et pas appétissante, l'alcoolisme et l'intoxication disparaîtraient promptement ou retrouveraient à tout le moins des proportions acceptables[2]. » Ainsi, la cigarette délivre des tourments, angoisses, enfermements, les plus éprouvants : « Ma chambre a la forme d'une cage / (...). Mais moi je veux fumer pour faire des mirages / J'allume au feu du jour ma cigarette / je ne veux pas travailler je veux fumer », déclare Guillaume Apollinaire[3].

Aujourd'hui même si les études médicales montrent toutes sans contestation possible les méfaits, en particulier cancéreux, du tabac, il est tout de même curieux qu'un certain ordre moral aille jusqu'à enlever la cigarette sur leur photo que fumaient Prévert, Gainsbourg ou Tati au prétexte qu'il s'agisse là d'un geste à prohiber pour notre jeunesse. Ces mesures paraissent dérisoires même si le combat contre le tabagisme est effectivement difficile : en effet ce comportement addictif – outre les différents composants très addictogènes mis par l'industrie du tabac dans les cigarettes – n'entraîne pas, à l'inverse de bien d'autres addictions (alcool, drogues, psychotropes, etc.), de troubles psychiques ou neurologiques, et se trouve être indissociable d'une certaine « socialité métaphysique[4] », incarnant « un lien entre socialité et plaisir privé[5] », porteur d'une certaine « sémiologie gestuelle[6] », d'un certain mimétisme (on fume parce que d'autres fument) ayant enfin une valeur de « rite de passage » d'émancipation pour les préados ou ados.

Concernant les drogues plus « dures », depuis l'opiomanie de De Quincey ou de Cocteau, la prise de haschisch de Baudelaire, la cocaïnomanie de Conan Doyle (Sherlok Holmes) – et de Freud – l'alcoolomanie de Charles Bukowski ou d'Hergé, l'héroïnomanie de Burroughs, la

1. Sainte-Beuve, citation in *Le Monde des Livres* du 18 janvier 1985, p. 17.
2. Vian B., citation, in *Le Monde des livres* du 18 janvier 1985, p. 17.
3. Apollinaire G.
4. Brochier J.-J. (1990), p. 64.
5. *Ibid.*, p. 54.
6. *Ibid.*, p. 51.

polytoxicomanie de Bacon ou la prise d'amphétamines de Sartre, force est de constater qu'on ne compte plus les rapports étroits, troubles, conflictuels et complexes qu'entretiennent addiction et création. Le point commun est la conjugaison dans les deux « attitudes » de l'investissement passionnel, de la transgression et d'une *sensation d'enveloppe de réassurance narcissique* procurée par ces deux « passions ». Le mot passion, du grec *pathein,* « souffrir », n'est pas sans renvoyer à un indicible situé au-delà de toute possibilité de trouver dans la seule relation interhumaine un soulagement... Il y aurait quelque chose de profond, de caché, de secret... comme la sexualité ou les non-dits familiaux et les identifications inconscientes et aliénantes sous cet indicible que le corps chercherait, par le geste addictif et/ou créatif, à aveuglément retrouver, mimer...

Ces liens étroits entre « secrets de famille » et addiction, créatrice mais également alcoolique, sont ceux dont fut porteur Hergé, de son vrai nom Georges Prosper Rémi. Sa grand-mère paternelle, simple servante dans un château, était habitée d'un secret douloureux inavouable, celui d'avoir été mise enceinte par un noble de la maison qui l'employait, peut-être le roi des Belges lui-même, Léopold II. Les deux jumeaux (retrouvés dans les frères Dupondt) qu'elle mit au monde, le père et l'oncle d'Hergé, eurent leur éducation prise en charge par la baronne de Dudzeele. À la génération suivante, les deux enfants, dont le père d'Hergé, furent ainsi porteurs d'une crypte (celle des amours maternelles secrètes), ceci étant aggravé, dans le cas du père d'Hergé, par la honte liée aux humiliations qu'enfant et adolescent il vécut du fait de cette situation. La remarquable étude de S. Tisseron[1], très serrée, montre combien la quête généalogique d'Haddock, commencée en pleine guerre *(Le secret de la Licorne, Le Trésor de Rackham le Rouge),* n'est que transposition de ce qui, à son insu, habitait Hergé. Fils de bâtard dont l'ancêtre, le chevalier de Hadoque, s'adonnait aux jurons, dépressif chronique ayant besoin de boire pour réanimer le vide (*cf.* la crypte) en lui, Hergé dut son alcoolisme aux mêmes causes que celles d'Haddock. Son activité de création fut ce qui le sauva. Il s'agissait d'une réelle addiction au travail (ce ne fut qu'à soixante ans qu'il découvrit le plaisir de marcher et de ne rien faire), redoublée par celle de boire, d'être « l'esclave » de ce qui le « possédait » inconsciemment mais fort heureusement projeté et déplacé de manière figurée dans son œuvre et des personnages « sans âge » comme Tintin et Haddock.

M. Valleur[2] a rapporté quant à lui les liens étranges entre création et addiction chez Ph. K. Dick : le « K » est l'initiale de son prénom Kindred, le même que celui de sa mère et de sa sœur jumelle à lui, Jane Kindred Dick, qui meurt à l'âge de six semaines. La mère de l'écrivain lui a toujours rappelé que c'était la meilleure des deux qui était morte et les parents firent construire un caveau dans le cimetière avec une pierre tombale pour les deux enfants. Il fut obsédé toute sa vie par cette jumelle, qui a d'innombrables avatars dans son œuvre. Ses parents divorcèrent alors qu'il n'avait que quatre ans, le petit Philip allant vivre avec sa mère. Ultérieurement sa consommation

1. Tisseron S. (1997 ; 2010).
2. Valleur M. (2010).

d'alcool, cannabis, amphétamines (de 1951 à 1958 il écrit 13 romans et 80 nouvelles !) et médicaments divers lui valurent une réputation sulfureuse d'écrivain camé.

Chez Dostoïevski, la passion du jeu apparut quant à elle liée à une relation très conflictuelle et masochiste par rapport à la loi. La confrontation ambivalente au père est visible dans *Les frères Karamazov*, Valleur soulignant la justesse de la remarque de Freud (1928) selon laquelle c'est une fois ruiné au jeu, ayant tout perdu, que Dostoïevski s'autorisa à quelques succès littéraires, ajoutant toutefois que cette bascule entre addiction et création fut plus complexe car le jeu fut également un moyen de se « jeter » corps et âme dans un irrationnel qui combattait, pour Dostoïevski, le diktat de la raison scientifique (*cf.* son roman *Le sous-sol*, écrit antérieurement au *Joueur*).

Ces références littéraires et biographiques permettent de souligner les paradoxes, sinon apories, de tout modèle qui se voudrait explicatif des addictions, tant le phénomène est complexe. M. Valleur remarque, dans le sens de M. de M'Uzan, que l'addiction n'est chez ces deux écrivains (et d'autres sujets) ni excitante, risquée ou rassurante mais les deux à la fois, se mêlant à des événements dramatiques de la vie d'enfance.

> « Écriture et addiction seraient en somme deux espaces de transposition, de "virtualisation", d'un schéma existentiel sont les sujets ont l'impression d'être depuis toujours prisonniers, et dont ils cherchent à s'évader sans le "dépasser", mais que leur art permet d'universaliser. Cette sublimation n'est peut-être rendue possible que par la tension, la différence entre ces deux espaces, chacun permettant au sujet un recul nécessaire par rapport à l'autre, constituant un espace transitionnel particulier. »
>
> M. Valleur (2010).

Ces propos vont dans le sens des hypothèses de M. de M'Uzan[1] pour qui l'addict, en particulier le toxicomane, comme l'artiste, ont des destins engagés très tôt dans l'existence, en deçà de toute problématique pulsionnelle objectale, ou même narcissique, et relevant de la *défaillance d'être* (souligné par lui). « Il s'agit d'une carence existentielle fondamentale chez l'un, le toxicomane, dont la chute du *tonus identitaire de base* est extrême et seulement réparée par la drogue[2] », alors que du côté de l'artiste on trouvera un « démantèlement des frontières identitaires recherché en tant que condition à l'engagement du processus créatif ». Relevons que cette proposition de M. de M'Uzan va dans le sens des liens entre addiction, renforcement de circuits dopaminergiques impliqués dans le « système de récompense » et mécanismes d'attachement familiaux et sociaux, ce réseau neuro-hormonal étant également impliqué pour A. R. Damasio[3] dans l'émergence d'un « sentiment de proto-soi » (pas encore conscience de soi), de sentiments reflétant les états du corps en diverses occasions sur une échelle allant

1. M'Uzan M. de (2010), p. 120.
2. *Ibid.*
3. Damasio A. R. (2010), p. 31 *sq.*

du plaisir à la douleur. M'Uzan souligne que la *problématique narcissique* est sous-jacente à l'emprise d'un objet d'addiction pour le toxicomane ou de l'objet de création. L'objet d'addiction, de création, a pour but de soutenir narcissiquement, existentiellement le sujet. L'œuvre est un alter ego fétichisé, comme l'objet d'addiction. Le drame de l'addict comme du créateur est celui d'avoir éprouvé, et d'éprouver encore et toujours, la sensation d'être peu en vie, de peu exister. En ce sens, la création, comme l'addiction, est là pour, dirions-nous, donner une « plus-value » existentielle. Il faut rappeler ici que la création est antérieure à la sublimation : l'enfant crée une aire d'illusion avec des objets, comme l'artisan, sans pour autant « sublimer ». C'est sans doute ce qui fait la différence entre toxicomane et artiste. Ce dernier « utilise » les moments de dessaisissement de soi, les cherche, les anticipe afin, une fois sur ces frontières subjectives, d'atteindre en le sublimant le moment de « jaillissement » créatif. « Possédé » par son art, comme l'addict par son objet drogue ou sa conduite, le créateur se veut à lui tout seul, narcissiquement, dans un mouvement de vacillement identitaire et de dépersonnalisation, subjectiver celui-ci : cet acte créatif ou addict marque un triomphe du « vital-identital », moins en rapport avec le psychosexuel qu'avec l'autoconservation et les angoisses archaïques de vide, de détresse, de chute, de non-existence (dans le regard de l'autre).

C'est toute la question du « sexual » au sens de Laplanche d'une situation anthropologique fondamentale de « séduction généralisée » qui, en fait, pour de M'Uzan, est en jeu ici. Du côté du toxicomane – comme dirions-nous de l'alexithymique ou de « l'opératoire » –, l'absence de « séduction » maternelle (et paternelle, des parents de la préhistoire), ou la destruction de celle ci dans des messages ou passages à l'acte pervers, *abîment la construction du « corps érotique », de la sexualité psychique, laissant le psychique « clivé » d'un corps qui se vit alors comme « non vivant » en dehors des moments d'addiction.* Le « trauma » serait ici un « trauma en creux » : une absence de séduction psychique, starter indispensable à l'éclosion de la sexualité psychique. Ces types de traumas précoces toucheraient ici l'autoconservation, l'identité, le « vital-identital », sur quoi l'addict comme le créateur n'auraient de cesse de revenir, compulsivement, répétitivement (pulsion de mort), pour à la fois les entretenir à « doses homéopathiques », les dépasser tout en les recréant (opération d'*Aufhebung*) jusqu'à des moments de dépersonnalisation, traces et témoins de l'indistinction identitaires (et auto-hypnotiques, voire de « dissonance cognitive ») dans lesquels ces traumas ont laissé ces sujets... Ce trauma indicible, préhistorique, jouerait ultérieurement le rôle de « séduction » dont le narcissisme du sujet addict et/ou créateur triompherait en le côtoyant, y revenant sans cesse, sans joie et plaisir particuliers sinon celui de n'en pas sortir abîmé, floué, touché mortellement...

Une forme de séduction narcissique avec soi-même en quelque sorte.

On voit ici que nous revenons, avec cette « indistinction identitaire » entre soi, l'objet d'addiction ou l'œuvre, la création et ce besoin de créer et « décréer », à un analogon de cette indistinction trouble provoquée par l'absence de reflet dans le regard de la mère (et des parents de la préhistoire) du sujet. La dépression maternelle, ce qu'A. Green a décrit comme « mère morte » – morte psychiquement[1] – est ici au centre d'un *drame touchant le corps* et *l'âme* de

1. Green A. (1980).

l'addict : ses « affects de vie » lui paraissent si peu vivants qu'il lui faut une excitation extérieure et à portée de main qu'il se veut maîtriser, à l'inverse de ce que les relations d'objets (humaines) antérieures lui ont fait vivre, ceci afin de les « réifier » et revitaliser. Comme Dionysos, dieu de l'informe[1], l'artiste ou l'addict ont besoin d'avoir la sensation de vivre 2, 3, x fois..., condamnés à créer des formes substitutives de vie à l'infini, cherchant à recréer – dans leur shoot, bouffée de cigarette, page remplie, pinceau sur la toile – l'orgasme d'une naissance artificiel (*cf.* Barande). Naissance artificielle comme celle par la cuisse de Jupiter pour Dionysos puisque sa naissance du corps de sa mère Sémélé, séduite par Zeus, fut avortée par la décision vengeresse de l'épouse du géniteur : Héra. Il y a bien ainsi une « dette » de vie chez Dionysos, l'addict ou le créateur, comme l'étymologie du mot addiction nous l'avait indiqué : dette non symbolisable et non assimilable par la seule culpabilité œdipienne qui n'a pas réussi à la prendre en charge du fait d'un attachement trop incestuel ou abandonnique au corps de la mère.

5. L'ampleur du « phénomène addictif »

Avant d'en venir aux chiffres, rappelons que de tout temps, l'humanité a usé du *pharmakon*, du « médicament-poison-drogue » pour témoigner et dépasser les malaises qui l'assaillaient. Mais, à la différence d'aujourd'hui, ce *pharmakon* était bien intégré dans le tissu social, religieux le plus souvent, ayant pour fonction d'endormir le conscient et les douleurs morales, pour laisser s'exprimer les forces de l'inconscient par l'entremise d'un état proche d'une hypnose, autorisé par les puissances religieuses, parentales ou collectives. Le vin, correspondant au « sang du Christ » dans les messes catholiques est ainsi devenu une drogue légitime en Occident. Les produits hallucinogènes (peyotl, champignon hallucinogène) pris par les shamans ou sorciers aidaient ceux-ci à exprimer une souffrance psychique, y compris collective, ceci *à l'intérieur de mythes culturels qui leur étaient propres* et *les reliaient au groupe social* auquel ils appartenaient[2]. Ceci est éloigné des « ados » aujourd'hui, pour qui la toxicomanie se vit en marge et en rupture avec les liens de filiation.

Quant à la prise de médicaments psychotropes, si elle appartient à cette nouvelle « religion » qu'est la science, elle ne fait que proposer du « chimique » pour solutionner des problèmes d'ordre psychique. Le sens de ces souffrances est ainsi barré, éclipsé.

Ainsi en est-il également de ces toxicomanes que l'on soigne avec des médicaments de substitution comme le Subutex®[3] et qui s'addictent d'autant plus à celui-ci qu'aucun désir d'aide psychothérapique n'est exprimé chez eux.

1. Marinov V. (2010).

2. Eliade M. (1959).

3. La discussion reste à ce jour ouverte quant à savoir si le Subutex® peut être classé dans les stupéfiants ou pas. Manifestement il ne l'est pas, comme le soulignent C. Prieur (2006), J.-P. Couteron (2006) ou J. Lestrade

Venons-en maintenant aux chiffres assez alarmants concernant les addictions toxicomaniaques. L'évolution de ces pratiques va en effet vers des usages de plus en plus précoces. 60,5 % des jeunes de 14 ans ont déjà fumé du tabac[1]. Entre 1993 et 2000, la proportion de jeunes de 15 ans ayant consommé du cannabis a plus que doublé[2]. Par ailleurs, la proportion des garçons de 17 ans ayant bu régulièrement de l'alcool dans le mois précédent est passée de 16 à 21 % (Beck). Or, nous y reviendrons, la précocité paraît comme un des éléments qui augmente la survenue d'abus et de dépendances ultérieures (Robertson) et un facteur important de la perturbation des compétences sociales (Pandina).

En 2002, l'Observatoire européen des toxicomanies (OEDT) donnait les chiffres suivants pour les consommations de drogues en France :

Estimation du nombre de consommateurs de substances psychoactives en France métropolitaine parmi les 12-75 ans

Produit	Expérimentateurs	Occasionnels	Réguliers	Quotidiens
Alcool	44,4 millions	41,8 millions	13,1 millions	7,8 millions
Tabac	36,6 millions	16,0 millions	13,0 millions	13,0 millions
Psychotropes	// millions	8,9 millions	3,8 millions	2,4 millions
Cannabis	10,9 millions	4,2 millions	850 000	450 000
Héroïne	400 000	//	//	//
Cocaïne	1,0 million	200 000	//	//
Ecstasy	500 000	200 000	//	//

Expérimentateurs : personnes ayant déclaré avoir consommé au moins une fois au cours de leur vie.
Occasionnels : consommation dans l'année (sauf tabac : fumeurs actuels).
Réguliers : au moins 3 consommations d'alcool dans la semaine, tabac quotidien, usage de somnifères ou tranquillisants dans la semaine, 10 consommations de cannabis dans le mois.
Quotidiens : usage quotidien (sauf médicaments : usage « quotidien ou presque » dans le mois).

Dans son rapport de 2004, l'Observatoire français des drogues et des toxicomanies (OEDT) déplore une inquiétante hausse de la consommation de cannabis chez les adolescents. La France est ainsi devenue le premier pays consommateur de cannabis en Europe, la consommation y ayant doublé entre les années 1990 et 2000 : on considère que plus de 50 % des jeunes de 18 ans ont expérimenté le cannabis et que 20 % sont des fumeurs réguliers. Cette consommation

(www.liberation.fr/societe/2006/08/23/le-subutex-ne-deviendra-pas-un-stupefiant_49207) mais il demande à être accompagné d'un suivi psychothérapeutique, médical, pour éviter tout mésusage.

1. Choquet M. et coll. (1997), « Les adolescents et leur santé : repères épidémiologiques » *in* P.-A. Michaud *et al.* (1997).

2. Arènes J. *et al.* (1999).

décroît ensuite régulièrement avec l'âge et ne concerne plus que 10 % des plus de 40 ans. Tandis que le tabagisme baisse, la consommation de cannabis inquiète ainsi les experts. Entre 2002 et 2003, 40 % des Français âgés de 15 à 34 ans y ont eu recours, plaçant nos compatriotes dans le peloton de tête européen, juste derrière les jeunes britanniques et danois. Très souvent, les plus jeunes s'initient au joint dans la foulée de leurs premières ivresses, lesquelles sont toujours plus précoces, vers 12-13 ans.

Depuis 2009, date de la première édition de *Psychanalyse des addictions* qui, déjà, déplorait la hausse progressive des chiffres fournis par l'Observatoire français des drogues et des toxicomanies (OFDT), l'augmentation de la consommation de drogues chez les adolescents en France, premier pays consommateur de cannabis en Europe, est devenue alarmante. Cette situation se conjugue à une paupérisation des services de psychiatrie, de pédopsychiatrie et d'addiction (manque de psychiatres, manque de structures de soin, manque de lits hospitaliers, manque de personnels soignants) et à une certaine incurie de l'État à réprimer le trafic de drogue et son développement dans les « quartiers sensibles ».

En 2019, l'Observatoire français des drogues et toxicomanies (OFDT) a publié de nouvelles statistiques concernant le nombre estimé de consommateurs de substances psychoactives en France métropolitaine parmi les 11-75 ans[1].

Dans une présentation différente du tableau ci-dessus (publié en page 11 de la précédente édition de *Psychanalyse des addictions*) les chiffres de 2019 montrent une nette augmentation concernant le cannabis et l'héroïne (l'ecstasy et la cocaïne ne figurant pas dans le plus ancien) :

Produit	Expérimentateurs	Occasionnels	Réguliers	Quotidiens
Alcool	44,4 millions	41,8 millions	13,1 millions	7,8 millions
Tabac	36,6 millions	16,0 millions	13,0 millions	13,0 millions
Psychotropes	// millions	8,9 millions	3,8 millions	2,4 millions
Cannabis	10,9 millions	4,2 millions	850 000	450 000
Héroïne	400 000	//	//	//
Cocaïne	1,0 million	200 000	//	//
Ecstasy	500 000	200 000	//	//

L'expérimentation du cannabis chez les adolescents a quant à elle progressé dangereusement, passant de 40,9 % à 45,7 % chez les filles et de 50,1 % à 54,6 % chez les garçons. Plus de 6,8 %

1. Source : *OFDT. Drogues, chiffres clés*, 8e édition, 2019 (www.ofdt.fr).
– Expérimentation : consommation au moins une fois au cours de leur vie.
– Usage dans l'année : consommation au moins une fois dans l'année écoulée.
– Usage régulier : alcool : au moins 3 consommations d'alcool dans la semaine ; cannabis : au moins 10 fois dans le mois.

des adolescentes et de 17,7 % des adolescents de 17 ans ont fumé plus de 10 joints au cours du dernier mois, contre respectivement 5,2 % et 16,4 % en 2000. Il en résulte que la consommation régulière de cannabis devient presque aussi fréquente que celle de l'alcool.

En ce qui concerne les facteurs pouvant jouer sur la consommation, relevons les types de personnalités concernées : celles qui « cherchent des sensations » et celles qui sont impulsives et instables dans leur capacité d'attention et en difficulté pour s'organiser ou trouver du plaisir dans le mode de vie quotidien (Sarramon). La faible estime d'eux-mêmes qu'ont ces adolescents et préadolescents leur fait accumuler les problèmes personnels et les mauvais résultats scolaires.

Les facteurs environnementaux sont essentiellement liés à la diminution de l'implication des parents, voire de l'autorité parentale[1], concurrencée par l'influence des « copains[2] ». Le manque de structure parentale[3], de stabilité et de cohésion de celle-ci, largement augmentée par la fréquence des divorces, aggrave le problème du contrôle éducatif[4] à un âge où l'identification et le lien avec le père permettraient une indispensable « canalisation » et une sublimation des pulsions. L'étude de P. Binder auprès de 3 735 collégiens (de 3e) et lycéens (de seconde) a rappelé « l'importance des cumuls des consommations et les liens entre facteurs familiaux ou d'ambiance relationnelle et l'importance de consommations délétères : un vécu péjoratif familial, les séparations, les passages à l'acte, sont proportionnels aux quantités et cumuls des consommations des produits fumés (cannabis, tabac[5]) ». On retrouve d'ailleurs fréquemment dans les récits des toxicomanes un père absent (réellement ou dans le psychisme de la mère) n'ayant pu servir de tiers contenant et interdicteur.

Par ailleurs, rappelons qu'en France la consommation et le trafic de cocaïne ont explosé depuis 2003[6] et que son usage se banalise de la même manière que la consommation de haschisch et d'alcool, notamment de bière, chez les adolescents des deux sexes[7]. Il en est de même pour toutes les substances qui entraînent une dépendance avec ou sans toxique.

Un article du *Monde* de l'été 2008[8] nous a appris que, début août, les autorités et les agences sanitaires avaient jugé la situation suffisamment alarmante pour diffuser un communiqué

1. Brook J.-S. et coll. (1992), « Psychosocial risk factors in the transition from moderate to heavy use or abuse of drugs », *Vulnerability to drug abuse*, Washington D.C., American Psychological Association, p. 359-388.

2. Hoffmann J.-P. et coll. (1995) ; Varga K. (1996).

3. Jenkins J.E. et coll. (1998).

4. Arènes J. et coll. (1999).

5. Binder P. (2004).

6. *Cf.* « Alerte à la cocaïne », *Le Nouvel Observateur* 31 janvier 2004.

7. L'usage de stupéfiants touche en France trois fois plus d'hommes que de femmes – chaque âge ayant sa propre toxicomanie. Les pratiques ont changé ces dix dernières années. Il ne s'agit plus tant d'un moyen d'introspection, d'un « voyage intérieur » comme au temps des hippies que d'une manière de fuir un monde sans travail et de ne plus penser. Avec la déferlante de la musique « techno », de nouveaux produits sont également apparus et se sont répandus (kétamine, ectasy, GHB).

8. Laronche M., paru dans l'édition du 27/08/08.

conjoint, mettant en garde contre « une augmentation continue de la consommation » de cette drogue et « un manque de connaissance des nouveaux usagers quant aux risques encourus ».

Fait inquiétant, cette situation ne touche plus seulement les usagers traditionnels d'opiacés, âgés en général de plus de 30 ans, mais se diffuse dans des populations plus jeunes. Deux nouveaux publics sont concernés, souligne l'Observatoire français des drogues et des toxicomanies (OFDT). Il s'agit, d'une part, des jeunes en situation de grande précarité évoluant en milieu urbain et, d'autre part, de jeunes relativement intégrés qui expérimentent cette drogue en milieu festif de manière occasionnelle (raves, free parties, teknivals, mais aussi discothèques, boîtes de nuit, fêtes).

Autre stupéfiant de plus en plus présent, un dérivé très addictif de la cocaïne, le crack[1], mélange de cocaïne avec du bicarbonate ou de l'ammoniac dans des « cuisines » tenus par les trafiquants. Il est apparu depuis plusieurs années, en particulier dans des populations fragiles et à faibles revenus, immigrés, adolescents ou jeunes travailleurs socialement précaires, en particulier dans le Nord-Est parisien. On le retrouve également parmi les usagers de milieu festif techno alternatif.

Opiacé puissant, synthétisé à partir de la morphine, elle-même issue du pavot, l'héroïne conduit quant à elle à une dépendance physique et psychique, s'accompagnant d'une tolérance qui nécessite des doses de plus en plus importantes. Son usage, par voie intraveineuse, présente un risque de contamination (VIH, virus de l'hépatite B ou C). Enfin, le consommateur n'est pas à l'abri d'une overdose entraînant la mort par dépression respiratoire.

En 2006, sur 177 décès survenus par overdose, 21 % étaient imputables à l'héroïne seule, selon l'enquête annuelle effectuée par l'Agence française de sécurité sanitaire des produits de santé (Afssaps). « En 2007, cette proportion devrait être en hausse », précise Nathalie Richard, responsable du département Stupéfiants et psychotropes de l'Agence, sans être encore en mesure de divulguer les chiffres définitifs.

Depuis 2004, les saisies d'héroïne, en France, ont connu une progression régulière, passant d'un peu plus de 500 kg à 1 051 kg en 2007, selon l'Office central de répression du trafic illicite de stupéfiants (OCRTIS). Cette augmentation de la disponibilité du produit a entraîné une baisse des prix, passés de 47-50 euros le gramme en 2005 à 40 euros en 2007. L'usage par voie nasale apparaît aujourd'hui en nette augmentation, les usagers ayant tendance à juger, à tort, ce mode de consommation peu dangereux. « Les nouveaux publics sniffent majoritairement l'héroïne, ou plus rarement la fument plutôt que de se l'injecter, poursuit J.-M. Costes, de l'OFDT. Or, tous ne savent pas que ces modes d'administration ne les mettent pas à l'abri d'une overdose mortelle. » Quatre décès suspects, intervenus ces derniers mois dans l'Est chez des usagers non toxicomanes qui ne se seraient pas injecté le produit, expliquent en partie l'alerte diffusée par les autorités sanitaires début août 2008, précise le directeur de l'OFDT.

1. Slavicek M., Vinogradoff L., « Composition, effets, dangers, sevrage… qu'est-ce que le crack ? », *Le Monde*, 08 novembre 2021 : https://www.lemonde.fr/societe/article/2021/11/08/composition-effets-dangers-sevrage-qu-est-ce-que-le-crack_6101384_3224.html

L'Observatoire impute la reprise de la consommation d'héroïne à une moindre diabolisation de cette drogue, longtemps associée par les jeunes qui fréquentent « les teufs » à la déchéance du toxicomane accroché à sa seringue. Au début des années 2000, les revendeurs ont dénommé l'héroïne « rabla », soucieux de la dissocier de son image très négative. Certains disent encore « moi je prends pas de l'héroïne, je prends de la rabla », explique M. Debrus, de la mission Rave à Médecins du monde.

Depuis la parution de ces chiffres publiés dans notre première puis deuxième édition, la situation s'est encore aggravée. En juin 2018 paraissait une enquête intitulée « Des addictions et des jeunes » entre 14 et 24 ans, menée par l'institut Ipsos, la Fondation pour l'innovation politique, la Fondation Gabriel Péri et le Fonds Actions Addictions. Elle reposait sur les témoignages de 1 000 jeunes, de 402 parents et de 2 005 personnes du grand public, recueillis entre le 30 mars et le 5 avril 2018[1]. Le focus était mis sur les addictions à l'alcool, au tabac, à la drogue, au porno, aux jeux vidéo, aux réseaux sociaux et, enfin, aux jeux d'argent.

Ainsi, en 2018, d'après cette enquête :

- 30 % des jeunes interrogés consomment de l'alcool au moins une fois par semaine (dont 12 % plusieurs fois par semaine) mais 32 % n'en boivent jamais ;
- 24 % fument du tabac au moins une fois par semaine, mais 70 % ne le font jamais ;
- 6 % consomment du cannabis au moins une fois par semaine, contre 85 % à qui cela n'arrive jamais ;
- 2 % des jeunes prennent d'autres drogues (cocaïne, MDMA, GHB, ecstasy) au moins une fois par semaine, contre 96 % qui n'en consomment jamais ;
- 38 % consultent les réseaux sociaux pendant 2 heures ou plus par jour, et 7 % seulement ne le font jamais ;
- 24 % jouent aux jeux vidéo pendant 2 heures ou plus par jour, mais 22 % n'y jouent jamais ;
- 21 % des jeunes regardent du porno au moins une fois par semaine, contre 63 % qui n'en regardent pas du tout ;
- 13 % jouent aux jeux d'argent au moins une fois par semaine et 64 % n'y ont jamais recours.
- Du côté des parents interrogés, la majorité sous-estimaient la consommation de leurs enfants, âgés de 14 à 24 ans. Par exemple, 10 % d'entre eux estiment leur consommation d'alcool à une fois par semaine minimum, alors que 30 % des jeunes boivent à une telle fréquence.

Ajoutons enfin une population dans laquelle les addictions commencent à être un peu mieux décrites : celle des personnes âgées. Celles aux médicaments, singulièrement les psychotropes (anxiolytiques, antidépresseurs, hypnotiques) sont malheureusement devenues, au fil du temps, « la » seule réponse proposée devant l'angoisse et les problèmes d'humeur et d'insomnie fréquents et naturels après 60-70 ans… Les études scientifiques concernant les autres addictions, hormis l'alcoolisme et donc les addictions médicamenteuses, existent certes mais restent cantonnées aux milieux de la recherche universitaire. Récemment pourtant, L. Fernandez[2] a

1. http://www.gabrielperi.fr/les-addictions-chez-les-jeunes.html
2. Fernandez L. (2009).

pu rassembler des spécialistes de l'addiction et de la gérontopsychologie afin d'avoir un aperçu fiable tant du point de vue épidémiologique ou statistique que clinique sur cette question. Nous retenons des études présentées dans cet ouvrage, auxquelles nous renvoyons le lecteur, quelques faits méritant d'être mentionnés :

- les études épidémiologiques sur le jeu pathologique chez les seniors donnent des résultats contradictoires par rapport à ceux pratiqués par les « ados ». Les jeux d'argent et de hasard sont les plus pratiqués chez les seniors. Il ressort que l'importance de la solitude mais également l'entraînement par le groupe (maison de retraite, village) sont déterminants. Un autre facteur, souligné par Valleur et Matysiak[1], est le traitement antiparkinsonien. Ces médicaments dopaminergiques utilisés dans la maladie de Parkinson provoquent en effet des troubles du comportement des impulsions, qu'il s'agisse de jeux pathologiques, d'hyperactivité sexuelle ou d'impulsions perverses irrésistibles (exhibitionnisme par exemple, mais aussi zoophilie, pédophilie) ou encore boulimie ;
- concernant l'alcoolisme, l'absence de repères épidémiologiques fiables, particulièrement chez les sujets âgés hospitalisés ou en séjours d'hébergement, n'empêche aucunement de constater l'existence de ces conduites dans ces établissements (Menecier[2]).

De nouvelles addictions sont apparues depuis quelques années comme celle de médicaments comportant de l'opium dans leur composition, utilisés comme *antidouleurs mais détournés de leur prescription* à des fins de trafic et/ou d'addiction. Aujourd'hui, en France, la ©Lamaline, antidouleur très puissant à base de paracétamol, de caféine et d'extrait d'opium, ou encore le ©Tramadol, antalgique opioïde d'action centrale, agissant sur le même type de récepteur que la morphine, ainsi que le ©Lyrica, antiépileptique chimiquement apparenté à l'acide gamma-amino-butyrique (GABA), sont obtenus par ordonnance médicale avant de se retrouver en vente sur les points de *deal* de Paris et de nombreuses villes.

Autre nouvelle pratique addictive, le Chemsex, contraction des mots anglais *chemical* (chimique) et *sex* (sexe). Il désigne l'usage de drogues juste avant, puis pendant, l'acte sexuel. Cette pratique, qui a vu le jour dans le milieu gay anglo-saxon, vise à désinhiber les pratiquants et à prolonger les relations charnelles.

Ces produits psychoactifs peuvent être sniffés, injectés en intraveineuse, avalés ou administrés par voie anale. Les plus souvent utilisés, seuls ou associés, sont très addictifs : la cocaïne, les cathinones (4-MEC, 3-MMC, 4P, MDPV…) issus du khat, plante psychostimulante consommée surtout au Yémen, le poppers, le GHB/GBL, la méthamphétamine, la kétamine.

Ces addictions font partie de ce que l'on appelle le Slam, c'est-à-dire la consommation de produits psychostimulants, principalement des cathinones en intraveineuse dans un contexte sexuel.

1. Valleur M. et Matysiak J.-C. (2009).
2. Menecier P. (2009).

Enfin, dernière addiction toxicomaniaque, risquant d'apparaître en France et en Europe dans les mois à venir, celle de puissants opioïdes, en particulier le fentanyl. Mélangé à la cocaïne, ce produit a, aux États-Unis, déjà fait des millions de morts ; les chiffres statistiques qui l'attestent sont terribles : 5 % de la population mondiale, les Américains constituant 80 % des consommateurs d'opioïdes.

Le nombre de morts par overdose a augmenté chaque année aux États-Unis. Le nombre de décès liés à une overdose aux opioïdes aux États-Unis entre 1999 et 2021 a en effet été multiplié par 10 (!) : de 8 050 en 1999 à 80 411 en 2021[1].

Avec près de 120 000 morts par overdose pour 2023, la vague promet d'atteindre un niveau inédit souligne l'épidémiologiste Chelsea Shover, de l'université de Californie à Los Angeles (UCLA[2]).

Le fentanyl sous forme de poudre et de méthamphétamine se trouve aujourd'hui mélangé à une nouvelle drogue, la xylazine, aussi surnommée « tranq » ou « drogue du zombie ». Elle est de plus en plus retrouvée aux États-Unis en combinaison avec d'autres drogues comme le fentanyl, l'héroïne, la méthamphétamine ou encore la cocaïne. Sédative et analgésique pour usage vétérinaire, cette drogue est utilisée contre la douleur animale[3]. Elle est particulièrement répandue dans le Nord-Est du pays. Selon une étude, 26 % des overdoses fatales en Pennsylvanie en 2020 impliquaient de la xylazine, et 20 % dans le Maryland, État voisin de la capitale Washington.

Sa consommation peut provoquer des plaies cutanées et des plaques de peau morte et en putréfaction, y compris ailleurs qu'au niveau de l'injection. Ces plaies peuvent facilement s'infecter et, sans traitement, conduire à une amputation[4].

6. L'addiction en psychanalyse et psychiatrie du DSM aujourd'hui

Force est de constater que le terme d'addiction découvert par les psychiatres français il y a quelques années reprend une problématique transnosographique *déjà connue de la psychanalyse* (Freud, Ferenczi, Glover, Fenichel, Rado, McDougall, Bergeret). La référence à la fixation orale selon les travaux de K. Abraham, puis ceux de Rado, a été mise en avant depuis longtemps.

1. Gautier M. (2023), « Drogues : nombre d'overdoses mortelles liées aux opioïdes aux États-Unis 1999-2021 », Statista, consulté le 9/02/2024 sur : https://fr.statista.com/statistiques/1366099/overdose-opioides-heroine-etats-unis/

2. Herzberg N., *Le Monde,* 19 septembre 2023 : https://www.lemonde.fr/sciences/article/2023/09/19/crise-des-opioides-aux-etats-unis-la-quatrieme-vague-d-overdoses-est-sans-precedent_6190032_1650684.html

3. « Les États-Unis sévissent contre la "tranq", qui a infiltré le marché des drogues », *Le Figaro* avec AFP, le 28/02/2023.

4. *Idem.*

La psyché y est dominée par une régression orale où l'avidité se conjugue à l'excès d'excitation et de plaisir la débordant dans une jouissance procurée par l'objet du besoin [objet primaire, partiel, sein = lait = liquide] dont le manque plonge le sujet dans la *détresse*. Les questions des rapports entre compulsion au jeu et masturbation, homosexualité latente et alcoolisme, besoin névrotique autopunitif et contrainte à boire ou se droguer (Freud) ou encore « besoin compulsif de drogues » comme « manifestations pulsionnelles symptomatiques » (Ferenczi) soulignent combien l'approche psychanalytique, dès ses débuts, a perçu et décrit l'aspect transnosographique des addictions.

Aujourd'hui l'addiction est reconnue comme une façon de se droguer *avec* mais aussi *sans* produit (sport, travail, etc.) chez des sujets dont les problématiques relèvent le plus souvent :

- de la désymbolisation de la pensée[1] (cela est relatif avec le tabagisme ou l'addition au travail ou encore dans le sex-addict),
- d'une violence non intégrée, d'une carence ou fragilité narcissique[2],
- d'une dépressivité, angoisse de la relation d'objet,
- d'une pensée opératoire ou d'une alexithymie[3],
- d'une difficulté ou impossibilité de « différer » la tension psychique ou la frustration au point d'user et d'abuser de la « décharge » motrice ou sensorielle pour décroître la tension excitationnelle ou s'affranchir de la frustration,
- d'une porosité entre les frontières du dedans (psychique) et du dehors, de là la grande sensibilité à l'environnement, l'autre, et ce qu'ils peuvent offrir de « récompense » en termes de fuite, dans la consommation, de toute tension intérieure non élaborable psychiquement (problématique fréquemment rencontrée chez les états-limites).

L'appétence addictive tente de court-circuiter le *désir en le rabattant sur le besoin :* la *pensée désirante (fantasme)* qui ne s'exprime pas, « s'excorpore » ainsi dans l'acte moteur que suscite le besoin, sans trouver les voies de l'élaboration psychique[4]. La régression pulsionnelle sur sa « base » excitationnelle court-circuite, du fait de l'intensité émotionnelle ou affective, toute possibilité d'élaboration psychique par les voies de la représentance de certains affects, en particulier ceux participant de l'homéostasie narcissique du moi et sa survie (peur, effroi, honte, culpabilité, attachement, dépendance, impuissance, détresse, terreur, intrusion).

1. Guillaumin J. (2001).

2. Marinov V. (2001).

3. La « pensée opératoire » a été décrite, dans les années soixante, par les psychanalystes P. Marty, C. David et M. de M'Uzan comme étant une forme de pensée qu'ils ont trouvée de manière prévalente chez des sujets somatisant chroniques et qui présente la caractéristique d'être pauvre en fantasmes, en pensée onirique et tournée vers le factuel, le « pratique ». L'alexithymie fut décrite en 1967 par le psychologue américain Sifneos qui en fit une difficulté à verbaliser les émotions, caractéristique de sujets somatisants et retrouvée de manière fréquente chez les sujets addictés.

4. *Cf.* aussi Delrieu A. (1988). Pour A. Green, les structures des psychopathes, toxicomanes et sujets à pathologies somatiques chroniques appartiennent, du fait de la massivité de leurs *actings* à des carences économiques et de la vie fantasmatique : *cf.* « La psychose blanche », *in* A. Green et J.-L. Donnet (1973) et le chap. III du *Discours vivant* (1983).

Rappelons que dans le modèle freudien *l'ordre du besoin est opposé à celui du désir*, le besoin vise l'ingestion de lait alors que le désir vise une incorporation du sein et de la mère, mécanisme qui amènera progressivement à « introjecter » des qualités psychiques de l'objet nourricier (*cf.* Brusset, 1984). Une fois mis en place le mécanisme d'introjection et ceux primaires psychiques (double-retournement, projection, refoulement), donnant une « assise » psychique au désir, une fois celui-ci mis à mal par les épreuves de séparation, perte, castration, grande est alors la tentation, à la puberté – adolescence, de voir s'installer, devant les difficultés relevant du désir sexuel et de la rencontre avec l'objet qui le suscite, une demande régressive envers l'objet, cela vers une incorporation *versus* ingestion. L'avidité orale et la régression compulsionnelle vers des composantes corporelles dans lesquels les autoérotismes sont « dégradés » et coupés de toute vie fantasmatique font évoquer ce que les psychanalystes de l'École de psychosomatique de Paris appellent des procédés autocalmants et des néo-besoins chez des sujets que l'on peut qualifier d'« esclaves de la quantité[1] ». En d'autres termes, ceux de B. Brusset, l'addiction fonctionne comme un *autoérotisme désexualisé*[2] relié à un rapport entre psyché et soma régi par ce que J. McDougall appelle « la dispersion des affects » et la « désaffectation » (*cf. infra*). Ceci bien évidemment n'est pas sans poser de sérieux problèmes de prise en charge tant institutionnels qu'en cabinet.

Reste, comme le soulignent J.-L. Pedinielli et A. Bonnet[3], que le défi de la psychanalyse est dans ce décalage entre un modèle général de l'addiction et les multiples spécificités de ces conduites sans réelle unité. Du point de vue du psychanalyste, une conduite addictive relève moins du statut de symptôme au sens strict du terme, c'est-à-dire issu de conflits psychiques, que de ce que J. McDougall a appelé un « acte-symptôme », une « éconduction » (décharge) de ce qui, dans le psychisme, ne peut prendre le chemin de la conflictualité psychique et subjective. Ceci, évidemment, étant, dans le face-à-face clinique, tout à fait à relativiser car si conflictualité il y a, c'est au minimum celle de la continuation ou pas, dans une prise de conscience plus ou moins culpabilisante, de la conduite addictive.

En d'autres termes, les difficultés de catégorisation métapsychologique des conduites addictives rejoignent, à un autre niveau, plus nosographique, celles rencontrées dans le monde de la psychiatrie. L'addiction repose en effet sur des critères sémiologiques hétérogènes et, du point de vue du DSM-IV, un « processus pluridimensionnel et polyfactoriel » : le « trouble du comportement addictif fait partie de l'axe 1 qui en compte cinq : troubles liés à la nicotine ; troubles liés aux opiacés ; troubles liés à la phencyclidine (PCP) ; troubles liés aux sédatifs, hypnotiques ou anxiolytiques ; troubles liés à plusieurs substances ; troubles liés à une substance autre (ou inconnue) ».

1. M'Uzan M., de (1984).

2. Brusset B. (2008), *Psychopathologie de l'anorexie mentale*, p. 197-199.

3. Pedinielli J.-L., Bonnet A. (2008), p. 46.

Le risque est ici d'invoquer, par le terme « addiction », un principe explicatif très général sans valeur scientifique du point de vue de la causalité psychique inconsciente et de mettre en place des procédures chimiques ou socio-comportementales de traitement permettant de passer cette causalité sous silence. C'est d'ailleurs sur cette pente que s'engage de plus en plus la psychiatrie prônant la prise systématique de médicaments et une rééducation des habitudes et des conduites, ersatz du traitement comportementalo-cognitiviste, en limitant toute compréhension du sens de ces symptômes au regard de l'histoire des sujets.

L'approche multiaxiale des DSM des *comportements* addictifs, baptisés « troubles de la dépendance », permet en fait à la psychiatrie d'aujourd'hui, sous couvert d'une description biologico-comportemento-sociale de sa mise en jeu, de pouvoir asseoir un discours cognitiviste et défendre la revendication de services d'addictologie pourvus de postes budgétés et des financements, ceci de la part d'institutions publiques ou privées. Nouveau mal sociétal, nouveau marché, l'addiction est devenue une nouvelle façon de penser[1] le symptôme psychiatrique de la souffrance psychique en le résumant à un comportement.

Les deux manuels de référence pour la classification des troubles psychiques dans le territoire français ne retiennent pas ce terme d'addiction. L'Organisation mondiale de la santé (OMS) à l'origine de la Classification internationale des maladies (CIM), renonçant progressivement à l'usage du terme « toxicomanie », le remplace par celui de « dépendance ».

Si on réfère ce concept d'addiction aux critères de la *dépendance* à une substance psychoactive telle que la décrit le DSM-IV, on constate que la majorité des critères concernent *le comportement*; deux font référence à la perte de contrôle (1 et 2); un concerne les préoccupations du sujet pour l'obtention et l'utilisation de la substance psychoactive (3); trois traduisent la persistance de l'addiction malgré les conséquences néfastes pour l'individu (4, 5, 6).

Un des premiers regroupements acceptés en France sous le terme d'addiction avec des critères communs a été celui effectué par Goodman. Il définit l'addiction comme « un processus dans lequel est réalisé un comportement qui peut avoir pour fonction de procurer du plaisir et de soulager un malaise intérieur et qui se caractérise par l'échec répété de son contrôle et sa persistance en dépit des conséquences négatives ». Les critères qu'il propose servent de référence pour les centres d'addictologie, notamment concernant les addictions à un comportement, celles dites « addictions sans drogue[2] ».

La description par Goodman[3] de ce concept a servi de matrice à de nombreux travaux neurobiologiques ultérieurs[4] ainsi que les grilles du DSM-IV et CIM-10. Certains auteurs (Orford, Cordier[5]), après avoir comparé cette dépendance à une substance psychoactive et à des comportements utilisés pour obtenir le plaisir et/ou échapper à un conflit intérieur (jeu

1. Valleur M. et Matysiak J.-C. (2003); *cf.* aussi (2006).
2. Goodman A. (1990), « Addiction: definition and implications ». *Br. J. Addict.*, 1990; 85 (II): p. 1403.
3. Goodman A. (1990), art. cit; Koob G.F., Nesder E. J. (1997).
4. Koob G. F., Le Moal M. (2001).
5. Cordier B. (1992).

pathologique, boulimie, sexualité, dépenses et achats compulsifs), considèrent que l'on peut définir des caractéristiques communes à tous ces comportements :

- l'impossibilité de résister à l'impulsion de s'engager dans le comportement ;
- la tension interne croissante avant de produire le comportement ;
- le plaisir ou le soulagement dès le début du comportement ;
- la perte de contrôle dès le début du comportement ;
- le maintien de ce comportement malgré les conséquences négatives ;
- des préoccupations obsessionnelles concernant le comportement ;
- la réduction des activités sociales, professionnelles, familiales du fait du comportement ;
- l'irritation ou l'agitation en cas d'impossibilité de réaliser le comportement.

Pour Goodman ce n'est pas le type de comportement, ni sa fréquence ou son acceptabilité sociale qui déterminent si c'est ou non une addiction mais comment ce mode de comportement est relié et affecte la vie de l'individu, selon les critères diagnostiques spécifiés. Goodman va plus loin en indiquant qu'il ne propose « pas seulement une définition de l'addiction, mais aussi une modification dans la façon dont certains troubles psychiatriques sont conceptuellement organisés ». Il suggère la création d'une nouvelle catégorie nosographique assez vague : les troubles addictifs, tout comme sont vagues les « troubles » bipolaires, les « troubles » obsessionnels-compulsifs, les « troubles » de l'adaptation, etc., dans la psychiatrie postmoderne.

Notons l'introduction de la dimension de compulsion, que Goodman définit en deux points principaux : l'impossibilité de résister à l'envie de réaliser un comportement et l'échec du contrôle de ce comportement. Il est intéressant de noter que la CIM-10 (1994) et le DSM-IV (1996), dans leur forme révisée traduite en français, ont inclus le critère de « perte de contrôle » dans leur définition de la dépendance.

Pour Orford[1], une théorie générale de la dépendance addictive doit prendre en compte ces conduites qui n'impliquent pas forcément l'usage d'une drogue, tout en produisant les mêmes effets psychopathologiques, et même neurobiochimiques (souvenons-nous, dès 1945, la boulimie avait déjà été dénommée « toxicomanie sans drogue » par O. Fenichel[2]).

Quant aux notions d'abus (DSM-IV), d'usage nocif (CIM-10), elles se retrouvent limitées aux conséquences néfastes observables ou quantifiables de l'usage du toxique, à l'exclusion de toute référence aux symptômes spécifiques du comportement toxicomaniaque.

Dans le DSM-IV (1994) et le DSM-IV-TR comme chez Evans et Sullivan (1995[3]), ces termes sont définis comme ceci :

- « *Drug use* » : le sujet commence par utiliser des produits dans certaines situations sociales ou médicales, sans en abuser, mais peut en avoir un mésusage dans certaines conditions émotionnelles.

1. Orford J. (2001).
2. Fenichel O. (1945), « Perversions et névroses impulsives », *op. cit.*
3. Evans K., Sullivan J.-M. (1995).

- « *Drug misuse* » : utilisation de produits pouvant entraîner une dépendance en dehors d'une prescription médicale et dont le sujet progressivement abuse avec une nette tendance à l'autoprescription.
- « *Drug abuse* » (usage nocif) : comportement *(pattern)* récurrent de mésusage pendant douze mois entraînant une baisse de rendement et des responsabilités au niveau scolaire, familial, ainsi que des problèmes sociaux et légaux.
- « *Drug dependance* » : maladie chronique et progressive avec compulsion d'utilisation et de réutilisation de produits, perte de contrôle vis-à-vis de ceux-ci en dépit des conséquences néfastes. Le diagnostic de dépendance nécessite l'utilisation pendant plus de douze mois du produit, entraînant une tolérance et une augmentation des doses, des symptômes de manque et de sevrage à l'arrêt (Evans, Sullivan, 1995).

Les symptômes de sevrage *(withdrawal symptoms)* sont en général la confusion, l'anxiété, l'insomnie, la nausée et, selon les drogues, la dépression ou la fatigue. La notion de tolérance est variable : certains usagers ont un besoin quotidien de leur drogue ou conduite alors que d'autres n'en ont besoin qu'occasionnellement.

Enfin il existe une relative comorbidité des addictions : l'association entre jeu pathologique et dépendance, entre toxicomanie et alcoolisme, anorexie et toxicomanie est ainsi fréquente – ce que Valleur et Matysiak appellent, quant à eux, « codépendance » (2003, p. 86[1]). En ce sens, cette notion de « large spectre[2] » mérite d'être examinée au regard de celle, générique, de somatisation. Au-delà de la structure clinique, le concept d'addiction permet de chercher un sens aux symptômes qui se présente comme un mode de régulation d'affects en excès, y compris sexuels, par une conduite impliquant le corps[3]. L'intérêt qu'il y a à regrouper les addictions avec les somatisations est de pouvoir leur découvrir, au-delà de leurs différences notables, une *possible étiopathogénie commune.*

1. Valleur M. et Bucher C. (1997), dans leur ouvrage sur *Le jeu pathologique,* montrent que les études épidémiologiques ou cliniques tendent à montrer une importante relation entre la dépression et le jeu pathologique. La délinquance est un élément fréquemment retrouvé dans les cas de jeu pathologique. Selon une étude de Lesieur et Blume (1993), qui ont passé en revue l'essentiel de la littérature technique en la matière, les recoupements *(overlaps)* entre jeu pathologique et abus de substances psychoactives sont très larges. Parmi les personnes en traitement pour une dépendance à l'alcool ou aux drogues, de 9 à 14 % sont aussi des joueurs pathologiques. Ces pourcentages sont à multiplier par deux si l'on inclut la pathologiques en traitement, de 47 à 52 % d'entre eux se révèlent aussi présenter une dépendance ou un abus d'usage d'alcool ou de drogues. Il existe des éléments communs entre d'une part l'alcoolisme ou la toxicomanie, d'autre part le jeu pathologique. Et certaines personnes peuvent passer de l'une à l'autre de ces « pathologies ». Des parallèles théoriques peuvent exister entre jeu pathologique et troubles des conduites alimentaires, anorexie, boulimie, dans la mesure où ces troubles sont avant tout décrits en termes de comportements auto-infligés, et comportent les caractéristiques d'impulsivité, ou de compulsivité, qui sont évoqués dans le cas du jeu pathologique. Les études sur le sujet sont rares, mais il semble que chez les femmes qui s'adonnent au jeu de façon excessive, les boulimiques soient nettement surreprésentées.

2. Bayle F. J. (1994).

3. Fernandez L. (2010).

Aujourd'hui les psychiatres appréhendent l'addiction comme « une pathologie de la sensation » – ce qui, nous le verrons, est proche de l'approche métapsychologique des sensations que fait V. Estellon chez les cas limites *(infra)* –, y voyant « des pistes fondamentales et thérapeutiques », la sensation se rapprochant de la « notion de salience [proéminence] dopaminergique » et de la représentation de perception utilise pour les « psychothérapeutes[1] ». L'insistance, du côté des psychiatres, est faite sur les perturbations de la cognition des différentes addictions (cannabis, ketamine[2], etc.) et sur la « pluralité des modèles[3] » où ceux pharmacologiques[4] et les traitements TCC sont privilégiés (le Baclofène® – anxiolytique donné pour l'alcoolisme étant considéré comme un traitement de substitution quasiment à vie comme la Méthadone®).

Ajoutons pour conclure que la parution du prochain DSM-V[5] (2013) risque fort de démultiplier le « diagnostic » d'« addiction », l'élargissant à nombre de symptômes et syndromes normaux de la vie psychique[6] (deuil, passion amoureuse, etc.). Avec cette dérive pathogénique de nouveaux syndromes vont être ajoutés, tels que l'activité sexuelle libertine, l'apathie, la timidité, l'amour de la gastronomie ou encore le plaisir de se promener pendant des heures sur Internet. « La médicalisation des émotions banale[7] » devient ainsi une cible de choix à diagnostiquer et traiter pharmacologiquement ou par « déconditionnement[8] ».

1. Nuss P. (2012).

2. Bacon E. (2012).

3. Touzeau D., Lagrue G. (2012).

4. Costentin J. (2012) ; Madiou J.P. (2012).

5. Tandis que le DSM-II – l'édition de 1968 – utilisait 180 catégories de maladies mentales parmi lesquelles une seule forme générique de « névrose d'angoisse » –, le DSM-III-R (« R » pour « révisé ») en dénombrait finalement 292, un nombre que le DSM-IV, publié en 1994, porterait à 350 ! Pour le dire autrement, en vingt-six ans seulement, le nombre total de troubles mentaux qu'une population ordinaire est susceptible de présenter a presque doublé. Un résultat étonnant. Comme le remarque Healy, « les nouveaux paramètres intégrés à la définition de la seule dépression ont eu pour effet une multiplication par mille [des cas déclarés], malgré l'existence de traitements censés soigner cette terrible infirmité » (Lane C., p. 66).

6. *Cf.* 15th World Psychiatric Association Congress, Buenos-Aires, Argentine, 18-22/09/2011.

7. Sargueil S. (2012).

8. Marks I. (1990), « Behavorial (non-chemical) addiction », *British J. of Addiction, 85*, (11), p. 1403-1408. Ades J., Lejoyeux M., Rondepierre C., Dauchy S. (1991) ; Pedinielli J.-L., Rouan G., Gimenez G., Bertagne P. (2005) ; Adès J., Lejoyeux M. (2001). Carton S., Chabert C., Corcos M. (2011). Hopper E. (1991).

Pour résumer

Avec le terme d'addiction, la conduite de dépendance, affranchie de la stricte pharmacodépendance, est étendue à des comportements dont la nature addictive semble manifeste, malgré l'absence d'un produit toxique. Ces addictions comportementales *(behavioral addictions*[4]*)*, ou addictions sans drogues, décrivent également de nos jours les addictions à Internet, les achats compulsifs, les addictions sexuelles, pour certains la boulimie et l'ensemble des conduites à risques[5]. Le postulat de la méthode analytique étant que les conflits intrapsychiques, parfois en contiguïté avec des situations traumatiques et leur effet « après-coup », font apparaître nombre de conduites addictives comme « solution somato-comportementale » ayant fonction de décharge de tension, angoisses, excitations court-circuitant toute élaboration et représentation psychique. Assurément des clivages anciens, souterrains, jusque-là invisibles, ont formé un « terrain » préparatoire favorable à l'emprise de la conduite addictive lors de la rencontre avec l'objet ou le comportement addictif. Ce clivage apparaît être entre le ça pulsionnel (2e topique) et l'inconscient refoulé (1re topique), comme entre l'affect et la représentation, ce que montre la narrativité désaffectivée, le « silence des émotions[6] », la réduction de la vie fantasmatique (pensée opératoire, alexithymie) de ces patients. Clivage précoce mis en place afin de soulager la vie psychique d'angoisses psychotiques (de vide, d'annihilation, d'abandon ou de séparation [état-limite]), et, dans l'après-coup de la puberté et de la sexualisation de la vie relationnelle, de l'irruption de fantasmes inconscients comme ceux d'homosexualité.

À la différence du psychiatre qui suit la grille DSM-IV pour poser son diagnostic et prescrire le traitement à suivre, le psychanalyste, pour tenter de saisir les conflits, souffrances et drames cachés sous-jacents à ces conduites, est amené à *reconsidérer la validité du concept d'addiction du point de vue de la métapsychologie freudienne* et *à l'interroger au regard du corpus de la psychosomatique psychanalytique* car les addictions, comme les somatisations, portent sur un mode de gérance de dépassement des « seuils d'intensité affective[1] » qui engage le psychisme, certes, mais aussi l'homéostasie psychosomatique et comportementale.

La clinique des addictions – comme celle des somatisations[2], pour d'autres raisons et par d'autres mécanismes – relève ainsi de « cliniques du corps » appartenant à une « métapsychologie des limites » et aux « organisations non névrotiques » qu'A. Green a étudiées et décrites[3]. Ces conduites addictives illustrent l'existence de clivages constituant avec le refoulement une double limite, que l'on peut considérer comme une troisième topique en termes de métapsychologie freudienne (*cf.* chapitre III). Cette clinique particulière, ajoutons-le, est également celle du quotidien : besoin de café le matin, de faire les magasins le samedi, etc., invitant donc à un « relativisme » dans l'emploi du diagnostic. Enfin cette clinique entretient des rapports particuliers, chez certains sujets, avec la créativité (*cf. supra*).

1. Cournut J. (1991, 1992).
2. Pirlot G. (1997), *op. cit.*
3. Green A. (1974, 1982).

7. Clinique et sémiologie des principales conduites addictives

Il y a évidemment des sémiologies et épidémiologies différentes d'une addiction à l'autre. Pour des raisons éditoriales nous n'avons pu dans cet ouvrage présenter et rappeler les différentes formes sémiologiques que présente chaque addiction. Nous renvoyons le lecteur à notre ouvrage coécrit avec D. Cupa, *Approche psychanalytique des troubles psychiques* (A. Colin, 2012), dans lequel la sémiologie propre à chaque addiction (toxicomanies, alcool, anorexie-boulimie, jeux vidéo, etc.) est décrite.

8. L'addiction : « néo-besoin », quête d'excitation et déficit homéostatique de l'appareil psychique

Les définitions psychiatriques de l'addiction légitiment sans le savoir les considérations « toxicologiques » freudiennes dans les névroses actuelles et les conduites toxicomaniaques.

Dans la conception des premiers travaux de Freud empreints encore de « neurophysiologie », tel « L'Esquisse » (1895), l'appareil psychique apparaît comme un organe/système auto-organisé, hiérarchisé, jouant le rôle d'homéostat et de régulateur essentiel entre l'environnement et le soma. Relevons dès à présent que, pour P. Marty et l'école psychosomatique de Paris, la moindre défaillance ou le plus petit dysfonctionnement (fréquent à l'adolescence) de cet appareil-psychique-homéostat – ce que P. Marty appellera « l'insuffisance avérée du fonctionnement mental[1] » –, aura tendance à faire régresser celui-ci, par *dé-hiérarchisation des fonctions psychiques*, vers le réflexe (des « actes-symptômes » aussi bien somatiques, neurovégétatifs *[acting in]* ou comportementaux [*acting out*, addiction]) par où les dynamiques conflictuelles se voient essentiellement régulées par le registre économique de la décharge comportementale.

Dans cet ordre d'idées, signalons qu'il est possible de rapprocher l'appréciation freudienne d'un système psychique comme organe-hiérarchisé-homéostat (différencié plus tard en plusieurs instances : inconscient, préconscient, conscient ; puis moi, ça, surmoi) de ce que certains biologistes décrivent aujourd'hui comme « hiérarchie fonctionnelle », « tendance naturelle dans les systèmes biologiques à l'auto-association par complexification permettant une stabilité organisationnelle d'un système[2] », « ordre fonctionnel par hiérarchie conduisant à l'auto-organisation », « potentiel d'organisation fonctionnel mesure du nombre d'interactions potentielles d'un système », ou encore « importance du rôle du temps dans l'organisation des fonctions et du rôle de l'espace dans celui des structures[3] ».

1. Marty P. (1990), *op. cit.*, p. 26.
2. Chauvet B. (1995), *La Vie dans la matière. Le rôle de l'espace en biologie*. Paris, Flammarion.
3. *Ibid.*, p. 213.

Toujours à propos des apports de l'œuvre freudienne, remarquons avec C. Couvreur[1] que les travaux du père de la psychanalyse sur le narcissisme, le rôle de la deuxième topique ou certains textes plus tardifs (sur le clivage, l'« au-delà du principe de plaisir », la décomposition de la personnalité, les traumas avant l'acquisition du langage par exemple), permettent l'établissement de liens conceptuels et cliniques entre les différentes addictions elles-mêmes.

Dans le contexte psychique de l'adolescence caractérisé par de réels moments de désorganisation dus aux remaniements pulsionnels et identitaires, l'addiction se rapproche de ce que Smadja et Szwec ont appelé des procédés autocalmants (PAC) ou « néo-besoins[2] », selon M. Fain et D. Braunschweig. Ayant recours à une économie de la perception-sensation, les sujets addictés, « esclaves de la quantité[3] », paraissent lutter contre (ou avec) ce que le psychisme ne peut « organiser » symboliquement, en raison de diverses causes : vide psychique, inorganisation mentale sur fond de difficile canalisation des pulsions et excitations, vécu affectif indicible, traumas précoces importants potentialisés par l'adolescence. Dans ce contexte psychique, l'addiction paraît ainsi être recherchée au premier ébranlement de l'édifice identitaire (le self) à l'occasion de différents traumas (rupture, abandon) comme d'événements affectifs ordinaires (par exemple fumer avant de donner un coup de téléphone). L'approche psychosomatique familière de la question de l'économique devient, dès lors, un outil théorique et méthodologique incontournable concernant l'appréhension du fonctionnement psychique des sujets addictés.

La compréhension des phénomènes d'addiction passe, encore une fois, par celle de la crise pubertaire et de l'adolescence. Celle-ci ne se conçoit que comme « après-coup » de « micro » ou « macro » traumatismes infantiles, l'adolescence elle-même, d'avec son excès pulsionnel, étant une période « traumatogène ». Époque d'une difficile séparation d'avec les parents, le « travail d'adolescence » est comparable à celui d'un deuil inachevé : l'affect qui prédomine à cette époque est souvent l'affect dépressif de base, le mal-être.

Il y a, à cet âge, une mélancolisation du lien qui permet de comprendre bien des actes suicidaires et le recours par la suite au comportement addictif. Tout adolescent y est un dépressif narcissique qui est en deuil, non de l'objet mais de la chose même *(Das Ding[4])*, le « hors signifié[5] », à savoir l'ambiance maternelle et familiale, et cela jusqu'au « narcissisme négatif[6] ». C'est d'ailleurs de vouloir inconsciemment protéger la mère que l'adolescent se tuera ou, parfois, développera une personnalité en faux-self.

1. Couvreur C. (1991).

2. Braunschweig D., Fain M. (1975), *La nuit, le jour. Essai psychanalytique sur le fonctionnement mental,* Paris, PUF.

3. M'Uzan M. (de) (1984), « Les esclaves de la quantité ». *Nouvelle Revue de Psychanalyse,* n° 30, Gallimard, p. 129-38.

4. Heidegger M. (1927), *Être et Temps,* Gallimard, 1986, trad. Vezin.

5. Lacan J. (1955-1956), *Les psychoses, Livre III,* Paris, Éd. du Seuil.

6. Green A. (1983), *Narcissisme de vie, narcissisme de mort,* Paris, Éd. de Minuit ; (1986), « Pulsion de mort, narcissisme négatif et fonction désobjectalisante », in *La pulsion de mort,* Paris, PUF, p. 49-59.

Ce spleen, cette déprime, peuvent ainsi être cultivés, voire esthétisés comme une forme de « perversité affective[1] » qui se présente comme une digue face aux angoisses dépressives archaïques et anaclitiques que la perte et la séparation d'avec la famille ne manquent pas de raviver. « L'affect est [en effet] l'objet partiel du dépressif, au sens d'une drogue qui lui permet d'assurer l'homéostasie narcissique par cette emprise non verbale, innommable sur la Chose non objectale. Le déprimé est un pervers qui s'ignore[2]. »

M. Corcos[3], à propos de patientes anorexiques-boulimiques et moi-même à propos de patients toxicomanes, alcooliques ou tabagiques[4], avons remarqué cette fragilité des assises narcissiques sur fond de carence présente chez ces patient(e)s, en même temps que des organisations dépressives suivantes : dépressivité, dépression essentielle, mélancolie. Cette dépressivité, ce spleen, témoignant de la mauvaise constitution mais aussi du sentiment de perte des objets internes conduisent à la quête de sensations fortes ou aux passages à l'acte addictifs, faisant de tout adolescent un « borderline » en puissance, sinon en actes.

9. Mentalisation difficile des émotions et blessures narcissiques

Comme la psychiatrie biologique nous l'apprend, le comportement addictif se veut être un processus mettant en jeu le système de récompense lorsque l'homéostasie propre à l'appareil psychique (et sa métaphore, la subjectivité) ne parvient pas à « réguler » par lui-même conflits, tensions, émotions en excès, faute de « tonus psychique de base » et de « tonus identitaire de base » suffisants[5]. L'addiction cherche à pallier toute baisse de ce que P. Marty appelle « tonus vital » (et dont le substrat anatomique pourrait être le système réticulé ascendant [SRAA] situé dans le tronc cérébral) propre à la « dépression essentielle » (perte de la libido, fatigue, absence de rêves ou de fantasmes), forme de dépression infraclinique liée à ce que l'on appelle la pensée opératoire.

Relevons que cette symptomatologie dépressive se définit par un manque : effacement, sur toute l'échelle, de la dynamique mentale de certains mécanismes de défense (déplacement, condensation, introjection, projection, identification, vie fantasmatique et onirique) qui se trouvent peu dynamiques. Ils favorisent la « dé-hiérarchisation » des fonctions psychiques évoquée plus haut, au point de laisser actifs d'autres mécanismes comme le clivage et le

1. Kristeva J. (1987), *Soleil noir.* Paris, Gallimard.
2. *Ibid.*
3. Corcos M. (2005), p. 24 *sq.*
4. Pirlot G. (1997), *op. cit.*
5. M'Uzan M., de (2005).

déni. Tout cela aboutit à l'expression clinique d'une pulsion de mort, « désobjectalisante[1] ». Il y a là la présence d'un « narcissisme de mort », silencieux, témoin de la « déliaison » entre motions pulsionnelles et trames représentatives, entre excitations (sensorielles intéroceptives) et montages pulsionnels, marque de condition très dégradée de la construction du narcissisme secondaire et des relations précoces mère-père-enfant. Sur le plan du fonctionnement psychique du sujet, cela aura une autre traduction : celle, pour le sujet, d'une « absence de communication avec l'inconscient constituant une véritable rupture avec sa propre histoire. La parole semble seulement conservée pour décrire les événements et médiatiser les relations[2] », conception de P. Marty d'une pensée opératoire qui rejoint celle de Sifneos sur l'alexithymie[3].

Pour comprendre cette notion de « pensée opératoire », il faut partir d'un principe freudien simple : les activités fantasmatiques et oniriques permettent d'intégrer, dans la subjectivité même, les tensions pulsionnelles et protègent la santé somatique de l'individu en lui permettant de « transférer » sur l'activité psychique les excitations tant internes qu'externes[4]. Dans cette conception, la pensée opératoire, pensée utilitariste, factuelle, tournée vers le concret, l'objet, la matière et la technique, suppléeront à la carence des activités de pensée fantasmatique et onirique et à un « préconscient » dont la pensée associative est peu étoffée et défaillante. Dans ce contexte psychique, aggravé à l'adolescence par de réels moments de désorganisation dus aux remaniements pulsionnels et identitaires propres à cet âge, l'addiction joue le rôle de procédé autocalmant ou de « néo-besoin[5] » cherchant à décharger les tensions (excitations) psychiques et à masquer toute perception d'émotion, celle-ci risquant de déstabiliser la fragile architecture narcissique du moi.

1. Green A. (1986).
2. Marty P. (1990), p. 55.
3. Sifneos P. E (1967).
4. Marty P. (1980).
5. Braunschweig D., Fain M. (1975).

Vignette clinique 1 : Laure, le vide, l'alcool, le double-fantôme

Laure est venue avec une demande d'analyse, de cure-type, pour un malaise profond, continu, inextinguible. Elle a trente-trois ans, est infirmière, aime son travail mais sa vie privée est un fiasco : elle a aimé il y a longtemps un homme qui est parti. Depuis, elle a multiplié les conquêtes, ou plutôt s'est laissée séduire par des hommes qui la désiraient sans qu'elle en trouve un seul qui la retienne. Elle connaît ces lendemains de rencontres charnelles où l'autre reparti, souvent le dimanche matin, elle reste seule chez elle à ne manger que des salades ou à ne rien manger du tout, souffrant d'anorexie passagère, la tête vide et hébétée à regarder des séries télévisées. Comme d'autres patientes, elle voue une passion addictive sans limite à plusieurs séries américaines. Les personnages, les intrigues, les renversements de situations, les rebondissements, elle en « est accro ». C'est au deuxième entretien préliminaire qu'elle me fait part d'une part de sa passion, la danse moderne, puis d'un souvenir traumatique de son enfance : le décès d'un petit frère par mort subite du nourrisson lorsqu'elle avait cinq ans « sans doute à la base de la vocation du choix de son métier » ... À 7 ans, une petite sœur arriva... « Mais ce petit frère mort, elle s'en sentait responsable » ... dit-elle, formulation montrant combien elle avait endossé un sentiment de culpabilité qui aurait dû être celui de ses parents... Si l'entretien préliminaire illustre la métaphore de l'invariance d'échelle (le plus petit fragment reproduit la forme globale), elle produit ce que les physiciens appellent une « autosimilarité » (c'est-à-dire une similitude entre le tout et ses parties), je pressentais le poids d'une culpabilité inconsciente pesant lourd dans cette trajectoire de vie où le vide de pensée côtoyait l'inutilité des paroles devant un traumatisme sur lequel aucun discours parental n'avait pu faire face et devant la répétition de situations masochistes dont je découvrirais ultérieurement leurs liens à l'alcoolisme et à l'anorexie-boulimie...

Les séances commencèrent dans cette ambiance. Très vite je me sentis ressentir une fatigue, une dépression à entendre sa voix au ton monotone et faible, parfois inaudible. Je pensais rapidement ressentir une dépression de transfert typique de la « mère morte » décrite par A. Green, enclave dépressive dans la psyché de l'analysant à la suite de l'introjection pendant l'enfance d'un deuil maternel. Laure pouvait ainsi rester silencieuse toute une séance. À mes remarques parfois, demandant à savoir à quoi elle pensait, elle répondait « à rien » ou « j'ai besoin d'un silence total pour laisser aller ma pensée et ne même pas entendre ma voix et encore plus, la vôtre »... Je respectais ce silence « habité » de pensées qu'elle ne voulait/pouvait pas - encore - partager... Je compris plus tard que ce silence partagé était d'une grande valeur pour elle. Celui d'un « hymen », une aire transitionnelle, créés par mon invisibilité et mon silence, devenus conditions de son appropriation d'un « intérieur » dont jusque-là elle doutait. Les premiers mois passèrent ainsi... Laure me disait lire beaucoup mais ne partageait avec moi aucune de ses pensées, réflexions, sensations de lecture...

C'est au début de son analyse qu'elle connut un garçon de son âge, David, au chômage et en formation. Il était très amoureux d'elle mais elle l'était peu de lui. Quelques mois après, réapparut dans son cercle d'amis faisant de la danse Yann, un homme qui l'avait beaucoup attiré il y a quelques années. Commença alors une période qui dura une année où elle couchait avec David avec qui elle vivait sans amour particulier si ce n'est un certain attachement, et Yann dont elle aurait voulu faire son amant mais qui ne la considérait que comme une amie, rien de plus.

→

C'est à cette époque que, prise dans un conflit affectif profond, elle me parla de son alcoolisme que, jusqu'à présent, elle n'avait jamais évoqué tant elle en était honteuse. Cet affect de honte était lié à la fois à la perte de contrôle une fois qu'elle avait trop bu et à l'amnésie totale dont elle était victime ensuite. Cet alcoolisme, toujours festif et jamais lorsqu'elle était seule chez elle, était devenu, disait-elle, une honte pour sa famille. En effet, elle redoutait les réunions de famille car savait qu'après quelques verres de vin ou de bière, elle perdait tout contrôle dans sa prise d'alcool, et pouvait ainsi boire tant et plus au point de se retrouver vite dans un état comateux qui angoissait famille, parents et amis.

C'est dans ce contexte affectif dans lequel la culpabilité, la honte, et l'ambivalence quant à ses choix amoureux qu'elle rompit avec David pour aller vers Yann qui, pourtant, continuait à la repousser charnellement. Ce refus de sa part ne l'empêcha alors pas d'entretenir avec lui une relation d'une grande proximité. Il devint son ami, son confident… bref, dit-elle « le frère qu'elle n'avait pas eu », d'autant qu'il avait trois ans de moins qu'elle… Le « transfert latéral » que représentait ainsi Yann était d'un type particulier : non pas transgressif et permettant une décharge des pulsions sexuelles qui ne peuvent être mises en œuvre dans le transfert, comme avec David, mais un transfert permettant de revivre, à l'abri d'un transfert idéalisant et sécure avec le psychanalyste, un *pathein*, une souffrance infantile dont je devenais le spectateur, le témoin, le dépositaire. La névrose de transfert « actualisait » ainsi la névrose (souffrance) infantile avec une partie « agie » avec Yann, une partie « passivée » avec moi. Yann avait de plus souffert d'une mère alcoolique et, profondément abstinent, du fait aussi de sa passion commune avec Laure de la danse, ne cessait de reprocher à sa nouvelle amie son addiction. Ainsi se mit en place ce « couple » qu'elle forma avec Yann pendant les quatre ans à venir : un couple dans lequel la profonde affection amicale de l'un pour l'autre était marquée d'une valence sado-masochique dans laquelle elle se faisait régulièrement « réprimander » de ses écarts d'alcoolisme par son ami, ses rencontres avec lui étant teintées à la fois par sa « contrition » à « s'être laissée aller » et par sa colère à lui envers sa mère déplacée continuellement sur Laure… Chacun avait trouvé la figure surmoïque aliénante avec laquelle ne pas se détacher.

Quatre années passèrent ainsi, faites d'espoir, pendant les périodes d'abstinence – qui ne duraient jamais plus de trois semaines au maximum – et les périodes de rechute entraînant dépression, idées suicidaires, mouvements boulimiques, tabagisme et, à chaque fois, transfert négatif envers l'analyse et désir d'arrêter celle-ci à qui Laure reprochait de « ne rien changer, et ne servir à rien ».

La situation s'améliora lorsqu'elle décida, en fin de deuxième année de cure, de consulter à la fois une alcoologue et une diététicienne. Elle me demanda après-coup si j'étais d'accord avec ses démarches et thérapeutiques. Mon acceptation la soulagea. Le sentiment de culpabilité projeté depuis le début de la cure sur moi et sur Yann put être diffracté, latéralisé, vécu autrement du fait d'autres ritualisations que celles de la cure : contrôles parabiologiques et médicament anxiolytique ainsi que surveillance de son régime alimentaire.

→

Des rêves apparurent enfin et, jusqu'à la fin de la troisième année, une grande dépression qui lui fit avoir un petit accident de voiture sans gravité. C'est dans la quatrième année d'analyse qu'elle put enfin se projeter sur des vacances d'été plus stimulantes que celles antérieures qu'elle redoutait tant elle se retrouvait face à un vide abyssal qui, à chaque fois, l'amenait à « faire la fête » et à boire. Cet été-là elle partit avec une amie dans le Sud de l'Espagne, premier pays étranger visité. Nous notions elle et moi que ce départ avec cette amie se faisait sous l'égide de retrouvailles avec sa petite sœur qui, en doctorat de sciences, partie en Erasmus dans un pays européen, était revenue vivre en France après une rupture amoureuse. Le dialogue avec cette petite sœur qui, au fil du temps et de l'excellence de ses résultats scolaires, avait pris la place de l'aînée qu'elle n'endossait pas du fait de son omniprésente culpabilité entretenue par son alcoolisme festif, avait pu reprendre. Laure revint enchantée de ses vacances et ce sont les mois suivants que la nature de sa relation à Yann et à l'alcool changea. Elle put enfin envisager de mettre Yann à distance. C'est à cette période qu'elle projeta de changer d'appartement, de devenir propriétaire puis de changer de voiture. Elle rencontra chez des amis un homme musicien, très discret qui sut la séduire. Profitant d'un souci de santé de son père, elle se rapprocha de sa mère ce qui amena à un partage d'affect et une réassurance certaine quant à l'amour de sa mère ce que, jusqu'à présent, elle se refusait d'accepter…

Progressivement, elle retrouva l'amour de la vie, de sa vie gardant toujours cette part de silence dans les séances dont elle ne s'était jamais départie, qui m'avait tant « frustré » et parfois déprimé, me faisant ainsi ressentir ce que le vide interne peut amener de frustration, de non-sens, comme celui de la mort d'un petit frère que l'on avait certes aimé mais qui avait amené une ambivalence affective devant la place qu'il avait prise auprès des parents. Sa mort lui avait renvoyé comme un boomerang les affects agressifs envers celui, un garçon de surcroît, qui avait pris sa place auprès des parents. Sa défense a alors été de mettre un couvercle sur sa haine d'elle-même et de s'auto-agresser, « s'oublier » comme dans ses épisodes de boisson… dont elle put en fin d'analyse faire le lien avec le souvenir des jours suivant la mort de son frère qu'elle avait passés à la campagne chez une tante habitant seule, se retrouvant « paumée », pendant un temps qui lui parut éternel – alors qu'il n'avait duré que trois jours… De retour à la maison, « on ne parla jamais plus de ce petit frère, je restai comme perdue, profondément seule, comme en continuel état d'ébriété, jusqu'à ce que ma sœur vienne deux ans plus tard » ; « je ne sais d'ailleurs pas comment parler, encore aujourd'hui, à ma mère de ce frère mort et des jours et mois qui ont suivi » …

Laure m'avait fait revivre ce qu'elle avait vécu : une abstinence d'affect comme de parole prenant l'aspect d'un transfert négatif qui n'était en fait que « transfert du négatif » habitant la patiente et devant lequel il me fallait « tenir », comme devant la répétition de ses passages à l'acte addictif avec, à chaque fois, l'impératif de ramener dans le cadre ces symptômes par rapport à ce qui se vivait dans le jeu transféro-contre-transférentiel les séances précédentes. Faute d'attaquer le cadre – elle avait toujours été régulière à ses séances – c'est le lien transféro-contre-transférentiel, et toute la gamme de verbalisation des affects qu'il mettait en jeu qui, d'une manière sadomasochiste avait été constamment « attaqué », cherchant à susciter chez moi colère, reproche, rejet, réprimande… sentiments et affects dont elle avait toujours pensé qu'ils avaient été ceux de ses parents envers elle qui avait survécu là où le petit frère était mort. Elle avait la culpabilité du survivant dont l'existence reste aussi incertaine qu'illégitime. C'est à la suite de cet épisode qu'elle « s'autorisa à vivre » et se mit officiellement en couple avec son ami musicien.

→

→

Au début de la cinquième année (souvenons-nous qu'elle perdit son frère à l'âge de cinq ans), elle put, à l'occasion de l'enterrement de sa grand-mère maternelle, parler enfin du décès de son petit frère à sa mère. « Ce fut libératoire… Nous avons beaucoup pleuré elle et moi » … Les symptomatologies addictives de Laure recouvraient des problématiques que nous retrouverons dans nos développements : la comorbidité addictive (alcool, tabac, anorexie-boulimie, *binge watching*), « l'actuel » du névrotique infantile, la blessure narcissique de ne s'être pas suffisamment sentie « reconnue » et « étayée » du fait d'un flottement des enveloppes parentales, la difficulté à verbaliser des affects de culpabilité et sa sexualisation anale, la honte, pouvant faire penser à l'alexithymie ou à la pensée opératoire (chez elle plutôt « fonctionnelle »), la décharge des tensions affectives et sexuelles par une conduite addictive forme de ritualisation d'une compulsion de répétition masochiste, la sensation de vide interne et d'un sentiment précoce, à la suite d'un traumatisme infantile vécu avec un ébranlement psychique autant que corporel, d'une incertitude à exister détachée de son histoire infantile et des imagos parentales…

Conclusion

Plus largement, on peut se demander si l'addiction ne masque pas ou ne décline pas autrement le phénomène « d'aliénation » propre à l'homme : sa dépendance à la mère, puis aux autres, sa socialité, son introduction dans le champ coupable du désir et du langage. On pourrait rappeler ici l'aphorisme de J. W. Goethe qui montre que le problème de la dépendance addictive reformule autrement celui de la subjectivité et de la reconnaissance subjective de toute dépendance : « Il suffit de se déclarer libre pour se sentir aussitôt dépendant : si l'on ose se déclarer dépendant, on se sent libre[1] », problématique déjà évoquée dans l'ouvrage de La Boétie, écrit et publié à l'âge de 18 ans (!), au fameux titre de *Discours sur la servitude volontaire* (1576), dans lequel le tyran n'est pas seulement une catégorie politique, mais aussi mentale, voire métaphysique et, dirions-nous, sur le plan métapsychologique, surmoïque.

Le terme d'addiction ne pourrait-il pas également être l'épiphénomène de quelque chose dont le corps serait le témoin, le martyr (l'étymologie de ces mots étant la même) et le lieu d'une tentative de guérison de l'esprit lui-même ? Visiblement la psychopathologie moderne de la douleur, de l'automutilation des « écorchés » (tatoués, adeptes du *piercing*, scarifiés, etc.), celle des psychotiques qui, dans certaines situations, se blessent corporellement pour diminuer leurs souffrances psychiques, le montre régulièrement[2].

1. Goethe J.W. von (1809), p. 20.

2. Nous avons tenté de montrer ailleurs que la perception d'une douleur physique et le « travail de douleur » qui en découle, liés à la notion de trauma/lésion chez des sujets présentant une dépression essentielle et une pensée opératoire, signaient une fixation corporelle à un objet psychiquement non représentable. Cette incapacité à percevoir et à symboliser l'affect qu'est la souffrance psychique s'exprime alors par la douleur

Du point de vue du psychanalyste, la conduite addictive se présente bien souvent, ainsi que l'a écrit B. Brusset[1], comme une quête d'affranchissement de la dépendance affective vis-à-vis des objets externes et internes, précisément au moment de la puberté/adolescence, où toutes les relations sont resexualisées et induisent des fantasmes d'intrusion, voire de proximité sexuelle teintée d'incestualité, provoquant une crainte à la fois d'emprise, d'aliénation mais aussi d'abandon. La question est alors de comprendre les rapports entre ces deux dépendances : affective d'un côté, comportementale de l'autre dont les composantes dynamiques reposent la question du fondement narcissique dans lequel s'enracine la dépendance, à savoir celle à l'objet primaire, à l'environnement, leurs vicissitudes, leurs défaillances, leur intrusivité.

physique, recherchée chez des adolescents borderline à l'aide de « techniques » actives comme l'automutilation. La désymbolisation culturelle, la montée en puissance de la pensée opératoire, les désorganisations sociales et familiales, ont ainsi un coût réel sur la santé psychique en dépit de ce que les politiques de santé tentent de cerner avec la médecine dite « prédictive ». *Cf.* Pirlot G. et Cupa D. (2006b).

1. Brusset B. (2004).

Chapitre 1

Prémices conceptuelles de l'addiction : la psychanalyse freudienne

Sommaire

1. Les premiers travaux de Freud et leur actualité dans les addictions

1.1 Les termes de Freud : archéologie des idées

On trouve le concept de « besoin primitif » dans la traduction française des œuvres complètes de Freud (PUF), dans l'article « La sexualité dans l'étiologie des névroses » (1898[1]). Il y traduit le terme allemand *Sucht,* signifiant « manie » et ayant donné *suchtig,* toxicomane, dont la racine est *Such,* action de chercher[2]. Ce terme recouvre celui utilisé par Freud d'*Ursucht,* définissant le « besoin primitif », la masturbation dont dérive l'addiction[3].

Si on ne trouve pas en effet le terme d'addiction dans l'œuvre de Freud – et pour cause il n'existait pas –, on remarque des concepts qui s'y rapportent : ceux « d'habitude » *(Gewohnheiten),* de *Sucht* (besoin, dépendance, passion, appétit), de *Sehnsucht* (passion, nostalgie) et d'*Abhängigkeit* (dépendance).

En 1890, dans « Traitement psychique[4] », Freud emploie les termes de *Krankenhaften Gewohnheiten,* signifiant « habitudes morbides » (ou qui emprisonnent de façon morbide), pour désigner l'alcoolisme, la morphinomanie et les aberrations sexuelles. Les termes *Gewohnheit, Angewöhnung* et *Abgewohnung* sont employés dans son article de 1898 sur le rôle de « La sexualité dans l'étiologie des névroses ». Ces trois termes sont bâtis sur la même racine : *Wohnen,* qui signifie « habiter, demeurer », et *Wohnung,* qui veut dire « logement ». *Wohnen* renvoie donc à cet espace quotidien et familier devenu habituel, avec *Gewohnlich,* signifiant « habituel », « ordinaire » (et *Gewohnt,* « habitué », « accoutumé »). *Angewöhnung* traduit la dimension concrète ou effective de l'habitude, et donc des habitudes ; il désigne généralement l'accoutumance au sens de l'anglais *habituation.* Quant à son opposé *Abgewonung,* il désigne la désaccoutumance[5].

Remarquons qu'en 1893[6], Freud fait part de sa rencontre avec une femme, mère, souffrant « d'hystérie d'occasion » (selon l'expression de Charcot, écrit Freud), devenue anorexique à la naissance de son enfant, « par une inquiétante contre-volonté vis-à-vis de l'absorption de nourriture » souligne-t-il. Il traite cette femme par hypnose, le symptôme paraissant disparaître à la naissance du troisième enfant. Freud, avec sa conceptualisation de l'époque, rend compte

1. Freud S. (1898), « La sexualité dans l'étiologie des névroses ».

2. Dans le texte allemand *Die Sexualität in der Actiologie der Neurosen,* Freud emploie le terme de *Sucht* lorsqu'il précise que « l'addiction aux choses » (*Sucht nach diesen Dingen,* p. 506, G.W.) n'apparaît pas après une simple prise de cocaïne ou de morphine. Granjeon et Rose (1992) traduisirent *Sucht,* trouvé dans l'article de Wulff « Sur un intéressant complexe symptomatique oral et sa relation à l'addiction » (1933), par le mot addiction, p. 47.

3. Freud S., *Brief an W. Fliess* (22 décembre 1897), 1985, p. 314.

4. Freud S. (1890), « Traitement psychique (traitement d'âme) ».

5. Jacquet M.M. et Rigaud A. (2001).

6. Freud S. (1893), « Un cas de guérison hypnotique avec des remarques sur l'apparition de symptômes hystériques par la contre-volonté » ...

de ce symptôme en termes de « perversion du vouloir », identifiant déjà les perturbations mère-enfant présentes dans cette pathologie.

C'est ensuite, toujours pour l'anorexie, dans la lettre à Fliess du 20 juin 1898, après avoir fait part de sa découverte du « roman familial » (« devenant conscient dans la paranoïa »), que Freud fait correspondre, à partir d'une nouvelle, « La femme-juge[1] » (ou encore « La justicière » dans la nouvelle traduction des PUF), anorexie (« conséquence névrotique de la séduction infantile »), poison des paranoïaques et perversion chez l'enfant : « Chez les paranoïaques, le poison correspond exactement à l'anorexie des hystériques et ainsi à la forme la plus commune chez les enfants ». Nous verrons que c'est en 1915 dans « Deuil et mélancolie » que Freud reviendra sur l'anorexie.

1.2 L'addiction à l'hypnose des hystériques

Dans le texte déjà cité de 1898, Freud utilise le terme *Abhängigkeit* – dépendance : le terme allemand comme le terme français ont la même construction étymologique : un dérivé du latin *dependere,* c'est-à-dire « dépendre » ou « pendre de », et un dérivé de l'allemand *ab-hangen* (*hangen* = pendre, suspendre, accrocher). Il emploie également le terme *Sucht,* traduit par l'équipe de J. Laplanche par « addiction » : « C'est aussi dans ces cas-là qu'ont tendance à s'installer chez le malade une dépendance à l'égard du médecin et une sorte d'addiction à l'hypnose » (Freud, 1890[2]).

Concernant la dépendance et l'addiction on pourrait dire, suivant la formule de Freud de 1910 dans « Sur le plus général rabaissement de la vie amoureuse », que l'addict se comporte comme un amoureux transi, toujours en attente de son unique objet de désir « paradis d'un simple besoin ».

Dix ans plus tard, dans « Psychologie des foules et analyse du moi » (1921), Freud reviendra sur ces relations entre hypnose et état amoureux. Les deux états sont des états régressifs de « foule à deux » où « l'objet [l'autre : l'objet do, l'hypnotiseur, le chef] a pris la place de l'idéal du moi[3] ». Et Freud d'ajouter la description d'un état amoureux qui ressemble fort au shoot du toxico : « on peut aussi décrire l'état amoureux extrême comme étant celui où le moi se serait introjecté l'objet » *(ibid.).*

Ajoutons que le terme *Sucht* désigne un besoin connoté par le mal, l'embarras, le malaise, ou ce qui met dans la nécessité, alors que celui de *Bedürfnis* désigne le besoin d'ordre physiologique. C'est donc dans *La sexualité dans l'étiologie des névroses* (1898) qu'apparaît le terme allemand *Sucht.* Freud l'emploie lorsqu'il précise que « l'addiction aux choses » (*Sucht nach diesen Dingen,* p. 506, *Gesammelte Werke*) n'apparaît pas après une simple prise de cocaïne ou

1. Freud S., *Naissance de la psychanalyse,* 1956, p. 227-228 ; *Lettres à Fliess 1887-1904,* 2006, p. 404-405.
2. Freud. S. (1890), *Sucht nach der Hypnose,* p. 19, « Traitement psychique (traitement d'âme) ».
3. Freud S. (1921), « État amoureux et hypnose », « Psychologie des foules et analyse du Moi », p. 178.

de morphine. Il met d'ailleurs tout à fait en équivalence prise de toxique et jouissance sexuelle manquante (p. 88). Enfin, signalons que les traducteurs[1] de l'article du psychanalyste Moshe Wulff (repris par Winnicott, voir *infra*), « Sur un intéressant complexe symptomatique oral et sa relation à l'addiction » de 1932, ont traduit le mot *Sucht* par celui d'« addiction ».

1.3 Addiction, masturbation, compulsion et jouissance phallique : une approche psychanalytique

Ce mot *Sucht* se retrouve également dans le concept utilisé par Freud d'*Ursucht* définissant le « besoin primitif », « la masturbation, la seule grande habitude dont tous les appétits, tels que le besoin d'alcool, de morphine, de tabac, n'en sont que des substitutifs, des produits de remplacement », écrit Freud à Fliess dans la lettre n° 79 du 22 décembre 1897, *Ursucht* qu'A. Fine a traduit par « addiction originaire[2] ». *Die Sucht* a aussi été traduit en français par « passion », notamment quand Freud l'utilise dans Dostoïevski et le parricide[3] pour désigner la passion « pathologique » – et addictive – de l'écrivain pour le jeu (1927). *Spielsucht* est ainsi employé plusieurs fois alors que l'on ne trouve qu'une seule fois le terme *Spielwut*[4], vraisemblablement pour éviter une répétition, même si le mot *Wut* signifiant « rage, fureur » relève, dirait-on aujourd'hui, du *craving* (*cf. infra*). On retrouve également dans ce texte sur Dostoïevski la notion de dépendance, ici au père, avec le terme *Abhängigkeit* déjà rencontré[5]. Nous voyons ici dans l'œuvre freudienne une géographie liant passion et addiction que confirme aujourd'hui l'imagerie médicale (*cf.* chapitre 4).

Le terme « compulsion », qui appartient de plein droit à la notion d'addiction, se retrouve également sous le terme de *Zwang* (contrainte) et *Spielzwang*, « compulsion au jeu[6] », que Freud interprète comme un équivalent et une répétition de l'ancienne compulsion à l'onanisme (p. 178-79 ; *Ursucht, cf. supra* et *infra*). « Le "vice" de l'onanisme est remplacé par la passion *[manie]* du jeu, l'accent mis sur l'activité passionnée des mains trahit cette dérivation. Effectivement cette passion du jeu est un équivalent de l'ancienne compulsion [*Zwang*, contrainte] à l'onanisme ; c'est le même mot de "jouer" qui est utilisé par les enfants pour désigner l'activité des mains sur les organes génitaux[7]. »

1. Wulff M. (1932), 1992, p. 47-62.
2. Fine A. (1996), « Psychopathologie des addictions » in *Psychanalyse*, sous la dir. d'A. de Mijolla, Paris, PUF, p. 550.
3. Freud S. (1928), « Dostoïevski et le problème du parricide ».
4. *Ibid.*, p. 178.
5. *Ibid.*, p. 170.
6. *Ibid.*, p. 176.
7. *Ibid.*, p. 178.

Nous voyons ainsi se dessiner dans ce texte le problème des relations complexes entre *die Sucht*, le besoin, la passion du toxique (d'une « libido toxique » car subversive, démoniaque, reliée au sentiment inconscient de culpabilité et à l'excès débordant le moi[1]) d'un côté et, de l'autre, la « contrainte », la « compulsion », *der Zwang* (la « compulsion », « force de contrainte ») autoérotique, voire, en deçà, autocalmante – toutes deux voies de « l'autopunition[2] » –, relations qui sont aux états-limites, aux « troubles obsessionnels compulsifs » et aux addicts, ce que la pensée obsessionnelle *(Zwang denken)* ou l'impulsion obsessionnelle *(Zwanghandung)* sont à la névrose obsessionnelle[3]. Ainsi, tandis que dans la névrose obsessionnelle, le modèle est la régression de l'acte à la pensée, chez les états-limites, la régression et la contrainte *(Zwang)* se font de la pensée à l'agir…

Ajoutons que le terme *Zwang* est présent pour caractériser, dans l'œuvre freudienne, un mode de fonctionnement et de manifestation des processus primaires. Freud, dans l'*Esquisse* (ou *Projet*; 1895), emploie en effet l'expression de *Bahnungzwang*, « contrainte de frayage » – ce qui renvoie à une appréciation neurophysiologique très actuelle des « circuits de plaisir/récompense et déplaisir » –, et en 1920, dans « Au-delà du principe de plaisir », de *Wiederholungzwang*, « contrainte de répétition », de *Schicksalzwang*, « contrainte de destin[4] », soulignant ainsi une caractéristique de la vie pulsionnelle et une des modalités d'un « au-delà » du principe du plaisir qui signe la pulsion de mort.

Enfin, ce terme de *Zwang* se retrouve également dans la définition du rôle qu'a le moi envers le surmoi, à savoir celui de « contrainte à obéir » comme l'enfant envers ses parents, écrit Freud en 1923. On peut ainsi se demander si l'addiction et sa « contrainte compulsive » ne relèveraient pas d'une dépendance à un surmoi tyrannique, prégénital, antéœdipien, totémique, sadique, castrateur pour le narcissisme du moi.

Cette généalogie psychanalytique de termes qui recouvrent le phénomène d'addiction permet de saisir que les vues « transnosographiques », propres à la métapsychologie de Freud anticipent et justifient le choix par les psychiatres du terme « addiction ». Nous sommes avec ses conduites dans l'excès (*binge* en anglais), l'*hubris*, le « toxique », c'est-à-dire dans le registre d'une jouissance qui va « au-delà du principe de plaisir » (Freud, 1920), au-delà d'un fonctionnement psychique qualifiant les émotions-sensations-angoisses et n'éprouvant celles-ci que sur un mode quantitatif de débordement excitationnel, nouveaux bords pour une psyché en quête de limite par où la (quête de) sensation court-circuite toute émotion.

À propos de jouissance, rappelons que Freud fait parfois usage du terme *Genuss* pour désigner la jouissance dans sa dimension sexuelle, même si ce mot peut facilement venir dans ses écrits à la place du mot *Lust*, plaisir, envie, désir. Dans son texte sur *L'homme aux rats*, au

1. L'excès addictif, ici de jeu, serait proche, chez Dostoïevski, d'une certaine façon « de liquider par des moyens somatiques les masses d'excitations dont elle (la névrose) ne vient pas à bout psychiquement » (*ibid.*, p. 165).

2. *Ibid.*, p. 176.

3. Pirlot G. (1998).

4. *Cf.* Bourguignon A., Laplanche J., Cotet P., Robert F., p. 85-86.

moment où celui-ci évoque « le supplice chinois de la pénétration d'un rat dans l'anus », Freud note une expression étrange sur le visage de son patient, interprétée comme « l'horreur d'une jouissance par lui-même ignorée[1] ».

En 1920, réfléchissant sur l'« Au-delà du principe de plaisir[2] », il remarque une « jubilation morbide » sur le visage de son petit-fils, âgé de 19 mois, jouant au « fort-da » avec sa petite bobine de fil, comme s'il éprouvait dans la douleur de ce jeu un certain plaisir. À la fin de cette observation du « jeu de la bobine », il fait le lien entre le jeu chez l'enfant (dont Winnicott développera le potentiel de transitionnalité et ses faillites dans l'exemple de l'enfant à la ficelle, voir *infra*), avec une forme adulte de recherche d'un *surplus de plaisir* lorsque celui-ci se situe au « bord du gouffre » relevant d'une jouissance : « Enfin, il faut rappeler que chez l'adulte le jeu et l'imitation artistique qui visent (...) la personne du spectateur, n'épargnent pas à celui-ci, par exemple dans la tragédie les impressions les plus douloureuses et pourtant peuvent les mener à un haut degré de jouissance[3]. »

Dans ce texte, Freud porte ainsi sa réflexion sur les confins et « l'au-delà » du plaisir et de son principe. Si la fonction de l'appareil psychique est de lier les charges énergétiques libres, la liaison renforçant le principe de plaisir, la compulsion de répétition et la pulsion « déliante » de mort montrent quant à elles qu'au-delà et indépendantes de ce principe de plaisir, ces manifestations de la pulsion de mort ne sont pas forcément en contradiction avec lui : « des impressions douloureuses peuvent être la source d'une jouissance intense » *(Genuss)*. Ceci amène à avancer l'hypothèse d'un « masochisme primaire[4] » – différent du masochisme secondaire issu du retournement du sadisme originaire des années 1924[5] – et dont la mission est ainsi de lier des excitations (pulsionnelles) en excès et effractantes pour le moi *par où* douleur et plaisir se trouvent être entremêlés. Que la douleur puisse être éprouvée comme plaisir montre assez que les pulsions de mort ne se trouvent pas à l'état pur mais sont liées aux pulsions de vie, Éros.

Freud aboutit au fait que les processus primaires (non liés) engendrent du point de vue du plaisir ou du déplaisir des sensations *plus intenses* que les processus secondaires liés. Il met ainsi en corrélation ces sensations beaucoup plus fortes avec la jouissance sexuelle qu'il considère comme le plaisir le plus intense que l'homme puisse obtenir[6]. L'au-delà du principe de plaisir se

1. « *...als Grausen vor seiner ihm selbst unbekenannten Lust auflösen kann* ». Freud S. (1909), « Bemerkungen über einen Fall von Zwangneurose », in *Zwang, Paranoïa und Perversion*, Band VII, p. 44 ; « Remarque sur un cas de névrose obsessionnelle (L'Homme aux rats) », 1954, 1981, p. 207 ; « *ihm selbst unbekannten Lust deuten kann* », in *L'Homme aux rats : journal d'une psychanalyse*, 1974, p. 44.

2. Freud S. (1920), « Au-delà du principe de plaisir », 1981, p. 55.

3. « ... *in der Tragödie nicht ersppart und doch von ihm als hoher Genuss empfunden werden kann* ». *Jenseits des Lustprinzips (II), op. cit.*, p. 227.

4. Freud S. (1920), *Au-delà du principe de plaisir, op. cit.*, p. 89.

5. Freud S. (1924), « Le problème économique du masochisme ».

6. Freud S. (1920), « Au-delà... », 1920, p. 79.

trouvera ainsi relever d'un dépassement quantitatif, d'un excès, *hubris*, de plaisir comme dans l'orgasme dont les débordements peuvent être effrayants, inquiétants comme enrichissants.

Force est donc de constater que *si le plaisir* et *le « principe de plaisir » relèvent de la 1*re *topique, la jouissance qui se trouve « au-delà du principe de plaisir » relève de la seconde topique, par où le pulsionnel « plonge » dans les racines somatiques du ça* et *son « besoin » de décharge*, comme dans les addictions ou l'orgasme sexuel, réempruntant à rebours les voies de la co-excitation sexuelle.

La quête des limites par l'excès se fait dans ce cas en marge du moi-subjectif, en sa périphérie même, sur ses enveloppes sensorielles, corporelles, somatiques, et ceci dans une sorte de syncope subjective d'où « pulse », compulsivement, la psyché comme si celle-ci, à partir de brèches traumatiques et de zones de défaut de « pare-excitation » qu'active la conduite addictive, cherchait toujours à renouveler ses bords, ses contenants : « la nouveauté sera toujours la condition de la jouissance », écrit Freud[1], y compris dans l'excès excitationnel, sensoriel (vomissement de la boulimique, sensation forte de la conduite à risque, ébriété, etc.) jusqu'au vertige, comme une sorte de connaissance de soi « au-delà » des limites qu'imposent la raison et le surmoi : ceci explique les liens obscurs mais réels entre ivresse, transgression, sacré et divin (voir les œuvres de M. Eliade ou C. Castaneda).

2. Névroses actuelles, masturbation et toxicologie freudienne

2.1 La conduite addictive comme solution à un affect déstabilisant le moi

Indiquons tout d'abord que les spécialistes de l'alcoologie, comme ceux des troubles alimentaires, des toxicomanies et autres conduites addictives sont formels : ces conduites sont souvent associées à de l'angoisse, sinon de l'anxiété : la fréquence du trouble panique avec l'alcoolisme est, selon les auteurs, de 4 % à 50 %, la fréquence de l'agoraphobie est de 4,6 % à 42 % et celle des phobies sociales de 7,5 % à 75 %[2]. La conduite addictive serait elle aussi une « solution comportementale » à ce que l'appareil psychique, la subjectivité, ne peuvent gérer, un affect particulier, souvent lié à la culpabilité inconsciente, à savoir l'angoisse génératrice de névroses ou de troubles somatiques (« fonctionnels » disent les médecins généralistes).

Or les addictions et les somatisations organiques – comme la maladie de Basedow – ou fonctionnelles avaient déjà trouvé, dans l'*Esquisse* de Freud et les lettres à Fliess jusqu'en 1897, leurs premières élaborations communes comme étant des « productions possibles » des

1. Freud S. (1920), « Au-delà... », *op. cit.*, p. 79 ; « *Immer wird die Neueheit die Bedingung des Genusses sein* », *Jenseits des Lustprinzips* (G.W., V), p. 245.
2. Reynaud M. (2005) ; Angel P., Richard D., Valleur M. (2000).

« névroses actuelles » constituées de la neurasthénie (caractérisée par la lassitude, les maux de tête, l'indigestion, l'hyperacuité des sensations, etc.) et de la névrose d'angoisse.

La neurasthénie, soutenait Freud, était ainsi le résultat de trop de masturbation à l'adolescence, alors que la névrose d'angoisse venait d'une non-décharge génitale de la libido ou du coïtus interruptus (Manuscrits B[1] et E[2]). Si, par la suite, ces névroses dites actuelles constituèrent une pierre d'achoppement dans les indications de la cure psychanalytique, elles ne furent cependant jamais exclues de la réalité psychanalytique. À la suite des travaux de S. et C. Botella[3], on peut même ajouter que la névrose traumatique (ou actuelle) reste à la racine même du désir infantile et de la pulsion, avec, comme corollaire, une potentialité non négligeable de régression vers la perception – concept limite en psychanalyse[4] – y compris dans les psychonévroses.

L'étude sur les névroses d'angoisse, ajoutée à certains travaux comme ceux sur la cocaïne et, dès 1888, ceux portant sur l'hystérie, permirent à Freud de s'interroger sur « la formation d'un surplus d'excitation dans l'organe psychique », question moderne qu'ont retrouvée, certes, l'endocrinologie mais aussi la psycho-(endocrino)-immunologie.

Dans les années 1885-1887, Freud s'interroge ainsi sur les conditions d'apparition d'une libido psychique par rapport aux excitations sexuelles somatiques. Sa spatialisation est d'abord celle de l'appareil neuronique. Dans le *Manuscrit E* (1894), Freud, fidèle à une conception « câblée » de l'appareil psychique sur laquelle nous reviendrons, postule l'existence d'un « seuil d'intensité » à partir duquel une excitation pourrait être psychiquement utilisée, hypothèse qui donnera le concept de pulsion, celle-ci résultant d'un certain travail psychique. Dans cette hypothèse l'angoisse névrotique apparaît comme une excitation sexuelle somatique transformée[5].

Ceci l'amène plus tard à écrire « c'est maintenant seulement que je réussis à comprendre la névrose d'angoisse ; la période menstruelle est son prototype physiologique, elle constitue un état toxique avec, à la base, un processus organique. J'espère que tu découvriras bientôt quel est l'organe inconnu en question (thyroïde ou autre[6]) ». En mars 1895, Freud définit d'ailleurs

1. Freud S., « Manuscrit B. », Lettre du 8 février 1893, 1956, p. 61-66.

2. Freud S., « Manuscrit E », Lettre de juin 1894, 1956, p. 80-85.

3. Botella S. et C. (1992).

4. Botella C. et S. (1997).

5. Freud S. (1887-1904), *Briefe an Fliess (1887-1904)*, Herausgegeben von Jeffrey M. Masson, 1986, S. Fischer Verlag GmbH, Frankfurt am Main ; *Naissance de la Psychanalyse*, p. 80-85 ; *Brief an Fliess*, 1985, p. 71-76.

6. L'étiologie des névroses actuelles (névrose d'angoisse et neurasthénie) est *somatique :* « *La source d'excitation*, le facteur déclenchant se trouve dans le *domaine somatique*, tandis que dans l'hystérie et la névrose obsessionnelle, il est dans le domaine psychique » (Freud, 1895, 1973, p. 31). Dans les névroses actuelles, il y a un *déficit en représentation*. En relevant que l'hyperthyroïdie donnait un état névrotique « toxique », Freud – et Fliess – étaient sur la voie de l'explication endocrinienne de cette affection. Ajoutons du point de vue phylogénétique que c'est l'augmentation (l'excès) d'hormones T et thyroïdiennes, d'hormones sexuelles (androgènes et œstrogènes) et d'hormones stéroïdes qui permet, dans l'ontogenèse, la *transformation ou métamorphose* du têtard en grenouille. Les hormones thyroïdiennes activent l'expression de *gènes de régulation*, appelés encore « morphogènes » ou « Hox », déclenchant les transformations métamorphiques du têtard ; *cf.* Yun-Bo-Shi (1996).

la migraine comme « une réaction toxique provoquée par des substances sexuelles excitantes » (*Manuscrit I*, mars 1895) issues d'un excédent de sexualité.

À l'origine de la névrose d'angoisse, il postule une insuffisance de la libido psychique et une *insuffisance de connexion psychique*, ce dont s'inspirera P. Marty lorsqu'il parlera de la faiblesse d'épaisseur, de fluidité et de permanence du préconscient chez les patients somatiques[1], à la différence des psychonévroses de défense qui résultent du refoulement d'un conflit sexuel infantile, « typologie » aujourd'hui retrouvée également dans le « profil » psychique de nombre d'addictés.

La névrose d'angoisse manifeste donc une frustration actuelle donnant un « état toxique » qui apparaît comme le prototype de l'affection de l'organe psychique et également – pourrions-nous ajouter – le prototype de « l'amour fou », passionnel. Ce modèle est similaire à celui de la névrose traumatique, ou névrose d'effroi *(Schreckneurose)* qui empêche l'abréaction et favorise la formation d'un groupe psychique séparé (refoulé[2]).

À partir de ces considérations, on peut dire qu'à mesure que le corps ne tient plus compte du langage et de la psychosexualité dans lesquels il se tisse, les figures du toxique réapparaissent. Après 1897, cette pensée du toxique et du dérèglement du « corps-soma-machinique » s'articule à la question de la dynamique du rêve, du corps érogène, du corps-langage de l'hystérie. Cette métaphore reviendra chez Freud, en 1920 dans celle, biogénétique, d'un psychisme originel à forme de protiste confronté à ses propres « déchets toxiques » revenant de l'extérieur.

En 1925, dans « Résistance à la psychanalyse », la pensée « toxicologique » de Freud, y compris sur la névrose, est toujours présente et se montre comme très actuelle lorsque l'on pense aux liens entre la production en excès de neurohormones (enképhalines, endorphines) par la pratique de conduites addictives (jogging, sport, etc.) ou la quête en excès de produits toxicomaniaques (héroïnes, morphines, crak, cocaïne, nicotine, THC, etc.) qui bloque la production de ces mêmes neurohormones. Freud écrit :

> « L'observation clinique doit rapprocher les névroses des intoxications et des affections telles que la maladie de Basedow. Ce sont des états qui tiennent à l'excès ou au défaut de certaines substances très actives, sécrétées par le corps même ou prises de l'extérieur, c'est-à-dire en définitive, à des troubles chimiques ou toxiques. Isoler et mettre en évidence la ou les substances hypothétiques, caractéristique des névroses, serait une découverte qui ne risquerait pas de susciter l'opposition des médecins. (...) Pour le moment nous n'avons donné que la forme symptomatique de la névrose qui, dans le cas de l'hystérie par exemple, est constituée par des troubles physiologiques et psychiques. »
>
> S. Freud. (1925), « Résistances à la psychanalyse », *Résultats, idées, problèmes II*, Paris, PUF, 1985, p. 125-134 (p. 127).

1. Marty P. (1976).
2. Freud S., Breuer J. (1895), 1967, p. 7 et p. 76.

Par-delà l'évolution de l'œuvre freudienne, la question des « déchets toxiques » pose en fait l'existence de la difficile métabolisation, métaphorisation subjective des pulsions[1], et d'un reste toujours possible pour celles chargées de trop d'excitation, ce reste lié à l'affect provenant d'un écrasement caractériel des pulsions sexuelles pourra se décharger vers l'excitation somatique[2] ou dans le comportement y compris addictif.

2.2 Étiologie névrotique et substitution de masturbation

Fin 1897, Freud, nous l'avons vu précédemment, met en relation les addictions avec la masturbation (lettre à Fliess du 22 décembre 1897) : « J'en suis venu à croire que la masturbation était la seule grande habitude, le besoin primitif *(Ursucht)* et que les autres appétits, tels que le besoin d'alcool, de morphine, de tabac, n'en sont que les substitutifs. »

En 1898, il revient sur cette comparaison en y incluant ses conséquences thérapeutiques[3] :

> « *Accoutumance* [contracter une habitude, *Gewohnheiten* dans le texte allemand] n'est qu'une simple façon de parler sans valeur explicative ; tous ceux qui ont l'occasion de prendre un certain temps de la morphine, de la cocaïne, de l'hydrate de chloral, etc., n'acquièrent pas de ce fait l'appétence [*Sucht* = "addiction"] pour ces choses. Une investigation plus précise démontre, en règle générale, que ces narcotiques sont destinés à jouer le rôle de substitut – directement ou par voies détournées – de la jouissance sexuelle manquante, et là où on ne peut s'attendre avec certitude à la rechute du désintoxiqué. »
>
> Freud, *ibid.*, p. 88-89.

Ainsi, Freud met en garde tout médecin qui rend possible une cure d'abstinence, sans se soucier de savoir ce que visait l'addiction elle-même au regard de la vie sexuelle. Il ne faut pas oublier que la plupart des toxicomanies sont en effet contemporaines de l'entrée dans la puberté, soit à une époque de réveil de l'activité sexuelle hormonale, comme si celle-ci, ne trouvant pas les voies de la « représentance », risque de se déverser dans un dérivatif puissant : l'addiction.

L'avis de Freud sur ces questions demeura le même puisqu'en 1916 il faisait encore l'analogie entre toxicité et névroses actuelles : « Les intoxications et les abstinences livrent la même symptomatologie que les névroses actuelles, avec un même pouvoir d'agir sur tous les systèmes d'organes et sur toutes les fonctions[4]. » Il faut bien convenir que, pour Freud, aussi bien l'absti-

1. La métaphore est « transfert de sens » et de rythme. « Transport et transfert de sens, la métaphore est rythme. Elle est le pouls accéléré du sens », note l'écrivain J.-M. Maulpoix, p. 82-83.

2. Roussillon R. (1995*a*).

3. Freud S. (1898, 1989), p. 88.

4. Freud S. (1916).

nence que la masturbation étaient toxiques : cette dernière faisait partie, pour lui, de l'étiologie de la névrose. C'est la masturbation chez l'enfant qu'il rendit plus tard responsable des facteurs névrotiques : les fantasmes « étaient censés camoufler les activités autoérotiques des premières années de l'enfance afin de les embellir et les élever à un autre niveau[1] ».

Pour revenir aux années 1895-1900, ce qui unissait Freud et Fliess dans leur condamnation des pratiques onanistes était bien cette commune vision toxicologique du problème. Par cette analyse toxicologique, ils expliquaient ainsi les altérations organiques permanentes (par actions réflexes) des parties du corps éloignées les unes des autres. En 1905, Freud, dans ce contexte physiologique, cite même la théorie du réflexe nasal de W. Fliess, à propos des maux d'estomac dont se plaignait Dora[2]. À cette occasion le jugement de Freud fut tout à fait fliessien ; il écrit : « Il est bien connu que les douleurs gastriques affectent plus souvent ceux qui se masturbent. »

Soulignons ici le lien entre masturbation, somatisation et prise de toxique, voire addiction, et ajoutons qu'en dépit des multiples rectifications sur la théorie des névroses, Freud n'en continua pas moins, dans son œuvre portée à maturité, d'illustrer cette conception toxicologique et traumatique de la pathologie sexuelle[3].

Avec le groupe des « névroses actuelles » Freud ne perdit jamais de vue une étiologie bioénergétique – on dirait aujourd'hui neurohormonale ou neurobiochimique – de ces « névroses » (et de nos jours de certains « états-limites »). Ce sont ces présupposés théoriques qui permettent aujourd'hui, en partie tout au moins, de penser à l'intérieur de la psychanalyse la question des addictions ou celle des somatisations (y compris comme mode de régression traumatique de névroses organisées).

En fonction des conceptualisations sur les névroses actuelles (toxiques) les addictés apparaissent ainsi traiter leur propre organisme :

- comme si certaines pensées touchant la sexualité pouvaient se trouver sidérées et refoulées par une substance toxique ;
- comme si le corps étranger[4] (antigène ou auto-antigène en immunologie) d'une sexualité impensable ne pouvait être neutralisé et *contre-investi* que par une source toxique externe (drogue, objet d'addiction) ;
- comme si la sexualité inassimilable au regard de la subjectivité (œdipienne) pouvait relever des défenses anales et caractérielles devant les fantasmes pervers (homosexuels) refoulés ;
- comme si l'addiction était un déplacement, culpabilisé, de l'activité de masturbation infantile ou pubère ;
- comme si la toxicomanie ressemblait à une tentative paradoxale pour conserver la trace somatopsychique qui attaque le corps de l'intérieur.

1. Freud S. (1914), « Histoire du mouvement psychanalytique ; réunion du 24 avril 1912 », *Minutes*, Gallimard, t. III.

2. Freud S. (1905), « Fragment d'une analyse d'hystérie (Dora) », 1981, p. 1-91 ; *Œuvres complètes VI.*

3. Masson J.-M. (1982), 1984.

4. Ce « corps étranger » chimique peut donc servir à contre-investir le « corps étranger » issu d'un fantasme refoulé ; Freud (1895) : *Études sur l'hystérie*, PUF, 1956, p. 131.

Dans ces conditions, le retour périodique, rythmé et compulsionnellement répété de l'excitation chimique pourrait apparaître dans ces conduites comme cherchant à suppléer l'impossible mise « en état de force constante », pulsionnelle[1], des excitations (que celles-ci soient psychiques, somatiques, hormonales, stéroïdiennes ou sexuelles[2]). De fait, l'addiction, comme la somatisation, rappellerait le modèle de l'orgasme (et du trauma), s'opposant à celui du rêve et à ce que S. Ferenczi désignait comme « génitalisation explosive de l'organisme entier[3] ». En d'autres termes, l'addiction ou le *Pharmakon* engendrant un *organe libidinal halluciné* (idée reprise récemment par S. Le Poulichet, 2011) chercherait à éviter l'opération « méta », c'est-à-dire le travail subjectif de symbolisation aussi bien de détresses précoces que d'angoisses de séparation/castration.

L'analité contre-pulsionnelle au service du narcissisme de la subjectivité utilisera alors périodiquement l'excès d'excitations motrices, sensorielles et comportementales pour combattre la force de déliaison que drainent les pulsions prégénitales ou celles provenant d'angoisses de fragmentation et autres angoisses psychotiques plus aiguës. L'union, la fusion, l'identique dans la perception, seront recherchées, seules forces apparemment liantes permettant de condenser des affects et des percepts à un niveau très simple de structuration psychique, celui proche de la sphère sensorielle, donnant ainsi une cohérence à l'appareil.

Il nous faut maintenant en venir aux relations entre constance psychique et homéostasie, relations présentes chez Freud, dès 1895, dans l'*Esquisse*.

3. Constance psychique et homéostasie psychosomatique

3.1 Le rôle homéostatique de l'appareil psychique

La pensée de Freud, profondément « psychosomatique », a ainsi développé l'idée d'un « appareil psychique », avec ses lois propres (refoulement, déplacement, clivage, etc.), son économie, ses topiques, sa dynamique dont les pulsions, situées entre soma et psyché, le font apparaître comme un organe « homéostat » entre environnement et soma. Dans l'*Esquisse* se trouve posée la distinction des deux principes régissant l'appareil neuronique, préfigurations de l'appareil psychique : le principe de constance (stabilité absolue d'Helmholtz et Fechner) et le principe d'inertie neuronique (R. Mayer), ensuite transposés au fondement de l'activité psychique, avec le principe de plaisir-déplaisir. Freud évoque ce « principe d'inertie » dans « L'esquisse d'une psychologie » : « Il y a ici en général une proportion qui s'établit entre la [quantité] d'excitation

1. Freud S. (1915), « Pulsions et destins des pulsions », 1968, p. 11-44.

2. Pour G. Bataille, *l'érotisme est lié à la subjectivité, à la mort, à l'interdit et à sa transgression* alors que la sexualité animale est liée à l'instinct et à sa quête de décharge périodique ; *Les larmes d'Eros*, 1961, p. 46.

3. Ferenczi S. (1924), *Thalassa*, p. 71-72.

et [le] travail nécessaire à la fuite devant la stimulation, afin que le principe *d'inertie* ne soit pas perturbé de ce fait[1]. »

Dans cette lignée, le principe de constance est énoncé par Freud comme la tendance à maintenir, pour l'appareil neuronique, à un niveau aussi bas que possible ou aussi constant que possible la quantité d'excitation qu'il contient[2]. La loi de constance correspondra ainsi à l'énergie liée aux processus secondaires. Elle sera liée à l'instance du moi, « complexe de neurones solidement attachés à leur investissement et constituant, pour de courtes périodes de temps, un complexe de niveau constant[3] ».

Remarquons, au passage, que le principe de constance ne correspond pas à l'idée d'homéostasie isolée par Cannon. L'idée d'homéostasie du sucre, du sel dans le sang par exemple, est celle d'un équilibre dynamique caractéristique du corps vivant et non pas une réduction de la tension par équilibration au sens physique *(Konstanz)* à un niveau minimal juste au-dessus du seuil.

Cela a amené Laplanche, en 1970, à souligner que :

> « Si on reporte ceci au niveau de l'homéostase d'un organisme, on rejoint cette évidence expérimentale qu'un être vivant ne recherche pas uniquement, comme le voudrait Freud, à évacuer des excitations qui lui seraient sans cesse apportées sous forme d'afflux contingents venant de l'extérieur : cet organisme, selon les circonstances, et selon son niveau énergétique interne, peut aussi bien rechercher "l'excitation" que l'éviter ou l'évacuer. »
>
> J. Laplanche (1970), *Vie* et *mort en psychanalyse*, Paris, Flammarion, p. 173.

Laplanche précise que « cet organisme peut être le moi qui, chez l'être humain, représente les intérêts de l'organisme biologique[4] ». Ayant dénoncé le fait que le principe d'inertie (vers le zéro) soit chez Freud assimilé abusivement au principe de constance, Laplanche propose alors un schéma explicatif par où le principe du zéro est différent du principe de constance[5]. À cause du rôle joué par l'appareil psychique, il apparaît donc que la capacité à maintenir constantes les sommes d'excitations qui affluent en lui ait une influence certaine sur l'homéostasie psychosomatique. Le problème de l'addicté, toxicomane ou non, ou de celui ayant recours au procédé autocalmant, apparaît alors que, sous prétexte d'évacuer l'excès d'excitation, il recherche celui-ci pour décharger celle-là en grande quantité. *Ainsi, paradoxalement, la quête excessive d'excitation apparaît traumatolytique* et *semble soutenir la psyché dans sa quête de constance.*

1. « *Hiebei besteht im allgemeinen eine Proportion zwischen Erregungsquantität und der zur Reizflucht nötigen Leistung, so daß das Trägheits-Prinzip hiedurch nicht gestört wird* », Freud, *L'Esquisse d'une psychologie,* trad. Hommel S., Le Troquer J., Liégon A., Samson F., Toulouse, Erès, 2011, p. 14.
2. Freud S. (1920), p. 71.
3. Freud S. (1895), *L'Esquisse*, p. 379.
4. Laplanche J. (1987), p. 102.
5. Laplanche J. (1970), p. 172-174.

Cette répétition de micro-traumas addictifs, que nous mettrons en rapport avec ce que le biologiste J.-D. Vincent[1] appelle les « processus opposants » (*cf. infra*), servira à maintenir analement une constante d'excitation psychique visant à remplacer, suppléer, détourner, subvertir et pervertir le *Triebreiz*, l'excitation pulsionnelle, ce qui va dans le sens *d'une sorte d'homéostase* (autoconservation paradoxale) *par excès d'excitations*. Progressivement cette procédure aboutira, du fait de l'épuisement et des modifications homéostatiques internes, vers le zéro et vers la déliaison (pulsion de mort) de la vie psychique fantasmatique héritée des refoulements jusqu'à favoriser la mise en place d'une pensée opératoire et une dépression essentielle (*cf. infra*). C'est ici un continuum qui va du plaisir à la mort, visée de toute extase *via* la compulsion de répétition (pulsion de mort).

En fait l'évitement de ces processus économiques délétères aurait demandé :

- une réelle capacité à différer cette décharge, à endurer masochiquement (à l'aide d'une subjectivité qui se construit toujours avec une « dose » de masochisme) les tensions et les conflits internes ;
- que la subjectivité du sujet puisse accepter psychiquement l'aspect transgressif (pour le surmoi) de certains débordements enrichissants : on pense par exemple ici à cette solution pulsionnelle qu'est la jouissance dans l'orgasme sexuel dont C. Goldstein[2] a décrit les composantes dynamiques et économiques.

Tout ceci pose le rôle du masochisme érogène primaire, puis celui secondarisé et lié à la construction subjective, celle-ci apparaissant « après-coup » comme régulateur psychique et psychosomatique. C'est, notons-le, cette question du « déplaisir-plaisir » et cette tendance à la stabilité qualifiée par le temps et les soins maternels, que Freud retrouve en 1924, au début de son article sur la question de l'économique et du masochisme : il propose que la différence entre plaisir et déplaisir soit le fait d'un facteur *non pas quantitatif mais qualitatif* qui serait de l'ordre du rythme ou de l'écoulement temporel des modifications et chutes de la quantité d'excitation, ce qui permettra d'accepter l'idée, rapportée plus haut, que la libido (Éros) participe, à côté de la pulsion de mort, à la régulation des processus vitaux.

Aujourd'hui, ainsi que l'a souligné B. Rosenberg[3], le modèle masochiste est déterminant dans cet élargissement-complication des questions de l'augmentation et la diminution d'excitation et celle du plaisir/déplaisir. Ce modèle nous montre que certaines augmentations de tension d'excitation, qui sont effectivement de l'ordre de la douleur ou du déplaisir, peuvent être vécues, *subjectivement*, comme un plaisir, ce qui est visiblement le cas de l'anorexique.

Ceci pose le problème des relations entre instances psychiques (attitude du moi face au surmoi) dans leurs relations au masochisme, indissociable de la naissance de la subjectivité : la capacité à endurer l'excitation, capacité qui chez Freud participait à la notion de rythme (ceux

1. Vincent J.-D. (1986).
2. Goldstein C. (1995).
3. Rosenberg B. (1991).

des soins venant de la mère), permet en effet de *changer la quantité en qualité* qu'implique ce qu'A. Green a appelé le « processus du négatif[1] ».

Cette *mise en place du qualitatif* dépend du stade anal et de la capacité de différer, de surseoir au plaisir, de retenir la décharge. Cette capacité érotisée de *différer,* de temporaliser, qui installe dans la vie psychique et affective le masochisme primaire érogène et le « travail du négatif », n'est possible que s'il existe une bonne « texture » du narcissisme du self (Marty, 1976).

Tout défaut dans la sphinctérisation de la trame narcissique du soi et du moi (analité primaire de Green[2]) aboutira dans ce cas à un *défaut dans la mise en latence* et *mise en constance des pulsions laissant demeurer celles-ci dans leurs formes essentiellement excitationnelles que chercheront simultanément à combattre* et *à activer les conduites addictives.* C'est dans ces cas que l'excitation-sensation deviendra « l'objet » anobjectal d'investissement préféré : cela donnera certes l'addiction mais aussi, dans la vie amoureuse, l'amour pour l'amour, l'addiction au transfert, l'addiction sexuelle dans lesquelles l'altérité de « l'objet » compte assez peu.

Ces constatations de fonctionnements psychiques particuliers se retrouvent chez les patients « états-limites » et posent de sérieux problèmes quant à leur prise en charge psychothérapeutique : transferts passionnels, passages à l'acte, difficultés à « retenir » (analement) l'émotion et la décharge pulsionnelle.

Tout ceci rejoint la révolution épistémologique apportée par Freud, à savoir la substitution de l'arc réflexe obéissant à la voie de décharge du comportement, par un système « tampon » à l'intérieur de ce système à l'origine du moi[3] et pouvant être décrit comme organe-système-homéostat (et pouvant être selon P. Marty pare-excitant[4]) – une « boîte noire » que le comportementalisme ignore superbement.

Dans ces conditions, la moindre défaillance ou dysfonctionnement de cet appareil-psychique-homéostat [dont l'appareil de l'appareil est la subjectivité] aura tendance à faire régresser celui-ci vers le réflexe (des « actes-symptômes » [McDougall J.] ou représent*actions* [Vincent J.D.])[5] par où le registre économique est au plus bas : la pulsion (dont le terme, *Trieb,* se trouve dans l'*Esquisse* comme rétroaction d'excitation sur/par le psychisme) *se dégraderait*

1. Green A. (1993), *Le travail du négatif.*

2. Green A. (1993), « L'analité primaire dans la relation anale », p. 61-86.

3. Voir Pibram et McGill (1976), p. 36, où les auteurs remarquent que le cheminement de Freud fut similaire à celui de Sherrington. *La fonction du SNC est celle « d'intégration » des excitations. Le rôle intégrateur est déjà dans les potentialités du neurone lui-même qui fait la somme (sommation) des autres neurones. Il est donc « créateur de sa propre information » et il « s'autostructure ».* On peut également se référer à J. Picat (1980), p. 13.

4. Marty P. (1990), *op. cit.*, p. 40.

5. J. D. Vincent (1986) a créé la formule condensée de « représentaction » pour définir ce « jet » d'une représentation qui ne peut se présenter la première fois que dans l'acte (cela se voit chez les patients état-limite dans la cure). Toutefois ces « représentactions » isolées par le biologiste sont privées de ce que la psychanalyse freudienne place à la base de sa théorie : la notion de pulsion et de désir, à savoir une force psychique qui ignore sa propre détermination et pousse à des réalisations (Green A. [2000], « Les enjeux de la psychanalyse à l'aube du XXe siècle », site internet SPP et la critique de la notion de « schème d'action » de D. Widlöcher (1996), *Les nouvelles cartes de la psychanalyse*, Paris, Odile Jacob).

en excitation-réflexe; remarquons que, ce faisant, la pulsion perd de sa qualité psychique et risque de n'être qu'un affect dont l'intensité est à transférer sur des systèmes hiérarchisés autrement que le système psychique (hormonaux, diencéphalique, neuro-hormonaux [DA, 5 HT], voire immunitaires).

Ceci conforte les hypothèses de Freud de présence de sécrétion par neurones clés *(Sekrtotische Innervation),* hypothèses intégrant la théorie des névroses actuelles (tronc commun aux addictions et somatisations). Précisons que ces hypothèses freudiennes se sont vu confirmer par la découverte de Maggoun en 1940 d'un appareil diencéphalique sécrétoire (hypothalamus, hypophyse) permettant une neurosécrétion et une neurocrinie dont nous savons qu'elles sont soumises à des rythmes biologiques (horloges biologiques, périodiques). En 1900, Freud, dans sa *Traumdeutung,* conserva d'ailleurs l'hypothèse de ces « neurones clés ». On peut aujourd'hui ajouter que le mécanisme de sécrétion interne est aussi couplé avec un mécanisme psychique de défense particulièrement nocif dans la genèse de pathologies somatiques, celui de la répression qui, avec le déni et le clivage, se verra souvent à l'œuvre chez des sujets « névrosés de caractère » ou « opératoires » adonnés à une ou plusieurs addictions.

Dans l'*Interprétation des rêves,* Freud mit en effet en rapport répression d'affect et innervation sécrétoire : « Je suis amené [...] à me représenter le déclenchement d'un affect *(Affektentbindung)* comme un processus centrifuge mais orienté à l'intérieur du corps, analogue au processus d'innervation motrice et sécrétoire[1]. »

On s'aperçoit alors, dans des formulations que Freud ne reprend plus après 1900 mais qui prennent aujourd'hui un grand intérêt du fait des découvertes des neurosciences, que là où la répression empêche l'expression psychique et pulsionnelle d'un affect, un processus d'*innervation motrice ou sécrétoire se déclenche qui pourrait nécessiter, faute de traduction* et *de qualification psychique, une quête de surexcitation* (Aufgegung, *qui signifie aussi « émoi ») qu'un contre-investissement chimique ou moteur comme l'acte de comportement addictif peut tenter de « réguler » et... déréguler.* Cette surexcitation peut enclencher une « crue pulsionnelle[2] » entraînant un mouvement de contre-investissement comme lorsque, pour ne plus entendre le bruit des voisins, on met sa radio très fort : ce contre-investissement peut être chimique, un objet d'addiction par exemple, ou moteur, une activité addictive comme le sport...

Ces idées de Freud dans l'*Esquisse,* schématisées par Pibram et McGill[3] (*cf.* ci-dessous figure 1.1), illustrent comment le psychisme, en tant qu'appareil, est bien une « zone tampon », un système intermédiaire entre le somatique et le réel.

Cette appréciation de système intermédiaire rejoint les vues des neurobiologistes d'aujourd'hui sur l'émergence du système nerveux central et de l'appareil psychique comme issus,

1. Freud S. (1900), *OCF-IV*, Paris, PUF, 2004, p. 637; (1900). « Motorischen und sekretorischen Innervation-vorgängen », *Traumdeutung.* SA (Studien Ausgaben), 1992, p. 451.

2. Cournut J. (1999), p. 22.

3. Pibram K.H. et McGill M.M. (1976), 1986.

phylogénétiquement, de la catégorie des neurones intermédiaires entre neurones sensoriels et neurones moteurs[1].

On peut ainsi avancer que le psychisme consubstantiel au symbolique, au langage et au corps a progressivement émergé le jour où, dans l'Évolution des êtres vivants, des neurones intermédiaires se sont interposés entre surface sensorielle et effectuation motrice. Ces interneurones se sont ensuite progressivement *complexifiés* en système de plus en plus spécialisé, et cela jusqu'au système pare-excitant qu'est la vésicule psychique[2] ; à l'intérieur de celle-ci, le rêve et le moi ont un caractère intermédiaire : « intermédiaire d'intermédiaire[3] ».

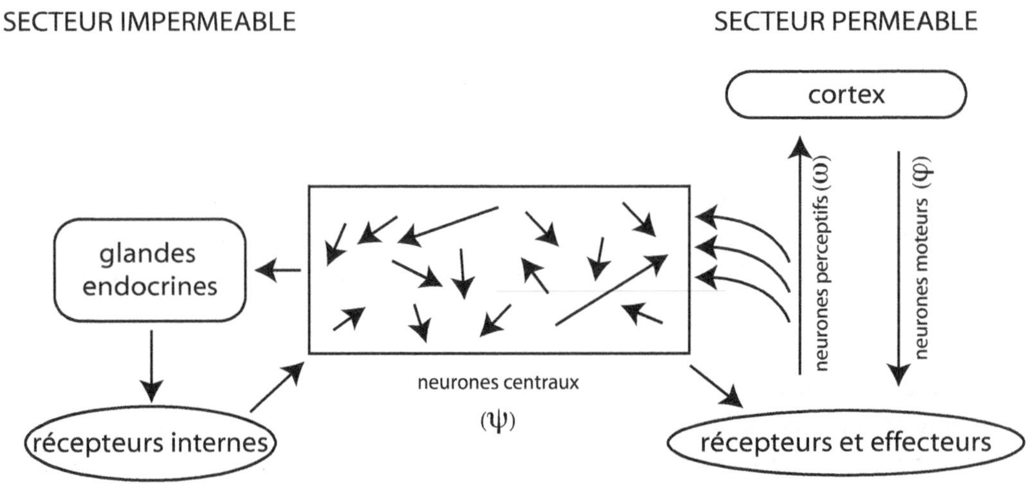

Figure 1.1 – Représentation de la « Machine » ou « Modèle » des processus psychologiques présentés dans l'Esquisse/Projet de Freud (d'après Pibram et McGill, 1976, PUF, 1986)

De par l'origine biologique du psychisme, il y a ainsi des niveaux où soma et psyché et leurs causalités peuvent s'effacer. Les formulations freudiennes de l'*Esquisse,* puis celle de *l'Interprétation des rêves,* offrent ainsi un modèle psychoneurophysiologique puis métapsychologique, nous indiquant combien des addictions ou des douleurs somatiques peuvent jouer le rôle de « contre-investissements massifs » à toute irruption d'affect (de plaisir ou déplaisir). Ils agissent comme des mécanismes « antimémoire » et antirefoulement, devant toute mobilisation par un affect, provenant de « distorsions » du moi inscrites dans le caractère ou les clivages et remettant en jeu des manifestations précoces des pulsions d'autoconservation qui, par nature, sont

1. Varela F., Thompson E., Rosch E. (1994), p. 64.
2. Kaës R. (1985).
3. Green A. (1994), « Psychique, somatique, psychosomatique », p. 69.

douées d'un fort potentiel biologique[1]. Ajoutons que ces mécanismes « antimémoire » mis en action par certaines drogues sont confirmés à un autre niveau, neurobiologique, pour ce qui concerne à tout le moins l'alcool (*cf.* la démence de Korsakoff) et le cannabis. Pour ce dernier, de nombreuses études ont montré que la prise de cannabis pouvait entraîner des pertes de mémoire à court et à long terme. Ces effets sur la mémoire seraient liés à la présence de récepteurs spécifiques sur plusieurs types cellulaires cérébraux (neurones mais aussi cellules gliales). Des chercheurs de l'Inserm sous la direction de G. Marsicano montrent que ces effets sur la mémoire sont liés à la présence de ces mêmes récepteurs sur les mitochondries, la centrale énergétique des cellules. C'est la première fois que l'implication directe des mitochondries dans les fonctions supérieures du cerveau, comme l'apprentissage et la mémoire, est montrée. Les mitochondries sont présentes à l'intérieur des cellules pour produire l'énergie (sous forme d'ATP) nécessaire à tous les processus biochimiques. Pour ce faire, elles utilisent l'oxygène pour transformer les nutriments en ATP. Ces fonctions sont évidemment nécessaires à la survie de l'ensemble des cellules du corps, mais dans le cerveau l'impact des mitochondries va au de-là de la simple survie cellulaire. Si le cerveau ne représente que 2 % du poids du corps, il consomme en effet jusqu'à 25 % de son énergie. Par conséquent, l'équilibre énergétique du cerveau est quelque chose de très important pour ses fonctions et, donc de très régulé[2].

Récemment une équipe française s'est appuyée sur la découverte de la présence du récepteur cannabinoïde CB1 aussi sur les mitochondries du cerveau (appelées mtCB1), révélant que c'était bien le cas. À l'aide d'outils innovants, les chercheurs ont montré que le composant actif du cannabis, le THC (delta9-tétrahydrocannabinol), provoquait de l'amnésie chez les souris en activant les mtCB1 dans l'hippocampe. « La diminution de mémoire induite par le cannabis chez la souris exige l'activation de ces récepteurs mtCB1 hippocampiques » explique G. Marsicano[3]. À l'inverse, « leur suppression génétique empêche cet effet induit par la molécule active du cannabis. Nous pensons donc que les mitochondries développent notre mémoire en apportant de l'énergie aux cellules du cerveau[4] ».

1. Laplanche J. (1970), p. 99, « *S'il ne trouve pas en lui l'énergie d'investissement, le Moi "s'aidera" d'autres énergies* agissant pour son compte : c'est un Moi collé au fonctionnement somatique et non pas un Moi comme "projection de surface" ».

2. On sait parfaitement que des altérations chroniques des fonctions mitochondriales (par ex. dans les maladies mitochondriales) produisent d'importants symptômes neurologiques et neuropsychiatriques. Cependant, l'implication fonctionnelle directe des mitochondries dans les fonctions supérieures du cerveau, comme l'apprentissage et la mémoire, était jusqu'à présent inconnue. En d'autres termes, nous servons-nous des mitochondries de notre cerveau quand nous apprenons ou quand nous nous souvenons de quelque chose ?

3. Marsicano G. (2016), « A cannabinoid link between mitochondria and memory », *Nature*.

4. Cette étude est importante non seulement parce qu'elle présente un nouveau mécanisme qui sous-tend les effets du cannabis sur la mémoire, mais aussi parce qu'elle révèle que l'activité mitochondriale fait partie intégrante des fonctions du cerveau. *Cf.* Fédération pour la recherche sur le cerveau : http://www.frcneurodon.org/informer-sur-la-recherche/actus/mitochondries-essentielles-a-memoire/

3.2 Les pouvoirs de la coca selon Freud

En 1885-1887, la cocaïne fut considérée par Freud comme *Pharmakon illusoire*; il en donna comme substitut à son ami Fleischl, héroïnomane... qui en mourut. La cocaïne servit en outre à libérer sa parole d'amoureux face à Martha, sa fiancée, et à guérir sa neurasthénie ; plus tard, Freud, minimisant l'intérêt pour la coca, traita cette recherche « d'allotrion », de hobby, le détournant d'un travail scientifique sérieux en neuropathologie[1].

Dans cette période, Freud travaille d'un côté sur l'aphasie dans ses rapports à l'appareil du langage dont il écrit que la fonction, dans des conditions pathologiques, s'apprécie en référence à l'idée d'involution fonctionnelle d'un *appareil* évolué (*cf.* H. Jackson). De l'autre, il étudie la chimie de la cocaïne et des névroses actuelles et, jusqu'en 1895, l'aspect (fermé) du système neuronique (l'*Esquisse/Proj*et de 1895).

Freud apparaît dans l'impasse (d'ailleurs, à cette époque, il somatise : tachycardie, constipation, rhinites, sinusites, devant nécessiter, avant le rêve d'Irma, une opération par W. Fliess), et s'addicte beaucoup au tabac. Il lui faudra, sur le plan théorique, dans un premier temps la découverte d'un « appareil d'association » comme il est dit dans son *Étude sur l'aphasie* puis, par la suite, l'interprétation des rêves, spécialement celui de l'injection faite à Irma (1895), pour entrevoir, après l'abandon de sa Neurotica, la « terre promise » : l'inconscient *psychique refoulé, le psychosexuel infantile.*

Ce rêve de l'été 1895, ouvrant le deuxième chapitre de l'*Interprétation des rêves*, est en effet, entre autres choses, un rejeton du refoulé de l'épisode sur la cocaïne (ce que ne rapporte pas Freud). L'odeur si caractéristique du triméthylamine (qui, dans le rêve de Freud, est rattachée à la « substance chimique sexuelle ») rappelle celle de la base chimique du principe actif de la cocaïne, l'hygrine (qui est en fait du triméthylamine). On peut d'ailleurs lire en toutes lettres dans *Über coca* de Freud : « Outre la cocaïne, on a trouvé dans les feuilles de coca : des tanins de coca, une cire, l'hygrine dont l'odeur fait penser au triméthylamine[2]. »

Prescrire de l'élixir ou de la poudre nasale de coca à une personne (Irma) se plaignant de sensations de nausée et de dégoût était une contre-indication, arrière-pensée qui pouvait être présente dans le rêve de l'injection à Irma. C'est pourtant ce que Fliess faisait et que fit Freud pour soigner son nez et différents maux entretenus par addiction tabagique[3].

En application nasale, l'avantage de la cocaïne est qu'elle réalise une *vasoconstriction* qui permet la déturgescence de ces tissus érectiles que sont les cornets du nez gonflés dans les rhinites chroniques d'origine allergique ou vasculaire. Dans ces affections, on assiste à une

1. Freud S. : « Mon doux trésor, je suis en train de te faire de bien stupides aveux, sans raison, à moins que peut-être ce ne soit la cocaïne qui délie la langue. » Lettre à Martha du 2 février 1886, *in* R. Bick (1976), p. 40 ; *cf.* E. Jones (1953) : « L'épisode de la cocaïne », *La vie et l'œuvre de Freud*, 1958, p. 92-93.

2. Bick R. (1976), *De la cocaïne*, p. 303.

3. Influenza et peur du cancer, lettre du 19 avril 1894 ; surmenage intellectuel demandant le tabac (le 12 juin 1895) ; opération éthmoïde par Fliess (23 septembre 1895) ; malaise (12 octobre 1895) ; hyperesthésie psychique et tabac, le 8 novembre 1895, etc.

sorte de *perversion des fonctions organiques* elles-mêmes, perversions psychiques ratées, au service de fantasmes incarnés. La cocaïne locale réalise une forme de castration narcissique appliquée dans le réel d'un organe du soma.

Ainsi, le pouvoir de la coca met fin à l'accroissement démesuré d'une tension physico-psychique de « l'affect sexuel » (*Manuscrit E*, juin 1894), localisé dans le nez, organe dont on connaît les relations symboliques avec le sexe et dont on sait aujourd'hui les liens étroits qu'il entretient avec le système limbique, notre cerveau affectif[1].

En fait, il faut bien reconnaître, comme l'a fait M. Schneider[2], que la célébrité que Freud eût pu rencontrer avec la cocaïne était sans doute trop à sa portée pour qu'il n'aille pas échouer juste avant le succès. « Après-coup », cela permit à Freud-Moïse de « mettre la main » sur le territoire tant désiré : le psychisme sexuel inconscient et, plus tard, d'écrire sur « Ceux qui échouent devant le succès[3] ».

3.3 Au-delà du principe de plaisir : le craving et la jouissance du traumatique

Le facteur traumatique a toujours été lié, dans l'œuvre de Freud, au dépassement des capacités de liaison inhérent au principe de plaisir, ce qui renvoie au quantitatif, à l'économique. Un passage des *Nouvelles conférences* redéfinit le traumatique comme un « état (...) devant lequel les efforts du principe de plaisir échouent, un facteur *traumatique*. (...) Nous arrivons, en passant par la série angoisse névrotique – angoisse réelle, situation de danger – à cette

1. La découverte très récente d'un « organe vomeronasal » (OVN) – ou nez sexuel – chez l'homme, présent dans une cavité située avant la muqueuse olfactive, a mis les scientifiques sur l'hypothèse d'un site sexuel de l'odorat identique à celui existant dans le monde animal dont les comportements sexuels sont régis par l'odorat : *cf.* « Les scientifiques sur la piste du site sexuel de l'odorat », *Le Monde*, du 28 février 1997, p. 22. Ces découvertes relancent l'intérêt pour ce que Freud a appelé « le refoulement originaire », dont il avance les composantes organiques : « un élément organique entre en jeu dans le refoulement : marche verticale, nez détaché du sol... » (Lettre à Fliess du 14/11/1897, 2006, p. 354). Dans *L'homme aux rats* (1909), il revient sur cette idée : « D'une façon générale, on peut se demander si l'atrophie de l'odorat chez l'homme, consécutive à la station debout, et le refoulement du plaisir organique qui en résulte, ne joueraient pas un grand rôle dans la faculté de l'homme d'acquérir des névroses » (p. 260). Et encore en 1909, dans une séance des *Minutes de la Société psychanalytique de Vienne :* « Nous supposons qu'il n'y a pas de refoulement qui n'ait un noyau organique (...) substitution de sensations agréables par des sensations désagréables (...). Dans ce refoulement organique, les facteurs psychiques ne jouent pas encore de rôle » (17/11/1909 ; 1978, p. 318). *L'organe vomeronasal se serait ainsi atrophié avec la station debout, donnant des « bases organiques » au refoulement (psychique) à venir.* Ceci permet aussi de relire autrement les travaux de W. Fliess sur *Les relations entre le nez et les organes génitaux féminins* (1897), Paris, Seuil, 1977.

2. Schneider M. (1985), *Big Mother*, Paris, Seuil (p. 150). Selon lui l'imago maternelle, comme la fonction maternelle, est ce qui caractérise de plus en plus l'organisation et les représentations culturelles de notre société. Si l'on suit les considérations de M. Schneider, force est de constater que ce type de société crée de plus en plus de pathologies anorexiques, boulimiques, addictives, états-limites, etc.

3. Freud S. (1915), « Quelques types de caractère dégagés par la psychanalyse ».

proposition simple : ce qui est redouté, l'objet de l'angoisse est, à chaque fois, l'apparition d'un facteur traumatique qui ne peut pas être liquidé par la norme du principe de plaisir[1] ».

Soulignons ici que le trauma vient « dé-régler » la « norme » qu'organise, dans et pour la vie psychique, le principe de plaisir. Toute « anomie » de ce principe de plaisir « signerait » la « trace » du traumatique, celui-ci étant synonyme de brèche et irruption engageant à un « au-delà » du principe de plaisir dont le « régime » d'action relèvera de la jouissance/souffrance. Le trauma porte en lui la désintrication pulsionnelle (entre Éros, puissance de liaison et Thanatos, puissance de déliaison), la désunion pulsionnelle entre autoconservation et sexualité, entre vie et mort. En ce sens la conduite addictive tentera de « suturer », par un excès quantitatif à la fois « en deçà » de toute symbolisation et « au-delà » du principe de plaisir : nous sommes alors très proches de ce que la psychiatrie moderne appelle le *craving.*

Précisons que le *craving* est la recherche compulsive de drogue, traduction du besoin de celle-ci. Ce terme a une origine qui mérite d'être rappelée[2]. Le verbe transitif *to crave* signifie dans le dictionnaire Webster de 1913 : « demander en implorant ou bien, avec humilité ». Comme verbe intransitif, *to crave* veut dire « ressentir un appétit insatiable, un fort désir », comme dans *Suckling, Once one may crave for love.*

Le *craving* est ainsi lié à un *désir aigu* (ce qui renvoie donc à la notion psychanalytique et freudienne de *Sehnsucht :* « désir ardent » ; voir *supra*). Le terme dipsomanie, qui vient du grec *dipso,* « soif » et *mania,* « folie » en est proche, et désigne un désir morbide pour l'alcool. Le *craving* relève ainsi d'un *besoin impérieux,* que ce soit de nourriture ou de produits toxiques. Diverses drogues comme la cocaïne, l'ecstasy, le tabac ou l'alcool déclenchent très facilement des phénomènes de *craving.* La prise de drogue dans le *craving* subvertirait autant les besoins sexuels que ceux alimentaires et/d'autoconservation, appartenant de fait à une forme de « néo-besoin[3] ». Ces « néo-besoins » sont autant de tentatives de lier, dans le quantitatif, des énergies fortes à peine liées « au-delà » du principe de plaisir.

Ajoutons qu'aujourd'hui les phénomènes de *craving* sont mieux identifiés sur le plan anatomo-physiologique en fonction des différents produits. L'imagerie médicale a en effet apporté un nouveau regard au phénomène des addictions qui, loin de s'opposer à l'approche psychanalytique et psychosomatique, peut tout à fait conforter celle-ci (*cf. infra*).

1. Freud S. (1933), *Gesammelte Werke,* 15, 100 ; « Angoisse et vie pulsionnelle », in *Nouvelles conférences de Psychanalyse,* Paris, Gallimard, 1984, p. 127.

2. Nous empruntons ici à Dupain P. les principales caractéristiques de la notion de *craving* : Dupain P. (2006), *Le Courrier des addictions* (8), n° 1, janvier-février-mars : p. 27-28.

3. Braunschweig D. et Fain M. (1975), *op. cit.*

3.4 Addiction : le « désir ardent » et la passion de « non-séparation »

Avec le préfixe *Sehn*, le terme *Sehnsucht*, littéralement « désir ardent », « nostalgie », s'est trouvé être traduit par l'équipe des *Œuvres complètes* dirigée par Laplanche, par « désirance » – ce qui, on l'a vu précédemment renvoie au terme de *craving*, lié à un « désir aigu ».

Ce terme de « désirance » fut choisi car il soulignait *l'absence de l'obj*et et *la resexualisation d'une excitation*, le suffixe *-ance* renvoyant au mouvement, comme ce que souligne aussi le terme de différ*a*nce [action de différer] avancé par Derrida[1] et que ce dernier rapporte également à l'archi-trace et, précisément, au *Pharmakon*.

Sehnsucht se trouve, notons-le, sous la plume de Freud lorsque celui-ci, dans une lettre à Fliess du 26 avril 1895, désigne le symptôme hémorragique dont a souffert Emma, sa patiente hystérique, comme une nostalgie *(Sehnsucht)* d'une « autre scène ». Trente ans plus tard, dans *Au-delà du principe de plaisir*, le même mot évoque le mythe d'Aristophane, rapporté par Platon, d'une androgynie primitive que la sexualité a coupé en deux : « du corps coupé en deux, une nostalgie *(Sehnsucht)* va pousser les deux moitiés à se rejoindre » ; « convoiter cette unité, chercher à l'obtenir, est ce qu'on nomme l'amour ».

Ainsi, Freud, après Platon, pose le lien entre la nostalgie de l'origine corporelle primitive et la nostalgie amoureuse ou passionnelle[2] qui pousse à rejoindre sa « moitié » (lien qu'évoqueront Groddeck[3] et J. McDougall dans la somatisation, forme d'*acting-in* du fantasme incestueux d'un corps pour deux[4]), nostalgie, passion et exaltation amoureuse dont nous verrons les liens avec la conduite addictive. Nous pouvons remarquer le lien ici entre « désir ardent », passionnel, nostalgie, quête fusionnelle vers le retour utérin et absence (déni) d'altérité dans ce type de désir « chaud » alors que le désir « tempéré » naît, outre de la perte de l'objet et de la séparation, d'une perception de la différence moi/objet.

Quant à elle, cette nostalgie de la coupure avec l'autre dyadique est évoquée par Freud avec la première douleur psychique, celle du nourrisson percevant la séparation d'avec sa mère, ce que Spitz décrira comme « angoisse du huitième mois[5] ». À la fin d'*Inhibition, symptôme, angoisse*[6], Freud décrit en effet la douleur psychique comme étant due au débordement des capacités de

1. Derrida J. (1968), p. 43-68.

2. En 1688, J. Hofer décrivit une maladie appelée « nostalgie » : « Le nom allemand indique la douleur qu'éprouve la personne malade d'être loin de son pays natal. » « Comme elle n'a pas de nom latin, je l'ai appelée nostalgie : de *nostos*, retour et d'*algos*, douleur. » En psychiatrie, la « nostalgie » fut une forme de mélancolie : « Un désir violent et continuel de voir ses proches et les lieux de son enfance. » La souffrance nostalgique et l'inaccessible objet de son désir, fondent leur « passion » sur une tristesse, une apathie, une douleur morale, des algies corporelles puis une fièvre et un délire ; Rausch (1985) ; A. Bolzinger/J.-P. Bouillault (1990). « Cette nostalgie n'est évidemment pas autre chose que l'amour *(Liebe ist heimweh)*, retrouvé sous le signe de l'inquiétante étrangeté *(Unheimlich)* » déclare Freud (1919, p. 199).

3. Groddeck G., *Ça et moi*.

4. McDougall J. (1989).

5. Spitz R. (1946).

6. Freud S. (1926).

maîtrise des affects devant l'incertitude du retour de la mère (celle-ci représentant l'essentiel du système pare-excitation du nourrisson). Nous reviendrons sur cet aspect traumatique de l'affect « passionnel » qu'est la détresse originelle de l'enfant.

Qu'il suffise ici de dire que cette douleur ne se transforme progressivement en nostalgie *(Sehnsucht)* que si la mère s'est efforcée de lui garantir son retour après les moments d'absence. Freud conclut « qu'il [le nourrisson] peut alors ressentir quelque chose comme de la nostalgie, sans que celle-ci s'accompagne de désespoir ». La nostalgie est, en ce sens, un mode de résolution temporaire de la privation de l'objet : elle impliquerait un renoncement partiel à l'objet par croyance dans le fantasme des retrouvailles possibles avec celui-ci. Il y aurait là un « investissement de l'objet en nostalgie *[Sehnsuchtsbesetzung des Objekts]* » relatif au travail de deuil.

Cela renvoie aux addictés d'aujourd'hui porteurs d'une dépression larvée. Considérons les liens chez Freud entre perte d'imago paternelle et nostalgie : cette « nostalgie du père » *[Vatersehnsucht]* est en effet évoquée dans *Totem* et *tabou*[1] comme le renversement en son contraire de la jalousie des frères de la horde envers le « père totémique », qui montre, à cause de la culpabilité, le retournement (pulsionnel) du processus de l'agressivité originelle en regret amoureux de l'unité perdue. La nostalgie est ainsi la queue de la comète douleur, de la séparation d'avec l'objet primaire maternel ou celle d'avec le père (totémique) de la préhistoire individuelle. Nostalgie du père de la horde primitive, nostalgie de la mère, nostalgie de l'unité perdue comme dans *Au-delà du principe de plaisir*.

À la fin d'*Inhibition, symptôme* et *angoisse* (1926), Freud livre une conception intéressante concernant la compréhension de l'investissement addictif de la douleur physique voire morale. Cette conception est celle du passage du « narcissisme corporel » à la représentation psychique. « Le passage de la douleur corporelle à la douleur psychique correspond à la transformation de l'investissement narcissique à l'investissement d'objet » ; ou encore « la représentation d'objet hautement investie par le besoin joue le rôle de l'endroit du corps investi par la croissance d'excitation ». Les conduites addictives montrent le raté de ces transformations et le rôle d'ancrage dans le narcissisme corporel de la douleur.

Ceci montre combien, avec les addictions, nous sommes dans le domaine de la passion de la « non-séparation » avec l'objet « excitant » de la dyade mère-enfant ou celui du père totémique-enfant. Dans ce genre de problématique, tout rapprochement avec l'objet de satisfaction est vécu de manière intrusive, entraînant la perte d'identité du sujet comme s'il y était aliéné, sous emprise. À titre d'exemple, chez l'anorexique, l'appétit est vécu comme *appétence toxicomaniaque*[2], de là le recours au jeûne et à l'absence de contact avec la nourriture. D'un autre côté, toute séparation – singulièrement celle d'avec l'enfance et d'avec les parents pendant l'adolescence – peut être vécue comme une hémorragie et castration narcissique, une détresse que l'objet ou le comportement excitant addictif vont tenter de colmater.

1. Freud S. (1912-1913), *Totem et tabou.*
2. Brusset B. (2008), *Psychopathologie de l'anorexie mentale,* p. 168-69.

L'éthologie conforte ce lien entre séparation précoce et risque addictif. En effet chez les mammifères, les liens entre la mère et le nouveau-né sont d'une importance fondamentale dans le développement harmonieux de la progéniture. Des séparations longues tendent à installer, chez le raton devenu adulte, des troubles anxieux, « dépressifs », et une conduite de dépendance aux drogues. Les analyses neurobiologiques montrent une perturbation de nombreux systèmes neuronaux limbiques, en particulier neuropeptidergiques, dont l'explication pourrait se trouver dans l'impact des angoisses précoces sur le développement cérébral.

On entrevoit ici la notion de vulnérabilité à des troubles comportementaux créée par des « stress » précoces, comme une longue séparation mère/nouveau-né chez l'animal. Ces derniers modèles engendrent des perturbations telles qu'une augmentation de l'anxiété et de la dépendance aux psychostimulants. Les analyses neurobiologiques effectuées chez l'animal adulte montrent que de nombreux systèmes neuronaux (hormones du stress, dopamine, noradrénaline, GABA, peptides) de certaines structures du système limbique sont perturbés[1] ce qui, dans le cadre actuel de la neurologie affective, n'est pas sans intérêt.

4. Métapsychologie freudienne et travaux psychanalytiques ultérieurs

4.1 Premier modèle freudien : masturbation et homosexualité refoulée dans l'alcoolisme

Pour résumer les articles de Freud concernant les addictions, en particulier l'alcoolisme, citons Ferbos et Magoudi (1991[2]) :

- l'addiction est un substitut à un acte sexuel ayant lien avec la masturbation (*cf. supra*, le dieu Pan) et les fantasmes incestueux ;
- le modèle organique des névroses et celui des névroses actuelles peuvent être comparés à celui des toxicomanies et des « intoxications » ;
- dans certains cas une oralité constitutionnelle peut expliquer les liens entre addictions et perversion orale ;
- il existe un lien entre alcoolisme et homosexualité ;
- l'alcool, comme d'autres drogues, peut prendre la place de l'objet primordial et être traité comme celui-ci ;
- il y a des « addictions sans drogues » comme le jeu témoignant pour Freud d'un besoin d'autopunition (dette de vie non symbolisable) ;

1. Daugé V. (2003).
2. Ferbos C. (1986), p. 121-154.

- globalement la conception métapsychologique de Freud sur l'alcool l'amène à une vue relativement « autothérapeutique » de celui-ci, en regard des névroses et des soucis *(Sorge)* qu'il soulage : c'est un *Sorgenbrecher*, un « briseur de souci » qui soustrait au fardeau de la réalité[1] ;
- il existe certaines similarités entre intoxications et manie (*cf.* Rado).

Encore une fois, il faut insister ici sur le fait que Freud eut très tôt l'intuition que la drogue n'était pas « le » toxique. « L'addiction à l'hypnose » *(Sucht nach Hypnose)* représentait pour lui le paradigme révélant l'existence d'une forme de relation de transfert passionnel (« foule à deux », communauté inavouable proche de la « communauté du déni »). On peut citer ici la lettre de Freud à Fliess du 16 mars 1897 où le maître viennois relève l'alternance entre somatisation et addiction alcoolique, ce qui va dans le sens de notre hypothèse de « pathologies organiques post-abstinence » décrites en 1997 : « [Chez] un homme génial mais un dipsomane invétéré depuis sa cinquantième année. Ses crises de dipsomanie s'annonçaient toujours soit par de la diarrhée, soit par un rhume et de l'enrouement [système sexuel oral !], c'est-à-dire par une reproduction d'incidents qu'il avait lui-même passivement subis. [Chez] cet homme, pervers jusqu'à l'époque de sa maladie, [...] la dipsomanie s'était produite par un renforcement (ou plutôt par une substitution) d'une pulsion venue remplacer la pulsion sexuelle associée. Le même phénomène avait probablement eu lieu chez F. pour la passion du jeu. »

En plus du lien que fait ainsi Freud entre jeu, alcoolisme, perversion et addictions, relevons que c'est dans une lettre à Fliess que le père de la psychanalyse relie cette fois masturbation, homosexualité masculine, sexualité infantile et régression fœtale[2].

C'est en corrigeant en effet les épreuves de *Die Traumdeutung* que Freud, évoquant ses recherches futures sur la sexualité infantile écrit, dans une lettre du 17 octobre 1899 que nous traduirons comme ceci : « Que dirais-tu si la masturbation se réduisait à l'homosexualité et si cette dernière, c'est-à-dire l'homosexualité masculine (chez les deux sexes) était l'art premier de la "désirance" *(Sucht)* sexuelle ? Le premier but sexuel, analogue au désir *(Wunsch)* infantile de ne pas sortir du monde intérieur *(Innen Welt).* Si d'ailleurs la libido et l'angoisse étaient toutes deux masculines ? »

L'analogie freudienne rejoint les appréciations de F. Perrier[3] sur l'alcoolisme comme régression à un auto-inceste fusionnel, à un fantasme d'auto-engendrement et de métamorphose réanimé par l'autoérotisme et l'homosexualité prégénitale. Ces appréciations rejoignent celles de Groddeck[4] ou de Ferenczi portées sur les pathologies somatiques comme mode de régression à une androgynie primitive et à un retour, nostalgique, vers le sein maternel par « amphimixie » des érotismes[5].

1. Freud S. (1930), *Malaise dans la civilisation*, 1971, p. 23, et lettre de Freud à Jung du 21 novembre 1909.
2. Anzieu D. (1988), p. 436.
3. Perrier F. (1981).
4. Groddeck G. (1977), *Ça et moi*, Paris, Gallimard.
5. Ferenczi S. (1924), *Thalassa*, p. 13.

On peut ici se demander si les addictions (ou certaines somatisations) ne se présentent pas comme des reliquats ou des traces somatopsychiques d'angoisse de séparation (Freud, 1920) datant du temps relationnel préhistorique[1], où l'*effet hypnotique* était à son maximum. Ne serait-ce pas ce que recouvre l'expérience d'inflammation par hypnose obtenue par Chertok[2] ou les traitements de somatisation par hypnose entrepris par Newton[3], Sacerdote[4], ou bien encore François Roustang[5] ou encore prises en charge par techniques d'hypnose des toxicomanes que rapporte C. Miel[6] ?

Or cet effet hypnotique est la « trace » et le témoignage d'épisodes du développement neuropsychique (singulièrement au stade oral) de l'enfant, que chaque adulte conserve en lui et qui peut être de nouveau mobilisé lors de certains « chocs affectifs »... Cet effet hypnotique est en effet à mettre en relation avec la levée brutale de refoulement mais aussi avec l'amnésie infantile et les confusions de traitement des informations digitales et analogiques provenant du cerveau, singulièrement chez le jeune enfant[7].

Poursuivons avec Freud : dans *Les trois essais sur la sexualité* (1905), il fixe l'origine de l'alcoolisme à « une forte fixation de la libido au stade oral » et, qualifiant les pulsions sexuelles

1. Pour Pavlov, l'hypnose animale, hypnose d'effroi, avec sa paralysie et sa mort simulée, est un réflexe d'autoconservation : si l'animal ne peut ni fuir, ni se battre, il s'immobilise (Chertok, *L'hypnose*, p. 73). Retenons donc *les liens entre hypnose et défense par l'autoconservation*. Pour Freud (1921), « le rapport hypnotique qui consiste dans l'abandon amoureux total à *l'exclusion de toute satisfaction sexuelle* » comporte « une adjonction de paralysie *(Lähnung)* provenant d'un *être surpuissant à un être impuissant en détresse*, ce qui, en quelque sorte, fait la transition avec *l'hypnose d'effroi des animaux* » (p. 53). Ajoutons que Chertok proposa l'hypnose en médecine psychosomatique et... pour les toxicomanies.

2. Chertok L., p. 218.

3. Newton B. (1982).

4. Sacerdote P. (1966).

5. Roustang F. (1990).

6. Miel C. (2005).

7. Les travaux de P. Watzlawick de l'école de Palo-Alto ont, dans les années soixante-dix, permis la description de deux langages opposés correspondant à deux types d'opérations cognitives. Des arguments neurologiques semblent plaider en faveur d'un substratum anatomique, et il est habituel d'utiliser les termes de langage « hémisphérique droit » et de langage « hémisphérique gauche ». Selon cette hypothèse, les deux « cerveaux » traitent l'information selon deux modalités différentes. Le langage du « cerveau droit » privilégie le canal analogique. Les signes gardent un rapport avec ce qu'ils signifient : cela renvoie à la communication infra ou préverbale. Le « cerveau gauche », au contraire, permet le traitement digital de l'information. Par ailleurs, Watzlawick a montré l'existence d'une *relation entre le langage hypnotique et le « langage hémisphérique droit »*. L'enfant est d'abord sensible à la partie analogique du langage de l'adulte et c'est par elle qu'il rentre en quelque sorte dans le langage, comme l'ont bien montré les travaux des pragmaticiens (J.L. Austin et J.-S. Bruner). Ces travaux débouchent sur une réflexion : *l'antériorité, dans le développement ontogénétique d'un enfant, de l'analogique sur le digital fournit une des explications plausibles de l'amnésie infantile* décrite par Freud. Ce substratum neurophysiologique et « communicationnel » qu'est la différence entre digital et analogique donne une *autre lecture du refoulement dont procède cette amnésie infantile. Si le refoulement est « défaut de traduction »* comme il l'avance dans la lettre à Fliess du 6/12/1896, *alors le « défaut de traduction » du digital à l'analogique permet, précisément, ce refoulement et le retour du refoulé dans le rêve. Cf.* Watzlawick P. (1978) ; Watzlawick P., Helmick Beavin J., Jackson don D. (1967), 1972 ; Austin J.L. (1961), 1973 ; Bruner J. S. (1987) ; Rosolato G. (1974), 1978 ; Freud S. (1911), 1984, p. 135-143.

en jeu chez l'alcoolique, il évoque l'autoérotisme dans lequel la pulsion trouve satisfaction à son point de naissance, sans détour par l'objet. K. Abraham insistera par la suite sur le rôle de cette fixation orale[1], thèse reprise ensuite par O. Fenichel qui, en 1945, développera la notion généralisée d'addiction comme une régression à des stades précoces, le surmoi se trouvant soluble dans l'alcool.

Après 1905, Freud insérera l'alcoolisme, mais aussi nombre de symptômes somatiques comme la dyspnée et la toux de Dora, dans le cadre de l'autoérotisme et de l'activité de succion. Dans les *Trois essais,* il présente en effet la succion du pouce, liée à la rêverie, comme l'exemple de l'activité autoérotique : celle-ci montre la *subversion des fonctions d'autoconservation par les pulsions sexuelles dans le mouvement d'un étayage* (Anlehnung) *sur ces mêmes fonctions physiologiques qui sont ainsi détournées à des fins autoérotiques.* « Tous les enfants ne suçotent pas », écrit Freud. « Si cette sensibilité érogène persiste, l'enfant sera plus tard un amateur de baisers, recherchera les baisers pervers, et devenu homme, il sera prédisposé à être buveur et fumeur[2]. »

On voit ici combien le soma et les fonctions biologiques peuvent se voir intéressés par l'action des pulsions sexuelles prégénitales qui, « nombreuses, naissent de sources organiques variées, agissent d'abord indépendamment les unes des autres et ne se rassemblent que tardivement en une synthèse plus ou moins achevée. Le but auquel tend chacune d'entre elles est l'obtention du plaisir d'organe » (1905, p. 26).

Sans encore développer la question de l'autoérotisme, rappelons que, d'un point de vue d'épigenèse interactionnelle, celui-ci se conjugue avec un moi dont la *Gestalt* se précipite dans le miroir[3] et le regard maternel[4] ou par le toucher (miroir tactile du moi-peau selon D. Anzieu ou « sujet senti-sentant » de Merleau-Ponty). Dans la suite de la pensée freudienne concernant l'alcool, il est dit, dans les « Contributions à la vie amoureuse » (1912), que l'absorption d'alcool est référée à l'amour impossible génitalement, « l'amour toxique[5] », dont nous verrons les risques d'autonomisation dans la compulsion de répétition. Comme le mot d'esprit qui « épargne un effort psychique », cette *forme de court-circuit* de la dynamique et de la topique psychique due à l'inhibition ou à la répression emprunte régressivement une voie de décharge de la tension dans le soma[6].

Serait-elle alors, comme F. Perrier le pense, une forme d'intoxication auto-incestueuse remplaçant l'hallucination de satisfaction de désir, l'alcoolisation réalisant le déni de la perte

1. Abraham K. (1908).

2. Freud S. (1905), *Trois essais...*

3. Lacan J. (1949).

4. Winnicott D.W. (1967), « Le rôle de miroir... » ; Spitz R. (1946), 1968.

5. Freud S. (1912) ; cet amour toxique qui réanime toute panique (Pan) et passion se trouvait dans la tragédie grecque représenté par le *pathein mathos* (*le « savoir par la souffrance »*) : la Passion du Christ est, dans un univers syncrétique judéo-gréco-romain, une représentation mythologique de la « passion » de l'amour excessif et coupable du fils pour la mère, autant que la réalisation du meurtre du père obligeant à une castration, non symbolique mais narcissique : la mort.

6. Mijolla A., de et Shentoub S.A. (1973), p. 196.

du premier objet d'amour pouvant se manifester, comme chez Dora, dans la conversion somatique (dyspnée et gastralgie pendant l'absence de M. ou Mme K.) ?

Dans « Remarques psychanalytiques sur l'autobiographie d'un cas de paranoïa[1] », Freud propose une compréhension des mécanismes du délire de jalousie, en envisageant d'abord le délire alcoolique, puis le « complexe du transitivisme » dans son article « Un enfant est battu[2] », en ayant recours à la déconstruction d'une proposition grammaticale où, dans le fantasme homosexuel inconscient de départ (« je l'aime, lui, l'homme) », on aboutit, par renversement et projection de ce fantasme, à « *c'est elle* qui l'aime » (alors que chez la femme souffrant d'un délire de jalousie, le fantasme homosexuel inconscient refoulé et rendant « toxique » la libido, est « j'aime les femmes comme un homme » aboutira par le même procédé à « *c'est lui* qui les aime »).

Le rôle de l'alcool dans cette affection devient ainsi plus compréhensible. L'alcool en effet lève les inhibitions et annihile les sublimations : ceci peut être pour un homme assez souvent après avoir été déçu par une femme. Il se trouve alors « poussé à boire, mais cela signifie qu'en général il revient au cabaret et à la compagnie des hommes qui lui procurent alors la satisfaction sentimentale lui ayant fait défaut à son domicile près de sa femme[3]. » Si le délire paranoïaque fonctionne en lien avec un fantasme de désir homosexuel chez l'homme, c'est que l'abandon d'une femme (maternante-mère) amène cet homme alcoolique à projeter sur les autres hommes la puissance phallique et virile, réservée inconsciemment jusque-là à cette femme.

Ce point de vue de Freud a été partagé par le psychiatre P. Kielhoz, pour qui l'homme suivrait par le comportement alcoolique un « chemin féminin » pour se tromper lui-même sur son autodestruction masochiste, et cela en régressant à une forme de sexualité infantile, *indifférenciée* d'avant la génitalité. Le désir de grossesse représente ici une identification, dans l'Œdipe négatif, à la position passive homosexuelle de contre-identification au père dans un appel muet à la fonction de reproduction dans le déni de la fonction sexuelle génitale de reproduction.

Soulignons enfin, toujours à propos de l'alcoolisme, la place des *autoérotismes archaïques* au niveau des fonctions lors de décharges sensorielles répétées *(banging)* ou avec ce que A. de Mijolla et S.A. Shentoub (1973) avancent quant au geste de boire, qui relèverait d'un stade d'organisation libidinale autoérotique *précédant* la synthèse narcissique qui instaure l'unité du moi, sans doute en jeu dans les procédés autocalmants (PAC) décrits par Szwec. L'addiction mimerait *l'autoérotisme primitif* avec pour but la quête d'un *moi psychique perdu* sans enveloppe délimitée (moi-peau), sans redoublement narcissique, sans repli de soi sur soi (sans soi-même) et situé aux confins d'une inclusion ou d'une crypte – *moi perdu que les amants cherchent à corps perdu.*

1. Freud S. (1910), « Remarques psychanalytiques sur l'autobiographie d'un cas de paranoïa » (*Dementia paranoides*, le président Schreber), 1954, p. 263-324.

2. Freud S. (1919).

3. Freud S., 1911 (déc. 1910), in *Cinq Psychanalyses*, 1954, p. 309.

4.2 Deuxième modèle : la préforme organique de la pulsion

Freud a offert un autre modèle de l'alcoolisme. À partir d'une maladie psychosomatique, l'épilepsie, il a fait l'hypothèse d'un mécanisme de décharge pulsionnelle anormal préformé organiquement :

> « Dans le cas de perturbations de l'activité cérébrale dues à de graves affections tissulaires et toxiques et aussi dans le cas d'une domination insuffisante de l'économie psychique, le fonctionnement de l'énergie à l'œuvre dans la psyché atteignant un point critique. Sous cette bipartition on pressent l'identité du mécanisme sous-jacent à la décharge pulsionnelle. Celui-ci ne peut pas non plus être très éloigné des processus sexuels qui, fondamentalement, sont d'origine toxique [...]. La "réaction épileptique" [...] est aussi indubitablement liée à la disposition de la névrose dont l'essence est de se débarrasser par des moyens somatiques des sommes d'excitation avec lesquelles elle ne peut pas traiter à un niveau psychique[1]. »

Freud relie ces éléments épileptiques à l'identification à la personne morte, également décrite chez les alcooliques par A. de Mijolla et S.A. Shentoub[2]. Outre l'opposition des deux : pôles désir et identification, le maître viennois postule l'existence d'une préformation organique (neurochimique, hormonale, instinctuelle ?) de décharge excitationnelle sous-jacente à la décharge pulsionnelle et mise en œuvre dans le soma lorsque l'économie de l'appareil psychique se trouve débordée ou prématurée. Dans l'épilepsie, la « préforme organique de la décharge pulsionnelle » peut donc trouver à se décharger dans un « appareil » d'emprise musculaire (comme dans les addictions).

Remarquons ici :

- Un traumatisme précoce pourrait déformer le moi et ses pulsions d'autoconservation au point de déterminer des mécanismes de décharges pulsionnelles anormales préformées organiquement, sauvant la psyché d'une « psychose par débordement[3] ».
- Il existe une autre modalité de l'aspect pulsionnel-prépulsionnel de l'automatisme ou compulsion de répétition. C'est peut-être la faillite des autoérotismes primaires de rétention qui, entretenant un retour de la « pulsion » à sa source excitationnelle (*via* la pulsion d'emprise), maintient prégnante cette préforme organique. Dans « Le moi et le ça » (1923[4]),

1. Le mythe de Dionysos relate un événement qui a eu lieu « dans les temps fabuleux des commencements » : *à une époque – préhistorique – d'avant l'acquisition du langage*, Dionysos est issu de *l'inceste* de Zeus et de Perséphone. Il sera dévoré par les Titans, avant d'être ressuscité (M. Detienne, 1986). Il est « fils de la mère » et du père, tout en étant issu d'une *génération quasi spontanée*, semence humide qui fera pousser la vigne et couler le vin (*cf.* « Ceci est mon sang » prononcé par le Christ dans la Cène qui témoigne de ce fantasme *d'auto-engendrement* et d'identification aux « parents combinés ») ; Freud S. (1928), 1985, p. 165.

2. Mijolla A. de et Shentoub S.A. (1973), *op. cit.*, p. 338.

3. Freud S. (1894), « Les névropsychoses de défense », p. 9.

4. Freud S. (1923), « Le moi et le ça ».

Freud reviendra sur la crise d'épilepsie, celle-ci exprimant la tendance à l'autodestruction par désunion de la composante sadique de la pulsion sexuelle d'avec son support, l'appareil musculaire (appareil d'emprise).

- L'identification se révèle être un désir négatif et le désir une positivation de l'identification. Chez les somatisants et addictés l'opposition désir/identification ne se retrouve plus.

4.3 Décharge par la perception dans l'Esquisse de Freud

Dans *Contribution à la conception des aphasies* (1891), Freud évoque des « représentations de choses » qui comportent une « image motrice » ou encore « image du mouvement » qu'il met en rapport « associationniste » avec l'image sonore, l'image d'écriture, et les associations d'objets[1]. Ce travail sur les aphasies reste un ouvrage de référence, le concept d'agnosie que Freud inventa étant à ce jour toujours d'actualité et l'hypothèse d'une activité cérébrale et cognitive fonctionnant de façon associative aujourd'hui reconnue (*cf.* B. Falissard).

Ensuite en 1895, dans *L'esquisse* ou *Le projet,* Freud tente la description d'un modèle neuronal à partir des connaissances physiologiques de son époque sur le fonctionnement synaptique (synapses appelées « barrières de contact[2] ») et décrit un modèle dynamique autorégulé à partir de son fonctionnement et de l'extérieur (en particulier des relations mère-enfant).

Les descriptions freudiennes de plusieurs types de neurones (ψ, ϕ, ω), différents par leur fonctionnement et leur fonction, apparaissent plus téméraires que les descriptions trouvées chez Dejerine en 1895 ou celles de W. James en 1908. Cette théorie de plusieurs types de neurones anticipait celle des 3 cerveaux de McLean, ou la présence de régions très différentes dans le cerveau fonctionnant à la fois sur des modalités et des « paramètres » différents : aires corticales, sous-corticales, limbique, etc. On sait aujourd'hui que ces neurones ne sont pas tous identiques : il y en a plusieurs centaines de types, et cette diversité est définie par les régions d'où ils viennent (tissu nerveux issu du même tissu que l'épiderme, l'ectoderme [Anzieu, « moi-peau »]) dont *la plaque neurale va s'invaginer pendant que l'épiderme va fusionner* et *emprisonner le système nerveux central à l'intérieur.* Le *Proj*et permet de concevoir les mouvements *économiques* de l'appareil psychique comme des régulateurs entre environnement et soma. Freud substitue à l'arc réflexe obéissant à la voie de décharge un système « tampon » à l'intérieur de ce système à l'origine du moi et pouvant être décrit comme organe-homéostat (pare-excitant ; Marty, 1990, p. 40). Le moindre dysfonctionnement de cet appareil-psychique-homéostat aura tendance à faire régresser celui-ci vers le réflexe (actes-symptômes ou représent*actions,* J.D. Vincent, *op. cit.*).

Dans le texte de *L'Esquisse* ou *Le projet,* Freud représente ainsi les processus psychiques comme des états quantitativement déterminés de particules matérielles distinguables. Il postule

1. Freud S. (1891), 1983, p. 127-128.
2. Freud S. (1895), « Le Projet d'une psychologie », PUF, 2006, p. 595-697, p. 606.

l'existence de neurones ψ, neurones centraux, sans contact direct avec les récepteurs ou les effecteurs, retenant facilement le courant (« quantité ») qui les traverse par une moins grande perméabilité des « barrières de contact » (synapses) qui séparent ces neurones ψ des autres neurones et que le frayage répété d'influx finit par rendre perméables de manière sélective[1]. Il distingue ainsi : φ le système des neurones perméables ; ψ le système des neurones imperméables ; ω le système des neurones perceptifs. Mais aussi « Q » : la quantité en général mais dans l'ordre de grandeur propre au monde extérieur ; « Qn » : la quantité exprimée en ordre de grandeur intercellulaire, c'est-à-dire l'énergie psychique.

Enfin il nomme : W *(Wahrnemung)* = la perception ; V *(Vorstellung)* = la représentation ou idée ; Er *(Errinerung)* = la mémoire ou image mnésique et, qui nous importe ici, « M » = l'image motrice. Dans ce cadre d'hypothèses : les frayages représentent les états de perméabilité relative des barrières de contact, et la mémoire n'est autre que les différences de frayages existant entre les neurones. Elle dépend de l'intensité et de la répétition des stimuli. Lorsque l'énergie passe de ω en φ, elle modifie la valeur des frayages sur son passage, modification qui constitue, en quelque sorte, un enregistrement de la quantité Qn d'énergie qui est passée.

Ces notions s'avèrent, après-coup, très actuelles lorsqu'on les compare avec ce que la psychiatrie biologique des addictions nous apprend de la trace laissée dans les circuits dopaminergiques de récompense par les toxiques exogènes ou la production endogène forcée de neuromédiateurs (*cf.* partie IV).

4.4 Perception, image motrice et addictions

Ce qui nous importe ici comme pouvant être utile à la compréhension du recours au geste/comportement addictif en cas de « tension interne », écrit Freud à propos de l'état interne du besoin chez le nourrisson. Cet état interne de besoin – synonyme de charge élevée de Qn – entraîne une action spécifique qui permet une décharge motrice satisfaisante qui créera des frayages entre les neurones chargés de cette énergie intérieure et les perceptions qui accompagnent les expériences de satisfaction. Par exemple pour le nourrisson l'expérience de satisfaction consiste à sucer le sein afin d'en tirer le lait : il y a dans cette situation première des perceptions de deux ordres : perception de *l'image visuelle* du sein et perception de *l'image motrice musculaire de la succion.* Lorsque la faim se manifestera à nouveau, l'énergie Qn en provenance de l'intérieur passera cette fois des neurones de la faim à ceux de l'image du sein

1. Bernard Lechevalier (Lechevalier B. et B.) souligne combien les notions freudiennes de quantité (Qn) et de périodicité de l'activité neuronique annoncent celles de potentiel d'activité et de polarisation/dépolarisation de la membrane synaptique (synapse découverte par Sherrigton en 1897 et dont Freud eut la prémonition avec ses « barrières de contact »). La notion de « transfert de quantité (Qn) d'un neurone à un autre » (*Projet,* p. 618) ne renvoie-t-elle pas à la découverte de transmetteurs synaptiques qui ne sont pas isolés mais des ensembles multimoléculaires, chaque ensemble étant d'ailleurs appelé par Katz (1950), « quantum » (!) *Cf.* Squire L. et Kandel E.R. (2002), p. 67.

et *de l'image motrice de la succion* (rôle *des traces mnésiques de l'expérience antérieurement vécue*) : le *bébé hallucinera le sein* et *mimera le mouvement de sucer : il y aura là une forme de synesthésie perceptive*[1].

Cette question n'est pas éloignée de notre propos puisque des synesthésies perceptives[2], dont A. Rimbaud fit le merveilleux poème « Voyelles » (1871), ont été décrites chez les sujets exposés au LSD. L'hypothèse neurobiologique de ces phénomènes s'appelle « feedback désinhibé » et repose sur une base fonctionnelle. Elle suppose qu'il existe un déséquilibre de la balance entre les neurotransmetteurs excitateurs et inhibiteurs. Il y a également plusieurs formes de la synesthésie associée à des émotions. Ainsi, certains synesthètes associent les lettres ou les chiffres arabes à une personnalité masculine ou féminine jeune ou âgée, ou encore l'observation d'un visage est associée chez certains à des couleurs.

Revenons à Freud pour qui, pendant la perception, *on imite la perception en innervant une image motrice* – il s'agit forcément d'une image intrapsychique interne. Si cette image motrice interne coïncide avec la perception, il y a *identité de perception* entre imitation motrice et image motrice interne, ce qui a valeur de jugement de réalité[3].

Ceci est aujourd'hui très actuel et confirmé par les découvertes de neurones miroirs. La découverte de ces derniers dans le cerveau des macaques par Rizzolatti[4] est en effet l'une des découvertes importantes des neurosciences contemporaines. Les neurones miroirs s'activent lorsque le singe fait une certaine action, mais aussi lorsqu'il observe quelqu'un faire la même action, d'où le terme miroir. Ils ont d'abord été observés dans le cortex prémoteur ventral du singe (aire F5) mais aussi, par la suite, dans la partie rostrale du lobule pariétal inférieur. Chez l'homme, l'imagerie cérébrale a pu aussi montrer que certaines régions relativement homologues (l'aire de Broca et le cortex pariétal inférieur) présentaient une activité similaire. En neurosciences cognitives le système miroir est considéré comme un précurseur de l'imitation,

1. Pour M. Merleau-Ponty, le sensible (synonyme de « texture charnelle du monde ») est réflexivité, repérant ainsi une sorte d'involution de la réflexion dans le sensible de la chair corporelle. Rompant avec la phénoménologie de la conscience (« pure »), il indique que la réflexivité originaire de la conscience (ici conscience incarnée) est à attribuer au « reflet » permis par la vision mais aussi par la sensibilité, la capacité qu'a le cerveau de *« transpositions sensorielles », de synesthésies. Cf.* Tymieniecka et coll. (1988).

2. Quels sont actuellement les modèles neuronaux proposés qui sous-tendent l'expérience des synesthésies ? Deux modèles neuronaux sont proposés : le premier intitulé « activation croisée » repose sur une base anatomique. La proximité anatomique des régions traitant les couleurs, les nombres dans le gyrus fusiforme et dans le gyrus angulaire, suggère que la synesthésie nombre-couleur et lettre-couleur pourrait être la conséquence d'erreur de câblage entre ces régions spécialisées. La synesthésie étant souvent présente chez plusieurs apparentés, on peut faire l'hypothèse qu'il existe un mode de transmission génétique. Les connexions peuvent relier des structures anatomiques adjacentes (on parle alors de connexions de courte distance) ou relier des régions éloignées : on parle alors de connexions de longue distance comme par exemple la synesthésie musique-couleurs (cortex auditif et V4). Le deuxième modèle proposé par les neuroscientifiques est intitulé « Feedback désinhibé ». *Cf.* Hubbard E. (2006).

3. Dans une note de bas de page, F. Duparc (1997, *infra*) précise que le jugement de réalité ne se fait que sous réserve que l'investissement en affect ne soit pas trop fort, car alors « rien ne distingue une réalité d'une fiction investie en affect » (*cf.* Freud, lettre à Fliess n° 69, in *La naissance de la Psychanalyse*, Paris, PUF, 1956).

4. Rizzolatti G. *et al.* (1996).

de la « théorie de l'esprit », de l'apprentissage linguistique : on a évoqué leur rôle déficitaire dans l'autisme[1].

Il semble que cette découverte conforte plusieurs notions psychanalytiques :

- l'identification – où l'on retrouve le scénario identificatoire singulièrement dans *On bat un enfant* (1919[2] ; transitivisme des enfants de K. Buhler) ;
- le problème de l'imitation et de la personnalité allergique. Les défauts de subjectivité – de la « lignée subjectale du moi[3] », de fondements masochiques du psychisme qui permet l'accession à la perte, au deuil de l'objet primordial, pourraient se trouver suppléés par l'identification imaginaire, immédiate, mimétique ; certains comme A. Merlet[4] ou G. Szwec[5] ont d'ailleurs vu des analogies entre mimétisme et somatisation. G. Szwec relève ainsi la fréquence d'enfants allergiques ayant de vrais talents d'imitateurs.

À cette découverte s'en est ajoutée une autre, permise par l'imagerie médicale selon laquelle l'exécution *réelle* d'un geste de même que la *représentation* et *la pensée* de cette exécution, activent les *mêmes régions* du cerveau (aire motrice supplémentaire, cortex préfrontal et prémoteur, ganglion de la base, du cervelet), mais à des niveaux d'intensité fonctionnelle moindres (métabolique, électrique ou vasculaire) : la pensée vaut (presque) l'action : penser faire une action suscite les mêmes activités cérébrales que la réalisation du mouvement[6].

Continuons avec Freud pour ajouter que la question de la *première inscription ou protoreprésentation* revient dans la Lettre 52 à Fliess (1896), où il émet l'idée *d'enregistrements successifs dans l'appareil psychique*, « tout nouvel enregistrement gérant l'enregistrement précédent et faisant dériver sur lui le processus d'excitation ». Il suggère au moins trois enregistrements, et un processus d'association-traduction à chaque étage représentatif.

Cette façon de voir le fonctionnement psychique est, une fois encore, parfaitement validée scientifiquement aujourd'hui et sur le plan psychanalytique : on trouve sous le niveau conscient le préconscient, qui est l'enregistrement le plus élaboré et correspond aux associations verbales de deux modes différents d'enregistrement un peu plus complexes que le premier

1. Haag G. (2006).

2. Freud S. (1919).

3. Green A. (2002b), « Les coupures épistémologiques de Freud », in *Idées directrices...*, p. 153-159.

4. Merlet A. (1986).

5. Szwec G. (1991), p. 124, note 1.

6. Ceci amène à penser que : 1) ces découvertes neurophysiologiques récentes confirment l'hypothèse freudienne des liens entre action et représentation qui, par le dispositif de la cure qui suspend et inhibe la motricité, favorisent l'émergence des représentations psychiques et mentales et le fait de « toucher par l'acte de parole » la réalité du fantasme inconscient ; 2) si le fait de faire une action, ou de l'imaginer la faire soi-même, activent les mêmes neurones – à des niveaux de fonctionnement, moindres – nous sommes alors bien dans ce que Freud appelait l'incapacité de repérer des « indices de réalité » dans l'inconscient (Freud, lettre à Fliess du 21/09/1897) ; 3) l'hypothèse phylogénétique freudienne concernant le meurtre du père de la horde primitive devient obsolète : le fantasme œdipien permettrait à lui seul de (ré)activer une trace dont la vivacité affective équivaudrait à l'acte (meurtrier). Voir également Decety J., Grezes N., Costes D., Perani E., Procyk F., Grassi M., Jeannerod M. (1997).

enregistrement perceptif. Le plus élaboré est un enregistrement visuel, qui correspond à la pensée visuelle du rêve et du fantasme (Manuscrit L, 1897). En 1923, dans « Le moi et le ça », Freud avance l'idée d'une pensée visuelle plus archaïque que la pensée verbale puisque « le moi est avant tout un moi corporel. Le moi s'est développé à partir du système de la perception » et le moins élaboré, au plus près de la perception motrice, est la « représentation-limite » (Manuscrit K, 1896), terme qu'il n'emploiera plus jamais par la suite, mais qui est très évocateur, comme le remarque F. Duparc[1], des limites de la représentation et des états limites.

> « Lorsque l'incident traumatisant a donné libre cours à des réactions motrices, ce sont justement celles-ci qui se muent en représentations-limites et en premier lieu en symbole des matériaux refoulés. Il ne s'ensuit pas nécessairement qu'à chaque répétition de l'accès primaire une idée se trouve étouffée. Il s'agit surtout d'une lacune dans le psychisme. »
>
> Freud, 1896.

Duparc analyse ainsi ce passage de Freud :

> « [Il] semble particulièrement éclairant pour définir la première inscription symbolique ("premier symbole" nous dit Freud) ; en même temps, on voit bien qu'il ne s'agit pas d'un matériel représentatif habituel, mais plutôt d'une trace non figurée, proche de l'hallucination négative (une "lacune", selon Freud). Cette idée d'une première inscription ou protoreprésentation permet de mieux comprendre l'observation du batteur solitaire décrit par G. Szwec (...) où la représentation-limite de l'accident traumatique [de voiture dont il fut l'objet, enfant] fait retour comme ébauche de représentation, sans cesse répétée. »
>
> F. Duparc, *op. cit.*, p. 104-105.

Cette idée sera reprise par Freud dans l'article sur « La (dé)négation[2] » lorsqu'il évoquera les tâtonnements moteurs qui accompagnent le jugement de réalité de la perception, afin de la distinguer de l'hallucination.

F. Duparc met en relation cette hypothèse freudienne des « idées d'images motrices, ou même de véritables représentations motrices » présentes à plusieurs reprises dans son œuvre, avec celle des procédés autocalmants (*cf. infra*, chap. III, 1.2) avancés par G. Szwec et C. Smadja. Ce dernier avance que « la défaillance majeure dans l'organisation fantasmatique de la psyché et un effacement des systèmes de représentation fait le lit d'un retour d'une sensorialité primaire indifférenciée (...) utilisant les propriétés de réduction de l'excitation de la pulsion de mort[3] », ce que Duparc réfère également aux premiers travaux de P. Marty sur « la motricité dans la

1. Duparc F. (1997) ; Grezes N., Decety J. (2001).
2. Freud S. (1925) « La négation ».
3. Smadja C. (1993), *op. cit.*, p. 19.

relation d'objet[1] », où celui-ci signalerait la valeur de la motricité dans la constitution de la vie mentale et fantasmatique.

F. Duparc ajoute également :

- on aurait tort de croire qu'avec l'hypothèse des « images motrices » il ne s'agirait que de tâtonnements théoriques de Freud à ses débuts car les mêmes formulations seront reprises par lui dans *Totem* et *tabou,* en 1913. À propos de la magie imitative des primitifs, il compare en effet les rituels magiques et le jeu des enfants, et parle d'une hallucination motrice, mise en jeu par le désir de faire coïncider étroitement le désir et la réalité, sous la prédominance de l'impulsion motrice. À vrai dire, Freud parle d'une « sorte d'hallucination motrice », et on peut plutôt soupçonner l'association entre une hallucination motrice et une mise en forme visuelle, symbolique, mieux élaborée ;
- enfin, F. Duparc retrouve ces idées freudiennes dans les théorisations de divers auteurs dont certains évoqués dans notre ouvrage de 1997 : celle de P. Aulagnier de pictogramme, de P. Marty de motricité dans la relation d'objet, de M. Fain et M. Soulé dans *L'enfant* et *son corps* (1974), de M. Perron-Borelli et R. Perron sur le fantasme comme « représentations d'action[2] » ; et celles, ajoutions-nous en 1997, de Pinol-Douriez sur les « protoreprésentations » caractérisées par l'indistinction soi/objet[3] qui illustrent le non-décollement des sensations somatiques aux représentations psychiques (absence ou abrasion de la subversion libidinale). Ces protofantasmes, au creux de l'activité des fantasmes originaires, surtout centrés autour de verbes pulsionnels tels qu'avaler, expulser, pénétrer, détruire, constituent la « matrice originelle du fantasme[4] ».

4.5 Travaux psychanalytiques des contemporains de Freud

K. Abraham

En 1908, K. Abraham publie un remarquable petit article, « Les relations psychologiques entre la sexualité et l'alcoolisme ». Fidèle à sa façon toujours très claire d'exposer la métapsychologie, il resitue la problématique alcoolique dans l'évolution psychosexuelle du sujet. Il relève la levée des refoulements et formations réactionnelles (dégoût, pudeur, etc.) que produit l'alcool jusqu'à la chaleur homosexuelle et affective retrouvée chez les hommes dans les estaminets (p. 50). La levée des inhibitions que procure l'alcool peut ainsi amener celui qui en est intoxiqué à des conduites incestueuses, violentes ou des propos grivois, traductions de la réémergence d'émotions sexuelles et agressives refoulées. Abraham avance que « vraisemblablement, les

1. Marty P. (1955).

2. « Nous avons voulu souligner l'importance que prend, à la base de toute fantasmatique et dans ses formes les plus primitives, le jeu des représentations d'action. Car les premiers fantasmes nous apparaissent bien comme une transposition, sous forme de représentations, de processus qui sont *agis* avant d'être représentés » (Perron-Borelli M. et Perron R., 1987).

3. Pinol-Douriez M. (1984) ; Pinol-Douriez M. (1986).

4. Perron-Borelli M. et Perron R. (1993).

femmes ayant un penchant marqué pour l'alcool ont une forte composante homosexuelle » (p. 53). Les liens entre sexualité et alcoolisme sont pour lui très présents dans les récits de breuvages divins, de philtres d'amour, l'effet érotique étant emprunté à celui des effets alcooliques. Son observation des liens entre perversion et l'alcool mérite d'être citée : « Nous savons qu'un grand nombre de buveurs deviennent impuissants. L'alcool les a trahis. Ils lui ont confié leur puissance parce qu'il leur donnait un sentiment de force sexuelle. Mais l'alcool leur a dérobé la force. Ils ne s'en détournent pas, ils continuent à identifier l'alcool avec leur sexualité et l'utilisent comme son substitut. Tout se passe comme dans certaines perversions sexuelles où une *excitation* sexuelle qui pourrait normalement servir de préliminaire à l'acte sexuel en prend toute la place. C'est ce que Freud appelle "la fixation d'un but sexuel provisoire". La contemplation de l'objet sexuel, par exemple, n'est normalement qu'un plaisir préliminaire, par rapport à l'acte sexuel qui apporte satisfaction. L'alcoolique ne se conduit pas autrement. L'alcool a un effet d'excitation sexuelle ; le buveur poursuit cette excitation mais il se prive ainsi de sa capacité de poursuivre une activité sexuelle normale » (p. 54). La levée des refoulements névrotiques des fantasmes pervers permise par l'alcool, décrite plus haut, souligne ainsi l'analogie et la proximité du terrain entre alcoolisme et perversion sexuelle.

Dans sa lettre à Freud du 21 août 1908, Abraham ajoute avoir découvert, à propos d'un patient, depuis la sortie de cet article, « le fondement sexuel de l'usage des somnifères. Pour ce patient, le narcotique est un substitut de la masturbation dont il s'est défait avec peine ; l'analogie tombe jusqu'aux plus petits détails. L'effort pour se déshabituer des somnifères rencontre de grandes résistances. Il m'a donné aujourd'hui une belle confirmation de mon idée : après deux nuits sans somnifères, l'impulsion infantile à sucer est revenue soudainement ! ».

S. Ferenczi

Rappelons la belle observation de S. Ferenczi, de 1911[1] – inspirée par l'écrit de Freud sur Schreber publié la même année – d'un homme, notaire de son état, ayant subi une opération de fistule anale (ce qui ne peut qu'activer un fantasme de passivité homosexuelle), quelque peu alcoolique et ayant présenté ensuite un délire de jalousie. La même année Ferenczi publie un article « L'alcool et les névroses » où il souligne les liens entre homosexualité latente et alcoolisme, celui-ci étant à considérer comme « une tentative inconsciente d'autoguérison », dénonçant alors l'agitation partisane des antialcooliques, car pour lui l'alcoolisme n'est qu'une conséquence mais non la cause des névroses[2].

C'est ensuite dans un texte important non daté et posthume (1927-1933) que Ferenczi synthétise sa position sur l'alcoolisme :

> « L'alcoolisme et d'autres toxicomanies peuvent être considérés comme des états morbides, mais pas seulement du fait des quantités de toxiques absorbés, ce qui ne

1. Ferenczi S. (1911*a*), « Le rôle de l'homosexualité dans la pathogénie de la paranoïa ».
2. Ferenczi S. (1911*b*), « L'alcool et les névroses », *Œuvres complètes I*, p. 191.

> constitue qu'un phénomène secondaire de la maladie, une conséquence de celle-ci. La psychanalyse recherche et découvre le véritable noyau pathogène de l'alcoolisme, de la morphinomanie, de la cocaïnomanie, dans les faits psychiques inconscients. On ne peut donc pas considérer qu'un alcoolique est guéri parce qu'on a pu le détourner temporairement de son penchant néfaste par la désintoxication ou la suggestion ; la désintoxication doit être complétée par un travail psychanalytique qui dévoile et neutralise les véritables mobiles psychiques du besoin compulsif de drogues. »
>
> S. Ferenczi (1927-1933), p. 188.

Ferenczi, dans une perception tout à fait moderne et transnosographique des addictions, souligne que « ce qui est dit des toxicomanies est également valable pour la kleptomanie, la pyromanie et d'autres manifestations pulsionnelles symptomatiques[1] » – notion somme toute assez proche des « habitudes morbides » de Freud – et qu'il regroupe avec le concept de « besoin compulsif de drogues » que l'on retrouvera ensuite chez Glover et Fenichel. Remarquons que le concept de « manifestations pulsionnelles symptomatiques » souligne la dimension pulsionnelle reliée aux conflictualités psychiques sous-jacentes, la consommation de drogue ou produit n'étant somme toute que secondaire à ces conflits inconscients.

S. Rado

Pour Rado, l'action pharmacologique sédative ou stimulante provient de la capacité de production d'états agréables de ces intoxications, faisant de ces états des « analogons » du plaisir sexuel naturel et son orgasme[2]. Pour lui le plaisir intense de la drogue saisit tout l'organisme, rendant difficile une investigation plus poussée, cette diffusion à tout l'organisme étant un trait récurrent de l'aspect clinique de ces intoxications. Ceci l'amène à proposer pour ces conduites le terme « d'orgasme pharmacotoxique ou pharmacogénique », soulignant « l'effet orgastique des toxiques » celui-ci se réalisant dans une décharge de toute l'excitation psychosexuelle comme l'onanisme chez l'enfant[3]. La nature érotique de l'effet produit est donc patente, cet « orgasme alimentaire » étant d'abord celui vécu par le sujet dans sa relation au sein, revécu « extatiquement » dans la toxicomanie. L'érotisme oral est pour Rado prévalent dans ces états sauf *qu'il ne faut pas le localiser uniquement dans la sphère buccale*, lieu potentiel d'un « orgasme alimentaire » (p. 341). La fixation orgastique alimentaire ayant une fonction psychophysiologique primaire et biochimique est pour lui *un point de fixation* qui constitue ainsi ce noyau autour duquel se trouvent groupés les fantasmes incestueux appartenant d'ailleurs aux théories sexuelles infantiles (exemples : anorexie, névroses gastriques, colopathies). Il prolonge ainsi les hypothèses freudiennes sur la « toxine de la libido » (1908, *cf. infra)* et celle de Ferenczi de 1911 sur les capacités endogènes d'euphorie, voyant dans l'orgasme alimentaire (en particulier

1. *Ibid.*, p. 189.
2. Rado S. (1926), 1998, p. 332.
3. *Ibid.*, p. 333.

dans la boulimie), un *phénomène endotoxique* proche d'une conversion, « peut-être aussi une formation de substance sexuelle[1] » – hypothèse validée par l'apport de la neurobiologie et le rôle des enképhalines et autres endorphines.

Dans une conférence de 1932, publiée en 1933, Rado poursuit et développe sa réflexion, insistant sur la versatilité des sujets intoxiqués dans le choix de leurs produits (futures polytoxicomanies ou polyaddictions), soulignant que derrière la diversité sémiologique et des pratiques de consommation, c'est d'une *même maladie* qu'il s'agit – prémisse donc du concept d'addiction – qu'il désigne comme « pharmacothymie », sorte de désordre narcissique qui trouve son origine dans la « dépression anxieuse[2] ». L'intuition de Rado, ainsi que celle de Glover puis de Fenichel, sera de regrouper toxicomanie et boulimie, pour lesquelles le produit toxique ou l'aliment amènent un « effet-plaisir-pharmacogénétique » donnant une augmentation de l'euphorie (p. 351), ce qui permet au moi de retrouver « sa dimension narcissique originelle[3] » afin de combattre une dépression primaire mélancoliforme.

Globalement, nous sommes avec Rado, comme nous allons le voir avec Wulff (1932), Glover (1932) puis Fenichel (1945), sur la découverte et description de conduites addictives ayant des parentés structurelles avec les troubles alimentaires compulsifs, ceci à un carrefour nosographique qui commence à se dessiner, celui des organisations limites : les addictions visent à combattre des problématiques narcissiques et des angoisses précoces (Glover), des relations d'objet prégénitales, un masochisme et des fantasmes pervers (*cf.* Hopper, *supra* ; Rado), des carences de représentations (Wulff).

M. Wulff

Dans un article faisant date, M. Wulff[4] souligne les défaillances de représentations chez quatre patientes boulimiques ainsi que, chez elles, la primauté de l'acte au détriment du contenu fantasmatique. Il souligne également la fonction de substitut d'une érotisation objectale du produit ingéré ainsi que les fragilités narcissiques et l'humeur dépressive chronique chez des patientes présentant sur le plan structural des névroses différentes (obsessionnelle, hystérique, ou évoluant selon les périodes).

E. Glover

C'est avec E. Glover que, dans les années 1930, le terme d'addiction, plus précisément de *drug-addiction*, se diffuse dans la littérature psychanalytique. Glover divise ces *drug-addictions* en deux : celles qui sont nocives et celles inoffensives, appelées encore « idiosyncrasie » ou

1. *Ibid.*, p. 344.
2. *Ibid.*, p. 351.
3. *Ibid.*, p. 353.
4. Wulff M. (1932).

« complaisances », relevant de conduites sans valeur pathologique ou relevant d'une organisation obsessionnelle compulsive. Toutefois, Glover reconnaît qu'une toxicomanie peut succéder à des symptômes obsessionnels et les déborder et, à l'inverse, que des aménagements obsessionnels peuvent suivre le retour à l'abstinence toxicomaniaque. Comme le soulignent Jacquet et Rigaud, l'utilisation du seul terme d'addiction est plus rare chez Glover, qui l'emploie généralement comme équivalent à *drug-addiction,* cet emploi unique laissant, dès 1932, présager de ce que deviendra dans la clinique contemporaine ce terme d'addiction. Ainsi, quand il évoque *une solide addiction à la drogue, du type paraldéhyde* d'une patiente obsessionnelle qui se manifeste aussi dans ses conduites alimentaires (p. 420[1]), ou quand encore il utilise l'expression *système addictif* (p. 421[2]).

Percevant la problématique transnosographique des addictions au regard des organisations psychiques (névrotiques, psychotiques et perverses), E. Glover a cherché à saisir les liens entre toxicomanies et mélancolie et névrose obsessionnelle. Dans sa manière de comprendre certaines toxicomanies comme une « belle-fille des psychoses », Glover a appréhendé de façon pionnière les liens entre les toxicomanies et ce qui n'était pas encore décrit et connu comme « états-limites ».

On peut dans ce contexte se demander avec S. Le Poulichet (2000) si E. Glover n'a pas été le précurseur de l'acception moderne du terme d'addiction lorsqu'il évoque dans son article de 1932 des « substances psychiques » (les guillemets sont de lui) pouvant « fonctionner comme » des drogues – hypothèse qui sera d'une certaine manière développée par J. McDougall (1991 ; 2001). Glover ne confond jamais toxicomanie et constructions obsessionnelles ou psychotiques, interrogeant leur parenté dans une perspective psychodynamique remaniée par les conceptions kleiniennes : les angoisses précoces et l'agressivité (sadisme précoce, objet partiel, complexe d'Œdipe précoce). Concluons en soulignant que le vocable « substances psychiques » illustre ce que le terme et la clinique de l'addiction montrent, à savoir une décharge de plaisir orgasmique (rôle des endorphines et enképhalines) procurée par des conduites ou par des processus de pensée témoins de blocages/fixations (compulsion de répétition) d'une libido prégénitale peu dégagée de ses soubassements moteurs ou sensoriels.

O. Fenichel

Les travaux d'O. Fenichel, rassemblés pour une part dans son ouvrage princeps *Théorie psychanalytique des névroses*, paru en 1945[3], élargissent et complexifient les principales catégories nosographiques en tenant compte, dans les descriptions de celles-ci, des mécanismes de défense, du développement du moi et des types de conflits. Dans le chapitre XVI de son ouvrage, les addictions se trouvent ainsi faire partie de ce que Fenichel appelle « perversions et névroses

1. Glover E. (1932), *in* Chassaing J.-L. (dir), 1998, cité par Jacquet et Rigaud (2001), p. 176.

2. *Ibid.*

3. Fenichel O. (1945), PUF, 1953.

impulsives ». Il souligne ainsi d'un côté, la contiguïté, du point de vue de l'énergie libidinale, entre voie perverse et voie addictive (ce que Jeammet fera également, parlant pour les addictions de « perversion ratée ») et, de l'autre, le regroupement de « névroses impulsives » comme la « fuite impulsive » (fugue), kleptomanie, pyromanie, jeux, toxicomanies *(drug-addiction)*, « toxicomanie sans drogue » *(addiction without drugs)* et états de transitions entre les impulsions morbides et les compulsions, prolongeant ainsi le concept de Ferenczi de « manifestations pulsionnelles symptomatiques ».

Ainsi, outre qu'il propose clairement l'existence de « toxicomanie sans drogue », par le concept de « névroses impulsives », Fenichel souligne l'importance des fixations orales et cutanées de ces affections dans lesquelles l'acte impulsif a valeur de décharge mais aussi de tentative de contrôle de « tensions » issues de traumas éprouvés comme dangereux par le moi du sujet. Sa théorisation annonce donc l'approche « post-traumatique » ultérieure que l'on a vu naître dans les années 1990 concernant les addictions et le point de vue freudien – repris par l'approche psychosomatique de l'importance de l'économique – de conduites impulsives (actes) tentant de maintenir une certaine homéostasie entre psyché et soma. De même le terme de « toxicomanie sans drogue » annonce le concept contemporain de « solutions addictives » proposé par J. McDougall (1996).

Toutes ces « impulsions morbides » sont pour lui des « tentatives de maîtriser la culpabilité, la dépression ou l'angoisse par l'activité » (manie [toxico/alcoolo, etc.] -antidépressive), insistant sur le rôle de la constitution narcissique prégénitale dans l'intolérance aux tensions internes, ce qui nécessite des modifications de la technique analytique.

Comme le remarquent M.M. Jacquet et A. Rigaud, O. Fenichel est ainsi le premier à proposer une distinction en deux sous-groupes de névroses impulsives en fonction de la présence ou de l'absence d'un effet chimique de drogue, même si cette distinction peut évidemment avoir ses limites du fait du point de vue « toxicologique » chez Freud du sexuel en tant qu'excès.

Pour Fenichel,

- les « névroses impulsives avec drogue » regroupent : l'alcoolisme, les toxicomanies, et l'ensemble de conduites représentant les types les plus nets d'impulsions, le terme d'addiction soulignant l'urgence du besoin et l'insuffisance finale de toute tentative de le satisfaire (Jacquet et Rigaud, 2000, p. 37). Ce qui importe ici est la dimension d'avidité, d'excès et, concernant la dimension inconsciente de ces conduites, leur détermination, elle relève pour Fenichel des facteurs de personnalité du départ, de divers traumas ayant fixé la libido de telle ou telle manière, la liant compulsivement ensuite dans la masturbation, les impulsions prégénitales ou le complexe d'Œdipe de telle sorte que restent prédominantes les tendances orales et cutanées ;
- les « névroses impulsives sans drogues » : boulimie, manie de lire, joueurs pathologiques, « hypersexuels » (regroupant les « sex addict » modernes), remarquant que chez ces sujets « le partenaire sert aux mêmes fins que la drogue dans la toxicomanie ».

Vignette clinique 2 :
Sylvia, de l'inceste paternel au goût d'alcool et à l'héroïne du fils

J'ai rencontré Sylvia dans un centre postcure alcoolique voilà bien longtemps. Anglaise d'origine, elle était une belle femme de 45 ans, au visage très fin chargé d'émotion et aux yeux clairs très mobiles. L'alcool chez elle était lié aux événements dramatiques de sa vie. Je ne peux ici que résumer une psychothérapie qui dura plus de quatre ans avant que Sylvia, seule mais allant mieux, se décide à aller vivre près d'une amie d'enfance retrouvée.

Elle était la deuxième parmi trois sœurs. Son père, architecte de renom à Londres, était souvent absent : c'était un très bel homme, qui ne vivait que pour son métier et sa vie sociale. Sa femme était ainsi délaissée et ne vivait que pour ses enfants et… ses dépressions à répétition. À 12 ans, comme cela se faisait dans les familles bourgeoises anglaises à cette époque, elle est dirigée vers un pensionnat de jeunes filles. Progressivement, c'est son père – qu'elle admirait plus que tout – qui venait de plus en plus fréquemment la chercher le week-end pour revenir dans la famille. Au fil de la promiscuité entre deux êtres qu'installe une voiture, celui-ci en profite pour avoir des attitudes de plus en plus rapprochées et ambiguës avec sa fille. À 13 ans, elle devient sa maîtresse. Le parcours du pensionnat à la maison se « complique » à chaque fois d'un arrêt dans un hôtel, le père prenant soin à chaque fois de venir la chercher dès le vendredi ou jeudi soir pour avoir une nuit avec elle. À la fois « sous emprise », « soumise », effrayée et séduite, Sylvia se « laisse faire » pendant quatre ans. C'est à cette époque de l'inceste consommé qu'elle commence à boire de l'alcool comme son père qui aimait follement le whisky et « le bon vin du Sud-Ouest de la France ».

À 18 ans, elle quitte le pensionnat et sa famille pour aller vivre aux États-Unis. C'est là, après quelques péripéties sur lesquelles nous passons, qu'elle rencontre son futur mari, un diplomate. Ce très bel homme, comme son père, lui fait rapidement un enfant et, encore comme son père, la délaisse rapidement du fait de ses occupations qui l'amènent aux quatre coins du monde, en la laissant dans leur belle propriété dans laquelle elle commence progressivement à monter un haras, les chevaux devenant au fil des ans sa deuxième passion, « après son fils ».

Onze années passent ainsi lorsque la douzième année son mari, ayant rencontré une jeune femme alors qu'il était en poste dans un pays de l'Est de l'Europe, lui annonce vouloir divorcer. Sylvia s'effondre progressivement et se met à boire. Déprimée, plusieurs fois hospitalisée, elle décide alors de quitter les USA pour revenir en Europe et se rapprocher ainsi de son mari qui vit dans son ambassade à l'Est, à l'époque, du rideau de fer. Pour éviter de revenir en Angleterre où elle « a ses fantômes », elle choisit la France et singulièrement le « Sud-Ouest » dont son père aimait tant les vins. Sans soucis d'argent – demeure bien vendue et son mari, fortuné, lui donnant chaque mois une fort belle somme d'argent pour elle et son fils –, elle se retrouve vivre dans le Midi très isolée avec son fils. Elle trouve une ferme et y recommence à élever des chevaux tout en continuant à s'alcooliser, toujours, évidemment, avec du whisky et des vins de France.

Le troisième drame, après l'inceste et le divorce, survient alors avec la toxicomanie progressive mais irrémédiable de son fils, David, « beau comme un soleil » dont elle dit elle-même avoir été « amoureuse ». À l'entrée dans l'adolescence, David, qui ne voit que rarement son père – quelques voyages dans le pays de l'Est et quelques entrevues en France lorsqu'il revient avec sa nouvelle jeune femme – se met à consommer quotidiennement du haschisch. Quelques voyages au Maroc, et des amis dealers français originaires de ce pays, le font rapidement totalement basculer vers les « drogues douces », puis vers l'héroïne.

→

Progressivement il s'absente de l'école. À dix-sept ans il redouble et à dix-neuf ans il ne passe pas son bac. Ses relations avec sa mère, et réciproquement, ne sont faites que de « non-dits » et de séduction : lui se tait sur l'alcoolisme de sa mère qui fait de même quant à la toxicomanie de son fils. Certes ce dernier a quelques amies de passage, puis une amie attitrée mais Sylvia n'aborde quasiment jamais la question de la drogue avec son fils, me dit-elle, ni avec lui ni avec la dernière compagne de celui-ci. Le père d'ailleurs n'en a jamais rien su.

C'est ainsi dans ce climat « incestuel » entre mère et fils qui, par drogues et silence interposés « se comprennent », que le dernier drame est arrivé. Aveugle aux dangers que court David, Sylvia continue, bien qu'elle sache l'héroïne redoutable, à donner de l'argent à son fils quand bien même celui-ci le « flambe » littéralement. Alors qu'il a de quoi faire la semaine avec la somme d'argent qu'elle lui donne, elle ne rechigne jamais à lui en donner plus lorsqu'il le lui demande, alors qu'elle sait très bien à quoi sert cet argent supplémentaire ! Tout ceci, évidemment, jusqu'au jour où, elle-même à demi-ivre, découvre, un soir, le corps inanimé de son fils dans sa chambre : mort par overdose !

Détruite, c'est dans ces conditions que je la rencontrai quelques mois après ce deuil. Elle mit quatre ans à pouvoir retrouver un sens à sa vie en choisissant de vivre à côté d'une de ses amies d'enfance, venue elle aussi vivre en France.

5. Le feu de l'excitation

L'excitation sexuelle est incandescente quand elle se trouve dans la proximité incestuelle, faisant parfois sauter les verrous de l'interdit comme c'est le cas dans l'inceste ou certaines situations proches : pédophilie, personne ayant autorité (parents, professeurs, éducateurs, médecins, etc.) sur un autre, incestualité, etc. L'interdit, quel qu'il soit, ranime cette incandescence excitationnelle jusqu'à la faire dériver ultérieurement dans l'addiction. L'exemple de la situation de Sylvia et David nous le rappelle. Qu'en est-il de la force de la pulsion quand l'excitation (sexuelle) reste indomptée, permanente, incandescente ? Deux textes de Freud nous éclairent sur ce que nous allons décrire dans le sous-chapitre suivant, à savoir les liens entre « excitation » et « pulsion ». Ces deux textes sont « Sur la prise de possession du feu[1] » et *Malaise dans la civilisation*. Dans le premier, Freud traite du mythe de la conquête du feu et de celui de Prométhée. L'analogie freudienne est que « la chaleur qui irradie du feu provoque la même sensation que celle qui accompagne l'excitation sexuelle », la flamme évoquant dans sa forme et ses mouvements le phallus en action. Il ressort de cette analogie que l'excitation sexuelle, et son cycle de tumescence et de détumescence, épouse le cycle de vie qu'incarne l'oiseau mythique qu'est le phénix qui renaît de ses cendres. Cette énergie du feu, comme cette libido qui « excite » autant qu'elle « chauffe », produisent une chaleur et une lumière qui seront le « moteur » de la sublimation culturelle. Toutefois, c'est dans *Malaise dans la civilisation*

1. Freud S. (1932), 1985, p. 194.

que Freud remarque que c'est en étouffant le feu de sa propre excitation sexuelle que « celui qui renonça le premier [à éteindre le feu avec son urine], et épargna le feu fut alors à même de l'emporter avec lui et le soumettre à son service[1] ». L'excitation, ici, ne s'étouffe pas, ne s'éteint pas, au mieux doit-elle être « détournée » ou plutôt « domestiquée », à savoir « pulsionnalisée » ..., ce qui signifie trouver, avec sa pulsionnalisation, le chemin de la représentance, ce que réussit difficilement à faire l'addict chez qui l'excitation pulsionnelle retrouvera le chemin du « prépulsionnel » (*cf. infra*), *via* la musculation, le comportement. L'excitation apparaît ainsi répétitive, compulsive, au centre du projet culturel (Prométhée) comme individuel, feu intérieur jamais véritablement domestiqué, pulsionnalisé, éternel présent, à loisir actualisé et réactualisé...

6. De l'excitation à la pulsion

En tant que pathologies compulsionnelles cherchant à répéter l'excès d'excitations, les conduites addictives ou autocalmantes obligent à exhumer de son silence métapsychologique ce concept d'excitation qui a d'ailleurs fait l'objet d'un numéro de la *Revue française de psychosomatique*[2]. Rappelons ce qu'en disait le biologiste J.-D. Vincent :

> « Les tissus excitables sont les muscles et le système nerveux. Les glandes, leurs complices, en communiquant, délivrent des hormones – le mot vient d'*ormaô :* j'excite – et sont, elles aussi, très excitables [...]. *L'excitation est mesure* et *quantité*[3] *:* elle offre à l'être une représentation de l'étendue et de la durée [...], *une solution de recours sur la représentation* ; elle ne coûte rien en énergie ; elle résulte de déplacements passifs de charges selon les gradients électriques et chimiques. L'influx est seulement spécifié par son objet : il ne porte en lui-même aucune marque de reconnaissance[4]. »
>
> J.-D. Vincent (1989), « Le neurone excité », *Nouvelle Revue de Psychanalyse*, n° 39, p. 131-136 (p. 132).

Dans le champ physiologique, le concept d'excitation renvoie certes aux notions d'hormone (*ormaô*, « j'excite », faisant de l'hormone un excitateur), mais aussi à celles d'horloge interne, de pacemaker ou d'oscillateur biologique présents dans les noyaux supra-chiasmatiques et l'hypophyse. Le nouveau-né, loin d'avoir achevé la maturation d'un système nerveux central qui demande dix à quinze ans, voit le synchronisateur de la plupart de ses horloges internes

1. Freud S. (1930), *Malaise dans la civilisation*, 1971, p. 38.
2. *Revue française de psychosomatique*, n° 33, 2008, Paris, PUF.
3. C'est moi qui souligne.
4. Au regard de l'Évolution, les êtres vivants se sont adaptés à leur environnement par les organes mais aussi par la manière dont ceux-ci fonctionnent, les hormones jouant un rôle essentiel dans ce fonctionnement ; Fontaine Y. A. (1984) : « Les hormones et l'évolution », *La Recherche*, n° 153, p. 310-320.

dépendre largement de l'environnement (rôle de l'épigenèse) : les cycles jour/nuit et présence/absence de la mère[1]. En ce sens il apparaît d'ores et déjà que l'excitation, dans sa biologie même, mettant à l'épreuve dès son origine la psyché (ce qui ouvrira la voie pulsionnelle[2]) est liée à l'environnement, à l'autre, aux autres : l'autre peut autant la déclencher, comme « stimulus[3] » que l'accroître ou l'inhiber.

En ce qui concerne l'emploi métapsychologique du terme d'excitation, rappelons que Freud utilise deux termes : *Erregung* et *Reiz*. Le premier est réservé le plus souvent à l'excitation interne (endogène) circulant dans le système (nerveux ou psychique) tandis que le second est réservé à ce qui vient de l'extérieur (l'objet).

Tout en provenant de l'intérieur, des zones érogènes par exemple, un *Reiz* peut aussi être considéré comme agissant de l'extérieur sur le psychisme, et c'est même là ce qui définit la pulsion : « la pulsion serait une excitation pour le psychisme » ou encore « le représentant psychique des excitations nées à l'intérieur du corps et parvenant au psychisme[4] ». Intériorisation d'action, elle oblige ainsi le psychisme à une dynamique transformationnelle[5].

Pour le psychisme, il y a donc des excitations provenant de « pacemakers » biologiques rythmés et périodiques (hormones et neurohormones, signaux à distance : excitations sexuelles-somatiques) qui « poussent » (« impulse » ; lettre de Freud à Fliess du 2 avril 1897) à se répéter, à se pulsionnaliser et à se représenter psychiquement mais qui peuvent vraisemblablement se transférer dans des systèmes non hiérarchisés comme ceux en réseau (système nerveux végétatif, système immunitaire).

Mythiques, les pulsions constituent, de fait, un premier mode d'expression de l'excitation somatique qui perd de sa périodicité au contact de la représentation. Et si l'excitation « excite » et pousse à la fois, la pulsion est autant poussée que tiroir et « poussoir[6] », quelque chose dont

1. Reinberg A. (1983).

2. Dès « Pulsion et destin des pulsions », Freud note bien que la pulsion est, en sa définition basale, comme « une excitation pour le psychique » (*ein « Reiz für das Psychische »*), GW X, 211.

3. Dans *L'Esquisse d'une psychologie...*, Freud fait d'ailleurs correspondre cette montée des stimuli *(Reiz)* à celle de l'environnement, *in* Freud S., *Esquisse d'une psychologie*, bilingue, trad. Hommel S, Le Troquener J., Liégon A., Samson F., Erès, Toulouse, 2011, p. 49.

4. Freud S. (1915), *Métapsychologie*, Gallimard, « Idées », p. 13.

5. Green A. (1997), p. 83.

6. Ce lien entre poussée de la « pulsion » et « poussoir/tiroir » vient du rapprochement de deux développements de pensée de G.A. Goldschmidt dans son étude sur la langue allemande de Freud et le français (1988). À propos du terme de pulsion, il précise : « *Der Trieb* (...), c'est ce qui pousse de l'intérieur, comme pour les voitures, *der Antrieb*, une force motrice au-dedans même du corps et ce n'est pas pour rien que Freud, dans l'une de ses conférences, la 32e, "Angoisse et vie pulsionnelle", parle de la "corporéité", *die Leibchkeit.* (...) *Trieben* appartient au geste du corps – *der Leib* – à la *Leiblichkeit*, à cet "être corps" qui (...) a tant d'importance dans la langue de Freud » (p. 79). Ailleurs l'auteur précise, à partir d'une réflexion sur le souvenir et « se souvenir » *(sich erinnern)* : « En somme, une langue tire ce qu'une autre – l'allemand – pousse. Ce que l'allemand met au-dedans de lui *(erinnern)*, c'est le français qui l'en retire, ce mouvement de sens contraire ne peut qu'orienter le regard, la latitude des deux langues ; elles ne regardent pas du même regard. Cela se manifeste jusque dans les choses les plus simples : ce sens inverse, on le retrouve jusque dans les meubles. Un tiroir est, en allemand, un poussoir *(eine Schielblade)* » (p. 91).

la force dépend de la résistance qui lui est opposée. Dégradée dans des systèmes en réseau, la pulsion peut se muer en excitation (« ergie ») biologique.

De plus, ce qui spécifie la pulsion est sa force d'impact non pas momentanée comme l'excitation physiologique ou celle suscitée par l'autre dans la séduction ou le trauma, mais *constante* (poussée constante non pas égale – il y a des variations d'amplitude –, mais continue) et aussi le besoin qu'elle suscite d'être satisfaite. La vie pulsionnelle est donc l'héritière d'une certaine « domestication », « qualification » des « pulsations » d'excitations, suscitant des fantasmes représentants psychiques de la pulsion. De même, la pulsion suppose une sorte de permanence, « sécurité » minimale de l'objet qui sera son but.

C'est d'abord de la périodicité des soins maternels que naîtra, dans les processus psychiques, *cette différenciation progressive entre quantité* et *qualité* (*L'Esquisse*, p. 329) permettant de « construire » le chemin pulsionnel jusqu'à l'objet (de satisfaction, de désir, d'amour, d'attachement). Issues d'un « dressage » ontologique, les pulsions restent toutefois des sédimentations d'effets de l'excitation externe qui, au cours de la phylogenèse, ont agi sur la substance vivante et l'ont modifiée tout en travaillant, en retour, à un état de satisfaction antérieur[1] :

> « Il me semble qu'une pulsion est une tendance de la vie organique à restaurer un état de choses antérieur que la créature vivante a été obligée d'abandonner sous l'effet de forces perturbatrices venues du milieu ; ainsi c'est une sorte de plasticité organique ou, pour le dire autrement, l'expression d'une inertie constitutive de la vie organique. »
>
> S. Freud (1920), « Au-delà du principe de plaisir », *op. cit.*, in *Essais de psychanalyse*, 1981.

Cette propriété ouvertement régressive de la pulsion constitue ainsi, après le tournant de 1920 de Freud, un « au-delà du principe de plaisir » dans le fonctionnement mental, poussant l'organisme à rééditer tous les états antérieurs, qu'ils soient à la source du plaisir ou non, ce qui rejoint la problématique addictive.

À l'intérieur de la métapsychologie, on peut ainsi comprendre que la pulsion soit le représentant psychique d'un saut (à la façon des électrons) d'un niveau d'auto-organisation à un autre, en même temps qu'une forme de rétroaction *(feed-back)* d'excitations (somatiques situées préférentiellement sur des zones érogènes susceptibles d'autoérotisme) sur/par du psychique (intra/intersubjectif), c'est-à-dire une « mesure de l'exigence de travail imposée au psychique en conséquence de sa liaison au corporel ». L'objet (externe et interne) joue un rôle essentiel dans cette liaison ou déliaison propre à la dynamique pulsion-objet. C'est là que les destins socioculturels de la pulsion et de l'excitation se trouveront être déterminants. Dans une société rendant de plus en plus incertain, vicariant, la relation d'objet (séparation précoce, divorce, liberté de choix...), celui-ci, l'objet, est constamment appelé à incarner une forme de phallus

1. Freud S. (1915), « Pulsions et destins des pulsions », *Métapsychologie*, 1968, p. 17.

séducteur, et il faut bien comprendre que l'objet dit pulsionnel, trouvant dans la rencontre de l'objet, en sa contingence et sa variabilité, un aliment plus qu'une réponse, se trouvera être porteur à la fois du manque et du désir. Et si, *via* l'objet, « le circuit pulsionnel réalise l'exploit de "routiniser" l'excitation[1] », l'absence, l'insécurité, l'intrusivité, la destructivité, l'absence de réponse de cet objet risqueront d'accentuer les non-liaisons, les déliaisons dans le « chaudron du ça » au trop-plein d'excitations.

L'addiction, comme un certain nombre de somatisations mais par d'autres voies, paraît ainsi réemprunter, sur le chemin somatopsychique, des traces de frayages excitationnels difficilement pulsionnalisables, témoins d'effrois, de détresses originaires, de séductions précoces ou de traumas indépassables. Ces traces laissent perdurer des formes d'excitation générant une dé-pulsionnalisation en particulier de la génitalité dans ses liens à l'autre (afin d'éviter des angoisses de castration, d'intrusion, de séparation) : ce sont ces formes d'excitation qui, cependant, seront investies *phalliquement* (objet « a » de Lacan, de jouissance), afin de colmater toute hémorragie de libido narcissique. La *dé-pulsionnalisation excitationnelle* – par excès d'excitation – laisse dans ce cas perdurer un processus « pulsionnel-prépulsionnel », forme d'activité pulsionnelle avant que celle-ci ne soit organisée en pulsion subjectivement représentable[2]. Ce processus pourrait, chez certains « esclaves de la quantité », amener un *retour incessant d'une excitation puissante* et *contraignante (Zwang)* due « à des influences subies (…) dans les premières années d'enfance » (Freud, « Au-delà du principe de plaisir » et notre note sur l'hypnose et l'amnésie infantile). L'excitation est en effet d'abord une certaine « montée », une augmentation *(Reizsteigerung)*, une croissance *(Reizanwachs)*, un mouvement ascendant, pouvant être ressenti par le sujet qui en est l'objet comme un « choc interne », le dépassant, le débordant violemment – ce qui se passe dans l'orgasme, *orgamos* signifiant « coup de sang[3] ». En ce sens on saisit le potentiel « traumatophilique » que porte en elle-même la quête excitationnelle addictive : elle place l'excitation en lieu et place de « répéter » *(Zwang)* le traumatique, de reproduire la trace de la « pliure » même sur laquelle le psychique est resté collé au soma, ceci en « l'actualisant » dans un comportement (addictif) ou une sensation (somatique), affectant le moi dans la détresse *(Hilflosigkeit)* des temps anciens de son impuissance face au trauma. En ce sens la quête d'excitation propre au comportement addictif cherche *(sucht)* à répéter le défaut de « pare-excitation » dont a témoigné l'environnement, l'autre, à certains moments – problématique au cœur même de celle de nombre de cas limites.

1. Assoun P.-L. (2013), p. 228.
2. Roussillon R. (1995b), p. 1412.
3. Assoun P.-L. (2013), p. 30.

7. L'éclairage psychanalytique par les concepts d'incorporation, de dépendance du nourrisson et d'oralité

7.1 Les pratiques d'incorporation : un fondement de l'addiction

Un des socles de la compréhension de la toxicomanie est l'acte de l'incorporation, celui-ci étant, rappelons-le, au fondement de l'amour : « Aimer, c'est dévorer », disait Winnicott. C'est à partir des travaux de N. Abraham et M. Torok[1] observant dans le fantasme d'incorporation un substitut du fantasme d'introjection que Gutton (1984[2]) regroupa ces tentatives frénétiques et compulsives que sont les addictions sous le terme de « pratiques de l'incorporation[3] ».

L'idée centrale à de nombreux psychanalystes dont J. Mc Dougall est en effet que la quête addictive est la recherche dans le monde externe d'une solution au manque d'introjection d'un environnement maternant, d'une « fonction maternante primaire manquante » et de ce fait de transitionnalité[4]. L'introjection alimentaire, la première de toutes les introjections ultérieures, a en effet tout d'abord pour rôle d'apprivoiser l'absence. Toutefois lorsque, pour des raisons carentielles, l'introjection de la perte est impossible, l'incorporation de l'objet perdu devient le seul mode d'une *réparation narcissique*. L'impossibilité d'introjecter la perte se voit ainsi compensée par l'acte d'incorporer, démobilisant alors la psyché de tout recours aux mots, métaphorisation, travail de penser mais facilitant, en retour, l'introjection possible de « non-dit ». En effet *l'incorporation, prototype corporel de l'introjection (de l'objet)* et *de l'identification primaire*, permettrait, dans le corps, une mise en scène rétroactive d'un « secret de famille », voire du « trauma d'un ascendant ». Ceci rejoint la question des loyautés familiales[5],

1. Abraham N. et Torok M. (1978).

2. Gutton P. (1984).

3. Ces incorporations réelles ont pour caractéristiques les aspirations impétueuses, l'avidité surprenante, la consommation effrénée (Pedinielli J.-L., 1997). La théorie de Gutton prend place dans les conceptions des pathologies narcissiques. Cet auteur se réfère aux théories de l'introjection développées par Abraham et Torok et la considère comme un processus organisateur constitutif de l'objet interne, phénomène symbolique distinct de l'incorporation. Si cette dernière est un mécanisme imaginaire qui vise à nier la perte de l'objet, l'introjection élabore cette perte et signe la séparation avec l'objet externe (nous verrons plus loin que le comportement d'addiction et l'incorporation de l'objet d'addiction sont, sur le plan neurochimique, liés à une activation des systèmes dopaminergiques de récompense impliqués dans les affects d'attachement et l'émergence d'un sentiment de « proto-soi »). Les pratiques de l'incorporation seraient des *acting out* directs et se décomposeraient en quatre temps successifs : un temps d'ennui, un temps d'addiction établissant un rapport entre un orifice corporel et un objet extérieur qui devient complémentaire. La fin de l'acte provoquerait un état de vide représentatif rappelant la « dépression essentielle » de P. Marty. Le dernier temps est un temps de retour de l'activité fantasmatique œdipienne, l'acte d'addiction étant alors nommé et doté d'un sens accompagné d'affects (honte, remords...). Pour Gutton, l'incorporation survient lorsque le travail d'introjection se heurte à un obstacle. Dans ce contexte, elle apparaît comme un échec de l'identification mais comporte une dimension identificatoire visible dans les comportements répétitifs. Les conduites addictives auraient ainsi une fonction de reconstruction du Moi.

4. Brusset B. (2010), p. 71.

5. Angel S. et P. (1989).

de « pseudo-introjection d'expériences traumatisantes[1] » décrites chez les toxicomanes, ainsi que la notion d'encapsulation[2] ou de « crypte » (Torok et Abraham) installée à l'intérieur du sujet à la suite d'un deuil ou d'une honte inavouables, processus mélancoliformes (qui sont également retrouvés dans la genèse de certaines somatisations) et qui soulignent la dimension transgénérationnelle des addictions que nous allons évoquer dans le sous-chapitre suivant.

L'introjection, mode d'intériorisation de l'objet caractéristique du stade oral, est encore une fois concomitante des premiers échanges (d'amour) tactiles entre mère et nourrisson. La « stabilisation » de l'objet primaire ordonnateur du moi comme du soi (self) et de la future subjectivité dépend donc des modalités de cette introjection, forme d'« organisateur psychique » précoce. Si celle-ci a été traumatique, et une fois le stade oral dépassé, *la pratique de l'incorporation* apparaît comme celle qui va suppléer sa défaillance par le maintien d'un lien narcissique avec l'objet dont on ne peut faire le deuil, faute précisément d'une introjection « stabilisée ».

À un degré pathologique supplémentaire, lorsque les composantes d'un événement réel ne sont pas assez cohérentes pour être introjectées, c'est-à-dire admises dans le moi, celui-ci peut s'orienter vers un mécanisme pathologique d'inclusion qui, lorsqu'elle est hermétique, donnera une véritable crypte que l'incorporation contre-investit (à la place du refoulement) chimiquement.

L'addiction chercherait ainsi à gommer l'échec de l'introjection et *le deuil de l'obj*et (en cela elle serait assez proche de la réaction thérapeutique négative[3]). Tout échec de l'introjection amenant à un défaut d'objet interne pourrait ainsi aboutir à des pratiques d'incorporation autant qu'à des pathologies somatiques[4]. L'*acting-in* qu'est la somatose[5] ou, lors des prises en charge psychothérapiques et institutionnelles, « l'*acting-out* » qu'est le passage à l'acte addictif sont des *analogons* de « l'excorporation », c'est-à-dire, pour un nourrisson, l'évacuation dans le corps des incorporats désagréables provenant de la mère.

On le voit, les addictions signent d'une part les défauts dans les processus fort complexes d'identification (se rapprochant ainsi des pathologies autistiques, états-limites et auto-immunes chez qui ont été trouvés ces mêmes défauts[6]), d'autre part, elles permettent à un sujet d'être l'acteur d'un mouvement d'effraction corporelle par la mise en lui d'un corps étranger – trauma – dont il connaît, et par là même contrôle, les effets sur son corps et son psychisme confondus (son self).

L'incorporation par le recours au geste réalise une identification sur un mode fusionnel et animique (l'hostie de la liturgie chrétienne) qui n'est pas sans rappeler celle du mélancolique refusant de manger, celle du toxicomane habité par un « fantôme » provenant d'expériences

1. Hachet P. (1997).
2. Hopper E. (1991, 1995).
3. Tyzsblat J. (1990).
4. Sami-Ali M. (1987).
5. Green A. (1973), *op. cit.*
6. Célérier M.-C. (1986), p. 31.

vécues par un ascendant ou enfin celle de l'allergique réalisant un désir d'interpénétration avec l'objet. Chez l'allergique, on peut en effet parler d'un « objet hôte » écrit P. Marty : « le sujet habite l'objet tout comme il est habité par lui » écrit J. McDougall[1].

L'auto-agression, ou l'autosadisme par incorporation, se présentent dans l'addiction comme autant de formes d'identification à un agresseur, celui-ci étant ici étonnamment le corps souffrant, premier objet d'emprise maternelle, à la différence du mélancolique – mais en contiguïté avec lui – chez qui l'agresseur est le surmoi. En ce sens, la somatisation comme l'addiction (ou le transfert passionnel) relèvent d'un fantasme narcissique de rester dans une « enveloppe commune » entretenant le lien incestueux, fœtal, osmotique où, dans un mimétisme proche du transitivisme infantile, *l'autre est soi* : pli de soi sur soi, clivé dans une forme de « communauté du déni[2] » de la dynamique œdipienne dans laquelle s'insère la tiercéité et avec elle les angoisses de castration et, en deçà, de séparation.

7.2 Les problématiques transgénérationnelles

Pour illustrer le déni de cette différence, ici de générations, citons le cas d'un patient alcoolique rapporté par M. Monjauze : Georges, 49 ans, dont le père est mort d'alcoolisme à 27 ans, quinze jours avant sa naissance, formule les choses ainsi : « J'avais 27 ans quand mon père a disparu. » Georges et le support paternel absent, c'est pareil pour Monjauze, qui souligne la confusion transgénérationnelle due à l'identification narcissique au fantôme[3]. Cet exemple, comme celui que S. Tisseron avance à propos de l'alcoolisme d'Hergé et projeté autant que sublimé dans le personnage du capitaine Haddock, incarnant le fantôme du père autant que du grand-père maternel (*cf. supra* sur les rapports entre addiction et créativité), souligne assez un des aspects psychopathologiques d'importance concernant les conduites addictives : leur composante transgénérationnelle participant à des conflits intrapsychiques ayant entraîné des déformations du moi.

Concernant les toxicomanies, on peut en effet suivre les hypothèses de Lekeuche[4], Demange[5] et Morhain[6] d'un « trouage du moi », celui-ci n'étant plus en mesure d'éponger les masses d'excitations qui l'assaillent de l'intérieur et de l'extérieur. Ces ruptures du *Reizschutz* pourraient, d'après les études de récits de vies, provenir de ce que nous avions déjà souligné : des événements douloureux dans l'enfance, des secrets de famille ou des pathologies lourdes *pour les générations successives* (morts violentes, suicide, émigration, deuils, alcoolisme) seraient

1. McDougall J. (1989), p. 189-190.
2. Fain M. (1971), « Prélude à la vie fantasmatique ».
3. Monjauze M. (1992).
4. Lekeuche Ph. (1987).
5. Demange J.-P. (1989).
6. Morhain Y. (1994).

introjectés de façon précoce par le futur toxicomane. La « toxicité » virtuelle de ces introjections deviendrait effective et « réactualisée » lors d'événements ou situations familiales pathogènes : triangulations œdipiennes défaillantes par distances excessives ou symbiose entre partenaires du couple parental, « parentalisation » de l'enfant, morts ou crimes honteux déniés ou non-dits, fantasme d'identification à une figure absente (ex. Rimbaud), bref, ce que Racamier a également appelé, à propos du futur psychotique, le « héros antœdipien » qu'est le « figurant familial », le « figurant prédestiné », « organe hypocondriaque de la famille[1] ».

Citons d'autres travaux qui vont dans ce sens.

- Mijolla[2] (1981) utilise les concepts de « visiteurs du moi » et de « fantasme d'identification » à un objet (personne) absent ou mort et faisant partie de « notre préhistoire familiale[3] », qui rendent compte de cliniques où l'approche transgénérationnelle permet une compréhension psychopathologique de tel ou tel symptôme ou attitude. Un des exemples peut en être le cas d'Arthur Rimbaud envers son père, le capitaine Rimbaud ayant disparu de la vie d'Arthur dès les 6 ans de celui-ci et auquel le poète, dans la deuxième partie de sa vie, celle où il parcourt l'Europe puis l'Afrique, ressemble étrangement, le père ayant vécu en Afrique avant son mariage. Ne pourrait-on pas penser que la dromomanie d'Arthur Rimbaud[4], pouvant tenir d'une réelle conduite addictive, ne fut pas l'œuvre d'un « fantasme d'identification » à ce père militaire qui ne cessa de partir, revenir et voyager sans cesse ?
- Les époux Angel[5] soulignent la fréquence des éléments intergénérationnels chez les toxicomanes avec, d'une part « la généalogie de la dépendance » provenant de situation conjugale des parents mettant l'enfant dans des « situations impossibles » et très anxiogènes (qu'il reproduira : compulsion de répétition) dont seuls les grands-parents pourront sauver l'enfant et, d'autre part, « les familles nucléaires autarciques » repliées sur elle-même, au « climat » incestuel, et dont l'isolement provient bien souvent de conflits avec la fratrie ou les générations précédentes. Ces cliniciens ajoutent la fréquence des « séparations impossibles » et des deuils, avec mort violente, entraînant dépression des parents, dans l'enfance du futur toxicomane.
- Brusset[6] fait part, dans certaines boulimies, de l'existence d'une « crypte », d'« un objet mort incorporé », le vomissement suivant la phase boulimique tentant de « mettre en acte » une décharge libératoire de ce qui envahit inconsciemment la psyché.
- Faimberg a montré que des symptômes tant psychiques que somatiques peuvent relever de transmission de non-dit, de ce qui est clivé dans la psyché des parents, voire grands-parents et qui, se transmettant à l'enfant, débouche sur ce qu'elle (1993) appelle le « télescopage des

1. Racamier P.-C. (1980*a*) ; (1992), p. 175 *sq.*
2. Mijolla A. de (1975, 1981).
3. Mijolla A. de (2000).
4. Pirlot G. (2007 ; 2018).
5. Angel P. et S. (1989).
6. Brusset B. (2001).

générations ». Cet auteur a forgé ce concept avec un de ses patients argentins qui présentait une attitude assez étrange, celle d'être assez « étranger » à sa propre psychanalyse, le patient s'étant identifié à son père en ayant « introjecté » l'histoire secrète de celui-ci.

- Guyotat, en 1980 puis 1995, a identifié la *coïncidence mort-naissance* (par exemple mort d'un membre de la fratrie au moment de la naissance du sujet) comme porteuse de traumatisme et susceptible de favoriser l'instauration d'un symptôme d'ordre psychique, somatique ou comportemental relevant d'une filiation narcissique à l'objet « encrypté ». Cette coïncidence peut entraîner un télescopage des dates ou des confusions identitaires, qui sont à mettre en rapport avec une perturbation au niveau des repères que pose la différence des générations, ce dont certains symptômes psychiques (délire, dépression) ou somatiques rendent compte. Guyotat dénomme *chrone* cette « transmission d'un symptôme creux, non symbolique[1] ». Il souligne que c'est l'incorporation hâtive d'un élément traumatique, n'ayant pu être introjecté qui devient alors une inclusion non vivante – ce qui n'est pas sans rappeler à nouveau le travail d'Abraham et Torok (1989) sur la notion de crypte – et s'exprime dans le *chrone*[2].
- Bader et coll., dans leur belle étude sur « Les composantes transgénérationnelles dans les toxicomanies et les troubles alimentaires à l'adolescence », rappellent que les « mandats familiaux » et de loyauté sont souvent « invisibles » mais occupent une place centrale dans les problématiques d'individuation et d'autonomie[3]. « Le concept de mandat peut exprimer un lien agissant sur plusieurs générations qui comporte un engagement à rendre des comptes par rapport à ce que chacun reçoit et doit donner à son tour. Les loyautés pouvant être cachées, le sujet n'est pas conscient des "dettes" et des "obligations" qui structurent les liens transgénérationnels[4]. »

S'ajoute à ces « mandats » la notion de Stierlin de « délégation », « lien de loyauté qui unit celui qui délègue à celui qui est délégué[5] ». Ces délégations peuvent traduire des mandats ou « missions familiales » (réussite, exploit, transgression, passage à l'acte, loyauté, soumission) et peuvent être « par liaison » et « par rejet » : les premières sont transmises pour être vouées à l'échec du fait d'un mandat trop lourd, ce qui empêche toute individuation et même séparation d'avec la famille, les secondes emmènent le sujet vers des souffrances du fait d'une indépendance prématurée par rapport à ses possibilités.

Concernant les constellations familiales des toxicomanes, Bader rapporte différentes études qui soulignent l'absence ou la distance émotionnelle des pères, l'indulgence et la dépression des mères, oscillant entre relation fusionnelle et manque d'investissement de l'enfant futur « toxico ». L'étude de Bader et son équipe, portant sur 97 adolescents et jeunes adultes (15-25 ans) dont 33 toxicomanes, et 33 sujets présentant des TCA (troubles des conduites

1. Guyotat J. (1980), p. 147.
2. *Ibid.*, p. 149.
3. Boszormenyi-Nagy I. (1973 ; 1980).
4. Bader M. (2004), p. 403-4.
5. Sierlin H. (1980), cité par Bader, p. 404.

alimentaires), tous comparés à 31 sujets contrôles, étude usant du génogramme, de l'évaluation diagnostique DSM-IV, du questionnaire d'attachement (« CMir Q-Sort »), relève en outre certaines différences entre le milieu familial et ces événements de vie entre toxicomanes et sujets avec TCA. Les toxicomanes présentent des constellations familiales marquées par des événements douloureux, des mandats familiaux déstructurants, des défaillances majeures des fonctions parentales et intergénérationnelles et des conflits familiaux et parentaux durs et durables. Du côté des sujets présentant des TCA, les cellules familiales sont plutôt stables mais avec une figure maternelle omniprésente et une figure paternelle en périphérie ou absente ayant toutefois une relation affective avec sa fille boulimique ou anorexique.

Ces constatations sur le couple parental et grand-parental sont à rapprocher des « traumatismes transgénérationnels » de Yehuda[1] ou Gampel[2] et des conséquences de la Shoah, pour la seconde génération. Une autre recherche, celle de Van der Hal-Van Raalte, confirme dans son étude de 2007 les hypothèses de Keilson (1992) d'un « trauma séquentiel[3] » qui peut se retrouver chez ces sujets de la seconde génération jusque dans la vie sexuelle et maritale[4]. Ces hypothèses « épigénétiques » renvoient d'une part à celle de Masud Khan[5] de traumatismes cumulatifs à l'origine de maladies somatiques relevant de la crainte d'effondrement *(fear of breakdown)* et celle de la détresse primitive de l'enfant décrite par D. W. Winnicott[6]. Ces recherches renvoient enfin aux travaux sur l'importance du transgénérationnel (secrets de famille, généalogie de la dépendance, conflit de loyauté, fantasme d'identification, etc.) dans l'approche des problématiques toxicomaniaques, anorectique-boulimique et addictive en général, travaux sur lesquels nous reviendrons.

7.3 Importance développementale du besoin de plaisir dans l'addiction

> « Au commencement était le besoin, pourrait-on dire dans une genèse de l'humain désirant, puisque tout commence avec l'émergence de nos besoins vitaux. Leur satisfaction nous est si agréable que, très vite, l'envie se teinte de désir, désir ensuite couronné de plaisir, plaisir inévitablement suivi de manque. Le bébé a faim : cette sensation désagréable

1. Yehuda R. et coll. (1993).
2. Gampel Y. (1983 ; 1992).
3. Van der Hal-Van Raalte, E. , Elisheva ; Van IJzendoorn, M.H. ; Bakermans-Kranenburg, M.J. (2003).
4. Lev-Wiesel R., Amir M. (2003).
5. Kahn M., « Distorsion du Moi. Traumatisme cumulatif et reconstruction dans les situations analytiques », *Le soi caché*, *op. cit.*, 1976, p. 88-99.
6. *Cf.* Stephanos S. (1992) ; D. W. Winnicott (1975) insiste sur le fait que cette « peur de l'effondrement » puisse être opposée au fait que « si l'expérience de vide n'a pas été éprouvée comme telle au début, elle devient un état compulsivement recherché » (p. 43). Rappelons que le vide est un concept appartenant au bouddhisme et aussi à la philosophie présocratique ou à celle d'Hegel où il représente l'élément *moteur conçu comme négatif* (préface à *la Phénoménologie de l'esprit*, *op. cit.*, p. 89). Signalons avec O. Flournoy que le Moi-Idéal est vecteur de vide puisqu'empêchant d'accéder au « vrai-self » (*Nouvelle Revue de Psychanalyse*, n° 11).

stimule le circuit de la douleur jusqu'à le faire pleurer, voire hurler. Le lait de la mère, ou du biberon, apaise sa souffrance et procure de surcroît une sensation de bien-être. Plaisir et souffrance, apaisement et manque, sont intimement liés d'un point de vue biologique, à tel point qu'il est parfois difficile de les démêler, ce que nous expérimentons dès le plus jeune âge. Les circuits neuronaux de la douleur et du plaisir sont en interaction permanente, l'un prenant la relève de l'autre : en même temps que la douleur du bébé s'apaise, il éprouve du plaisir à boire. Le bébé apprend très vite, sans le savoir, la double identité du plaisir : en finir avec la sensation désagréable/éprouver une sensation agréable. À côté du besoin, il découvre alors progressivement la nature du désir : la promesse du plaisir, l'anticipation de la satisfaction orientée vers autrui. Âgé de quelques mois, le ventre plein, il ne dit pas non à un dessert ! Ce chemin précoce du besoin, vite teinté de désir, s'ancre en nous par d'autres biais que la faim. Il y a, bien sûr, la soif ou le besoin de chaleur, mais il y a aussi le besoin de caresses. »

M. Reynaud (2005*a*), *L'amour est une drogue douce... en général*, Paris, Flammarion, p. 15-16.

Dans ces premiers temps de la vie le plaisir alimentaire est ainsi concomitant de plaisirs annexes qui, nous semble-t-il, forment le fond soïque, corporel et sensuel du moi(-peau) primitif confondu avec la mère-environnement – forme de première contextualisation harmonique (ou pas) des ressentis émotionnels. Pendant la tétée, la mère embrasse en effet bébé sur le visage, lui caresse le corps, le bébé associant quant à lui cette image de la mère (nourrice ou *care-giver*) à son plaisir promis : le plaisir de la tétée. Il associe ainsi l'image à un plaisir qui lie étayage, autoconservation, moi-peau et sensualité/sexualité : la tendresse, dont la pulsionnalité avancée par Freud (1905) a été étudiée par D. Cupa[1].

En effet un bébé que l'on ne prend pas dans les bras pendant trois jours, certes n'en meurt pas, mais se trouve véritablement en souffrance psychique : les travaux de Bowlby et l'hospitalisme décrit par R. Spitz l'ont montré[2]. Ainsi, l'affection est un besoin vital au même titre que la faim ou la soif, comme preuve l'expérience cruelle de Frédéric II, roi de Sicile du XIIe siècle et petit-fils de Barberousse. Cherchant à savoir quelle langue parlaient naturellement les enfants,

1. « La pulsion de tendresse est autoconservatrice, elle conduit le nourrisson vers l'objet maternel afin de se maintenir en vie, de maintenir son narcissisme. Mais on peut aussi dire que pour une part, les pulsions autoconservatrices sont des pulsions tendres » ; voir Cupa D. (2007), p. 86.

2. Bowlby J. (1969), *Attachement et perte*, Paris, PUF. L'auteur y montre que des enfants orphelins bien nourris mais pris en charge par des nourrices sans cesse différentes dépérissaient malgré tout, physiquement comme intellectuellement. En revanche, les enfants suivis par la même nourrice se développaient normalement. Ainsi, non seulement le contact corporel était nécessaire, mais de plus l'attachement, à savoir la présence récurrente de la même image évocatrice de plaisir, est souhaitable. À la même époque, Spitz [1945] décrivait l'hospitalisme, c'est-à-dire un dépérissement pouvant aller jusqu'à la mort de bébés accueillis dans les services hospitaliers, nourris et soignés, mais privés d'échanges affectifs. Le « nanisme psychosocial » relève des mêmes problématiques : enfants mal aimés restés de petite taille, moins curieux intellectuellement que ceux de leur âge. Les altérations cérébrales de ces carences précoces d'amour et d'attention ont été récemment confirmées par les études d'imagerie cérébrale réalisées chez des orphelins roumains : Chugani H., Behen M.E. *et al.* (2001).

dès les premiers babillages, il en avait sélectionné quelques-uns et fait élever dans un jardin d'enfants par des nourrices à qui on avait demandé de ne jamais adresser la parole aux nourrissons : tous les enfants moururent en quelques semaines.

Pour la vie psychique le manque de parole est pire que le manque de gestes nourriciers, voire tendres. Cette constatation est identique quand existe une carence symbolique et affective de la parole paternelle chez nombre d'adolescents rencontrés dans notre pratique : « mon père ne (me) parle pas ».

Sur le plan neurochimique et comme nous l'apprennent J.-D. Vincent et M. Reynaud (2005*a*, p. 27), le développement des zones correspondant aux caresses et à l'affection n'échappe pas à la règle qui régit les autres fonctions cérébrales. Les cellules dopaminergiques, celles qui nous irradient de plaisir, s'épanouissent comme autant de petites éponges plus ou moins assoiffées de sensations agréables. Il est ainsi probable que le seuil de plaisir d'un enfant précocement soumis à de fortes stimulations sera bien supérieur à celui de l'enfant furtivement embrassé une fois par jour.

À l'adolescence, la précocité de la rencontre, ou plutôt des rencontres, avec les produits toxiques d'addiction est déterminante pour enclencher une dépendance. En effet de nombreux travaux cliniques et épidémiologiques sur les risques de dépendance montrent qu'ils sont multipliés par la précocité de la consommation et que les difficultés de sevrage sont décuplées en proportion[1].

L'éthologie a d'ailleurs confirmé cela : on a enfermé des rats adolescents et des rats adultes dans des chambres dont l'air était nicotiné. Les rats adolescents devenaient dépendants, les rats adultes non, du moins jusqu'à un certain point. La même chose a été observée avec des injections de cocaïne[2]. De surcroît, à terme, l'habituation des neurones dopaminergiques à fonctionner en surdose peut perturber les autres plaisirs, voire en détourner franchement. C'est d'ailleurs, précise M. Reynaud qui rappelle cette expérience, plutôt ce type de signe qui doit mettre les parents en alerte, voire en alarme[3].

7.4 L'addiction sous le concept de dépendance

La question de la dépendance addictive renvoie ainsi à celle, plus générale et originaire, de la dépendance envers la « mère-environnement » (Winnicott). Cette première dépendance se retrouve dans celle de la « dépendance au médecin/psychanalyste », appréhendée par Freud dès 1890/1898 (*cf. supra*), et reliée aux angoisses et détresses les plus anciennes dont la traduction peut se manifester dans des réactions thérapeutiques négatives ou des cures interminables.

1. Reynaud M. (2001), *Usage à risque – Usage nocif;* Ledoux S., Sizaret A., Hassler C. *et al.* (2000), « Consommation de substances psychoactives à l'adolescence ».
2. Cami J. et Farré M. (2003), « Drug addiction », *New England J. Med, 349:* 975-986.
3. Reynaud M. (2005a), *L'amour est une drogue douce… en général*, p. 40.

> « N'y a-t-il pas en effet un "roc de la dépendance", sur lequel viennent échouer nombre de tentatives psychanalytiques ou s'amarrer les cures interminables qui font du transfert une nouvelle édition d'une relation de dépendance non élaborable où la peur de l'effondrement se conjoint à un surinvestissement de l'emprise ? »
>
> K. Bournova et J. Miedzyrzecki (2004), « Argument », *Revue française de psychanalyse*, « Addiction et dépendance », 68, 2, p. 396-401 (p. 399).

L'addiction à la première des dépendances, celle du nourrisson envers sa mère, renvoie à la théorie freudienne décrite sous le nom d'*Hilflosigkeit*, à savoir l'état de *détresse*, de déréliction dû à l'impuissance (passivité) du nourrisson sans son « objet » primaire, et à la prématurité du nouveau-né (néoténie). Relevons que cette *Hilflosigkeit* était chez Freud présente dès son texte de 1896 « L'étiologie de l'hystérie ». Persuadé de l'origine traumatique de la névrose (« Neurotica »), il écrivait :

> « Toutes les conditions étranges dans lesquelles se déroulent les relations amoureuses du couple inégalement assorti, d'un côté l'adulte qui ne peut se soustraire à la part de dépendance mutuelle résultant nécessairement de toute relation sexuelle, mais qui, lui, est armé de l'autorité absolue et du droit de punir, et qui peut échanger un rôle contre l'autre afin de satisfaire librement ses humeurs, de l'autre côté l'enfant sans recours *(Hilflosigkeit)*, à la merci de l'arbitraire, prématurément éveillé à toutes les sensations, exposé à toutes les déceptions, souvent interrompu dans la pratique des actes sexuels qui lui sont assignés, par la maîtrise des besoins naturels. »
>
> Freud, 1896.

Ainsi, la dépendance s'observe lorsque, l'objet (d'étayage et donc de dépendance) venant à manquer, la détresse déborde le sujet.

Plus spécifiquement, la dépendance sera également centrale dans un article plus tardif, « Le moi et le ça » (1920) : dans le chapitre III, « Le moi et le surmoi (idéal du moi) », Freud écrit : « Si nous considérons encore une fois la naissance du surmoi telle que nous l'avons décrite, nous reconnaissons qu'il est le résultat de deux facteurs biologiques de la plus haute importance : le long état de détresse *(Hilflosigkeit)* et de dépendance infantile *(Abhängigkeit)* de l'être humain est le fait de son complexe d'Œdipe, que nous avons bien ramené à l'interruption du développement de la libido par la période de latence, donc de l'inspiration diphasée de la vie sexuelle[1] » ; d'autre part, le chapitre V de ce même texte est intitulé « Les relations de dépendance du moi » *(Die Abhängigkeiten des ichs)* : l'enjeu central se joue ici à l'intérieur du psychisme entre les instances, dans les relations que le moi établit et entretient avec le ça et le surmoi, ce dernier étant également qualifié de « mémorial de la faiblesse et de la dépendance *(Abhangigkeit)* qui étaient celles jadis du moi et perpétuant sa domination, même sur le moi maturé. De même

1. Freud S. (1923), 1981, p. 247-248 ; *Studieausgabe, Band III*, p. 302.

que l'enfant subissait la contrainte *(Zwang)* d'obéir à ses parents, de même le moi se soumet à l'impératif catégorique de son sur-moi[1]. »

Trois choses à relever ici :

- Plus tard, en 1933, Freud apporte une précision utile dans ces liens que nous faisons entre surmoi, dépendance et angoisse : « le sentiment de culpabilité n'est au fond qu'une variante topique de l'angoisse, et dans ses phases ultérieures il est absolument identique à l'angoisse devant le surmoi[2] ».
- Dans « Le moi et le ça », Freud dit que le surmoi ne peut renier ses origines acoustiques, qu'il comporte des représentations verbales et que ses contenus proviennent des perceptions auditives, de l'enseignement et de la lecture. Dans le dessin de sa deuxième topique figure le moi, le ça, mais pas le surmoi. En revanche une « calotte acoustique » est posée sur le moi, d'un seul côté, peut-être moins de travers que tournée vers la voix des parents et celles des éducateurs, puis de la nécessité et du destin qui leur succéderont[3]. Dix ans plus tard, en 1933[4], Freud fait un schéma quasiment similaire de cette deuxième topique sauf qu'à la place de la calotte acoustique est dessiné le surmoi ! Ainsi se trouve confirmée une des origines du surmoi, celle acoustique de l'inscription des « interdits » dit par la voix (du père). Nous reviendrons sur cette question à propos d'un ouvrage de J. Jaynes[5]. N'oublions pas, enfin, qu'à l'origine, ouïr, c'est obéir : écouter se dit en latin *obidare* qui a donné, en français, obéir.
- Une des racines primitives du surmoi est la conscience de culpabilité, plus spécifiquement « l'angoisse d'être châtré par les parents ou, plus exactement, de perdre leur amour », écrit Freud en 1914, ce qui renvoie à la conjonction entre « sentiment de détresse » *(Hilflosigkeit)* par perte de l'objet d'amour sous-tendant le fantasme d'avoir détruit celui-ci et naissance d'un surmoi archaïque, selon M. Klein[6], ce que Freud avance en 1930 dans *Malaise dans la civilisation* lorsqu'il évoque « l'agression introjectée, intériorisée (...) mais aussi renvoyée au point d'où elle était partie (le moi) : là, reprise par [le] "surmoi", [elle] se mettra en opposition avec l'autre partie. (...) La tension née entre le surmoi sévère et le moi (...) nous l'appelons "sentiment conscient de culpabilité" ; et se manifeste sous forme d'un besoin de punition[7] ».

1. Freud S. (1923), *ibid.*, p. 263 ; *Die Abhängigkeiten des Ichs* (1923), p. 314.
2. Freud S. (1933), 1989, p. 94-95.
3. Freud S. (1923), *op. cit.*, 1923, p. 236.
4. Freud S. (1933), « La décomposition de la personnalité psychique », *Nouvelles conférences...*, 1984, p. 108.
5. Jaynes J. (1976).
6. Le Surmoi, lorsqu'il reste lié à la phase sadique-anale du développement psychosexuel, peut apparaître lui-même « sadique » ; il exerce alors sur le Moi une emprise cruelle et persécutrice, comme on le voit notamment dans la névrose obsessionnelle. M. Klein (1928) a fortement mis l'accent sur ces racines archaïques du surmoi : « L'enfant craint une punition correspondant à l'offense : le surmoi devient une chose qui mord, qui dévore et qui coupe », *La psychanalyse des enfants*, Paris, PUF, 1959, p. 156 *sq.*
7. Freud S. (1930), 1971, p. 80.

Il résulte de cette mise en perspective freudienne du concept de dépendance amoureuse, fruit de la séduction à un surmoi tyrannique « pure culture de la pulsion de mort[1] » que, dans une vue évolutionniste de l'organisation psychique, *le traumatisme déterminant la détresse peut garder un caractère toxique (passionnel)* pour quatre raisons :

- lorsque, pour le nourrisson, et du fait d'une mauvaise adéquation entre lui et sa mère, le sentiment de la continuité d'être *(going on going)* ou le sentiment continu d'exister (self[2]) n'ont pas été assurés. Une mauvaise « structure encadrante maternelle » entraînera des ratés de l'hallucination négative de la mère comme matrice des représentations (*cf.* A. Green) ;
- faute de celle-ci, le psychique restera confondu avec les émotions entraînant des réflexes végétatifs par transfert d'affect (Pirlot, 1997) ;
- dans l'organisation psychosexuelle du psychisme, la détresse provenant d'un traumatisme sexuel (qui dans l'actuel se confond avec un excès toxique d'affects) ne permettra pas la différenciation des stades libidinaux et des instances (fixation) ;
- à l'orée du travail psychique, la mère, première séductrice, est cet objet-source de l'énergie psychique comme des variations en trop ou en vide propres au facteur quantitatif ; tout contre-investissement tentera de pallier la détresse en attendant un éventuel « après-coup ». La passion amoureuse comme l'addiction seraient dans ces cas autant de manifestations cliniques de contre-investissements massifs de cette détresse[3] : elles lutteraient contre le vide par le trop-plein d'excitation non liée, comme la braise recouvrant la cendre froide de la mélancolie.

  A. Green précise :

> « dans la toxicomanie [...], l'objet toxicomaniaque a pour but de prévenir ou de réparer la perte d'objet. L'assurance qu'un tel objet puisse être retrouvé dans le monde extérieur et incorporé (contrairement à l'objet hypocondriaque qui, pour ainsi dire, s'"excorpore") doit être inlassablement vérifiée. La toxicomanie est nécessaire au toxicomane pour lutter contre le sentiment de vide affectif. De tels patients se plaignent de se sentir complètement démunis de l'intérieur, comme s'ils étaient en état de dénutrition affective permanente. Ils ont faim et soif d'objet et doivent réellement incorporer un objet extérieur susceptible de les restaurer, aux deux sens du terme, c'est-à-dire les nourrir et de réparer les effets des pulsions destructrices. L'effet de ces pulsions destructrices se manifeste par le vide qu'elles laissent après leur travail, d'où la nécessité d'une reconstruction narcissique. »
>
> A. Green (1973), *Le discours vivant*, p. 173.

1. « Suivant notre conception du sadisme, nous dirions que la composante destructrice s'est retranchée dans le sur-moi et s'est retournée contre le moi. Ce qui maintenant règne sur le sur-moi, c'est, pour ainsi dire, une pure culture de l'instinct de mort *(Reinkultur des Todestrieb)*, et en fait il réussit assez souvent à le mener à la mort, si ce dernier ne se défend pas à temps contre son tyran en virant à la manie. » Voir Freud S. (1923), *op. cit.*, 1981, p. 268 ; *S.A.*, *ibid.*, p. 319.

2. Winnicott D.W. (1960).

3. Cournut J. (1991).

On peut comprendre qu'avoir la passion de la drogue, être accro(ché) à celle-ci, représente une façon régressive – mais paradoxale – de vouloir, comme le bébé de l'homme ou le bébé singe, retrouver l'objet primaire de l'époque préhistorique des premiers mois de la vie où les relations entre mère et nourrisson étaient celles de l'attachement[1], de la non-différenciation dedans/dehors, soi/non-soi, sujet/objet. Façon *paradoxale* car il s'agit de retrouver, par le biais de l'objet (proto-objet) addictif, un corps séparé (halluciné, sensorialisé, *pharmakon*) échappant au lien fondamental et dépendant « corps et âme » à l'objet primaire…

L'addiction témoignerait ainsi de cette impossible séparation d'avec ce premier objet (perçu objectalement comme total, seulement vers sept à douze mois), en même temps que d'une mauvaise dédifférenciation[2] d'affects ou sensations corporelles en catégories perceptives et psychiques, ce qui est le propre de défenses mentales importantes comme l'alexithymie (*cf. infra*), l'isolement obsessionnel, la dissociation schizophrénique ou psychotique et même la « décorporéisation » des sensations[3].

Solution de l'excès, l'addiction, proviendrait ainsi du fait qu'à l'époque préhistorique d'avant le langage, la quantité de satisfaction tenait lieu de qualité. Aussi, chez les sujets ayant subi passivement des débordements d'excitation de tous ordres ne prenant fin que grâce à des décharges d'une extrême brutalité, la quantité, constituée en trauma, sera le destin : ceci renvoie au concept de Freud de « psychose par débordement » (*cf. supra*).

Ailleurs les angoisses, comme celle du huitième mois de perdre la mère contemporaine de l'accordage affectif[4], pourront déterminer le maintien d'attitudes de quête quantitative d'excitations par l'objet addictif/sensoriel (« transitoire » – au sens de J. McDougall et non « transitionnel » au sens de Winnicott). Celui-ci ne ferait que continuer la dépendance à un objet de survie – la mère – et lutter contre une dépression anaclitique proche de la dépression essentielle dont on sait le rôle dans la désorganisation somatique (Spitz, 1946 ; Marty, 1990). *L'objet d'addiction apparaît donc paradoxalement comme objet de survie*, comme la mère qui, dans la première année de vie, permet intégration et cohérence du psychisme à partir d'un « état primaire non intégré[5] » de la psyché primitive[6].

On pourrait ajouter que *l'auto-organisation progressive* de l'appareil psychique dépend d'un bon développement du système nerveux central dont le fonctionnement de base est, dans un

1. Bowlby J. (1969), *op. cit.*

2. Ehrensweig A. (1967).

3. Dans les addictions et les toxicomanies, chercher *(suchen)* l'excès de sensations corporelles (Zuckerman, *infra*) et trouver un corps, qui souffre et jouit, sert à majorer la dissociation Moi (corps)/sujet. Vont dans ce sens les expériences psychédéliques d'H. Michaux absorbant de la mescaline et ressentant « une émotion uniquement verbale, sans dehors, sans l'abdomen, sans transpiration, émotion *décorporéisée* » (*L'infini turbulent*, p. 133) ou spécifiant encore que, dans ces expériences, « le psychisme contemplateur est "retranché" » (*Les grandes épreuves de l'esprit*, p. 191).

4. Stern D.N. (1985), 1989.

5. Winnicott D.W. (1945).

6. « Proto-psyché » de Ferenczi S. (1919).

premier temps, *analogique*: l'information étant progressivement codée et enregistrée[1]. Dans le contexte néonatal de prématurité et de non-maturité psychique, il pourra ainsi exister des *erreurs dans le traitement de certaines catégorisations en particulier d'affects*, au point que le premier mode de catégorisation, le mode analogique, sensoriel et hallucinatoire, pourrait régresser vers une confusion de bassin et un mode de traitement biologique de cet affect: diarrhée à la place d'une angoisse non spécifique[2] ou décharge par le comportement de cette même angoisse.

Il se peut alors qu'en deçà des programmations génétiques, le *holding* maternel et parental joue un rôle dans les étapes de différenciation du soi somatopsychique influençant, d'un côté, le déplissage progressif, selon certaines étapes (rôle des différents stades de la libido) du soi psychique/subjectif, et de l'autre, du soi somatique (immunitaire) dont on sait qu'il advient progressivement (étapes dans lesquelles le nourrisson influencera lui-même la qualité des soins qui lui sont prodigués; Winnicott, 1952): addictions et somatoses laisseraient-elles, dès lors, apparaître, chacune à leur manière, des défauts de différenciation/catégorisation « soma/psyché », excitation/pulsion?

7.5 Défaut de symbolisation: « L'enfant à la ficelle » de Winnicott

Dans son article de 1952, « Objets transitionnels et phénomènes transitionnels[3] », Winnicott nous apprend une chose importante concernant la constitution possible d'une addiction dans l'après-coup de la puberté, exemple à l'appui.

Tout d'abord, il spécifie que l'attachement de l'enfant à l'objet transitionnel recouvre potentiellement un processus de symbolisation qui va se retrouver dans toute une série de phénomènes divers. Cet objet, appartenant à une aire intermédiaire entre réalité psychique et réalité extérieure, permet à l'enfant de se rassurer en l'absence de la mère. Progressivement, cet objet transitionnel et cette aire du même nom prendront différentes formes et/ou activités: jeu, création artistique (fréquemment associés aux addictions) puis croyances religieuses, mensonge, fétichisme et rituels obsessionnels. Si les phénomènes transitionnels sont le plus souvent dans un certain rapport à la sublimation, certains signent un échec des processus de symbolisation.

La toxicomanie est ainsi citée parmi les échecs de l'évolution de l'aspect ambigu, double dans ses réalités, de l'objet transitionnel: dans ce cas, une sorte de clivage se forme/fixe sur une

1. À propos du masochisme pervers, M. de M'Uzan souligne que celui-ci n'*enregistre pas l'information* (du trauma). « Il demeure inaccessible à l'information. Rien ne peut enrichir son préconscient, et si d'aventure il entreprend une analyse, ses chances sont sensiblement réduites, puisque la quantité, prévalant sur tout autre facteur, entrave le développement d'une véritable névrose de transfert » (p. 135). M. de M'Uzan (1984), p. 129-138.

2. Tassin J.-P. (1994).

3. Winnicott D.W. (1951-1953), « Objets transitionnels et phénomènes transitionnels », 1969; 2004.

perception-sensation ancienne « fétichisant » la représentation qui lui est liée (*cf.* le *xoanon*[1]), ceci au service du déni de la séparation. Winnicott précise que le petit enfant peut employer des objets transitionnels quand l'objet interne est vivant, suffisamment bon (pas trop persécuteur). « Si celui-ci présente une carence relative à une fonction essentielle, cette carence conduit à une mort ou à une perception persécutive de l'objet interne. Si l'objet externe persiste à être inadéquat, alors l'objet transitionnel se trouve lui aussi dépourvu de toute signification. (...) Quand la mère est absente pendant une période qui dépasse une certaine limite, le souvenir de la représentation de l'objet interne s'efface et l'objet transitionnel est dans le même temps désinvesti, perdant sa signification. Juste avant que la perte soit ressentie, on peut discerner, dans l'utilisation excessive de l'objet transitionnel, le déni de la crainte que cet objet perde sa signification. » Winnicott décrit là, sans qu'il s'y arrête, la généalogie d'une fixation qui pourra plus tard induire une addiction à un objet, un comportement ou un toxique.

Ensuite, et c'est là un exemple clinique très parlant, Winnicott cite le cas de l'enfant à la ficelle : il s'agissait d'un petit garçon qui avait fait face aux absences de sa mère dépressive pendant sa petite enfance par l'utilisation d'un objet transitionnel atypique : la ficelle, ayant pour fonction de dénier la séparation. Plus tard il eut des peluches, dont il interdisait de dire qu'elles n'étaient pas réellement ses enfants. Dans son rôle de *déni de la séparation,* la ficelle était une « chose en soi », dit Winnicott, ayant une fonction fétichique qui faisait craindre le développement d'une perversion au lieu du processus transitoire que constitue normalement l'objet transitionnel.

Or, comme le remarque F. Duparc dans une conférence sur l'addiction, « c'est justement de l'objet fétichique de Wulff (*cf. supra*) que Winnicott avait tenté de dégager l'idée d'un objet transitionnel, ce qui montre la proximité entre les deux, lorsque l'objet, au lieu d'être transitoire, se fixe et se met au service d'un déni ». Winnicott nous apprend à la fin de son texte que l'évolution de l'enfant à la ficelle fut mauvaise, car il habitait loin, et ne pouvait être séparé de sa mère pour entreprendre une psychothérapie. « À l'adolescence, dit-il, il chercha de nouvelles addictions, particulièrement à la drogue. »

1. Un article de J.-P. Vernant (1983) nous apprend que la notion de « représentation figurée » n'allait pas de soi chez les Grecs du VIe au IVe siècle avant J.-C. Tout d'abord, jusqu'au VIIIe siècle avant notre ère, la Grèce ignorait l'écriture comme l'imagerie : le mot *graphein* signifiait autant écrire, dessiner que peindre. Les Hellènes ne possédaient de plus aucun mot pour désigner la statue au sens que nous donnons à ce terme. Aussi avant d'être clairement rattachée à la faculté propre à l'homme de créer par l'imitation *(mimésis)* d'œuvres qui n'ont pas d'autre réalité que leur ressemblance, une des étapes de la figuration fut celle du *xoanon : l'idole archaïque.* Ce mot, d'origine indo-européenne, se rattache au verbe *xeô*, gratter (on pense aux dermatoses : atteintes du Moi-peau), mais aussi racler, qui appartient au vocabulaire du travail du bois. Le *xoanon* est une idole de bois, plus ou moins dégrossie, de forme dite en pilier et dont Pausanias souligne l'effet d'étrangeté et l'atopie *(atopos)*, c'est-à-dire l'écart par rapport aux images culturelles ordinaires. Ces idoles archaïques ne sont ainsi pas des images – elles ne sont pas faites pour être vues – mais elles rendent pourtant visible l'invisible, « le caché maintenu secret », familial, domestique et *transmis de génération en génération* avec un certain rituel : l'idole est faite pour être montrée et cachée, promenée et fixée, vêtue, dévêtue. C'est un talisman, un insigne, sacré – *sacra* –, ce que nous référerons à la crypte et à la filiation narcissique opposée à la filiation symbolique. Enfin c'est lorsque le *xoanon* perdra sa place d'emblème familial qu'il représentera pour une population le symbole divin cette fois figuré en sculpture. *Cf.* Vernant J.-P. (1983).

Ce texte, comme le précise F. Duparc, est le pendant exact du jeu de l'enfant à la bobine de Freud dans l'« Au-delà du principe de plaisir ». Mais l'enfant à la ficelle illustre davantage que ce dernier la compulsion de répétition traumatique et mortifère.

> « En résumé, d'après cette conception, une caractéristique propre à tous les cas d'addiction serait de reposer sur un raté du processus de symbolisation, une fixation aux aspects non-vivants de l'aire transitionnelle, renvoyant à un problème de séparation d'avec la mère, non surmonté psychiquement en raison d'une défaillance du cadre familial. La mère, créatrice d'illusion, dont naît l'objet transitionnel comme illusion de coïncidence entre réalité intérieure et réalité extérieure, et illusion d'indépendance, n'a pu remplir son rôle tout aussi essentiel dans la désillusion qui doit succéder à l'illusion première. »
>
> F. Duparc (2005), « Traitement de noyaux fétichiques, autistiques, ou autocalmants ».

Chapitre 2

Modèles métapsychologiques de l'addiction : défaillances des autoérotismes, du narcissisme et de la représentance pulsionnelle

Sommaire

Les bases psychanalytiques freudiennes des conduites addictives ayant été posées et rappelées, abordons d'autres aspects psychopathologiques et métapsychologiques importants concernant ces conduites : les rapports de ces pathologies avec les organisations non névrotiques et états-limites, avec l'autoérotisme, avec le narcissisme, ses défaillances et les défauts de *holding*. Ces approches permettront d'évoquer dans ces conduites la proximité avec les modèles de la psychose, du cauchemar, de la faillite du rêve et du surinvestissement de la perception-sensation, tout ceci favorisé par le clivage du moi.

1. L'addiction et les états-limites

Vignette clinique 3 : Simon, du « H » à la création

La première fois que je vois Simon, dans la salle d'attente, il présente un regard sombre, une mine fermée et, lorsqu'il se lève, je suis un peu surpris par sa grande taille et me sens un peu « insécurisé » par une violence sourde qui se dégage de lui. Les cheveux en bataille, confus dès les premiers mots, ne sachant pourquoi il est là mais convaincu qu'il lui faut y être, il me raconte son histoire. 23 ans, en formation d'éducateur, il vit avec la même femme depuis 5 ans, qui aujourd'hui attend un enfant de lui. Cette paternité à venir lui semble suffisante, dans un premier temps, pour venir voir un psychanalyste. Et puis il déroule son enfance dans les séances suivantes : un père alcoolique qui quitte sa femme alors que Simon à 6 ans, une mère dépressive qui adule son fils, un oncle qui sert de substitut paternel, ce père qu'il revoit de temps à autre et avec qui il « coupe » définitivement à l'âge de 18 ans (mais qu'il reverra après un an de travail psychothérapique).

Ce qui dominait dans le tableau clinique, chez Simon, était un fonctionnement « limite » avec une forme de confusion dans ses sentiments mais aussi entre réalité interne et réalité externe, une projection fantasmatique incessante, une réelle peur de l'attachement transférentiel (avec, dans les premiers mois, un nombre conséquent de retards ou d'absences aux séances) et, parfois, de réels moments de « déréliction » dans les séances qui frôlaient le fonctionnement psychotique… La toute-puissance narcissique et la capacité manipulatrice de l'autre par le biais de sa séduction l'amenaient à me faire part de cette emprise qu'il avait sur les autres, emprise qui l'effrayait un peu – même s'il savait en jouir.

Tout cela était alimenté par une consommation addictive quotidienne au haschisch et à l'alcool ou dès qu'il faisait la fête avec ses amis. Il ressortait toujours des périodes d'excès addictifs une culpabilité importante qu'il tentait de juguler par l'écriture et la peinture. Il ne pouvait en effet écrire ou peindre que sous l'emprise de l'alcool et du « H » et, au fil des séances, me faisait part de réflexions et de fantasmes qui lui venaient lors de ces états d'ébriété et qu'il avait couchés sur le papier sous forme de poésies ou d'esquisses de peinture. À la fin de la première année de psychothérapie il me fit part d'une de ses jouissances secrètes : c'était, lorsque sa femme partait en week-end voir ses parents, de louer des cassettes pornos, de préparer ses joints de « H », son alcool, et de savoir qu'il pourrait passer quelques jours dans une forme de « débauche » masturbatoire illimitée, seule façon pour lui d'accéder au « jet » créatif, si j'ose dire. La création poétique ou picturale était en effet indissociablement liée à la perte des limites du moi par l'effraction pulsionnelle sexuelle.

En dehors de ces moments : « il était sec » comme il aimait à dire !

→

→

Ce fut ainsi au cours d'un de ces moments épiques de dérèglement orgastique, que stationnant devant une toile vide, et bientôt fasciné et effrayé par ce vide, il se déshabilla devant ledit tableau, se masturba et envoya son éjaculat juste au centre de la toile. À moitié conscient du fait des vapeurs de « H » et d'alcool, il fut à ce moment-là, dit-il, soulagé et libéré d'un poids ancien et vit dans cette « prouesse » artistique et érotique la réalisation de ce que secrètement il voulait depuis longtemps signifier au monde et à lui-même : envoyer son « foutre » au monde entier en même temps que la certitude de l'existence d'une folie intérieure – une « folie privée » comme dit A. Green – dont il se sentait maintenant débarrassé puisqu'exo-corporisée, « ectopisée » hors de son corps.

Assez hilare, mais je dois dire beaucoup moins confus, il précisa la séance suivante qu'il avait intitulé ce tableau « sperme » et qu'il riait d'avance de voir ses amis regarder ledit tableau sans pouvoir y découvrir le moindre signe de l'éjaculat puisque celui-ci avait séché entre-temps.

Le plus surprenant fut qu'après la réalisation de cet « acting » où il avait pu « cracher » sur le cadre et sur le « vide-silencieux » surmoïque inquiétant que je représentais, de voir Simon changer réellement de fonctionnement mental : des rêves apparurent, les comportements addictifs cessèrent très rapidement, sauf en des moments festifs avec ses amis, il prit des responsabilités dans l'institution dans laquelle il faisait un stage et, surtout, il reprit contact avec son père. De plus, il me fit part, après cet épisode, qu'il avait changé radicalement sa manière d'écrire. Trop liée à la masturbation, à la honte et la culpabilité, l'écriture avait toujours été cachée de sa femme.

Aujourd'hui il avait, avec l'aide de cette dernière, aménagé un espace de travail pour lui, une sorte de bureau, dans une petite pièce au premier étage de sa maison – à côté de la future chambre de l'enfant à venir, et pouvait tout à fait déclarer à sa femme qu'il allait « là-haut » pour travailler, écrire et peindre. Il avait donc complètement remanié sa manière d'écrire comme celle de peindre : il m'apprit qu'il faisait des plans et organisait un texte qu'il voulait être un roman, que ce n'était plus une « écriture automatique » liée à la masturbation mais une écriture qui demandait de « l'*insight* » le mot était de lui ! De même dans la peinture il avait commencé des tableaux qui comportaient des perspectives, signe d'une subjectivation de ces affects et pulsions.

À propos de perspective, rappelons :

- que le mot « subjectivité », vient d'une possible expérience d'ex-centration de mise en perspective du *sub-jectum*, de ce-qui-est-étendu, « jeté devant » qui, grâce à l'activité symbolisante de la psychothérapie, put être métaphorisé ;
- que ce fut dans l'optique d'une opération subjective de construction narrative de l'histoire – la *storia* – que les peintres italiens Brunelleschi, Alberti, Montagna, et d'autres, quittèrent l'iconographie à deux plans pour celles de la perspective à trois dimensions[1] !

1.1 Qu'est-ce qu'un état-limite ?

Du point de vue psychiatrique, les sujets définis comme états-limites ou *borderline* se situent entre les névroses et les psychoses, oscillant entre un comportement d'adulte et un comportement d'adolescent ou d'enfant.

Rappelons que, comme pour les sujets atteints d'addiction, ce sont les psychanalystes qui ont décrit, en premier, ces organisations psychiques aujourd'hui « banales ». Comme l'indique

A. Green[1], M. Khan avait dès 1959[2] dressé le catalogue impressionnant des cas posant de nouveaux problèmes dans la situation analytique. Nous y trouvons les dénominations qui sont maintenant familières à tout analyste : états limites, personnalités schizoïdes (Fairbairn, 1940), personnalités « comme si[3] », troubles de l'identité (Erikson, 1959), déficits spécifiques du moi (Gitelson, 1958), fausses personnalités (Winnicott, 1956), défaut fondamental (Balint, 1960), personnalités narcissiques (Kernberg, 1970, 1974 ; Kohut, 1971).

Du côté des analystes français on peut citer les structures prégénitales (Bouvet, 1956), la pensée opératoire des patients psychosomatiques (Marty et de M'Uzan, 1963), *l'anti-analysant* (McDougall, 1972).

La prévalence du trouble concernant la personnalité état-limite est importante, estimée entre 15 et 25 % de l'ensemble des patients qui consultent en psychiatrie. Ce trouble de la personnalité débute à l'adolescence avec des tentatives de suicide répétées et sérieuses (5 % de décès par suicide avant l'âge de 30 ans), des automutilations, des épisodes transitoires de dépersonnalisation, et de déréalisation (épisodes psychotiques). Ces conduites impulsives (prises de risques, vols, tentatives de suicide[4], bagarres, non-contrôle du « besoin » de toxiques, de drogues, d'alcool ou de la colère), ces troubles du comportement masquent une identité de soi mal établie, un sentiment de vide persistant, des relations avec les autres caractérisées par leur caractère violent, chaotique et soulignant la lutte pour éviter l'abandon.

Les hypothèses étiologiques concernant les sujets états-limites sont très diverses : elles mêlent des facteurs relevant de la famille (séparations précoces[5], maltraitance et/ou carence de soins pendant l'enfance[6], abus sexuels[7]), des facteurs socioculturels (changements des modalités de transaction et de fonctionnement au sein de la société et de la famille...) et des facteurs dus à la « constitution » du sujet (impulsivité, dépression, manque de confiance en soi). Les séparations précoces ou répétées seraient à l'origine d'angoisses abandonniques et d'une instabilité émotionnelle.

1. Green A. (1974), *op. cit.*, 1990, p. 73-119.

2. Khan M. (1974), 1976.

3. Deutsch H. (1934).

4. Soloff P.H. (2000).

5. Modestin J. (1998). Pour Susan Bradley, la fréquence de séparation d'avec la mère entre 0 et 5 ans est beaucoup plus élevée chez les sujets états-limites que chez les sujets contrôles (psychotiques, non psychotiques mais suivis pour d'autres troubles psychiatriques, normaux) respectivement 64 % contre 13,8 % et 9 %. L'âge moyen de survenue de la séparation est d'environ 9 mois. *Cf.* Bradley S. (1979).

6. La maltraitance physique touche près de la moitié des adolescents états-limites. Elle est liée à une forte instabilité scolaire, à des difficultés dans les relations interpersonnelles et à une forte impulsivité : Westen Drew *et al.* (1990).

7. Les histoires d'abus sexuels ou de séductions traumatiques sont fréquentes chez les adolescents états-limites : plus de la moitié de ces adolescents ont subi des abus sexuels contre 26 % chez les autres adolescents présentant des troubles psychiatriques. Ces abus proviennent de multiples personnes, le père étant l'abuseur le plus fréquemment retrouvé (30 % des cas). L'abus sexuel est associé dans 70 % des cas à de la maltraitance physique L'abus sexuel de la part du père est nettement associé à la négligence des soins de la mère : Westen, 1990 et voir aussi Zanarini Mary C. *et al.* (2002).

Pour ce qui est des relations mère (famille)-enfant, certains auteurs ont mis l'accent sur des parents froids, négligents, surprotégeants ou autoritaires[1]. La violence verbale, la violence émotionnelle (humiliation, honte, frustration) sont souvent présentes, les mères apparaissant comme plus négligentes et moins affectueuses. La négligence émotionnelle est pour Zanarini[2] le facteur le plus fréquent : il toucherait 92 % des *borderlines*. Cette négligence s'exprime chez les patients borderline par deux types d'attitudes parentales : des parents qui dénient les pensées et les émotions de leur enfant, des parents décrits comme n'ayant pas des relations authentiquement chaleureuses.

De plus, selon cette étude, 60 % des patients *borderline* ont été placés dans leur enfance dans un rôle parental – ceci étant largement aggravé par la fréquence de familles monoparentales, conduite par la mère seule : on trouve ainsi fréquemment associée à cette négligence une surprotection parentale, un surcontrôle, un autoritarisme, tous dénués d'affection. Ces sujets pourraient ainsi être considérés comme des « post-traumatic stress disorders » de la même façon que certains alcoolismes selon A. de Mijolla et S.A. Shentoub, les toxicomanies selon P. Hachet ou certaines somatisations (l'ostéosarcome décrit par C. Dejours et C. Jasmin, 1994). L'affect qui domine est alors la colère dans un sentiment flottant d'identité de soi en même temps qu'un état de dépression et de solitude[3].

Sur le plan psychique, et de la prise en charge tant psychothérapique que psychanalytique, ceci a des répercussions. Rapidement, reprenons les propos d'A. Green (1974) :

> « L'analyste se sent pris dans le système des objets momifiés de son patient, paralysé dans son activité, incapable de faire naître chez l'analysant la moindre curiosité pour lui. L'analyste est en situation d'exclusion objectale. Les tentatives d'interprétation sont prises par le patient pour la folie de l'analyste, ce qui conduit celui-ci à la longue au désinvestissement de son malade et à l'inertie, par une réponse en écho. À l'autre extrême, on trouve les états qui ont pour caractéristique commune de tendre vers la régression fusionnelle et la dépendance à l'objet. Les variétés de cette régression sont nombreuses, de la béatitude à la terreur et de l'omnipotence à l'impuissance absolue. Leur intensité va de leur expression manifeste à des indices discrets de leur présence, par exemple, par un relâchement associatif extrême, un flou de la pensée, une manifestation somatique intempestive sur le divan, comme si le patient cherchait à communiquer par un corps à corps, ou même plus simplement quand l'atmosphère analytique devient lourde et pesante. (...) Ce qui est demandé à l'analyste, outre ses capacités affectives et son empathie, requiert en fait son fonctionnement mental, les formations du sens étant mises hors circuit chez le patient. »

1. Helgeland Margaret et Torgersen Sven (2004).
2. Zanarini Mary C. *et al.* (2002).
3. Grinker R., Werble B., Drye R. (1968), p. 176.

Green introduira plus tard le concept de « position phobique centrale[1] » : phobie de la pensée chez ces sujets.

> « C'est ici que le contre-transfert reçoit sa signification la plus étendue. La technique de l'analyse des névroses est déductive, celle des états-limites inductive, d'où son caractère aléatoire. Quelles que soient les variétés descriptives, les causes invoquées et les techniques différentes qui sont préconisées, on peut dégager plusieurs faits que l'on retrouve chez la très grande majorité des auteurs qui ont décrit ces états :
> 1. Les expériences de fusion primaire témoignant d'une indistinction sujet-objet avec brouillage des limites du moi ;
> 2. Le mode particulier de symbolisation pris dans une organisation duelle "moi ou l'autre[2]" ;
> 3. La nécessité de l'intégration structurante par l'objet.
> Entre ces deux extrêmes ("normalité" et régression fusionnelle) prend place une multiplicité de mécanismes de défense. Les deux premières constituent des mécanismes de court-circuit psychique, les deux dernières des mécanismes psychiques de base :
> 1. L'exclusion somatique. La défense par la somatisation se fait ici aux antipodes de la conversion. La régression dissocie le conflit de la sphère psychique en l'excluant dans le soma (et non dans le corps libidinal) par une désintrication de la psyché et du soma ;
> 2. L'expulsion par l'acte. L'*acting-out* proprement dit est la contrepartie externe de l'*acting in* psychosomatique. Il a la même valeur évacuatrice de la réalité psychique. La fonction transformatrice de la réalité de l'acte, ou sa fonction communicative, s'efface devant sa visée expulsive (...) ;
> 3. Le clivage. Le mécanisme de clivage proprement dit reste dans la sphère psychique ;
> 4. Le désinvestissement. Désinvestissement primaire consistant à obtenir un état de vide, d'aspiration au non-être et au néant. L'analyste se sent ici identifié avec un espace vide d'objets ou se trouve hors de cet espace. »
>
> A. Green (1974), *op. cit.*, p. 87 *sq.*

Henri Gomez qui prend en charge des patients alcooliques depuis près de quarante ans repère ainsi : « les ressemblances entre le comportement de nombreux sujets alcooliques et le tableau clinique des états-limites dépressifs a l'intérêt de conforter l'idée d'une approche thérapeutique homogène pour ces malades[3] ». Nous reviendrons dans notre Conclusion sur cet aspect de la thérapeutique à mettre en œuvre avec ces patients, soulignant d'ores et déjà que la question d'un cadre adapté à la fois à la demande du patient, à son addiction, à son fonctionnement psychique se pose, y compris en n'hésitant pas parfois à conjuguer plusieurs prises en charge à la fois.

1. Green A. (2002c).
2. *Cf.* le « conflit d'altérité », Pirlot G. (1997), *op. cit.*
3. Gomez H. (1999), *La personne alcoolique.*

Ce qui domine ici est *la peur de perdre les limites psychiques et/ou corporelles*[1]. Avec ces patients-limites nous sommes dans la même configuration adolescente d'un conflit entre pôle narcissique et pôle objectal. Conséquences de la réactivation après-coup de traumatismes affectifs précoces survenus à la seconde phase du stade anal bloquant alors l'évolution libidinale œdipienne (Œdipe précoce) et le développement prématuré du moi, ces états-limites reposent sur une sorte de *pseudo-latence* que les pratiques addictives, autocalmantes et délinquantes entretiennent largement[2].

La difficulté chez ces patients « limites » est de se laisser aller jusqu'à la régression dépressive avec ce que cet état suppose de passivité. La dépression suppose en effet une possibilité de régression narcissique. Or la passivité est synonyme chez ces patients de « passivation » (Green, 1999) proche de la détresse infantile *(Hilflosigkeit)* sans objet interne ou externe sécure. La « position dépressive » (M. Klein) qui permet à l'enfant de tolérer l'ambivalence dans le déploiement des relations objectales et de passer de la cruauté à la sollicitude (Winnicott) n'est pas suffisamment acquise et laisse à vif des mouvements schizoparanoïdes qui se traduiront par exemple par des attaques incessantes du cadre thérapeutique. La dépressivité, proche du noyau narcissique d'une mélancolie provenant de la réelle difficulté à introjecter la position dépressive, se verra contre-investie dans des conduites addictives, ordaliques, boulimiques, voire des passages à l'acte : « le besoin d'agir sur la réalité extérieure serait appelé au secours des défaillances de la réalité intérieure et du risque dépressif[3] ».

1.2 Dépression, pathologie de l'altérité et quête de sensations chez le sujet état-limite

Le caractère pathogène de la relation aux figures parentales apparaît dominant chez les adolescents, adultes états-limites et futurs addictés particulièrement les toxicomanes et alcooliques. Un des signes est l'âge de début de survenue de l'épisode dépressif majeur chez les patients états-limites qui est plus précoce que dans la population ordinaire : de nombreuses études retrouvent un âge de premier épisode dépressif majeur en moyenne à 18 ans avec une différence de dix ans avec les autres patients ayant un antécédent d'épisode dépressif majeur[4]. Les conduites d'addiction (abus d'alcool et toxiques) ont également, dans ces cas, fréquemment été retrouvées, de même que les comportements suicidaires ; les patients états-limites ont en effet un niveau d'agressivité envers l'autre et soi-même très élevé[5].

1. McDougall J. (1996), *Éros aux mille et un visages,* Gallimard, p. 60-67.
2. Pirlot G. (2001), p. 159 *sq.*
3. Bergeret J. (1976), p. 50.
4. Bellodi Laura *et al.* (1992) ; De Bonis Monique *et al.* (1998).
5. Horesch N. (2003).

En même temps qu'une problématique de l'identité, il y a chez ces patients une véritable *pathologie de l'altérité.* Les difficultés de séparation d'avec les autres (famille, amis, compagnon/compagne, etc.) relèveraient d'un arrêt du développement au stade de séparation-individuation. Ces difficultés de séparation seraient dues à une attitude de la mère s'étant elle-même opposée (parce que déprimée, blessée narcissiquement et/ou désirant rester en « fusion » avec son enfant) aux efforts d'individuation de l'enfant, l'encourageant à un comportement régressif.

Cette attitude favorise chez l'enfant et plus tard chez l'adolescent un clivage du moi : d'un côté toute-puissance narcissique s'appuyant sur un désir de fusion et, de l'autre refus, rejet de l'autre mettant en scène des sentiments de rage, d'impuissance et de désespoir témoins de l'effondrement d'un soi idéalisé. Leurs modes de relation à l'autre sont ainsi binaires, de type amour/haine, bon/mauvais, sans possibilité de compromis névrotique[1]. Toute relation est de type « porc-épic » : trop près de l'autre, ils doivent s'en éloigner, trop loin, ils ont besoin de s'en rapprocher. La dépendance affective leur fait d'autant plus peur qu'elle les attire. Ils préfèrent la remplacer par une dépendance à un produit d'addiction (drogue, alcool, tabac, etc.) ou à une conduite addictive (travail, jeux, etc.).

Le sujet état-limite a souvent le sentiment d'être victime, et il se trouve de ce fait très peu capable d'accepter ses propres responsabilités[2]. Victime des autres – comme de ses fantasmes qu'il « agit » volontiers dans la réalité – il se présente comme bourreau de lui-même, la conduite addictive servant alors excellemment à cette fin. En fait le sentiment dépressif, la tristesse et la perception d'un vide intérieur, d'une image de soi instable (idéale mais aussi dévalorisée) et les angoisses d'abandon le poussent volontiers à des comportements addictifs, toxicomaniaques et autodestructeurs comme le *piercing*, les conduites à risque (notamment sexuelles), l'anorexie, les achats incontrôlés ou encore la passion du jeu[3].

En matière de conduites à risques, les psychosociologues distinguent deux catégories de sujets : d'un côté, ceux qui ne s'y engagent pas de manière tout à fait consciente ou délibérée, comme les fumeurs, ceux qui pratiquent une sexualité sans protection, ou ceux qui roulent très vite au volant ; de l'autre, ceux qui ont recours à « l'aventure », surmédiatisée aujourd'hui, avec les raids en 4 × 4, le ski hors piste, les courses de survie, etc. Sur le plan métapsychologique A. Deburge[4] rapproche ces conduites à risque des procédés autocalmants de Szwec et Smadja, les deux relevant de conduites sensori-motrices, liées à des images motrices, établis avant l'acquisition du langage, et réévoquant pour les sujets moins des expériences de satisfaction que de détresse et absence d'aide *(Hilflosigkeit).*

Les sujets états-limites qui ont recours au passage à l'acte et/ou aux pratiques à risques présentent, selon André Green, des mécanismes de « courts-circuits psychiques » que l'on retrouve dans d'autres groupes d'affections (psychopathie, névrose de caractère, etc.).

1. Corcos M., Jeammet P. (2002), p. 10.
2. Gunderson J.G. (1984).
3. *Cf.* Le Breton D. (2000).
4. Deburge A. (2010), p. 115.

Dans *L'Enfant de ça*[1], il rapproche un état-limite à des psychoses blanches – psychoses n'ayant pas présenté de moments délirants – tandis que la délimitation de l'espace psychique de ces sujets apparaissait comme mal définie et floue. Décrivant chez ces patients la « tri-bi-angulation » (ceci posant le problème de la constitution de l'espace psychique) Donnet et Green précisent : « Les relations ne sont pas duelles, mais triangulaires, c'est-à-dire que le père et la mère sont représentés dans leur structuration œdipienne. Mais ces deux objets ne sont distingués ni par leur sexe, ni par leurs fonctions [...], l'absence ne peut se constituer, elle reste non symbolisable[2]. »

On peut ici faire appel à la description de Schmitz (1972[3]) d'un « Œdipe fragile, du moins dans sa triangulation » ou à celle de Bergeret (1981) d'un Œdipe précoce, traumatique par génitalisation prématurée et qui réalise une castration narcissique (ce que les auteurs comme Soulé et Kreisler décrivent également comme générateur de troubles psychosomatiques). Cela pourrait aussi provenir d'une mère ayant mal exercé sa fonction maternelle, notamment sa fonction de « mère veilleuse » (A. Potamianou), de pare-excitation (M. Fain) et sa capacité à la rêverie (Bion) est aussi celle d'être un pare-fantasme (P. Aulagnier). Dans le cadre du contre-transfert de la cure de ces cas, cette fonction de veille – différente de l'attention flottante – de l'analyste est en effet sollicitée, permettant à l'analysant de prendre progressivement soin de lui-même.

« L'effacement des frontières du moi et de l'autre dans la relation » témoigne chez ces patients d'une identité diffuse et mal établie, comme le précise O. Kernberg[4]. Le père et la mère sont représentés chez eux dans leur structuration œdipienne, mais ces deux objets ne sont distingués ni par leur sexe, ni par leurs fonctions. La capacité à tolérer l'absence ne pouvant se constituer, le manque reste, chez ces sujets, non symbolisable, de là leur goût pour les conduites répétitives d'addiction : de toxicomanie, de course effrénée à la consommation, de fixation à la télévision ou aux jeux vidéo, ou, enfin, de quête de conduites à risque.

En fait comme l'a exposé C. Seulin[5], si la clinique des états limites montre que les repères structuraux essentiels que constituent les complexes de castration et d'Œdipe, les fantasmes originaires qui restent pertinents se trouvent toutefois attaqués, disqualifiés, dégradés défensivement car leur fonctionnalité suppose l'acceptation d'une blessure objectale et d'une limitation narcissique qui, pour ces patients, potentialise un effet cumulatif intolérable avec les traumas et traumatismes précoces qu'ils ont vécus. Ceci aura des conséquences dans la représentativité psychique : les altérations des processus représentatifs montrent une déliaison active au sein des processus représentatifs, un retour de représentations issues du vécu traumatique, celui enfin des défauts de l'organisation même des représentations.

1. Green A. et Donnet J.-L. (1973), *op. cit.*, p. 264.

2. Donnet J.L. et Green A. (1973), *op. cit.*, p. 264.

3. Schmitz B. (1967, 1972).

4. Kernberg O. (1975), *Borderline conditions and pathological narcissism*. New York, Jason Aronson Inc. ; *Les Troubles limites de la personnalité*, Toulouse, Privat, 1989, p. 53.

5. Seulin C. (2003), Conférence Vulpian du 18 décembre 2003, en ligne sur le site Internet de la SPP.

Cela se constate également dans l'activité de représentation de l'alcoolique: celle-ci est si fragile qu'elle exige la présentation perceptive de l'objet pour être maintenue[1]. On comprend ainsi les enjeux paradoxalement « autothérapeutiques » de l'alcool en reprenant les remarques de Mijolla et Shentoub sur l'organisation clinique des alcooliques proches de ce que P. Marty appelle la dépression essentielle[2]. Mijolla et Shentoub furent les premiers à postuler l'existence de souvenirs traumatiques archaïques impossibles à dater mais agissant comme des « marquages corporels » (ce qui renvoie aux « marqueurs somatiques » d'A. Damasio[3]) n'ayant peut-être jamais réussi à se lier, *via* l'affect, à des représentations visuelles ou verbales pour s'abréagir. « Cette quantité d'excitation en suspens confèrerait, après-coup, sa valeur à la rencontre initiatique avec l'alcool » : celle-ci jouera comme *coïncidence perceptive*, à la place du désir auquel le sujet ne veut avoir accès.

Cette coïncidence perceptive a toutes les chances, une fois investie phalliquement en tant que sensation (de plaisir/déplaisir/ivresse, dépersonnalisation, extension de soi, etc.) de chercher à se répéter compulsivement. On saisit ici une forme d'entrelacs entre quête de sensation et obsessionnalité. On peut ici rappeler les travaux de V. Estellon[4] qui a centré son approche psychanalytique de la névrose obsessionnelle à partir de l'angle original d'une psychopathologie des sensations. Il reprend la littérature psychanalytique des névroses de contrainte en insistant sur un des aspects peu développés, celui de la dimension corporelle et celui des sensations qui, le plus souvent, s'était vu décrire dans l'hystérie et l'hypocondrie. L'auteur relève que l'univers des sensations existe dans l'obsessionnalité, à travers d'abord ce qu'il convient d'appeler « les conversations intérieures (de soi à soi) » dans le fonctionnement psychique obsessionnel. Ceci permet à Estellon d'interroger la constitution d'un interlocuteur interne mettant en jeu l'activité hallucinatoire auditive en posant la question du statut de ces voix intérieures différentes des hallucinations auditivo-verbales schizophréniques et permettant au sujet un « isolement » perceptif d'avec l'autre extérieur là où « l'isolation » comme mécanisme psychique prévalant dans la névrose obsessionnelle fait défaut.

L'approche sémiologique d'Estellon lui permet de souligner que c'est moins de « voix intérieure » dont il est question chez les états limites que de « sensations intuitives », souvent à caractère prémonitoire, que l'auteur relie à la question de la sexualité infantile et sa pensée animiste (*cf.* Ernst de *L'Homme aux rats*) mais signant chez les sujets limites un fonctionnement moïque clivé évitant phobiquement toute perception de l'ambivalence des désirs œdipiens. Ici le rituel obsessionnel paraît reproduire une atmosphère de conflit entre l'enfant et l'adulte qui, intériorisée, est infiniment rejouée entre le moi et le sur-moi – *cf.* les conversations intérieures à voix surmoïque impérative – : la sensation procurée est alors une sorte d'« extase négative » rappelant l'ivresse, la fatigue relevant d'une psychasthénie limitant tout investissement des représentations.

1. Monjauze M. (1992), p. 79.
2. Marty P. (1976), *op. cit.*, p. 299.
3. Damasio A. R. (1994).
4. Estellon V. (2016).

1.3 Composantes étiologiques communes des addictions et des états-limites

Dans ce type d'organisation psychique, Kohut[1] évoque l'importance du transfert en miroir ou de l'identification projective et Kernberg, « l'idéalisation primitive » et une pathologie des relations d'objets internalisées, pendant que Searles décrit un transfert en fascination symétrique afin de « rendre l'autre fou ».

Kohut distingue états-limites et sujets narcissiques avec, chez les premiers, des décompensations psychotiques qui ne sont pas à exclure, alors que chez les seconds, c'est, dit-il, la maturation identitaire, en particulier celle de l'idéal du moi et de l'estime de soi, qui est déficitaire. La faille narcissique se serait produite au niveau du premier « soi » antérieur à la naissance du Je parlant. Ceci explique également combien ces sujets projettent un « soi grandiose », idéalisé et en miroir, sur l'autre, y compris l'analyste, objet d'aliénation et de transfert passionnel[2].

Le futur état-limite a souvent vécu dans son enfance une répétition de situations traumatiques pour sa construction identitaire et narcissique (divorce conflictuel des parents, disqualification des émotions, violences intrafamiliales, etc.). Parmi ces situations traumatogènes, la « discontinuité psychique » provoquée par exemple par les allers-retours intempestifs du père puis son départ définitif. « La discontinuité relationnelle entraîne une forme de trauma chronique par ses ruptures incessantes, lesquelles entraînent une désorganisation et n'offrent pas la possibilité d'une réorganisation stable. Plus l'enfant est jeune et moins il est capable de rester organisé dans une situation de discontinuité, plus il aura été élevé dans des conditions discontinues et plus il sera vulnérable. (…) La discontinuité relationnelle à courtes périodes a un effet destructeur sur le fonctionnement mental, répétant les pertes d'objet et les expériences de désorganisation qui s'ensuivent. L'enfant peut limiter son investissement des nouvelles personnes qui seront ses interlocuteurs pour un temps ; il peut aussi s'identifier à l'agresseur discontinu, empêchant l'adulte de l'investir de façon cohérente, lui échappant sans cesse dans la relation même, n'offrant que des échanges relationnels qui semblent insincères[3]. »

Sur le plan intrapsychique, ceci ne sera pas sans conséquence une fois le sujet devenu jeune adulte « limite » : il perdra la vivacité de ses propres représentations de mots et de choses, en écho à ses pertes objectales répétés (discontinuité), et fonctionnera psychiquement avec un recours privilégié aux « imagos[4] », formes primitives des objets fantasmatiques, idéalisés, exces-

1. Kohut E. (1968), 1974, p. 222-223. Pour lui, le « soi » serait une structure inférée de ses diverses manifestations, estime de soi, sentiment de bien-être et de continuité : nous sommes ici, dans cette primauté de la préservation de/du soi, proche de l'*autoconservation*. C'est à l'étude de personnalités dites narcissiques et/ou « états-limites » et leurs « transferts en miroir », que Kohut explore le soi nucléaire et ses expériences narcissiques de *réceptivité de l'environnement*. Ces expériences sont nommées *objet-soi* au sens où l'objet qui les procure n'est pas séparé de soi, mais est objet narcissique.

2. Kohut E. (1968), *op. cit.*

3. Denis P. (2014), p. 35.

4. *Ibid.*, p. 63.

sifs, démesurés qui n'auront de cesse de le persécuter et le mettre devant ses carences dans des mouvements répétés de baisse d'estime de soi et de culpabilité par insuffisance (« faute de »).

Dans ces conditions, on comprend avec Selin[1] que si la clinique névrotique montre le jeu de la sexualité infantile, les situations limites posent la question de la création ou recréation de celle-ci en *après-coup dans la cure*, ceci en appui sur les organisateurs psychiques de l'analyste, complexe d'Œdipe et fantasmes originaires, pour permettre un franchissement d'une co-excitation mortifère. Car ne nous y trompons pas, comme l'écrit Richard, reprenant la théorie « triangulation généralisée à tiers substituable » de Green[2], l'Œdipe de ces patients est déformé et recouvert par des mécanismes d'extériorisation de l'intériorité psychique, faisant que « l'extrême dedans[3] » n'est plus, comme dans le « syndrome de désertification psychique » décrit par Green, accessible à l'interprétation.

Pour Bergeret[4], les traumatismes affectifs précoces dont relèvent les états-limites seraient survenus à la seconde phase du stade anal, bloquant l'évolution libidinale œdipienne (Œdipe précoce) et le développement prématuré du moi. L'enfant se serait engagé dans une sorte de *pseudo-latence* que les pratiques addictives autant qu'autocalmantes permettent d'entretenir.

En ce qui concerne les toxicomanies, on peut reprendre les interprétations déjà évoquées de Lekeuche, Demange et Morhain d'un « trouage du moi », celui-ci n'étant plus en mesure de contenir (faute d'une analité suffisante) les masses d'excitations qui l'assaillent de l'intérieur et de l'extérieur. Ces ruptures du *Reizschutz* pourraient, d'après les études de récits de vies, provenir de ce que nous avions déjà souligné : des événements douloureux dans l'enfance et des pathologies lourdes *pour les générations successives :* morts violentes, suicide, émigration, deuils, alcoolismes fréquents.

Ces constatations sont à rapprocher, nous l'avons vu, des « traumatismes transgénérationnels » ou, à tout le moins, d'introjection de situations conflictuelles entre les parents eux-mêmes (enfants issus de divorce houleux) ou entre les parents et grands-parents. Dans ce cadre, les *néo-besoins* que sont les addictions entretiendraient une situation d'étayage et une *illusion d'a-conflictualité* (comme le délire) au service du déni de castration/séparation en ramenant tout trauma au temps de « l'avant-coup » de la perception de l'autre-étranger, puis de la différence sexuelle. Ces patients au soi grandiose tenteraient de combler ainsi un manque hérité de leurs relations tendres, non sexualisées, contemporaines des identifications primaires et de la première identité soi/non-soi.

Chez les états-limites, la lignée dépressive-limite et la régression narcissique s'effectuent ainsi devant l'Œdipe, vers l'étage anal, prégénital. Ce « verrouillage anal » empêchant partiellement l'effondrement du moi dans la direction psychonévrotique, relèverait de ce que A. Green (1993) appelle l'analité primaire, différente de la fixation anale de l'obsessionnel, et génératrice

1. Selin C. (2015).
2. Green A. (1984), p. 119.
3. Richard F. (2015), p. 128.
4. Bergeret J. (1984).

aussi bien de conduites addictives que de risque de somatisation : face à un objet de désir ou suscitant un affect possible de peur, de détresse, le spasme anal défensif serait déplacé, faute d'analité primaire efficace, sur l'excitation comportementale ou celle d'organes régis par le système nerveux végétatif (vasoconstriction, spasmophilie, tétanie, colopathie, asthme, etc.).

Chez nombre de patients addicts ou certains patients psychosomatiques, le sentiment inconscient de culpabilité[1] se trouve en effet insuffisamment « tramé » par l'analité primaire (du moi inconscient), ce qui aboutit à un défaut d'étayage des pulsions sexuelles sur celles d'autoconservation, bref de subversion libidinale. Dans ce contexte pulsionnel, les doubles retournements ne pourront amener à un solide refoulement faute de limites entre interne/externe ou dedans/dehors suffisamment posées, laissant fragile le clivage de ce que Freud nomme en 1923 un moi cohérent et le refoulé (p. 228).

Par le biais des rythmes, présence/absence de l'analyste ou du groupe soignant, ce que permet de capter le moi inconscient dans sa capacité génésique de « trameur[2] » est le négatif, le vide en tant qu'absence (de l'objet), voire *tolérer l'absence a priori de sens* sans pour autant vivre un vide interne ou un recours défensif généralisé. À la différence du système Pcs-Cs qui ne s'exerce que sur des *contenus* (perception de représentants : mots, indices, images, etc.), le moi inconscient de tous et ici en particulier de l'addict, est sensible aux *contenants* et leur caractère informe (affect), à la perception du périphérique dedans/dehors et rend possible la « latence de sens[3] » ce dont rend compte l'*attention flottante* de l'analyste. Une des traductions clinico-thérapeutiques de ce qui se joue ainsi dans le moi inconscient du sujet addict est ce qu'apporte « le groupe de parole ». Celui-ci aidera le sujet à la construction de son moi tant conscient qu'inconscient, à le fortifier par une « trame » associative entre affect et représentation (verbale, gestuelle, etc.). La réflexion que le groupe induit, le « partage d'affects » (C. Parat) qu'il met en scène, réussiront à faire prendre aux participants de la distance par rapport à leurs souffrances narcissiques ; et la confrontation aux paroles des autres membres, authentiques, leur permettra d'abandonner leurs « défenses en faux self[4] » [et] ainsi de peu à peu devenir eux-mêmes. Le sujet peut alors mettre en lien sa période de non-alcoolisation avec la sensation d'être un sujet qui se pense, estompant progressivement le clivage de sa personnalité entre celle de buveur et celle de non-buveur. La parole sert ainsi d'abord à assurer un contenant psychique (un dehors) qui affermira une unification psychique du moi (un dedans). Le groupe de parole servira également de pare-excitations, et de régulateur des tensions internes au moi, en ceci un travail de représentance.

1. Freud S. (1923), 1981, p. 238.
2. Cupa D. (2016).
3. Pirlot G. (2016), Moi inconscient, contre-transfert et « sens en latence ».
4. Gomez H. (2011).

Vignette clinique 4 : les traumas de Madeleine

Madeleine, 35 ans, arrive à mon cabinet avec un parcours de vie « trop lourd » comme elle le dit elle-même à la première séance. Commençant un stage de formation d'éducatrice, elle sent le moment venu de « sortir de la répétition » (ce sont ses termes) et, enfin, de se mettre à penser à elle. Quatrième et dernière enfant d'une famille de quatre, son père, « un homme très intelligent à qui je ressemble » dit-elle, a quitté sa mère et ses quatre enfants alors que Madeleine avait trois ans. Elle ne le voyait alors qu'un week-end par mois, puisqu'il était allé vivre, avec une autre femme, à plusieurs centaines de kilomètres de la famille. Madeleine décrit sa mère comme dépressive, solitaire et suroccupée par son travail et ses enfants quoique les deux aînés, des frères, beaucoup plus grands que Madeleine, étant partis rapidement « faire leur vie ».

Toute son enfance, elle se sent comme le « pilier » de cette mère qui risque toujours de s'effondrer, en même temps qu'habitée par une colère sans nom envers ses parents, ses deux frères aînés qui la délaissent et... le monde entier. Le second drame, après le départ du père, fut la présence et les agissements du grand-père maternel vivant sous le même toit que cette petite famille : celui-ci, profitant des absences de sa fille (la mère de notre patiente), exerce alors sur la petite Madeleine une emprise certaine puis, de 9 à 14 ans des attouchements et pénétrations sexuelles.

Après un an de thérapie, elle ose mettre des mots sur cette période : une sorte « d'affreuse complicité » (ce sont ses mots) la nouait à ce grand-père. D'abord il lui donnait des bonbons à la fin de chaque séance, mot mis en rapport avec la honte qui l'habitait chaque fois qu'elle venait à nos « séances » la première année et qu'elle se taisait, culpabilisée, sur cette période de sa vie. Puis il lui donna de l'argent pour qu'elle s'achète « ce qu'elle voulait ».

Elle était, me dit-elle, comme « sous influence », « sous hypnose » à chaque fois qu'elle rentrait à la maison et qu'il n'y avait qu'elle et son grand-père. Cette situation aurait pu perdurer encore longtemps si la venue de ses règles à 14 ans n'avait pas changé radicalement l'esprit de Madeleine. Elle annonça à son grand-père qu'elle arrêtait tout maintenant ce à quoi il acquiesça devant le risque de grossesse évident.

Dans ces conditions, la puberté puis l'adolescence furent volcaniques. Madeleine se mit en effet dans des situations de danger et de destructivité à répétition : fréquentation de « mauvais garçons », de « dealers », drogues, fugues fréquentes puis, à près de 18 ans, départ de la maison, errance, squats, alcoolisme, prise chronique de haschisch, tatouage, piercing, etc. Elle se prostitua même pendant quelque temps, en province, loin de sa famille pour satisfaire ce que lui demandait son compagnon de l'époque, chômeur. Pour résumer, de son point de vue, elle n'avait aucune espèce d'estime pour elle-même, se vivant comme une « m... vivante ». Cette descente en enfer la conduisit plusieurs fois à l'hôpital, puis une fois dans un centre de sevrage alcoolique et c'est là qu'elle « revint à elle », progressivement, rompant avec ses compagnons d'infortune et, revenant vers sa mère, elle reprit des études. Ce fut pendant la thérapie en face-à-face avec moi qu'elle renoua des liens avec son père qui, aujourd'hui, est très fier de ce qu'est devenue sa fille.

Cette vignette a pour but de montrer que chez ces patients états-limites les défauts dans la construction autoérotique des processus de pensée sont contemporains et postérieurs à des blessures narcissiques précoces et répétées au point d'entraîner des conduites addictives et autodestructrices sérieuses. C'est pourquoi nous allons tenter de mieux cerner, sur le plan métapsychologique, leurs rôles et fonctions psychiques.

1.4 Dysrégulation libido narcissique-libido objectale dans l'anorexie et la boulimie

L'anorexie mentale

Nous avions relevé précédemment quelques remarques de Freud sur l'anorexie. À celles de 1893 puis 1898 déjà citées s'ajoute le symptôme du « refus de s'alimenter » dans la mélancolie, figurant dans « Deuil et mélancolie » de 1915. Traitant de l'identification à l'objet abandonné, ainsi que du choix d'objet narcissique, Freud fait ainsi le rapprochement entre anorexie mélancolique, libido orale et identification : « l'identification est le stade préliminaire du choix d'objet et la première manière, ambivalente dans son expression, selon laquelle le moi élit un objet. Il voudrait s'incorporer cet objet et cela, conformément à la phase orale ou cannibalique du développement de la libido, par la voie de la dévoration. Abraham a sans doute raison de rapporter à ce contexte le refus *(Ablehnung)* de s'alimenter, qui se manifeste dans les formes graves que prend l'état de mélancolie[1] ».

On pourrait dire qu'à mesure du déploiement de son œuvre, Freud appréhende l'anorexie grâce à la fois à sa théorie des pulsions, à la construction narcissique, au choix d'objet narcissique, à l'identification mélancolique et au masochisme féminin.

K. Abraham développera la question de l'anorexie en 1925 sous l'angle de la mélancolie dans une conférence en 1917 à la British Psychoanalytic Society (refus alimentaires graves présentés comme autopunition d'impulsions cannibaliques[2]) et dans le chapitre III de son essai de 1924 ; M. Klein pensera quant à elle l'anorexie comme symptôme de fantasmes archaïques propres à la dynamique orale : mode de défense schizoparanoïde de défense contre l'angoisse.

Ce qui est cherché, consciemment ou inconsciemment dans ces jeûnes volontaires anorectiques est un « orgasme de la faim[3] » en même temps que le rejet d'un corps dont il faut éviter toute ressemblance avec celui de l'imago maternelle. Bruch[4] a mis en évidence des liens structuraux entre les troubles des conduites alimentaires (TCA) et les toxicomanies même si, nous le verrons, des différences quant au fonctionnement et l'organisation psychique existent. Nous développerons plus loin les aspects sémiologiques et psychopathologiques des TCA. Le défi est, selon Bruch, de jeûner *au milieu de l'abondance*, la survenue d'un accès de faim se traduisant par un accès de boulimie, culpabilisant et porteur de honte, qui signera la perte de la toute-puissance phallique du contrôle et le triomphe de « l'animalité ». L'emprise morale et sadique vis-à-vis des autres s'exercera alors également envers le corps.

Le défi anorexique se veut engager un combat envers les lois d'une nature par trop « sexuelle » : le *triomphe de la volonté* et *de l'esprit sur la matière*, le corps charnel sont phalliquement

1. Freud S. (1915), *Deuil et mélancolie*, PUF, 2010, p. 112-113.
2. *Cf.* Abraham K., *O.C. 2*, p. 175.
3. Kestemberg E. (1972).
4. Bruch H. (1975).

affirmés, la *sexualité étant désinvestie*, lieu de l'*abjection*. La maîtrise et l'endurance sont élevées au rang des vertus cardinales.

Pour Kestemberg, il y a dans l'anorexie à la fois une érotisation de la sensation de faim, une fascination renforcée par les effets physiologiques de l'ivresse du jeûne (proximité avec les addictions toxicomaniaques) et un plaisir dans l'ivresse muette de la faim recherchée. Pour E. Kestemberg, J. Kestemberg et S. Decobert[1], la défaillance de l'organisation narcissique comme de la constitution de l'objet interne sont au premier plan, donnant à l'anorexie l'image d'une « perversion froide » (détournement du besoin et de la satisfaction orale comme si le besoin de nourriture faisait l'objet d'une érotisation[2]). Ces auteurs, comme Bruch, soulignent le rôle central des relations précoces, ce que Bader a développé récemment.

Ph. Jeammet insiste quant à lui sur les échecs de la séparation-individuation en même temps que le désir d'emprise et de contrôle sur les autres, les parents. S'autostimulant par la faim, l'anorexique se protégerait de la perception d'émotion risquant de fragiliser le narcissisme d'un moi se voulant tout-puissant et pourtant délabré par le recours aux sensations (corporelles) de faim. C'est tout le dysfonctionnement narcissico-objectal qui est au premier plan, pour lui, dans cette affection.

Nous verrons dans notre partie sur l'approche psychosomatique des TCA le point de vue de M. Corcos sur le « choix de ce symptôme corporel » dans ses liens à la fois à la question identitaire et celle de l'alexithymie.

Phobie d'un corps sexué :

- Peur (phobie) de voir le corps prendre des formes féminines est une préoccupation constante justifiant d'incessants contrôles (pesée, mensurations). Ces troubles ont été étudiés de façon approfondie par certains auteurs comme Buvat et Buvat-Herbaut qui en ont relevé la fréquence et les particularités sur une série importante de malades.
- Grande fréquence de la *dysperception de l'image corporelle* retrouvée chez plus de 90 % de ces patientes à un moment ou à un autre de l'évolution. Cette dysperception serait associée à des troubles de la latéralisation[3].
- Cette dysmorphophobie évolue vers une « dysmorpho-obsession » centrée sur une partie du corps, souvent le ventre ou la partie haute ou postérieure des cuisses : le météorisme (ballonnement) abdominal serait retrouvé dans un quart à un tiers des cas.
- Existe parfois un « dysmorpho-délire », conviction délirante et obsédante d'une anomalie physique, cette fois non réelle *(idem)*.
- Ces troubles de l'image du corps sont corrélés à différents types de personnalité au MMPI[4].

1. Kestemberg E., Kestemberg J., Decobert S. (1972).
2. *Cf.* Pedinielli J.L., Ferran A., Grimaldi M.A., Salomone C. (2012), p. 26.
3. Buvat J. *et al.* (1978) ; (1979).
4. Strober M. (1981).

Déni (psychotique) sur l'état corporel: ce qui frappe chez ces patientes est, malgré leur maigreur, la méconnaissance et le refus de reconnaître la maladie, le *déni* sur l'état du corps, déni isolé par Freud (1911) dans les psychoses.

Conflit pulsionnel, angoisse de séparation et *conflit identificatoire*: il y a évitement de la sexualité génitale et érotisation des conduites alimentaires.

Un triple mouvement affecte la sexualité génitale:

- déplacement sur l'oralité qui fait l'objet à la fois d'attrait (gloutonnerie, quête du baiser mystique [*cf. infra*], quête de l'excès) et de dégoût, de conflits, de blocage et de refoulement,
- désinvestissement de la sexualité génitale, y compris masturbatoire,
- sublimation de la libido génitale sur l'intellect en même temps que réactivation d'un érotisme centré sur les rites alimentaires, les pensées obsédantes, les relations d'emprise et manipulatoires sur les objets.

La problématique du corps témoigne de problématiques plus archaïques: celles du *dedans-dehors*, des limites internes et externes avec, à l'adolescence, au moment où la resexualisation des relations parentales jouxte les angoisses de séparation, une reviviscence des conflits introjectifs entre la jeune et son objet primaire, la mère.

Les identifications masculines inconscientes (*cf.* Antigone) conjuguées à un rapport très conflictuel avec l'imago maternelle font partie du tableau.

Problématique narcissique-identitaire: au-delà de cette affirmation de soi se cache un *profond sentiment de désespoir* et *d'abandon*. La lutte pour l'autonomie et la reconquête d'un moi déficient, exercée par le contrôle du corps est le trait essentiel de l'anorexie mentale. *La problématique narcissique-identitaire* est ainsi au cœur de l'anorexie mentale.

La sensation de faim omniprésente représente pour l'anorexique une *sensation d'exister* qui constitue une réassurance narcissique même si, paradoxalement, c'est le corps et le désir qui sont détruits pour affirmer cette existence subjective: la désintrication pulsion de vie/pulsion de mort est l'œuvre du fait de clivage et failles narcissiques[1]: « l'anorexique présente une sorte d'enveloppe corporelle et psychique caractérisée par une angoisse d'écroulement, de vidage, d'effondrement (...) d'un saignement ininterrompu qui renvoie aux symptômes de l'aménorrhée » *(idem)*, ce qui renvoie au moi-peau passoire caractérisant certains états-limites. L'imaginaire des anorexiques et boulimiques est hanté par des corps monstrueux, ogres, géants, vampires rappelant les cauchemars de l'enfance. Humiliée par la soumission à ces fantasmes dépassant toute possibilité de maîtrise volontaire, elle se défend alors par une narcissisation de la subjectivité: travail scolaire intense, quête spirituelle ou intellectuelle.

Le phallicisme recherché dans un corps filiforme met en scène le surinvestissement d'une seconde peau musculaire: phallicisme combattant l'angoisse de castration, certes, mais aussi les angoisses de pénétration, de morcellement, de vide.

Oralité, asexuation, extase (mystique) et *séduction*: la fixation à une oralité dévorante, réactivée par la problématique de séparation individuation propre à l'adolescence, met en face du

1. Marinov V. (2001).

sentiment d'*un vide interne*, de néant, voire de déchéance, de chute devant l'idéal de soi qu'est l'entrée dans la puberté et la vie de femme, véritables blessures narcissiques. Ce sentiment de vide sera compensé par la maîtrise de l'esprit, l'état idéal et idyllique d'enfant *asexué* et la tension corporelle et l'excès qu'est *l'extase* procurée tant par le jeûne que l'accès boulimique.

Derrière les conduites (additives) d'anorexie, Combe (2002) souligne la présence de *fantasmes inconscients* et *réprimés de fellation*. Quant à Chabert (2006), elle montre que chez les anorexiques la place et la fonction du *sacrifice* au sein de ces organisations fantasmatiques singulières renversent la construction hystérique de la séduction en la faisant basculer dans une dérive mélancolique[1] : le sujet renverse la séduction dont il pourrait avoir été l'objet en devenant lui-même sujet de celle-ci, se culpabilisant après-coup de celle-ci. L'auto-accusation avec attente du châtiment, l'identification narcissique à l'objet perdu, l'érotisme tourné vers l'impossibilité de sa réalisation et sa dimension masochiste contribuent dès lors à une dépression psychique s'enroulant autour d'un noyau mélancolique[2] propre à ce féminin-passif (dans les deux sexes) vécu comme « châtré » du point de vue de l'économie et la dynamique narcissique.

Idéal du moi, dysrégulation narcissique, similitudes et *différences TCA/toxicomanie* : comme l'a remarqué M. Selvini-Palazzoli (1963, 1988), la différence entre anorexie et toxicomanie est l'élan vital, l'aspect sthénique de l'anorexie et l'investissement d'un idéal du moi permettant, selon B. Brusset (1984), « l'investissement du refus, de la répression des désirs, du renoncement au service d'un idéal du moi de perfection et d'omnipotence ». Si chez le toxicomane c'est l'objet-drogue qui est idéalisé, chez l'anorexique c'est son moi, dont l'orgueil repose sur le dépassement et la transgression des frontières de la vie/de la mort sans avoir recours à un quelconque objet externe pour ce faire – à la différence du toxicomane. À la dépendance de celui-ci se substitue la « fierté » de l'indépendance vis-à-vis des objets permettant la vie : la nourriture, ceci afin de mieux dénier la réelle dépendance aux imagos parentales, les deux problématiques, celle du toxicomane et celle de l'anorexique mettant en scène dans leurs conduites une problématique *du vide* déclinée différemment chez l'un et chez l'autre[3].

Brusset a toutefois isolé sept similitudes entre les TCA et les toxicomanies :

- un « fantasme de toxicomanie » par lequel l'acte alimentaire est pris comme un toxique ;
- une régression pulsionnelle identique traduisant deux modes de réponse ;
- un automatisme comportemental tendant à réduire l'activité fantasmatique ;
- l'attaque du corps avec sa dimension mortifère ;
- l'érotisation pouvant déboucher sur des équivalents orgastiques ;
- la défaillance des régulations narcissiques ;
- la conduite addictive comme voie finale commune de décharge d'excitation.

1. Chabert C. (2003), *Le féminin mélancolique.*

2. Louët E., Chabert C. (2011), « La mélancolie, un destin de la passivité », *L'Évolution psychiatrique, 76*, 1, p. 31-42.

3. Brusset B. (1984).

La boulimie

Freud cite la boulimie en 1895 dans la liste des formes d'accès d'angoisses pouvant se manifester isolément ou en combinaison dans la névrose d'angoisse, « l'accès de fringale étant souvent accompagné de vertiges. », conception reprise en 1921 par Coriat associant les envies impérieuses de nourriture même après un bon repas chez une femme mariée, sexuellement insatisfaite. La succession de phases de boulimie et d'anorexie a évoqué celle de la manie et la mélancolie. En 1924 K. Abraham, traitant de la mélancolie et de la manie, évoque la boulimie : « Lorsque le moi n'est plus assujetti à l'objet incorporé, la libido se tourne avidement vers le monde des objets, cette modification s'exprime de façon exemplaire par la convoitise orale accrue qu'un patient désignait lui-même comme boulimie. » En 1926, Freud évoque celle-ci « Entre l'inappétence par retrait de la libido et le vomissement [...] comme défense hystérique contre l'alimentation, les cas d'intensifications de l'appétit où la compulsion à manger est motivée par l'angoisse d'inanition » *(Inhibition, symptôme* et *angoisse).* Wulff, en 1932, décrit un syndrome où alternent des périodes d'ascétisme et de voracité insatiable.

En 1934, avec les travaux d'Alexander et des psychosomaticiens, la boulimie, en tant que névrose d'organe, est située dans la catégorie des troubles gastro-intestinaux. En 1936 Benedek insiste sur l'irrésistibilité de l'impulsion boulimique, renvoyant à l'idée soutenue par Abraham en 1925 de « perversions orales diverses », et en 1945 Fenichel qualifie la boulimie « de toxicomanie sans drogue » dans le chapitre consacré aux perversions et névroses impulsives. Bruch souligne chez ces patientes « le manque du manque », ayant développé un trouble alimentaire par *incapacité de se différencier de leur mère,* aboutissant par la suite à une *absence du sentiment d'indépendance* et *d'affirmation de sa propre identité.* La boulimique prend plaisir non sur un mode adulte, mais sur un mode archaïque, régressif, oral, cannibalique avec une recherche de satisfaction immédiate, et une incapacité à élaborer les besoins en désir comme de tolérer l'espace du manque (et donc la frustration) : en ce sens les boulimiques sont des *toxicomanes sans drogues.*

Puis c'est en 1974 que J. McDougall va évoquer la figure de la perversion addictive à propos de la boulimie, « cette explosion dans le corps, qui n'est ni une communication (névrotique), ni une récupération (psychotique) à la fonction d'un acte, d'une décharge qui court-circuite le travail psychique. » Il y a un continuum du comportement alimentaire normal à l'envahissement complet de la personne par cette toxicomanie particulière. De multiples situations peuvent être observées dans la pratique clinique, de l'impulsion alimentaire modérée survenant exceptionnellement à la répétition pluriquotidienne de crises massives et totalement incontrôlées[1]. J. McDougall montre bien dans ses vignettes cliniques les spécificités des imagos parentales dans les TCA. Du côté de la mère, soit une mère qui refuse le contact corporel, soit une mère hyperprotectrice et « étouffante », ce qui donne, sur le plan intrapsychique, une introjection d'une imago maternelle vécue comme dangereuse, ce qu'est censé contre-investir

1. Vindreau C. (1991).

l'objet addictif. Du côté du père, soit celui-ci est relativement absent du fait de son travail, soit éclipsé par le rôle de la mère, soit encore donnant par son addiction au tabac ou à l'alcool une modalité d'identification rassurante face à l'imago maternelle.

Igoin, dans son étude sur la boulimie (1976), et particulièrement la crise de boulimie, apporte d'autres éléments dépeignant plusieurs temps :

- l'excitation préalable : impression vague de faim, d'angoisse, d'irritation et de tension ;
- le choix de la nourriture, mettant en jeu les interdit et la transgression (sucre, pâtisserie, etc.), la richesse en calories, le premier aliment qui tombe sous la main, etc. ;
- la solitude : l'impulsion étant liée à un affect de honte (comme la masturbation) elle a besoin pour se dérouler du vide dans la maison ou l'appartement. Ce vide externe renvoie évidemment également au « vide interne » vécu comme intolérable par le patient et qu'il faut ainsi combler ;
- la hâte : il faut manger gloutonnement, dévorer (ce qui renvoie au stade cannibalique de l'oralité de K. Abraham) ;
- la fin de la crise variable : vomissement, sommeil, sentiment de honte et de dépression, activité ordinaire comme si rien ne s'était passé.

Située aux confins du psychique et du somatique, la boulimie reste toutefois complexe : elle est, comme le dit M.-C. Célérier[1] (citée par C. Couvreur[2]), « un symptôme carrefour... mise en scène corporelle entre le non-sens psychosomatique et le signifiant hystérique ». De plus B. Brusset a montré que « la disparition de la boulimie pendant la cure analytique montre (...) l'importance des particularités des phénomènes de transfert et permet, par extension, de percevoir l'intensité des affects (...), la proximité d'une fantasmatique inconsciente beaucoup plus riche que le seul point de vue économique pourrait le laisser penser[3] ». M.-C. Célérier insiste sur le conflit mère-fille et l'axe narcissique de la pathologie, le choix de la nourriture étant à chercher dans l'histoire du sujet, la boulimie signant un conflit sexuel qui ne se résout pas, comme dans la névrose, par le refoulement. La boulimie témoigne de l'impossibilité de métaphoriser le « visible » du corps sexué et des pulsions liées à ce corps.

Ph. Jeammet[4] met l'accent quant à lui sur l'insuffisance des intériorisations des assises narcissiques comme la fragilité des limites et des processus de différenciation (entre soi et l'autre, et entre sexes), avec échec des mécanismes de défense évolués comme le déplacement ou le refoulement, laissant perdurer une mauvaise différenciation, une permanence de la bisexualité, un idéal du moi pénétré d'éléments archaïques et de toute-puissance.

Brusset[5] invite à considérer la boulimie selon le modèle de la névrose actuelle de Freud où ce seraient moins les fantasmes infantiles que les frustrations du présent, moins interprétables,

1. Célérier M.-C. (1977), p. 95-115.
2. Couvreur C. (1991), p. 111.
3. Brusset B. (1991).
4. Jeammet P. (1991), p. 87.
5. Brusset B. (1991).

qui seraient au premier plan, ceci du fait de la massivité des tensions pulsionnelles, ajoutons excitationnelles. La prédominance économique s'impose quant à la description métapsychologique de cet « acte-symptôme » boulimique. Du point de vue pulsionnel, c'est toute la fixation à la prégénitalité, singulièrement le registre oral-archaïque, qui est ici au premier plan, l'analité étant toutefois repérable dans les problématiques d'activité-passivité, domination-soumission, plein-vide, contenant-contenu, honte (passive) et culpabilité « après-coup ». On peut dès lors poser la question de la *fonction antipensée* de la boulimie.

Selon Brusset, Jeammet, Couvreur, Vindreau, Corcos[1], Combe[2], la boulimie est moins un symptôme relevant de la nosographie anorectique-boulimique qu'une conduite, un « acte-symptôme », comme nombre d'addictions, reflétant une instabilité de l'organisation psychique sous-jacente, témoignant d'une vulnérabilité de la personnalité et une instabilité de son fonctionnement psychique, particulièrement lorsque surgissent des affects vécus avec intensité. Cela indique les liens souterrains entre pulsion d'emprise, affects en excès jusqu'à l'*aphanisis*, le manque de contrôle – et donc d'emprise. La honte et une « syncope subjectale », analogon d'une jouissance sexuelle et obtenue par une conduite répétée, rendent floues les limites dedans-dehors de la psyché comme de la représentation du corps.

Cette vulnérabilité repose sur le relatif échec des intériorisations précoces à assurer des assises narcissiques suffisamment stables pour garantir un sentiment de sécurité et de continuité psychique. C'est cet échec des mécanismes d'intériorisation comme bases autoérotiques qui ne permet pas à l'organisation névrotique de jouer suffisamment un rôle organisateur des conflits.

Cette insuffisance des appuis internes et points de fixations se voit, évidemment, être un des éléments sur lesquels psychothérapie et psychanalyse, de par leur cadre, vont bien entendu jouer positivement, permettant un réétayage narcissico-objectale nécessaire à toute psychisation névrotique ultérieure. B. Brusset et plus particulièrement Ph. Jeammet[3] ont décrit les dysrégulations narcissiques et objectales dans la boulimie et l'anorexie. Ce dernier, insistant sur l'aspect transnosographique et transstructural de la diversité clinique de ces conduites boulimiques, souligne l'avidité affective du transfert de ces patientes toujours sensibles, voire hypersensibles, à la déception ou à la frustration que ne peut qu'amener le psychanalyste. L'objet aliment apparaît très tôt comme une protection contre le débordement émotionnel dans des histoires souvent marquées par les blessures narcissiques, les vécus d'effraction, la vulnérabilité à la relation. Nous avons montré, à partir de la prise en charge de deux patientes, combien une partie du trajet psychothérapique passe par le passage de l'indifférencier au différencier entre la honte (liée à la passivité devant le passionnel-pulsionnel) et la culpabilité partagée et donc soutenable psychiquement[4].

1. Corcos M. (2000).

2. Combe C. (2004).

3. Jeammet P. (1991).

4. Pirlot G. (2011), « De la honte corporelle à la culpabilité psychique : à propos de patientes anorectiques-boulimiques ».

Les facteurs dynamiques sont ici plus importants que l'organisation structurale, menacée à tout moment de désorganisation. D'ailleurs nos patientes relèvent plutôt du cadre nosographique des « états-limites », dont les éléments névrotiques furent « cultivés » pendant leurs prises en charge. Le chemin d'affects de honte mêlés à ceux de culpabilité, y compris culpabilité de la honte elle-même, ne fut pas – n'est toujours pas – sans risque pour ces deux patientes, tant la culpabilité était pourvoyeuse de dépression et de somatisation.

Pour conclure en 2000, Flament et Jeammet distinguent deux formes extrêmes de troubles boulimiques : l'une par une *dominante impulsive* (avec faible mentalisation) avec des conduites antisociales et une consommation de substances psychoactives, et l'autre par une *dominante compulsive* avec tentative de lutte contre l'impulsion boulimique accompagnée de culpabilité, et de ruminations et affects anxio-dépressifs. Dans la moitié des cas, la boulimie s'installe à la suite d'une période d'anorexie (en particulier chez les vomisseuses).

2. L'autoérotisme en question dans les addictions

2.1 Les spécificités de l'autoérotisme

La question est de savoir si les conduites et comportements addictifs mettent en jeu de l'autoérotisme ou pas. Et de quel autoérotisme est-il question ici ? De l'auto-érotisme participant de la construction de la vie psychique, *via* l'autoérotisme des zones orales, anales, génitales ou celui, profondément ancré dans le geste et ne relevant que de très peu de la vie psychique ? Enfin, quel peut être le lien entre l'autoérotisme et les procédés autocalmants ? Nous pouvons d'ores et déjà répondre que le procédé autocalmant est à la vie autoérotique ce que la pensée opératoire est au préconscient : la présence des premiers (procédés autocalmants et pensée opératoire) témoignant du déficit des seconds, autoérotisme et préconscient.

Rappelons que c'est en 1905, dans les *Trois Essais*, que Freud introduit ce terme issu de Havelock Ellis pour définir la sexualité infantile. Il définit ainsi l'autoérotisme par le rapport de la pulsion à son objet : « la pulsion n'est pas dirigée sur d'autres personnes ; elle se satisfait sur le corps propre » (p. 37). Ainsi, dans l'autoérotisme, « l'objet (de la pulsion) s'efface en faveur de l'organe qui est la source de celle-ci, et coïncide en règle générale avec celle-ci » *(ibid.)*.

Cette notion d'autoérotisme se réfère dans les *Trois Essais* aux pulsions partielles et aux composantes partielles de la sexualité infantile : c'est une excitation sexuelle qui naît et s'apaise sur place, au niveau de chaque zone érogène, le plus souvent un épithélium et une muqueuse fortement innervés et vascularisés, qui prise isolément aboutira au « plaisir d'organe ».

En fait, cette théorie de l'autoérotisme est liée à une des thèses générales des *Trois Essais*, celle de la contingence de l'objet de la pulsion sexuelle. Pourtant, il semble que chez Freud, cette théorie n'implique pas l'existence d'un état primitif anobjectal. La succion chez le bébé, dont Freud fait le modèle de l'autoérotisme, est un effet secondaire à une première étape où la pulsion sexuelle se satisfait en étayage sur la pulsion d'autoconservation (la faim), grâce à un objet : le sein. C'est en se séparant de la faim que la pulsion sexuelle orale perdra son objet de besoin pour devenir autoérotique en se repliant sur l'objet de désir.

Pour Freud donc, l'avènement de l'autoérotisme est à rattacher à la perte de l'objet, le sein (l'enfant, au moment du sevrage, perd l'accès au sein) ; la pulsion devient autoérotique une fois tranchée la séparation des pulsions d'autoconservation et des pulsions sexuelles d'une part et, d'autre part, la distinction organe-sein et mère.

L'autoérotisme est ainsi une position de *re-pli* où la clôture sur soi ouvre sur l'autre et sur « l'appétit » à symboliser le manque ; c'est ainsi que A. Green voit plutôt dans l'accession à l'autoérotisme un plaisir obtenu en l'absence de l'objet par le biais d'une hallucination négative. Dans ces conditions le traçage de l'hallucination négative cerne la place vide laissée par l'objet maternel que rien ne peut représenter puisque c'est au moment où celui-ci pourrait être vu dans son ensemble que l'objet de désir, le sein, est perdu ; *l'intériorisation de cette perte, qui est un gain psychique, conduit ainsi à l'individuation du suj*et et *à l'activité symbolisante* (cette perte de l'objet de fusion se fait sous le signe de la perte d'identité en représentation et perception, alors que la perte de l'objet œdipien se fera sous le signe du complexe de la castration[1]).

Une insuffisance de fonctionnement d'une pensée fantasmatique peu assurée de ses investissements narcissiques – comme dans les états-limites – peut ainsi conduire à des conduites addictives : lorsque l'objet interne (fantasmatique) a manqué, ou encore lorsqu'un fantasme trop œdipien ou trop incestueux d'une pulsion sexuelle en a interdit l'exploitation psychique, le moi, réprimant les pulsions, peut utiliser le corps et ses sensations-perceptions comme substitut autoérotique plutôt que d'utiliser la voie fantasmatique et de représentation de la pulsion :

- dans les addictions, ce pourra être par exemple des régions du corps témoins d'expériences d'effraction, d'immobilisation ou de violence : par exemple la peau (moi-peau) où « s'invagine » l'aiguille effractive contenant de l'héroïne ou de la morphine ou encore, dans les poumons, lieux des cris étouffés, avec le « sniff » (cocaïne, colle) et l'inhalation (tabac, haschisch) ;
- dans les somatoses, ce pourra être des organes dépendants des systèmes sympathiques et parasympathiques vasoconstricteurs ou des organes ayant des « plis » de muqueuse, des épithéliums invaginés (bronches, côlon, intestins, etc.) localisateurs d'affects liés à l'histoire du sujet (et lieu de jouissance des pulsions partielles ?). À cet égard, il est intéressant de noter que dans ces muqueuses, ces « peaux invaginées », qui constituent pour les immunologistes de véritables interfaces avec le monde extérieur et les composants allergiques et infectieux, l'immunité mucosale utilise de manière prépondérante des mécanismes de défense immunitaire archaïques opératoires avant toute organisation cognitive du système immunitaire[2] !

1. Green A. (1995), *La causalité psychique*, p. 77.

2. Gachelin G. (1995). Par analogie, on peut remarquer que le soi « archaïque », qui n'a pas encore l'organisation « cognitive » qu'il aura par la suite, peut être rapproché : 1) du soi présubjectif, source du futur sentiment du « Je » *(Ichgefühl)* et différent du Moi, instance organisatrice des mécanismes de défense envers les pulsions.

2.2 Problèmes autoérotiques et conflits narcissiques : délimiter le soi/non-soi

Ce qui précède introduit la notion de narcissisme, qui a complexifié et élargi la notion d'autoérotisme. Dans le narcissisme tel qu'il est introduit par Freud en 1914[1], c'est le moi comme image unifiée du corps qui est l'objet de la libido narcissique ; l'autoérotisme se définit alors, par opposition, comme le stade anarchique précédant cette convergence des pulsions partielles sur un objet commun. Il faut rappeler en effet qu'à l'origine, dans l'individu, le moi n'est rien (virtuel) et qu'il demande à se développer : « Mais les pulsions autoérotiques existent dès l'origine ; quelque chose, une nouvelle action psychique, doit donc venir s'ajouter à l'autoérotisme pour donner forme au narcissisme[2]. »

Gageons ici que cette nouvelle action psychique sera celle de l'investissement érotique narcissique maternel, ceci faisant apparaître que le narcissisme n'est pas originaire[3]. Il faut un (bon) *holding* « bien tempéré » pour constituer le « fond » (self) du psychisme. Tout défaut ou défaillance, dans ce *holding*, aura en effet des conséquences traumatiquement incestueuses sur l'établissement du « fond » narcissique du moi (soi[4]), sur l'établissement de la capacité à tolérer l'attente et l'excitation (*cf. infra*, la création de néo-besoins) et sur celui d'une sexualité pouvant se détacher « après-coup » de la fonction d'autoconservation sur laquelle elle s'étaye.

Revenons à Freud pour remarquer qu'à la même époque où il présente son travail sur le narcissisme, il admet l'existence dès l'origine (« Pulsions et destin des pulsions[5] »), voire dans la vie intra-utérine, d'un état de narcissisme primaire[6] désignant un état précoce où l'enfant

Ce soi serait la première configuration de l'appareil psychique qui émane de l'unité mère-enfant (objet des fantasmes de la mère) et des relations entre le « ressenti » et le corps familial. 2) Le soi archaïque – immunitaire ou présubjectif – opposé à l'autre peut voir ses conflits avec lui traités selon des fixations prégénitales par où les fonctions sexuelles, coupées de toute fonction génitale de reproduction, restent largement archaïques et utilisables narcissiquement. Dans *Les passions du corps*, ce sont ces types de connaissances qui nous ont permis de comprendre certaines somatisations auto-immunes apparues à l'arrêt d'addiction comme l'asthme après un arrêt du tabac, une hyperthyroïdie après un arrêt d'héroïnomanie, etc.

1. Freud S. (1914).

2. Freud S. (1914), *op. cit.*, p. 84.

3. Cahn R. (1991).

4. « Dans le développement émotionnel de l'individu, *le précurseur du miroir, c'est le visage de la mère.* [...] Si le visage de la mère ne répond pas, le miroir devient alors la même chose qu'on peut regarder, mais dans laquelle on n'a pas à se regarder », écrit D. W. Winnicott (1967), in *Jeu et réalité*, p. 153, 158 ; et *Nouv. Rev. Psychanalyse*, 1974, n° 10, 79-86.

5. Freud S. (1915), « Pulsions et destins des pulsions », *op. cit.*, p. 37.

6. Ce narcissisme primaire, investissement du corps propre et de son fonctionnement par le bébé, n'est pas immédiat ni direct, mais passe par ce que R. Roussillon appelle le « partage esthésique » : il dépend de la médiation de l'investissement offert par l'objet dont celui-ci témoigne, se « construit » en fonction de la nature et du type d'ajustement et de miroir que l'objet premier propose. Tel est le paradoxe du narcissisme primaire : l'investissement de l'objet se superpose à l'investissement de soi-même, sans antagonisme, pour autant que l'investissement de l'objet vienne refléter au sujet de ses propres états ou des états correspondant « au mode près ». C'est aussi grâce à ces modes de communication primitifs que le vécu de dépendance première est rendu

investit toute sa libido sur lui-même, le narcissisme secondaire advenant ensuite avec un retournement sur le moi de la libido retirée des investissements objectaux[1].

L'autoérotisme se définit alors comme « l'activité sexuelle du stade narcissique de l'organisation libidinale » et, dans le même temps où l'autoérotisme est annulation, expulsion de l'autre, il est reconnaissance de son existence dans le *dédoublement,* le « partage esthétique », dit R. Roussillon (*cf.* note *infra*), celui du fantasme que le moi-sujet s'approprie[2].

En d'autres termes, l'étoffe psychique, tissée érotiquement de l'autre en soi (intersubjectivité constitutive de l'intra-subjectivité), sera le témoin des carences dans le *holding/handling* comme des carences dans le « réservoir » libidinal narcissique du moi-sujet (de toute perception subjective de soi) au point d'y réactiver, à la moindre frustration, les traumas les plus anciens[3].

Ces carences pourraient résulter d'une défaillance de l'introjection fantasmatique de la « mère-sein », processus introduisant à la création d'un bon *self* psychique et à celle du monde objectal interne et fantasmatique[4]. Dans de bonnes conditions de *holding,* la masturbation infantile sert à des fins sexuelles et narcissiques : elle aide à réinvestir des éléments de la bisexualité préphallique autant que sexuelle-phallique, dans un temps de re-pli autoérotique permettant l'accès à un objet érotique : on saisit d'ailleurs ici que *la structure réfléchie originelle de la sexualité ouvre sur celle de la réflexion subjective,* par reprise, vraisemblable, du « partage esthétique » par accordage émotionnel[5] comme la relation en double et ses ajustements sensoriels progressifs « en miroir ».

Par la suite, et faute d'un autoérotisme « fécondant » l'activité symbolisante, il est à craindre que l'autosadisme propre à l'addiction, face au conflit entre narcissisme et relation d'objet (comme à l'adolescence, époque typique de ce « balancement » entre pôle narcissique et pôle objectal), ou entre moi et surmoi, serve à délimiter une frontière dedans/dehors, soi/non-soi, bref de servir de *contenant excitatif.*

Cette frontière *(line)* dedans/dehors sera dès lors trouvée en érogénéisant des excitations au sein d'une « zone de sensibilité de l'inconscient » proche des sensations et réactions motrices

tolérable. L'impuissance première est estompée par la capacité à communiquer et à partager ces premières formes du sens. Inversement, c'est dans l'échec de la chorégraphie corporelle première que commencent à se constituer les failles narcissiques à partir desquelles les pathologies dites « psychosomatiques » établiront leurs assises premières, c'est aussi dans les aléas de celle-ci que se préfigurent *les futures formes de dépendance problématique.* C'est dans ce « partage "esthétique" des premiers mois, et son économie en "double", en "miroir", d'ajustements réciproques entre mère et enfant, que se construira ainsi l'auto-érotisme de ce dernier, dont les avatars porteront la trace du climat de ce "premier ballet" » (Roussillon R., 2004, p. 434).

1. Freud S. (1920), *Au-delà du principe de plaisir, op. cit.*, p. 260.

2. Gillibert J. (1977), p. 913.

3. Si le trauma se définit classiquement comme événement intense porteur d'une charge qui déborde la *tolérance* du système psychique du sujet, il est important de souligner qu'il n'y a trauma que si *préexiste* à l'accident une distorsion du pouvoir de différencier soi/non-soi et dedans/dehors ou, à l'inverse, une totale *intolérance* à la moindre indistinction fonctionnelle entre Moi et non-Moi.

4. Fain M. (1971). Voir aussi Kreisler L., Fain M. et Soulé M. (1974), p. 258.

5. Stern D.N. (1985), 1989.

d'expression. Pour P. Marty, à la suite de Freud, cette organisation sensori-motrice et archaïque de l'inconscient illustre l'existence d'un inconscient différent de celui du refoulé sexuel infantile et servant, d'une certaine manière, les réétayages pulsionnels. Une remarque d'A. de Mijolla et de S.A. de Shentoub (extraite de leur ouvrage *Psychanalyse de l'alcoolisme*, 1973, p. 318) permet de situer les enjeux qui concernent le moi, ici de la personne alcoolique : « Le fait de boire des liquides alcoolisés n'apparaît ici que comme moyen, un détour obligé pour l'obtention de ce plaisir labial régressif qui renvoie aux stades les plus précoces de l'organisation libidinale, alors même qu'aucune image de soi unifié n'était investie », notent-ils, et cela, à une époque où le choix d'objet de la pulsion sexuelle dépend de l'instinct de conservation.

Il ressort de ce qui précède que l'addiction (comme certaines somatisations) mime l'auto-érotisme primitif avec pour but la quête d'un moi psychique perdu[1] sans enveloppe délimitée (moi-peau), sans redoublement narcissique, sans repli de soi sur soi (sans soi-même) et situé aux confins d'une inclusion ou d'une crypte – moi perdu « que les amants cherchent à corps perdu ».

L'autre, drogue ou personne, sera ainsi régressivement investi – par un démantèlement qui opère sur le self et les objets – comme un double narcissique, un re-pli de la seconde peau (E. Bick), un contenant-peau (G. Haag). Dans la conduite addictive, l'excitation sensorielle sera la forme de re-pli de l'autosadisme (sadisme narcissique) permettant de trouver une forme d'autorégulation périodique d'un moi en perte de contact avec une vie pulsionnelle (son Ça) clivée du soi subjectif (du Je). Ceci illustre la formule de Freud : « La perception joue, pour le moi, le rôle qui, dans le ça, échoit à la pulsion[2]. »

Aussi, pour un moi pauvre en préconscient, le surgissement de l'affect-pulsion fera advenir une sensation ou une quête de perception-sensation à défaut de mise en représentation. Ce phénomène prend sa source dans l'enfance, la perception-sensation occupant une place importante dans l'économie psychique de celle-ci, ce que nous verrons plus loin avec les phénomènes de « néo-besoins » créés par une mère débordée par l'affect et « trop calmante ».

3. Défaut de narcissisme et de miroir

3.1 Le miroir et la nature de son tain

Dans son ouvrage sur les addictions, O. Lesourne insistait sur le défaut d'investissement narcissique et/ou le rejet des enfants futurs addictés de la part de leur mère et de leur entourage – ce que corroborent les travaux de S. Ferenczi sur les « traumatismes froids » issus de relations à la mère décevantes ou encore les études épidémiologiques sur les états-limites que

1. Arfouilloux J.C.(1990).
2. Freud S. (1923), « Le moi et le ça », 1981, p. 237.

nous avons citées : « lorsque l'enfant boit, il jouit avec ses lèvres, mais il regarde intensément la mère ; pour le futur addict, la mère qu'il a devant les yeux regarde ailleurs ou autre chose que l'enfant, ou elle voit un enfant qui ne lui plaît pas complètement, ou il la regarde, mais elle est absente. Il n'est pas englobé en elle dans une image totalement positive[1] ».

C'est le « double-fond » du self qu'est le « double gémellaire » dont parle R. Roussillon (2004) qui va faire ici défaut : la quête de perception-sensation et d'excitations externes va alors tenter de combler cette problématique du vide et de détresse intérieure. C'est *toute la construction des enveloppes narcissiques du moi précoce,* et *leurs liens avec les pulsions d'autoconservation, qui, défaillantes, se verront « reconstruites », chimiquement ou par le recours à l'excitation-sensation addictif.* En ce sens les addictions relèvent bien de « paradis artificiels » (Baudelaire). O. Lesourne ajoute, concernant les addictés alcooliques, que ceux-ci ne souffrent pas uniquement de sensations de chute et de vidage (D. Houzel), d'effondrement (D.W. Winnicott) dus à une analité psychique défaillante consécutive elle-même à un manque de *holding/handling* maternel, mais aussi de dépression narcissique relevant d'une « perte de regard de leur mère après qu'elle eut fait son devoir de nourricière (...), c'est aussi l'intimité avec la bouteille-mère que les très grands alcooliques cherchent à retrouver[2] », ce qui confirme les travaux antérieurs de Mijolla et Shentoub ainsi que ceux de M. Monjauze.

De même, A. Deburge, dans son article « Les conduites à risque, autocalmants ou jouissance du calme », rapporte à propos d'un patient, Fabrice, la collusion entre absence du regard de la mère, ici au moment de l'accident dont il fut l'objet à un an et demi ayant le bras coupé par une porte d'ascenseur, et le déni : « cet enfant est comme tout le monde[3] ».

Ainsi, la blessure/plaie/trauma au fondement narcissique psychique du moi pourrait provenir, écrivions-nous en 1997, d'une défaillance de la déflexion du regard d'une mère objectivant le self de son enfant. Cette capacité réflexive du self de la mère serait consolidée par la présence d'un tiers, le père : le sien, œdipien et celui de l'enfant, dans son narcissisme à elle, offrant ainsi un « tain » de bonne qualité utile pour la réflexion du regard/miroir. C'est cette réflexivité offerte par le tain du miroir qu'est le regard de la mère qui engagera le self de son enfant vers la tiercéité permettant à celui-ci :

- de symboliser la représentation de l'absence de la mère (hallucination négative) ;
- d'installer une « fixation-stabilisation-narcissique » d'un soi qui, objectivé (soi-même), permettra l'advenue de la subjectivation, du moi-sujet[4].

En ce qui concerne le narcissisme, c'est donc celui « recouvert d'absence » qui donne le tain, la matité, le fond réflexif utile à la reprise subjective des processus redondants et réfléchissants du psychisme qui se trouve chez les futurs addicts défaillant. Le fond psychique, les enveloppes

1. Lesourne O. (2007), p. 184.
2. Lesourne O. (2007), p. 201.
3. Deburge A. (2006), p. 129.
4. Le sujet peut être référé à ce qu'en dit G.W.F. Hegel (1831) : un « soi objectif fixe », *in* « Préface », *Phénoménologie de l'esprit*, p. 145.

psychiques, sont en effet de nature narcissique : pli de soi sur soi réalisant une macula, un tain, où se réfléchirait, en soi, l'autre de l'objet (subjectivable) qu'est l'objet primaire (la mère-environnement ; [1] dans la figure 2.1[1]).

Tout traumatisme archaïque, toute perte de l'objet idéal, toutes absences de reflet et de réponse des objets primaires intrinsèquement liés à la construction du narcissisme secondaire pourraient dans ces conditions amener une trouée du fond psychique, un *défaut de maillage* consécutif à une rupture du *Reizschutz,* du pare-excitation, comme l'a postulé Freud dans « Au-delà du principe de plaisir ». C'est cette carence, ce trou, faisant toujours craindre au sujet une hémorragie libidinale (libido narcissique), que cherchera à combler la sensation-excitation, l'objet « fétiche » qu'est l'objet addictif, ou l'objet d'idéalisation, ce que cherchera ultérieurement à faire, pendant un long temps de prise en charge, le psychothérapeute[2]. Les risques ne manqueront pas, en particulier celui de la dépendance, de la mise en œuvre du transfert, vécu comme aliénant, reviviscence de ces temps d'édification du narcissisme secondaire où la relation mère-enfant était habitée d'emprise et d'angoisse d'abandon.

Sans une tiercéité fonctionnellement efficace jouant le rôle d'un « tain » utile à toute réflexivité psychique, la relation à l'autre, ou l'autre en soi-même, reste duelle, fusionnelle ou d'une « inquiétante étrangeté », de là les angoisses d'intrusion, de pénétration, de dépersonnalisation, ou... de vide, de « terreur d'exister[3] » ou d'incertitude identitaire que la conduite addictive vise à combler.

Dans la situation, par exemple, de la personne alcoolique, on peut apprécier combien les miroirs se trouvant derrière le comptoir, de même que la chaleur du groupe dans le bar ou, évidemment, dans le groupe de parole thérapeutique ou les associations d'aides antialcooliques, offrent à l'addict une réponse perceptive – un moi-peau – au manque premier du regard-miroir maternel et de son narcissisme. Les buveurs, les toxicomanes, les anorexiques-boulimiques (« l'assiette et le miroir »), comme nombre d'états-limites, seraient ainsi des Narcisse cherchant dans l'eau de l'étang un objet perdu (le self du moi ?) qui, faute d'investissement narcissique du regard maternel ou du regard du mari pour elle, n'ont pu admettre de cadre hallucinatoire négatif nécessaire pour « amorcer » toute opération symbolisante ultérieure. Ainsi, ces sujets carencés dans la narcissisation de leur self, et présentant une « relation blanche », vont devenir des vampires, des fantômes ou des Protée, dieu de la métamorphose.

Ce « maillage » du soi (figure 2.1) se fera sur le fond de l'hallucination négative (A. Green) et sera le « tain » utile à toute réflexion, doublée, redoublée dans l'ordre symbolique du langage. C'est ainsi que le processus de subjectivation de soi crée l'objet interne en même temps qu'il s'objective dans l'autre (de l'objet), d'abord narcissique puis symbolique. Le défaut de ce

1. Pirlot G. (1997), *op. cit.*

2. Rappelons ici la métaphore du récepteur téléphonique de Freud qui suggère le rôle de contenant du psychanalyste, in 1912 « Conseils aux médecins sur le traitement psychanalytique » in *La technique psychanalytique,* PUF, 1953, 61-71, 1972 (p. 66).

3. Corcos M. (2013).

« maillage » intrasubjectif entraîne un « trou » que vient combler l'autre-double de la passion amoureuse, de la sensation-perception qu'est l'objet d'addiction ou de l'œuvre créatrice comme cela est exemplairement développé dans le tableau précisément appelé *Le faux miroir* de René Magritte.

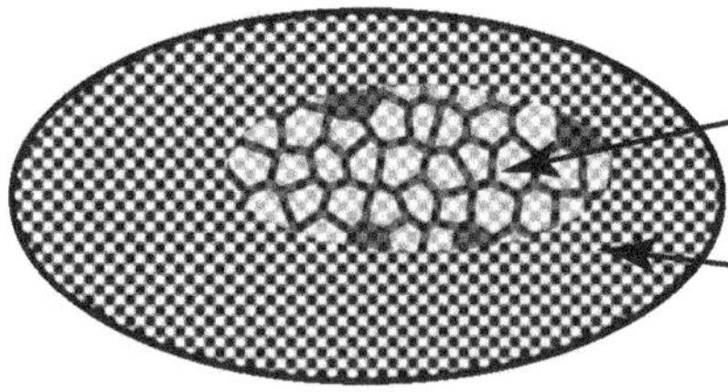

Figure 2.1 – Naissance du soi (self) psychique (réseau interactif) [1] tissé à travers les échanges narcissiques [2]

Magritte qui, faut-il le rappeler, fut élevé par une mère dépressive (« la mère morte » d'A. Green), blessée narcissiquement, au regard sans doute vide et « sans tain » et qui se suicida alors que le jeune René avait douze ans. Il alla repêcher avec son père le corps sans vie et le regard vitreux de sa mère noyée dans la Sambre. Le tableau *Le Faux Miroir* ne montre-t-il pas, génialement, comme celui intitulé fort justement : « La grande famille », et d'autres, la trace, pour René Magritte, de l'absence de reflet sans tain du « miroir » qu'a pu être pour lui le regard maternel déprimé ? N'en alla-t-il pas de même avec Ph. K. Dick (*cf. infra*) ou Van Gogh et Dali ?

Dans son étude de 2005 sur les addictions alimentaires (anorexie-boulimie), M. Corcos évoquant les interrelations précoces mère-enfant suivant le modèle winnicottien de la construction identitaire en regard du miroir que constitue le visage de la mère et de la famille (Winnicott[1]), a également insisté « sur le fait que ce miroir maternel est un miroir ancien et profond plus ou moins obscur, et c'est toute la dimension transgénérationnelle de ces troubles qu'il faut dès lors considérer ».

> « Mallarmé, Beckett et Michaux ont évoqué ce que cette absence de miroir maternel pouvait générer en eux… dans le corps de l'enfant qu'ils étaient et qui percevaient ce qui faisait défaut sans pouvoir l'inscrire psychiquement. Rien n'aura eu lieu que le lieu dans une absence de bouquet (Mallarmé), des gouttes de silence sur la peau (Beckett), des nappes de silence et d'hostilité sur le corps (Michaux). Chez ces "nourrissons savants[2]", futurs littérateurs, on imagine que face à un visage déserté par l'âme et sans sourire, et au contact d'un corps immobile et froid (une statue blanche et lisse sans tête et sans bras à qui il allait falloir apprendre à marcher, dixit Henri Michaux), et suspendus à des lèvres

1. Winnicott D.W.W. (1967).
2. Ferenczi S. (1923), p. 203.

fermées (qui enserrent le langage en eux), ils ont attendu le geste, la chaleur, le mot qui ne venait pas et qui dirait ce qui a lieu d'être, ce mot, ce geste, cette chaleur que leur vie durant ils chercheront à retranscrire... au risque de devenir Persée s'encapuchonnant de la peau du dieu des morts pour affronter Méduse. (...)

Pour d'autres sujets, cette inscription dans le corps de l'enfant de l'absence de la mère génère une "mémoire corporelle" (engrammes corporels) muette de toute représentation, faute d'un accordage affectif qui dirait l'éprouvé et le sens, et faite de l'excitation non liée. Mère aux yeux morts ou aux yeux blancs retournés vers l'intérieur avec un regard qui ne prête pas attention à l'autre, qui ne prend pas la tension de l'autre, constituant un miroir-source glacé opaque ou transparent pour ces futurs auteurs d'eux-mêmes, qui doivent y lire dans le fond de leur avidité naissante, le fond de la tristesse ou de la mort de leur mère, fond qui devient le leur. La captation maternelle et l'incarnation de l'enfant dans l'informe maternel vont présider dans une dynamique excitation blanche, répression et régression-fixation à une quête de la centralité et de l'origine... entre centre et absence dixit H. Michaux. Cette défaillance est source d'une fixation et dépendance originaire. La dimension de culpabilité face à une réparation impossible de la mère par l'enfant ne viendra s'inscrire que secondairement dans une inversion où la dépression maternelle devient la démonstration de sa faute. L'excitation face à cette dépression est dès lors stigmatisée par le sujet... La honte apparaît ainsi générée par une autoreprésentation monstrueuse de soi. »

M. Corcos (2005), *Le corps insoumis*, Paris, Dunod, p. 42-43.

3.2 Un miroir sans tain : une sensibilité sans réflexif subjectivé

Relevons qu'en dehors de l'organe visuel, un autre organe aura très tôt une fonction de miroir, à savoir la peau, le moi-peau, dont le « sensible-réflexif » (Merleau-Ponty[1]), à peine décollé de la « chair de la mère-monde » qui l'enveloppe – ou pas – de son regard, va participer aux premiers investissements autoérotiques narcissiques et sexuels du soi/self corps-esprit. Dès lors on peut comprendre que le manque de tain va dans le sens de ce que Olivenstein avait dit du drogué : il existe chez lui un « stade du miroir brisé[2] ».

Pour cet auteur, l'enfant, futur toxicomane, subirait un traumatisme à un âge très précoce. Selon lui, au moment où l'enfant se regarde dans le miroir, autrement dit au moment de la découverte de l'image de soi, le miroir se briserait et lui renverrait en conséquence de lui une image brisée. La rencontre avec le produit permettrait ainsi de colmater artificiellement et

1. Pour M. Merleau-Ponty, le sensible (synonyme de « texture charnelle du monde ») est réflexivité, repérant ainsi une sorte d'involution de la réflexion dans le sensible de la chair corporelle. Rompant avec la phénoménologie de la conscience (« pure »), il indique que la réflexivité originaire de la conscience (ici conscience incarnée) est à attribuer au « reflet » permis par la vision mais aussi par la sensibilité, la capacité qu'a le cerveau de « transpositions sensorielles », de synesthésies. *Cf.* Tymieniecka et coll. (1988), *Maurice Merleau-Ponty, le psychique et le corporel*, Paris, Aubier.

2. Olivenstein C. (1982).

illusoirement la brisure, soit « les vides du miroir[1] », dans un contexte d'extrême plaisir ou de soulagement inégalé. En d'autres termes, la rencontre avec la drogue entraînerait temporairement l'illusion de l'unité perdue (*cf. supra*). Geberovich évoque une mère qui « n'a pas regardé l'enfant se regarder », soit « une impossibilité maternelle d'investir chez l'enfant quelque chose qui renvoie à son propre manque, surtout lorsqu'elle est confrontée à un travail de deuil impossible[2] ». Pour lui, le toxicomane s'anesthésie pour apaiser la douleur. Il ne nomme pas, il comble ou plutôt fait comme s'il était possible de combler.

Pour certains sujets (souvent états-limites) n'ayant pas de reflet dans le miroir[3], l'addiction, la drogue, le jeu, voire le passage à l'acte y compris sexuel[4] deviendront des vampires censés combler le tonneau des Danaïdes qu'est leur blessure narcissique.

Comme le vampire qui cherche le sang (et dont le miroir ne réfléchit aucune image de lui-même), ne peut-on pas dire que les addictés sont des sujets dépendants d'un liquide (« eau-de-vie ») qui, comme le lait, réanime l'autoconservation d'enveloppes psychiques en état de non-différenciation soi/non-soi ? Une fois reconnu l'objet, l'aspect liquide, atopique et réfracteur du narcissisme primaire se coagule, donnant l'illusion d'un narcissisme secondaire réfléchissant un pseudo « autre de l'objet » face à l'objet primaire et son attraction mortifère.

La dépendance primitive chez les patients toxicomanes (abus de substance) est à rechercher, le plus souvent, dans le registre maternel. Ainsi, M. Laufer et E. Laufer estiment que les sensations prodiguées par la drogue permettent de se sentir sans besoin, ce qui permet une défense contre le désir de fusion (avec son risque « psychotisant ») avec la mère[5]. *La drogue aurait ainsi une fonction d'écran, de tiers protecteur vis-à-vis du lien incestueux maternel.*

« Après-coup », on peut saisir combien les traumatismes précoces et invisibles, dans le holding, peuvent entraîner une détresse d'ordre narcissique – et corporel – touchant les défenses d'autoconservation du psychisme : la « mort psychique » est alors redoutée faute de « tain » d'un regard réflecteur de l'inconnu en soi. Regard qui est celui d'un visage dont E. Lévinas[6] a souligné la dimension éthique et dont la signification repose sur son absence, son « au-delà », son ouverture à l'autre, son « illéité ».

1. *Ibid.*, p. 20.

2. Geberovich F. (2003), p. 52.

3. Le miroir serait un test de réalité (psychique) : *n'est réel que ce qui a son envers.* Cette réalité psychique devient ultérieurement, pour le sujet « inscrit » dans le monde du langage et du *dialogue*, synonyme d'une « dialectique » avec l'autre. Rappelons ici que la « dia-lectique » *(dialégesthai)* renvoie au *dialégein* de la *division* (P. Rodrigo, *Aristote, l'eidétique et la phénoménologie*, Paris, éd. Milon, 1995, p. 36-37). Pourtant, la « nostalgie » de la fusion demeure incestueusement en nous tous : « Confiance de cristal / Entre deux miroirs / La nuit tes yeux se perdent », écrit P. Eluard dans « Une longue réflexion amoureuse » (Paris, Seghers, 1927). « Miroir frais sans buée à l'amour réfléchi » écrit P. Jean Jouve (*Sueur de sang*, Paris, Mercure de France, 1964). « Miroirs jamais encore savamment l'on n'a dit / ce qu'en votre essence vous êtes / Intervalles du temps / combles de trous, tels des tamis », poème de R. M. Rilke, « Miroirs » ; *Sonnets à Orphée*, 1922).

4. Balier C. (1996).

5. Laufer M., Laufer E. (1989).

6. Levinas E. (1979 ; 1982).

Après ces temps de maternage, une fois que l'enfant doit aborder la réalité de la castration et de la différence sexuelle (« sexion » et dia*logue*), tout mauvais établissement du « soi-même » (miroir du self) ainsi que des activités fantasmatiques et autoérotiques laisse les pulsions prégénitales au plus près des traces perceptives.

Ce qui précède n'est pas que spéculation : cela permet de comprendre les liens parfois obscurs et paradoxaux qu'entretiennent addictions et somatisations. Il est connu en effet que les grands addicts sportifs sont assez fréquemment des sujets ayant des pathologies somatiques qui peuvent s'aggraver ou se décompenser lors de diminution ou d'arrêt de la pratique sportive (asthme, dermatose, etc.).

4. Défaut de holding, alexithymie et auto-emprise

4.1 Insuffisance de holding chez les addictés

Le partenaire de l'alcoolique, ressenti comme tout-puissant, ne compte le plus souvent pour lui que comme pourvoyeur de ses besoins (comme la mère) : les désirs et souhaits du sujet-partenaire n'existent tout simplement pas ou plus. À cet égard, Balint[1] avait noté combien les addictés sont des sujets très dépendants de cette mère perçue comme non détachée d'eux-mêmes : y aurait-il eu chez eux une absence d'angoisse du huitième mois comme chez les enfants allergiques ?

Ceci a fait dire à Brisset[2] qu'il serait adéquat d'avancer chez les addictés, la notion de *déficit narcissique*, ce que Jeammet et Corcos ont aussi largement souligné comme étant présent chez des sujets présentant des troubles alimentaires compulsifs comme l'anorexie-boulimie « s'auto-évaluant » toujours au regard d'un moi-idéal infantile démesuré (dimension de blessure narcissique qui se traduit par cette quête du regard des autres et des attitudes en miroir pouvant se renverser brutalement) – et que représentent les personnages de jeux vidéo. Les insuffisances de *holding* maternel mêlées d'une dimension d'emprise, que nous avons évoquées avec le « vide du miroir », montrent la résurgence d'une problématique maternelle se définissant en termes de clivage corps-psyché à l'origine d'un défaut dans l'édification de soi, le moi restant séparé de l'origine charnelle des émotions (Corcos, 2005). Ce défaut d'investissement du soi somatique trouvé dans les TCA se retrouve également bien souvent chez nombre de patients somatisants et addictés (alcooliques) qui, pour Brisset, souffrent moins d'angoisse « catastrophique » de type schizophrénique que d'angoisse de perte d'objet anaclitique, d'étayage[3].

1. Balint M. (1963), p. 36.
2. Brisset Ch. (1978).
3. Descombey J.-P. (1992) ; Haviland M.G. , McMurray J.P. *et al.*

4.2 L'alexithymie : une caractéristique fréquente dans l'addiction

Rappelons que, du point de vue de P. Marty, les fixations qui amènent, par régression, à des somatisations relèvent également de ce *défaut d'étayage* dans les débuts de la vie : une des traductions en sera la pensée opératoire ou l'alexithymie (difficulté à verbaliser les émotions), le comportement compulsif et addictif apparaissant alors comme autant de défenses, par le comportement et l'état maniaque qu'il engendre, contre ce type de souffrance affective[1].

Le concept d'alexithymie mérite que l'on s'y arrête. Concept forgé par Sifneos en 1967[2], après plusieurs années de recherche sur la quête de modes spécifiques de fonctionnement psychologique chez des patients somatisants, il désigne littéralement « l'absence de mot pour exprimer ses émotions » (*alexis*-thymie). Cet aspect se caractérise par une réelle incapacité à identifier et à communiquer ses sentiments et à les différencier des sensations corporelles.

Dès le départ, l'alexithymie a été décrite comme un déficit du fonctionnement affectif de nature psychologique mais sous-tendu par un modèle neurobiologique.

L'alexithymie, aisément mesurable à l'aide d'échelles, comprend quatre traits :

- l'incapacité à exprimer verbalement les émotions ou les sentiments ;
- la limitation de la vie imaginaire (absence de rêves, fantasmes, rêveries) ;
- la tendance à recourir à l'action pour éviter ou résoudre les conflits ;
- la description détaillée des faits, des événements, des symptômes physiques.

Les difficultés à reconnaître les émotions et à les exprimer verbalement n'impliquent pas l'incapacité à reconnaître de telles émotions lorsqu'elles sont exprimées par autrui, ni une limitation du stock lexical servant à qualifier la vie affective, ni une incompréhension des mots traduisant les émotions. Le problème se situe plutôt dans la reconnaissance par le sujet de ses propres émotions, dans l'aptitude à distinguer sensations corporelles et émotions, dans la difficulté à éprouver des émotions lors de situations censées les solliciter, enfin dans l'aptitude à mettre en rapport des émotions ressenties avec des pensées, plutôt qu'avec des événements extérieurs[3].

Dans un cadre neurobiologique, l'alexithymie rejoint l'aphasie émotionnelle décrite par Damasio, qui est une « incapacité de convertir une séquence en symboles et organisations grammaticales qui forment le langage[4] ». Nemiah souligna en 1977 qu'un déficit affectif semblait être à la base de nombre de troubles psychosomatiques[5].

1. McDougall J. (1982, p. 191) et (1989, p. 106) et Haviland *et al.* relèvent que la possibilité d'une alexithymie secondaire apparaissant au sevrage serait une *défense contre la souffrance affective habituellement masquée par les addictions.*
2. Sifneos P.E. (1973), « The prevalence of "alexithymie" characteristics in psychosomatic patients », *Psychotherapy psychosomatic,* 22, 225-262.
3. Pedinielli J.L. (1992), *Psychosomatique et alexithymie,* Paris, PUF, « Nodule ».
4. Damasio A. R. (2002).
5. Nemiah J.-C. (1977).

Sifneos rapproche ce syndrome de celui décrit par Marty et M'Uzan sous le concept de « pensée opératoire » mais surtout ceci lui permet de décrire deux formes d'alexithymie : primaire et secondaire. Il décrit la fréquence de l'alexithymie dans la population générale comme variable selon les études mais estimée à environ 10 %. Ce taux serait multiplié par quatre à six dans certaines affections somatiques. Certaines de ces conceptions ont mis en avant une possible étiologie neuropsychologique de l'alexithymie en référence aux agénésies du corps calleux ou aux commissurotomies (section du corps calleux et de la commissure antérieure[1]).

L'alexithymie primaire apparaît comme un déficit de sentiments et non d'émotions : elle ne saurait être confondue avec l'alexithymie secondaire, d'ordre psychopathologique, ou avec celle inspirée par la psychologie de la santé (variable dispositionnelle et/ou *coping* portant sur l'émotion). Le système limbique et le néocortex sont, dans l'alexithymie primaire, mal connectés : un stimulus provenant des noyaux dans l'amygdale suscitera des émotions, telles que la peur et la colère qui, en l'absence de tout apport d'imagination et de pensées en provenance du néocortex, seront exprimées sous forme de réaction de combat-fuite. L'observation d'épilepsies réfractaires chez des patients ayant subi une commissurectomie ou une hémisphérectomie a corroboré la thèse de l'étiologie neurologique de l'alexithymie primaire. Cette alexithymie primaire provient du fait que les émotions provenant de l'amygdale ne peuvent atteindre le néocortex pour créer des images, des imaginations, des pensées qui utiliseraient le langage pour s'exprimer.

L'alexithymie secondaire ne paraît pas, quant à elle, provenir d'une origine neurologique mais d'une expérience traumatique « dévastatrice subie à l'âge préverbal pouvant rendre un enfant incapable d'exprimer des émotions par les voies du langage », précise Sifneos (1995, *op. cit.*, p. 31). Sifneos remarque que les troubles alexithymiques ne se rencontrent pas seulement dans les affections psychosomatiques, « mais également chez des patients souffrant de stress post-traumatique (PTSD), de dépendance à la drogue, d'alcoolisme chronique, d'anorexie et de boulimie et chez les sociopathes », soit ceux que la nosographie psychiatrique actuelle nomme patients addictés et états-limites. Ceci va dans le sens de J.-L. Pedinielli (2005, *op. cit.*) qui a souligné les *liens entre alexithymie, dépression* et *conduite addictive et, récemment, avec son équipe, les conduites à risque*[2].

Ajoutons que pour J. McDougall (1991[3]), l'alexithymie est un mécanisme de défense permettant au sujet de se protéger dès la prime enfance contre des angoisses de perte objectale qui n'ont pas pu être mentalisées du fait de l'absence d'intégration d'un objet maternel suffisamment bon. Selon elle, l'alexithymie serait un mécanisme de défense constitué de processus de déni ; d'identification projective et de clivage, permettant au sujet de se couper de sa conflictualité psychique et d'éviter un risque de régression à des positions schizoparanoïdes, pour

1. Parker J. D. A., Keightley M. L. *et al.* (1999).
2. Bréjard V., Bonnet A., Pedinielli J.-L. (2008), *op. cit.*
3. McDougall J. (1991), « Entretien sur la boulimie, avec Alain Fine ».

reprendre les termes de Melanie Klein. De plus, le sujet alexithymique, n'ayant accès qu'à une gamme limitée d'affects et d'émotions, peut recourir à des conduites addictives pour tenter de réguler ces expériences affectives douloureuses.

Pour J. McDougall, la trouvaille addictive est ainsi de nature somatopsychique (1989[1]). Elle consiste à réparer une carence et une douleur psychique avec quelque chose de corporel ou de substantiel. Il y aurait « une dèqualification et une re-somatisation de l'affect à travers l'agir addictif ». Elle considère l'addiction comme une forme d'*hystérie archaïque,* défense plus que structure, contre des fantasmes libidinaux primitifs qui sont restés clivés, enkystés, plutôt que refoulés. Ces fantasmes primitifs associés aux objets internes archaïques mobilisent des affects et des images intolérables pour l'idéal du moi du sujet. Nous serions en deçà d'une psychopathologie névrotique mais avec une dimension symbolique où l'atteinte corporelle s'approcherait de la conversation hystérique. Elle reste du domaine d'un investissement narcissique particulier, avec comme problématique celle de la différence fondamentale et de l'altérité, ce que nous avions nous-mêmes souligné dans *Les passions du corps* avec ces successions de pathologies auto-immunes pouvant apparaître à l'occasion de sevrages brutaux de conduites addictives (Pirlot, 1997). Elle présente comme mécanismes de défense essentiels le clivage et l'identification projective, évitant laborieusement plus ou moins trois issues à cette impasse, mélancolie et paranoïa ou construction délirante, pour se concentrer sur le corps dans une sorte d'hystérie de soi à soi, véritable conversion interne.

Pour M. Corcos (1998), l'alexithymie constituerait un mécanisme de défense de pare-excitation d'affects et de représentations risquant de mettre en péril l'organisation d'un moi précaire. Elle trouverait son origine dans des défauts d'investissement par l'objet maternel du soi psychique et somatique de l'enfant. À la suite de McDougall, Corcos (2000[2]) considère que l'incapacité de ces patients à identifier certaines expériences émotionnelles, en particulier à les différencier des sensations corporelles, les obligerait à recourir à des stratégies alternatives inefficaces (caractérisées par la pauvreté des processus secondaires) pouvant faire le lit de conduites d'addictions.

L'alexithymie proviendrait d'une véritable négativation pathologique des émotions et de l'imaginaire par le biais d'une persistance pathologique de l'hallucination, non comme facteur positif d'entrée dans une négativité propice, comme « structure encadrante de l'absence de l'objet primaire » à l'advenue des représentations, mais comme facteur négatif de toute perception de l'affect. Ce recours et maintien précoce de *l'hallucination négative d'un affect au plus près des angoisses de mort* et *de la détresse* a mis *un écran de vide figuratif, pare-excitant sur le pôle perceptif affectif du moi, afin de protéger le pôle représentatif-subjectif naissant*[3].

1. McDougall J. (1989), *Théâtre du corps*, Paris, Gallimard.
2. Corcos M. (2000), *op. cit.*
3. Pirlot G., Corcos M. (2012).

La situation traumatique initiale est sans doute celle d'une « déchirure du moi » que décrit Freud en 1940[1] dans le clivage : « déchirure qui ne guérira jamais plus mais grandira au fil du temps ». Cela aboutira à cette fréquente parole des patients, en particulier ceux déprimés (essentiels ou pas) : « je ne ressens rien », ce qui peut être interprété comme une hallucination négative de l'affect, typique de cette « clinique du silence » rencontrée chez nombre de patients psychosomatiques[2].

Ces conceptions font évoquer l'appartenance des conduites addictives à la classe des organisations limites et des troubles narcissiques. Ces patients qui présentent une organisation névrotique précaire ne sont plus capables de faire face à une perte d'objet réelle ou imaginaire en utilisant des mécanismes de défenses névrotiques, et développent une corporéisation, voire une re-somatisation des affects (Corcos et Speranza, 2003[3]).

Ce qui précède corrobore les propositions de Hilde Bruch[4], pour qui si certains sujets mangent au lieu de se mettre en colère ou de donner libre cours à leur chagrin, c'est parce qu'ils sont dans l'incapacité de distinguer entre les différentes sensations corporelles, les différentes réactions émotionnelles. H. Bruch part de l'idée que la reconnaissance de nos besoins corporels, et en particulier notre besoin de manger, n'est pas innée mais acquise au cours d'un apprentissage depuis notre plus tendre enfance et dès les premiers mois de la vie. Pour un apprentissage satisfaisant, il est nécessaire que la mère sache interpréter les demandes de son enfant et donner le sein ou le biberon à bon escient, lorsque l'enfant a faim et non lorsqu'il a mal, veut jouer ou a soif d'échanges et de contacts. Une mère qui manque d'empathie (Winnicott), qui ne parvient pas à s'accorder à son enfant (D. Stern) et qui utilise la nourriture pour apaiser les besoins et étouffer toute expression d'affect chez cet enfant, ou qui fait preuve d'incohérence ne permet pas à ce dernier l'élaboration de la reconnaissance psychique de la sensation de faim. Nous sommes là proches de ce que M. Fain et D. Stern appellent la « mère calmante » et « toxicogène[5] » ...

1. Freud S. (1940), « Le clivage du moi dans le processus de défense », p. 219-224.
2. Smadja C. (2012), « Introduction à une clinique du silence », p. 169-183.
3. Corcos M., Speranza M. (2003), *op. cit.*
4. Bruch H. (1988).
5. Pirlot G. (1997), p. 244-250.

Vignette clinique 5 : Leila et l'œil de Caïn : « orgasthme » ou tabagisme

J'ai rencontré Leila, à sa demande, pour une consultation psychosomatique car elle souffrait d'asthme. Dernière fille après trois sœurs, elle était âgée de 33 ans, vétérinaire, célibataire et mère d'une fille de 6 ans.

Je ne retiendrai ici que les éléments utiles à ma démonstration, éléments surtout apparus en début de thérapie, l'évolution psychique de Leila, dans le jeu de la névrose de transfert, ayant montré ensuite un développement non négligeable d'une névrose hystérique infantile. Pour ce qui nous concerne disons que les crises d'asthme se voyaient compliquées par une addiction au tabac ayant pour but de remplacer ces crises lorsque celles-ci venaient à manquer (!). L'asthme de Leila était intermittent. Il y avait des périodes, même longues de plusieurs mois, où elle ne présentait aucune crise. Cependant elle vivait en permanence avec son aérosol, surtout la nuit, craignant toujours une difficulté respiratoire inopinée.

Pendant toute la psychothérapie, j'ai noté la forme particulière de son discours et de la hauteur mélodique de sa voix, qui pouvait être très basse, presque inaudible, semblant toucher parfois – selon moi – au monologue.

La syntaxe, dans ces moments de « baisse de tonus » de la voix, pouvait d'ailleurs être particulièrement décousue.

Je remarquais aussi qu'il suffisait d'une remarque de ma part pour qu'un mot soit l'objet d'une interprétation personnelle et singulière, coupée de son contexte, et n'appartenant qu'à son registre intimement privé et clos à tout échange de pensée avec moi. Alors que dans ces moments-là j'avais du mal à la comprendre, elle, dans le même temps, pensait que je suivais parfaitement son discours et le fil de sa pensée.

Il y avait, chez moi, dans ces cas, comme un étrange sentiment de malaise, d'exclusion, devant ce qui m'apparaissait comme un « micro-délire » sur un mot et une « coupure » entre nos deux subjectivités. Il me fallait souvent, juste après, lui demander de répéter ce qu'elle venait de dire, de le répéter à la fois plus fort, afin de développer un sens qui m'apparaissait par trop hermétique.

Le plus souvent, elle paraissait alors surprise : elle était persuadée que ce qui était un monologue avait été un dialogue, ce qui n'avait pas été le cas.

Outre l'alexithymie, cette attitude apparut par la suite comme une défense devant toute activité « masturbatoire » de l'intellect, irruption de « l'inconnu », non maîtrisable, en elle. Elle associa un jour sur l'interdit de masturbation dicté par sa mère alors que son père « était plus tolérant, ce qui est étonnant pour un Algérien même d'origine kabyle, il ne m'a rien dit le jour où il me vit me trémousser sur un lit, j'avais peut-être 6-7 ans… C'est ma mère qui me demanda méchamment d'arrêter ». L'on ne sait trop si l'interdit ou la culpabilité à « manipuler » le matériel de son intérieur onirique et psychique était la conséquence d'un interdit de la mère, française, qui « voyait toujours d'avance le vice, chez les autres », ou si cela tenait de la complicité d'un père quant aux fantasmes sexuels et incestueux de sa fille. Quoi qu'il en soit, cette culpabilité devant l'acte masturbatoire se faisait sentir jusque dans l'activité intellectuelle d'associer et en augmentait l'alexithymie.

Mais venons-en à sa biographie : elle avait été élevée jusqu'à l'âge de 3 ans avec une de ses trois sœurs, par la grand-mère maternelle, puis, de façon intermittente (comme son asthme), par sa mère, qui la reprit définitivement ainsi que ses sœurs lorsqu'elle eut 4 ans. Leila avait une place particulière dans la fratrie : elle venait en effet après un petit frère, mort quelques semaines après la naissance. Dans la thérapie, l'asthme sembla, pour elle, être contemporain à la fois de l'abandon maternel – qui suscitait encore de violentes réactions affectives, du deuil non fait de cette mère pour son fils et enfin de sa découverte, à l'âge de 4 ans, de l'aspect possessif et froid de cette mère.

→

→

Elle rapporta aussi que ses parents ne s'entendaient pas. Nous l'avons dit, la mère était française et le père kabyle. Les premiers souvenirs évoqués, liés à la vie de famille, furent d'abord ceux de conflits violents, de disputes ou de tensions cachées et « meurtrières ». L'acmé en fut une « scène-écran », souvent remémorée par elle, où des couteaux furent brandis par le père contre la mère, que Leila, dans un mouvement désespéré défendit alors en la protégeant de son corps, et cela alors qu'elle avait sept ou huit ans. Cette scène, *analogon* de la scène primitive où elle « s'expose » à la violence du père, avait visiblement encore valeur de défense contre ses motions œdipiennes envers celui-ci et celles agressives envers sa mère : tous ses fantasmes envers les hommes avaient d'ailleurs cette coloration violente : l'homme était toujours, y compris dans ses quelques rêves, suspect de vouloir l'agresser avec un couteau ou par strangulation, en un mot, d'attenter à sa vie plus qu'à son intimité sexuelle.

Habitant un petit appartement de banlieue dans une ville de Belgique, Leila dormit jusqu'à ses quatorze ans – âge de ses premières règles – dans la chambre de ses parents, séparée d'eux par un drap suspendu, « à la mode arabe ».

Le jour où sa mère constata qu'elle était réglée (sexuée), elle la fit dormir dans une autre chambre que celle des parents. La sexualité la coupa, la sépara donc brutalement de son enfance. La resexualisation des complexes œdipiens qu'imposait la venue des règles lia définitivement culpabilité (œdipienne) et angoisse d'abandon et de rejet. C'est à cet âge que l'asthme revint, alors que depuis l'âge de cinq ans – celui de l'entrée à l'école – il s'était absenté.

L'asthme se présentait alors sous forme de crises nocturnes plusieurs fois par semaine. Puis, lorsqu'elle connut, après le bac et lors de son école vétérinaire, son premier petit ami, Ahmed, un étudiant comme elle (premier amour et toujours regretté), l'asthme disparut.

Cette liaison amoureuse était contemporaine du début de son tabagisme, imitant celui d'Ahmed. Elle constata d'ailleurs, mais sans trop y réfléchir, que, pendant la journée, fumer faisait disparaître chez elle tout spasme bronchique. Puis il y eut la rupture avec Ahmed. L'asthme revint, pendant cette période qui fut également celle d'une sexualité addictive jusqu'à sa rencontre avec un « bel homme », d'origine arabe. Cette beauté décida d'ailleurs de son désir d'avoir un enfant de lui : « non pas faire un enfant avec lui, mais avoir un enfant comme lui... En moi... » précisa-t-elle. Mais pendant sa grossesse, cet homme eut une relation avec sa meilleure amie de l'époque, ce qui décida Leila à rompre avec lui : « puisqu'au fond, je ne l'avais jamais voulu comme mari, ni comme père de mon enfant ».

L'asthme disparut complètement lorsqu'elle fut enceinte, pour ne réapparaître que lorsque sa fille, Hélène, se mit à marcher (c'est lors d'un entretien qu'elle fit la relation entre ces deux faits). Depuis, elle vivait dans l'appréhension de crises essentiellement nocturnes plurihebdomadaires.

J'apprendrais ainsi qu'elle préférait « toujours quitter les hommes plutôt que d'être quittée par eux... C'est tout ou rien ». D'ailleurs elle leur en voulait. Sans savoir pourquoi. « Je peux faire aussi bien qu'eux... J'ai voyagé seule... en Europe et dans le Maghreb, ce qui est peu banal pour une demi-Arabe... » Puis il y eut sa relation homosexuelle avec Geneviève, une fille d'origine portugaise. « Dans notre couple, Geneviève, c'est elle qui décide... Même avec ma fille Hélène c'est elle la mère plutôt... Moi, un père absent » ajoutera-t-elle à mi-voix. Notons ici que la syntaxe de la dernière phrase est « floue » et peut conduire, comme quelquefois chez elle, à plusieurs interprétations. Il est en effet difficile de reconnaître, dans la phrase, qui est sujet et qui est attribut : est-ce Geneviève qui est le père en même temps qu'une mère adoptive dans le couple ? Ou encore est-ce Leila qui est le mari (de Geneviève) et pour Hélène – la fille – l'équivalent d'un père en même temps que sa mère biologique ?

→

Si la construction syntaxique laissait dans le paradoxe et la perplexité puisque sujet et attribut étaient confondus et indistincts, notons que les fantasmes sexuels sous-jacents étaient également empreints « d'inversion » dans les rôles identificatoires. Cette construction syntaxique était à l'instar de celle, pulsionnelle, de la psyché ; nous y reviendrons dans notre quatrième partie car cela permettra de comprendre comment se produisent les catastrophes d'espace par défaut d'élaboration de la lignée subjective du soi. Remarquons ici que, sur le plan fantasmatique, cette structure syntaxique est celle de la reduplication projective dont Marty souligne l'existence chez les allergiques (*L'ordre psychosomatique*, 1980, p. 65).

Sans trop interpréter, remarquons qu'aussi bien les propos que les attitudes sexuelles - y compris l'homosexualité - révélaient, entre autres choses, un deuil non fait de la différence des sexes, une revendication phallique non déguisée se concrétisant dans des « actes » et des comportements, y compris dans l'exercice de la parentalité : fusion avec les partenaires masculins et identification à eux, conjuguées à un refus de tout attachement, de tout engagement affectif (ce qui lui permettait de demeurer, telle Antigone, la fille réparatrice d'un père algérien blessé par le destin). Ce deuil non fait était-il le résultat de la perception précoce d'un deuil non fait de sa mère : celui de son garçon ? En ce sens Leila avait sans doute la place la plus difficile : n'était-elle pas la fille née après le garçon ? Sa revendication phallique apparaissait donc comme une façon d'épouser celle, non rassasiée, de sa mère : une façon de ne pas quitter le corps maternel et de réparer celui-ci.

Cette revendication phallique ne pouvait également se résoudre dans l'Œdipe à moins de se séparer d'une autre revendication envers sa mère : l'abandon. Des facteurs touchant les angoisses de séparation, d'abandon, voire de détresse, alimentaient donc largement les motions œdipiennes.

À ce propos, au détour de séances, deux métaphores apparurent : « vous savez le mot "asthme", c'est un mot que j'aime bien, après tout, il me fait penser au mot "âme[1]" trouvé en français, ma langue maternelle… il suffit d'enlever les consonnes… s, t, h, … ou plutôt de les ajouter… comme pour "masquer" le mot âme qui est derrière celui d'asthme ».

Plus tard, elle dira de son asthme et de son tabagisme : « Pour moi c'est pareil, j'appelle ma mère, je crie mais sans crier… ça me fait mal aux bronches… c'est en dedans et c'est dehors à la fois… le spasme c'est moi étranglée ou ma mère qui s'étrangle en moi… ou encore… moi qui l'étrangle, elle qui m'a abandonnée. »

Et puis, au détour d'une autre phrase elle aura l'autre métaphore :

L. – … L'inconscient… Pour moi… Si je le représentais… Ce serait un œil…

G. P. – Celui de qui ?

L. – (hésitation) Comme celui de… Caïn…

G. P. – Celui de Caïn ?

L. – Oui, c'est… je crois… je ne connais pas cette histoire qui est autant dans le Coran comme dans la Bible, mais je crois que c'est l'œil de Caïn qui nous regarde…

G. P. – C'est bien d'une histoire de meurtre dont vous parlez, n'est-ce pas, alors dites-moi qui a tué qui dans cette histoire ?

Leila essaie alors de reconstituer l'histoire sur une base logique qui suit sa première déclaration : « Si c'est Caïn qui regarde… du ciel… dans l'inconscient c'est qu'il a été tué par… Comment s'appelle-t-il… Abel je crois… oui c'est ça…, c'est Abel qui l'a tué et l'autre, mort, le regarde… »

Ainsi, nous constations que l'inversion ne touchait pas uniquement la sphère sexuelle : elle touchait aussi la relation « duelle », celle qui aboutit à l'élimination physique de l'un ou l'autre, sujet ou attribut/complément.

→

L'angoisse de castration rebroussait chemin, pour éviter tout constat de castration symbolique, jusqu'à une castration narcissique et corporelle engageant le corps, et même la vie.

L'homosexualité servait donc ici sans doute à des fins d'autoconservation : la victime (pas uniquement de la séduction) est victime d'un meurtre dont elle se défend en étant elle-même meurtrière : celui qui tue devient le tué. Mais le tué (Caïn) n'en conserve pas moins un regard (inconscient) de tueur envers Abel, le meurtrier. L'inconscient semblait dominé par l'imago de parents combinés implacables, d'un père préhistorique et d'une mère toute-puissante et abandonnante : la confusion des rôles (proche de l'identification projective, ici à l'agresseur, et de l'identification mimétique-narcissique) rejoignait le « collapse » des générations entre la mère et la fille[1].

4.3 L'objet perdu : moi

Avec les comportements addictifs nous nous situons dans une clinique des limites avec inachèvement du processus de séparation, zones de confusion et d'empiétement réciproques. Le sujet addict, comme souvent l'adolescent, et plus généralement le sujet alexithymique, tentera de substituer les sensations aux émotions toujours susceptibles de surprendre son moi et de mettre ce dernier en situation de passivité proche d'une détresse traumatique générée par des affects liés aux objets d'attachement[2]. Comme le remarque R. Roussillon, « les sensations permettent de se sentir exister en coupant les liens libidinaux qu'entretient la dépendance avec l'objet. En ce sens, elles sont un moyen de lutte contre la dépression mais à la longue leur effet anti-introjectif vulnérabilise le sujet. Dans l'escalade mortifère vers laquelle il se trouve pris, il est contraint d'augmenter les sensations pour pouvoir continuer à se sentir exister, et combler son sentiment de vide interne[3] ». Ici la difficulté de séparation n'est pas élaborée mais *contournée*, et *remplacée* par une relation de dépendance toxicomaniaque dans une consommation de l'objet du besoin qui peut se concevoir sans fin, tandis qu'est évitée toute confrontation au manque de l'objet d'attachement.

Les conduites de dépendance sont ainsi sous-tendues par l'illusion de retrouvailles provoquées avec l'objet (incestuel) perdu (nostalgie, *cf. supra*). La dimension « perverse » de ces conduites est à relier à cette recherche de sensations l'emportant sur tout autre mode de jouissance.

En fait, l'addicté se présente comme l'amoureux passionné(e) chez qui l'autre est une façon, pour le moi, de se réapproprier cette part perdue de lui-même. Combler la dépression anaclitique, le deuil ayant amputé la vie psychique (manque de sang et de réflexion du vampire), voilà ce que comble « l'objet » addictif ou amoureux. N'oublions pas que Tristan fut ainsi baptisé

1. Une autre patiente, professeur et écrivain, de structure névrotique mais ayant souffert d'asthme dans sa petite enfance, nous déclara un jour avoir écrit dans un de ses textes le mot « orgasthme ». « Ça m'est venu comme ça, tout seul, comme une évidence... l'organe, les bronches, jouissaient à mon insu quand j'étais petite... ».

2. Jeammet P., Corcos M. (1999).

3. Pirlot G. (2009), *Déserts intérieurs*, Erès.

par sa mère parce que celle-ci était triste d'avoir perdu son mari. C'est en ce sens que l'on peut comprendre J. Cocteau qui, dans son livre *Opium* racontant les affres de ses cures de sevrage, écrit : « Moraliser l'opiomane, c'est dire à Tristan : "Tuez Yseult. Vous irez beaucoup mieux après" » (*Opium*, 1930).

Ce défaut dans l'organisation psychique narcissique du moi est particulier. *La faute* n'est pas tant celle d'une culpabilité, une « faute » due au conflit œdipien (manquer à ce qu'on doit) mais celle d'une faillite, une défaillance (faillir et falloir sont le même selon Littré) dans la construction narcissique de l'image de soi ou de soi-même dès que s'instaure une subjectivité réfléchissante s'élaborant dans l'acceptation de la différenciation avec l'autre et de la perte de celui-ci. Le témoin de cette étape est la négation, le « non » (deuxième organisateur psychique, selon R. Spitz), qui signe l'établissement d'une conscience de soi et de l'autre (du non-soi). Ce « Non » symbolisé dans le langage et le geste représente l'acceptation d'une altérité interne et l'existence d'un espace de refoulement.

Aussi, tout ce qui n'a pas été organisé par les refoulements primaire et secondaire relèverait d'un défaut, d'un manque, ce qu'a souligné, dans un autre domaine, Heidegger (1927[1]) dans sa formule « faute de grive » qui illustre « l'être-en-faute du *Dasein* » dans un sens différent de la culpabilité : c'est un manque à combler, un manque à être ; un manque à être – défaut narcissique, une « anémie de sens » – obligeant à avoir.

Or, être et avoir rejoignent la première propriété de l'objet, celle d'être constitué par le désir ou l'identification (celle-ci étant l'autoreprésentation subjective de l'objet du désir). « Les enfants, dit Freud, aiment à exprimer une relation d'objet par l'identification : je suis l'objet. L'avoir est la relation ultérieure et retombe dans l'être après la perte d'objet. Exemple : le sein. » Le sein est un morceau de moi, je suis le sein. Plus tard, seulement : « Je l'ai donc je ne le suis pas[2]. »

5. Autres modèles métapsychologiques de l'addiction

5.1 Modèle de la psychose liquéfiée de l'alcoolisme

Ces « suppléments d'âme » – comme l'amour ou l'écriture – que sont les *spiritueux*, véritables « prothèses psychiques » *liquides* que les alcooliques incorporent, ne seraient-ils que des *analogons* des premières formes d'enveloppes psychiques – narcissisme primaire – restées en marge de toute consolidation par le refoulement et qu'ont si bien décrites, les mystiques[3] ? On

1. Heidegger M. (1927).

2. Freud S. (1939) ? 12, VII, in *Résultats, idées, problèmes II, op. cit.*, p. 287.

3. « Ignorante et dépourvue d'esprit comme je le suis, je ne trouve rien de plus convenable que l'eau pour donner l'idée de certaines choses spirituelles », écrit Thérèse d'Avila dans *Le château intérieur* (*Œuvres complètes*, t. II p. 571, Paris, 1963). On retrouve aussi chez Paul Claudel ce rapport entre eau et désir : « Tout ce que le cœur désire peut se réduire à la figure de l'eau » (*Œuvres complètes*, Paris, Gallimard, « La Pléiade », chap. XV, p. 198).

sait que la médiation de l'eau permet aux enfants autistes de suppléer cette absence d'enveloppes psychiques ; cette absence traduit la non-introjection d'un premier contenant-peau sur lequel nous reviendrons.

Au sentiment de vide correspondrait, chez les alcooliques, une angoisse d'écoulement due à ce défaut de constitution d'une peau psychique solide qui se tisse dans les relations précoces mère/nourrisson[1]. Ce type d'angoisse a été décrit[2] comme spécifique du nourrisson lors de l'endormissement : angoisse d'épandage, de chute, de perturbations des relations d'étayage ou de maintien et « d'accordage affectif » de la part de la mère (accordage affectif qui donne à la fois à l'enfant une unité perceptuelle, un repérage affectif – contexte – et la dimension de sa durée).

C'est encore toute la maîtrise des expériences « d'individuation-séparation » (sixième-huitième mois) décrites par M. Malher qui est ici perturbée. Dans les cas les plus graves, le manque d'introjection des objets internes se manifesterait dans le psychisme par la présence de « cloche sous vide », de « trous noirs autistiques[3] » devenant comme autant de pôles attracteurs – « attracteurs étranges » – de libido narcissique là où l'étayage des pulsions sexuelles a été défaillant.

Dans cette situation, l'objet addictif joue le rôle d'une prothèse narcissique agglomérant (amalgamant) cette libido, là où les investissements narcissiques (liquides) du début du self, le soi, ont échoué à « s'objectaliser » en moi psychique et en moi-corps – projection de surface écrit Freud. Véritables « objets autistiques » qui, selon Tustin, constituent des « espèces de tranquillisants auto-induits utilisés comme s'ils consistaient en des substances corporelles manipulables et constamment sous leur contrôle tyrannique[4] », voilà ce que seraient, au moins en partie, les objets addictifs : soi-objet, « proto-objets » (Pinol-Douriez), considérés par Tustin comme des sortes d'« hallucinations du toucher[5] », équivalents précaires de peau psychique ou d'un moi-corps procurant une certaine identité de surface ou identité adhésive. Ils sont proches[6] des « néo-objets » ou « objets transitoires » dont parle J. McDougall autant que des équivalents de soi, empêchant la chute de celui-ci dans le vide comme dans les formes de psychose infantile ou d'autisme schizophrénique. Racamier a d'ailleurs décrit cette « machine à faire le vide » qu'est le moi du schizophrène avec, pour corollaire, le maintien dans un déni du deuil de l'objet originaire et dans un monde incestuel[7].

1. Notons le nombre important de maladies de peau (eczémas, dermatoses diverses, psoriasis) rencontrées chez les alcooliques en cure d'abstinence.

2. Perez-Sanchez M. (1981).

3. Tustin F. (1972), *Autisme et psychose de l'enfant*, Paris, Le Seuil, 1977.

4. Tustin F. (1990), p. 36-37.

5. Tustin F. (1989) ; ces formes « d'hallucination du toucher » seraient en fait selon nous proches des « éléments » de Bion.

6. Récemment E. Allouch (2010) a également fait ces rapprochements que nous notions dès 1997, puis en 2009.

7. Racamier P.C. (1980*a*).

Chez certains autistes, le collage du sentiment de soi avec la chose perçue se fait par l'identification adhésive : la peau, la sensorialité (et ses synesthésies) de l'enfant restent dans une contiguïté bidimensionnelle (2 D), relevant de l'incestuel, sans pouvoir définir un espace interne *tridimensionnel* (3 D[1]). Avec la capacité de symbolisation, de surséance et différance (au sens de différer[2]) de la satisfaction, c'est l'espace subjectif *quadridimensionnel incluant le temps qui, progressivement,* doit apparaître.

Cependant chez ces enfants autistes, comme chez les sujets atteints de démence d'Alzheimer, le « démantèlement du moi-sujet », comme du « moi-corps », signera l'incapacité d'unifier l'expérience sensorielle et émotionnelle, sous le primat d'une organisation psychique subjective (défaut du moi-peau et défaut de contextualisation symbolique de la subjectivité du moi).

Or, dans l'expérience de la perte partielle ou totale de conscience (ivresse, « trip »), il semble qu'aussi bien l'alcoolique, que le toxicomane, visent à répéter, sur le plan subjectif, pour mieux les contrôler, ces expériences de démantèlement de l'expérience sensorielle rendant le corps comme « absent à lui-même ». C'est, en fait, nous le verrons avec la topique du clivage, toute la voie « du contact direct » du ça vers le moi (et moi-corps ; l'affect étant un des véhicules de ce contact direct) – l'autre voie de contact direct étant l'idéal du moi (Freud, 1923[3]) – qui, de fait, est barrée et empêchée. C'est que « le clivage porte sur le lien primaire à l'objet libidinal et, par là même, au moi-corps, avec pour conséquence le maintien sous tension de la pulsion qui demeure excitation à même la surface du corps, laquelle ne peut alors se projeter sur un moi-corps, ainsi que Freud le définit dans une note en 1927[4] ». Ainsi, c'est par le biais d'excès de sensations (corporelles, esthésiques, psychiques – ébriété, etc. –, stimulations indifférenciées proches d'activités pictographiques de P. Aulagnier) que des formes de *micro-psychoses froides « invisibles » cliniquement mais témoignant d'un moi-corps coupé autant de l'autre* (pseudo-carapace autistique) *que de lui-même* et *de ses affects* (pensée opératoire, alexithymie) que l'objet (proto-objet) addictif opérerait. « Les alcooliques seraient capables de « gérer » leur psychose sans en changer les données : la confusion originelle du soi-non-soi est utilisée pour atténuer la terreur de la différence[5]. » L'enjeu est ici la sauvegarde de l'être, paradoxalement son autoconservation (le *vital-identital* de M'Uzan) et celle de son identité subjective. En ce sens encore l'addiction représenterait un *pharmakon* illusion et halluciné (*cf. infra*), idée

1. Marcelli D. (1986), p. 13.

2. Au sens de différer, attendre, cette attente étant créatrice de catégories de différenciation, ce qui ouvre sur l'intérêt de la frustration, de l'attente, dans l'élaboration de la capacité de symbolisation, elle-même fruit de la capacité à séparer/différencier. *Cf.* Derrida J. (1968), *L'écriture et la différence,* Paris, Le Seuil, « Tel Quel », p. 43-68.

3. Freud S. (1923), 1981, p. 271.

4. « Le Moi est finalement dérivé de sensations corporelles, principalement de celles qui ont leur source dans la surface du corps. Il peut être considéré comme une projection mentale de la surface du corps, et de plus, comme nous l'avons vu plus haut, il représente la surface de l'appareil mental », note de 1927 dans l'édition anglaise de « Le moi et le ça » (1923). Allouch E., *op. cit.*, p. 172.

5. Monjauze M. (1992), p. 157.

également développée récemment par S. Le Poulichet[1] d'une addiction comme « traitement de substitution », « tentative d'automédication et de façonnement d'un nouveau corps », « un corps séparé échappant au lien fondamental de dépendance (affective) avec un ou des autres primordiaux[2] ».

5.2 Modèle du cauchemar et de la faillite du rêve

Dans les thérapies de sujets alcooliques, addicts au haschich ou toxicomanes, nous avons été frappés par la fréquence, au moins au début, de cauchemars. Même si ceux-ci sont souvent confondus par ces patients avec des rêves d'angoisse, il n'en reste pas moins vrai que leur vie psychique, singulièrement en période de sevrage, est meublée de cauchemars. Il nous faut donc tenter de comprendre les liens entre cauchemar, fonction du rêve et activité addictive.

Rappelons que le rêve est, pour Freud, un *compromis* entre le désir de dormir, avec régression au narcissisme primitif permise par le sommeil, et désir d'agir une motion (intentionnelle). Le rêve, s'accompagnant d'une paralysie (atonie musculaire) due à la fermeture de la voie motrice, fait que le dormeur peut poursuivre son sommeil[3].

De la fameuse sentence : « le rêve est gardien du sommeil » souvent si mal comprise par les neurophysiologistes qui confondent trop fréquemment le sommeil paradoxal[4] et les rêves (*cf.* M. Jouvet[5], J.-P. Changeux[6] ou J.A. Hobson). Les rêves surviendraient plutôt *au décours de la perturbation excitante,* pour le SNC, qu'est la phase de SP avec ses ondes d'éveil.

1. Le Poulichet S. (2011).

2. *Ibid.*, p. 486.

3. Freud S. (1917), « Complément métapsychologique à la théorie du rêve », 1968, 125-146, *Œuvres Complètes,* XIII, PUF 1988, p. 243.

4. Le sommeil paradoxal aurait ses racines phylogénétiques dans la nécessité, au départ, d'un éveil périodique « tour de guet » utile dans la survie de l'espèce. Il serait également une nécessaire satisfaction déstressante et une « reprogrammation » et « stabilisation sélective » (Changeux) des expériences sensori-motrices et perceptives de la journée qui se lieraient aux expériences passées mémorisées. Pour « l'onirologue » M. Jouvet (1986), « le rôle du sommeil paradoxal serait ainsi de maintenir les différences psychologiques entre individus, et de garantir, au moins chez l'homme, une certaine liberté par rapport à l'environnement socio-culturel » ; il servirait à une programmation génétique *itérative* au cours du développement de l'ontogenèse.

5. Jouvet M. (1974). Pour lui, ce sommeil paradoxal aurait ses racines phylogénétiques dans la nécessité, au départ, d'un éveil périodique « tour de guet » utile dans la survie de l'espèce. Il serait également une nécessaire satisfaction déstressante et une « reprogrammation » et une « stabilisation sélective » (Changeux) des expériences sensori-motrices et perceptives de la journée qui se lieraient aux expériences passées mémorisées. Les travaux de M. Jouvet sur le sommeil paradoxal ont été complétés par des découvertes de Bruhlen (1982) sur le rôle du sommeil paradoxal dans le processus de mémorisation, ceux de Bloch (1979) sur les liens entre S.P. et apprentissage chez l'animal, ceux encore de Squire et Alvirez (1995) ayant fait l'hypothèse que pendant le sommeil à onde lente s'opérerait une réactivation des traces mnésiques stockées par le cortex cérébral par l'hippocampe afin d'en faire des souvenirs durables.

6. Changeux J.-P. (1977, 1983).

Les champs des deux phénomènes en cause (sommeil paradoxal et rêve) sont *plutôt légèrement décalés dans le temps*: d'un côté, un champ neurophysiologique recevant les modifications dues à la phase « d'éveil » du sommeil paradoxal (notion de « pacemaker » ou oscillateur automatique) et de l'autre, un champ psychique qui met, par l'hallucination onirique, en images et en représentations les sensations et traces mnésiques du sujet.

Le rêve intégrerait et « bricolerait » ainsi des signaux reçus pour, une fois la voie du réveil et de la conscience réempruntée, en faire un récit – *narratif* – le plus cohérent possible. « Bricolage » selon les lois découvertes par Freud, le travail du rêve illustre donc un mode de pensée *liante* en fonctionnement primaire comme le mythe, lui aussi « bricolé » (Lévi-Strauss[1]) ou l'évolution de la vie (François Jacob) : il constitue une réalité interne de structure *méta* narrative permanente témoignant de la pérennité d'un bon objet interne. Ainsi, entre le travail du rêve et la dopaminergie du sommeil paradoxal, il y a tout le fossé entre une « ergie » chimique et une énergie psychique (« psychons » d'A. Green).

Le travail de rêve exerce une fonction de liaison entre le système inconscient et le préconscient-conscient, entre trace perceptive hallucinatoire (représentation de chose) et représentation pulsionnelle en un mouvement autoérotique qui fonde en même temps le sujet et l'objet. Du point de vue clinique, on connaît aujourd'hui les troubles du sommeil des autistes et psychotiques, et les psychosomaticiens ont révélé les carences de l'activité onirique chez les sujets à pensée « opératoire » (rêves « crus » ou liés à l'activité professionnelle), chez les psychotiques ou au débutant d'une démence d'Alzheimer. Tout ceci a fait dire à A. Bourguignon[2] que, parmi les grandes fonctions dévolues au rêve (stimulation, décharge, substitution), *la fonction d'intégration-hiérarchisation du développement* et *de l'entretien dynamique du système nerveux central s'ajoute à celle de l'entretien dynamique de l'appareil psychique au regard de son inconscient sexuel infantile refoulé, foyer actif* (et *incestueux) des forces refoulées désirantes.*

Toutefois, toujours pour A. Bourguignon, cette fonction n'est pas exclusivement intrapsychique mais réaliserait également une *liaison somatopsychique périodique* (nous ajouterions ici, comme la mère pour le nourrisson : voir la « fonction de rêverie » de la mère selon W. R. Bion[3]). Pour certains affects, dont l'angoisse, le rêve a donc un rôle de désomatisation et de prise en charge sur le plan psychique : il figure l'émotion et les sensations (notons ici que dans le colloque « Somatisation : psychanalyse et science du vivant[4] » où le dialogue entre les participants fut quelquefois difficile, personne n'a évoqué le rôle intégrateur qu'avaient le sommeil paradoxal et le rêve).

1. Lévi-Strauss C. (1992), p. 30. « Or, le propre de la pensée mythique, comme du bricolage sur le plan pratique, est d'élaborer des ensembles structurés, non pas directement avec d'autres ensembles structurés, mais en utilisant des résidus et des débris d'événements », *ibid.*, p. 35-36.

2. Bourguignon A. (1972 ; 1981 ; 1986).

3. Bion W. R. (1962), 1973 ; (1962) 1964, p. 75-84.

4. *Somatisation, Psychanalyse et Science du vivant*, Paris, Eshel, 1994, sous la dir. de I. Billiard.

Ainsi, par la « désomatisation » ou encore la « psychisation », le rêve permet de figurer les représentants-représentations pulsionnels : pulsions et appareil psychique co-naissent par/dans ce processus méta qu'est le processus onirique.

D'un point de vue psychosomatique, relevons que, pour M. Malher, l'état de sommeil correspond, chez le nouveau-né en phase autistique normale, à une *distribution libidinale archaïque* (atopique) ayant pour but *l'homéostase psychosomatique.* Dès avant la naissance, les érections périodiques du petit garçon s'associent aux phases de sommeil paradoxal (qui occupent plus de 50 % du temps total de sommeil) et aux rêves ; chez l'enfant et chez l'adulte, cette érection illustre cette redistribution périodique de la libido archaïque (co-excitation libidinale) dans les systèmes neurovégétatifs et réflexes (splanchnique) datant de la phase autistique normale.

Le terme de *désomatisation* énoncé précédemment serait ici à opposer au processus de *resomatisation* d'un affect jusque-là « gelé », celui-ci aboutissant pour J. McDougall à des pathologies somatiques[1]. Ainsi, la désomatisation au sein de la matrice primaire du « psyché-soma » peut apparaître comme le point d'appui de resomatisations régressives et surtout du bon fonctionnement mental cher à P. Marty qui trouverait là, spécialement dans le rêve, un mode particulièrement « satisfaisant » de fonctionner[2].

Tous ces phénomènes se condensent dans ce que A. Green propose d'appeler « psychisation ». Pourtant, une décharge motrice remplacera parfois la décharge polysensorielle du rêve : c'est ce qui se produira pendant la phase de somnambulisme intervenant dans les stades 3 et 4 du sommeil lent (Freud, 1900).

Freud, Kreisler, Fain et Soulé[3], ainsi que Bourguignon, ont noté l'existence d'un rapport inverse entre manifestations motrices et processus hallucinatoires du rêve, ce qui rejoint les observations cliniques de patients « hyperactifs » ou présentant une pensée opératoire, une alexithymie et s'addictant. Or, si rêve et motricité sont en rapport inverse (*cf.* chapitre VII, *Interprétation des rêves*), il n'en est pas de même, comme l'a souligné Baldacci[4], du langage et de la motricité ; il existe en effet une continuité entre l'un et l'autre (voir le « jeu de la bobine » ; Freud, 1923).

Dans ces conditions donc, le cauchemar, raté de la fonction onirique, peut être considéré comme une forme de passage à l'acte[5] dû au dépassement de certains « seuils d'intensité affective », dans la régression narcissique « désobjectalisante » qu'est le sommeil. Lors d'un

1. McDougall J. (1989), *op. cit.*

2. Marty P., M'Uzan M. de, David C. (1963), 2003.

3. Kreisler L., Fain M. et Soulé M. (1974).

4. Baldacci J. L (1984).

5. Balier C. (1996), *op. cit.* (p. 178-179) a montré combien, entre autres signes cliniques, le cauchemar et sa terreur panique envahissaient le sommeil *avant ou après le passage à l'acte* des criminels qu'il avait rencontrés. Il note aussi, chez ces patients, la fréquence dans l'enfance d'une mère morte ou ayant perdu connaissance. Les passages à l'acte criminels et/ou sexuels violents représentent, pour ces sujets, une « solution trouvée consistant à utiliser les pulsions destructrices dans le sens d'une *désobjectalisation du soi, abolissant, du même coup, leur statut de sujet* ».

cauchemar, l'organisation psychique est ainsi celle d'une névrose traumatique, de là sa fréquence chez des sujets états-limites. L'insuffisance des expériences de gratification ayant entravé la constitution de bonnes images internes (défaut du miroir maternel et familial, *supra*), favoriserait le cauchemar qui témoignerait alors d'une brèche dans la texture de l'écran du rêve (Lewin), du self et d'une incapacité de figurer la pulsion et son rejeton, l'affect.

Le *contre-investissement* de ces fixations traumatiques par des objets externes, drogues, alcool, serait utilisé comme « solution » d'étayage, de contenant voire fétichique[1]. Relevons enfin que l'amnésie partielle qui succède au cauchemar est différente de celle qui succède au rêve : la grande partie du contenu est le plus souvent irréductible à l'analyse et paraît traduire l'*absence de liaison réussie entre la représentation verbale* et *la représentation hallucinée;* il y a ici effondrement du système de représentation dont nous avions parlé chez les états-limites.

Cette absence de liaison est la cause et conséquence d'un mécanisme actif de déni qui exerce un fort pouvoir d'attraction sur les représentations verbales. « Ainsi, le clivage étant corrélatif du déni, les restes nocturnes du cauchemar se séparent des pensées latentes et s'enkystent comme des corps étrangers dans le préconscient » déclare Baldacci, voire dans la « somatosphère » (avec mise en service des défenses immunitaires). À la différence de l'acting, le passage à l'acte (addictif) est alors ce qui signe la faillite du refoulement et l'impossibilité de réorganiser des pensées latentes avec des motions conflictuelles. Il témoigne aussi de la faillite de l'hallucinatoire psychique et de la fonction de l'hallucination négative, ce que nous allons examiner.

5.3 Perception-sensation addiction pour fuir l'hallucination

Les rapports entre délire et somatisation ont été abordés par quelques travaux psychiatriques où la question d'un balancement entre eux a été soulignée par certains cliniciens : Andreoli[2], Thurin[3] et Blanquier et Veyrat[4]. De la même manière on connaît depuis longtemps les *delirium tremens* qui suivent le sevrage alcoolique ou les délires paranoïaques qui suivent l'addiction cocaïnique. N'y a-t-il pas ainsi, par le recours à la sensation-perception addictive, quelque

1. En toute dernière partie, nous reviendrons sur le fait que le refoulement originaire (concept-limite de la métapsychologie) ayant été désigné par Freud dans l'Inconscient (1915) comme un *contre-investissement* (*Métapsychologie*, p. 89), il est possible qu'une trop grande force d'excitation et d'effraction du pare-excitation *(Reizchutz)* aboutisse à l'insuffisance de ce *processus* originaire. Ce « défaut de structure » entraînant des refoulements primaires et secondaires (dits après-coup) *économiquement* faibles mettrait plus volontiers en œuvre des forces de contre-investissement d'ordre *toxique-chimique* (hormonal et neurohormonal) ou corporel, plutôt que psychique.

2. Andreoli A. (1993).

3. Thurin J.-M. (1994), « Psychosomatique; le réel en question », *Somatisation, Psychanalyse et Science du vivant*, Paris, Eshel, p. 261-299.

4. Blanquier A. et Veyrat J.-G. (1995) : Il semblerait de plus que *la somatisation survienne lorsque la constitution d'un délire n'est pas ou plus possible* pour des raisons de défenses psychiques spécifiques. Ces faits sont confirmés par les rapports d'exclusion entre somatisation et délire, *cf.* Freud (1920), *Au-delà du principe de plaisir;* C. Dejours (1987, 1988).

chose d'hallucinatoire, retrouvé dans les cauchemars, qui ne peut être symbolisé, parce que trop précoce, et que le sujet addict et l'enfant hyperactif cherchent à fuir par le comportement?

La compréhension de ces phénomènes passe d'abord par un rappel sur le statut de l'hallucinatoire chez Freud. Dans l'*Esquisse/Proj*et de Freud, « l'hallucinatoire » représente un mode de satisfaction *immédiat* (sans latence, sans *différance* au sens de Derrida) qui investit directement le système perceptif. « L'hallucinatoire » emprunte donc les modalités des processus primaires qui cherchent une « identité de perception », comme dans le rêve réifiant (substantifiant) l'objet d'une perte. La bonne qualité du refoulement originaire permettra ensuite de condenser les activités hallucinatoires, projectives, fantasmatiques[1] et la bonne mise en place des refoulements primaires.

Du fait de ratés dans les refoulements primaires (voire celui originel) et donc des possibilités de transcription *méta* des excitations pulsionnelles, l'hallucination pourrait également être comprise comme apparaissant dans le champ psychique sensoriel et être une sorte d'« épilepsie » du centre sensoriel provenant d'une forme *antérograde* du processus projectif.

Depuis le chapitre VII de *L'interprétation des rêves*, l'hallucinatoire originaire apparaît quant à lui comme le mécanisme à la base de l'existence même du psychisme (le « fond » psychique) que tout sujet doit (re)créer, transcrire, déplacer en dehors de lui, dans un monde re-présenté. Il faut préciser les liens particuliers entre cet « hallucinatoire », l'hallucination, la pensée et le « psyché-soma ». Il n'est donc pas inutile de rappeler que:

- Au premier temps de la vie, le besoin active la pulsion; le représentant psychique de celle-ci somme alors le psychisme de répondre en termes de figuration-hallucination (première forme de représentant-représentation de la pulsion).
- Si ce phénomène « naturel » se retrouve comme pathologie chez le psychotique, c'est que chez celui-ci, l'hallucination (qui est perception sans objet à percevoir, H. Ey[2]) n'est rien sans le délire ou l'interprétation délirante. Chez le psychotique, c'est le délire, l'activité délirante de la pensée qui trouble la perception, y compris hallucinatoire. Ce n'est donc pas la présence de l'objet qui rend une perception hallucinatoire mais, comme l'a écrit M. Merleau-Ponty (1945), c'est de la structure de l'espace subjectif que dépendra l'aspect délirant de la personnalité: « Ce qui garantit l'homme sain contre le délire et l'hallucination, ce n'est pas sa critique, *c'est la structure de son* (...). Ce qui fait l'hallucination comme le mythe, c'est le rétrécissement de l'espace vécu, l'enracinement des choses dans notre corps, la vertigineuse proximité de l'objet, la solidarité de l'homme et du monde, mais refoulés par la perception de tous les jours... »

C'est donc parce que le sujet est psychotique que la perception-représentation de l'objet s'effondre: dans le « collapsus topique » qu'est la psychose, l'hallucination, en tant qu'objet-chose, est une perception « avortée » dans son déploiement méta-phorique, psychique

1. Le Guen C. (1992), p. 59.

2. Dans *Hallucination et délire: les formes hallucinatoires de l'automatisme verbal* (1934), H. Ey écrivait que « l'hallucination est toujours pétrie de la pâte de la personnalité du sujet et faite de sa propre activité » (p. 173).

et re-présentationnel[1]. L'hallucination psychotique signe le débordement de la fonction perceptivo-représentative comme le cauchemar dans la névrose traumatique – que viendra « colmater » et combattre par contre-investissement chimique le comportement addictif pour éviter tout effondrement psychotique.

Certaines théories modernes sur les hallucinés auditifs ouvrent sur cette compréhension de l'hallucination comme provenant d'une *désorganisation de la planification* et *de l'intentionnalité du discours (intérieur).* Dans ces cas, c'est *l'effet de contexte* (et sa prégnance symbolique et sémiotique) qui n'est plus possible[2].

Dans ces conditions, l'hallucination (d'origine psychotique ou celle ayant fréquemment lieu chez l'état-limite) apparaît être une manifestation *pré-symbolique ana-chronique* témoignant de l'époque préhistorique où la langue était perçue jouissivement de façon sensorielle (activation d'aires sensorielles-limbiques[3]) plutôt qu'avec les opérations *méta* de l'intellection, puis de l'écriture (impliquant l'acceptation de la castration symbolique) : « l'étrangeté familière » de la voix hallucinée « entendue » relèverait d'une impression de la perception *intuitive* du sens des mots, alors que le sujet halluciné en a perdu l'intention (la voix intérieure[4]).

En ce sens on comprend que si le nourrisson puis l'enfant sont soumis à des messages verbaux et affectifs paradoxaux (« double-lien » de l'école de Palo-Alto), à une volonté maternelle de contrôle, de détournement ou de déni de sa pensée (perversion narcissique), le risque

1. Pour H. Faure (1969), « l'individu en proie à l'hallucination psychique ne se situe dans le monde que par référence à une "existence" autre que la sienne, qui exerce sur lui un mystérieux "pouvoir" » (*Hallucination et réalité perceptive,* p. 147). La « Chose » en deçà du langage que tentent de retrouver les schizophrènes, les poètes (Hölderlin, Rimbaud, Mallarmé, Rilke) ou les mystiques (Jean de la Croix, Maître Eckhart) est la même que « l'*époché* » d'Husserl isolé de façon philosophique. La quête est celle d'une matérialité « présentative » en deçà de toute re-présentation linguistique dénotative du *Logos.* Quête sensuelle de l'expérience du langage fondamental (P. Aulagnier ; « Sensation » de Rimbaud), de la prégnance sémiotique liée aux soins maternels prodigués à l'enfant et à l'introjection des fantasmes maternels porteurs de l'identité du genre.

2. Pour Rosenfeld (1989, *op. cit.*), les troubles mnésiques renverraient à un *défaut de remémoration du contexte affectif* visant à créer de nouvelles catégories (de pensées) utiles à la réminiscence. Ce contexte ne rappelle-t-il pas le *mitsein,* partie constituante du *Dasein* de l'être et que Merleau-Ponty (1945, p. 409) appelle "l'intermonde" où autrui occupe la même place que la mienne, comme chez le nourrisson ou le délirant ? Cette époque impersonnelle est également retrouvée dans l'œuvre d'écrivains passant progressivement du « je » au « il » : M. Blanchot (1955), p. 74.

3. Weinberger D.R. (1995).

4. Cette hypothèse serait une application d'un travail de Julian Jaynes qui a avancé que, dans une période préhistorique aussi bien ontogénétique que phylogénétique, les mots de la voix étaient peu subjectivés ; le langage était holophrastique de prescription : « Arrête-toi, c'est moi le chef, il y a danger. » Il cite l'exemple de l'*Illiade,* antérieure à l'*Odyssée* et qui, au contraire de celle-ci, présente des héros qui ne sont pas « sujets de leur action » mais qui « obéissent » aux dieux et sont soumis à eux. Le « je » et la décision d'acte n'apparaissent qu'avec l'*Odyssée.* L'hallucination (d'origine psychotique) apparaît ainsi être une manifestation présymbolique anachronique témoignant de l'époque préhistorique où la langue était perçue jouissivement de façon sensorielle (activation d'aires sensorielles-limbiques) plutôt qu'avec les opérations méta de l'intellection, puis de l'écriture impliquant l'acceptation de la castration symbolique et permettant les représentations-signification, la conscience de quelque chose (Husserl). Dans une période préhistorique aussi bien ontogénétique que phylogénétique, les mots de la voix étaient en effet peu subjectivés ; le langage était holophrastique de prescription : « Arrête-toi, c'est moi le chef, il y a danger » (Jaynes J. [1976], 1994).

de maintien d'hallucinations psychiques-sensorielles devient très présent. Pour s'en défendre, la pratique de décharge sensorielle par l'hyperagitation ou, plus tard, à l'adolescence, par l'addiction toxicomaniaque peut représenter une manière de contre-investir cette emprise hallucinatoire sur la pensée consciente et secondarisée.

5.4 Les hallucinogènes, l'hallucinatoire, la psyché et le psyché-soma

Dans un livre consacré à la passion, J. Cournut[1] nous présente une clinique à laquelle il a été confronté à la fois dans son cabinet d'analyste ou, en tant que psychiatre, en institution. Les sujets dont il rapporte les souffrances ont tous des parcours singuliers, de l'adolescent menaçant le personnel, y compris l'analyste, dans un CMP, au vieux monsieur amoureux des jeunes filles pour mieux masquer un chagrin d'enfance que seule une analyse tardive lui révélera. J. Cournut est maître pour à la fois nous faire partager, avec empathie, les parcours de ses patients et pour nous faire vivre ses émois contre-transférentiels (*cf.* « la névrose actuelle du contre-transfert[2] » dans la rencontre avec ces sujets). Quelques-uns d'entre eux relèvent d'une analyse d'une jeune patiente, « Fabienne » qui, en son jeune temps d'adolescence, prit des champignons hallucinogènes du Mexique. Cette analyse permet à J. Cournut[3] d'explorer « le vide et le trop-plein », « les émois masturbatoire dans la jeunesse de sa patiente lui ayant donné un avant-goût des débordements d'excitations... mexicaines » mais aussi, à la suite de la prise de connaissance des événements de l'enfance, toute la charge traumatique des intrusions psychiques (maternelles dans le cas de cette patiente), d'indistinction sexuée et d'enfant-mère, du pare-excitation débordé et de la quête d'épisodes d'élation comme remède et poison répétitif. Mais ce qui nous arrête dans cette évocation de la patiente Fabienne de J. Cournut est le « schéma théorico-clinique » qu'il se fait à l'écoute de cette analysante et d'autres suivis en psychothérapie, de ce que la drogue (hallucinogènes : champignon ou LSD) a pu représenter en termes de fonctionnement psychique.

- Premier temps : c'est celui de l'« avant », avant l'épisode (toxicomaniaque). Ce passé ne présentait rien d'intéressant, rien d'excitant, ne laissant que des bribes événementielles sans affects précis. La prise de toxique semble avoir refoulé tout souvenir conscient d'excitation, dévalorisé par l'épisode d'élation.
- Deuxième temps : « Vécu de bouleversement d'un épisode psychophysiologique paroxystique qui submerge le moi de massives quantités d'excitation. Le fait que ces quantités et cette effraction aient été déclenchées par un apport extérieur importe peu d'un point de vue psychanalytique. Le rôle du toxique est dans le déclenchement de l'épisode, il ne fait que caricaturer de façon spectaculaire et focalisée ce que Freud met systématiquement au chef

1. Cournut J. (2001).
2. *Ibid.*, p. 112-113.
3. *Ibid.*, p. 63.

du facteur quantitatif (force de la pulsion, débordement par de grandes quantités d'excitation[1], etc.). Ce qui apparaît dans le discours d'un patient, ce sont les fantasmes archaïques de corps morcelé ; ou plutôt, ce qui n'apparaît que très peu : en effet le patient, dans le récit de l'épisode élationnel qu'il rapporte sur le divan, évoque davantage des perceptions violentes et suraiguës que de véritables représentations. Celles-ci restent en effet ponctuelles (soleil, étoiles, lueurs, etc.) et insuffisantes, semble-t-il, pour lier le quantitatif. Les représentations manquent et les mots pour tenter de les dire sont malhabiles, peu sûrs[2]. » Ce que souligne J. Cournut est que la nature du traumatisme qui a déclenché l'épisode est bien intrapsychique et qu'il faudra apprécier, à l'intérieur de la dynamique transféro-contre-transférentielle – et son intrusivité –, l'impact économique et topique du cumul de cette force traumatique de l'extase/élation avec celles antérieures dont on espère qu'elles auront pu être refoulées plutôt que clivées.

- Troisième temps : c'est celui de la *descente* après l'épisode de débordement, le temps de l'effroi et de l'angoisse comme de la « fin du voyage ». Sa patiente Fabienne en parle sur un mode encore terrifiant, alors que l'épisode hallucinogène avait produit un monde coloré merveilleux de sensations et de perceptions extraordinaires (tant externes qu'internes) ayant envahi le système perception-conscience. Cournut évoque alors le schéma du pare-excitation de Freud de 1920 (« Au-delà du principe de plaisir ») pour avancer qu'une part des sensations éprouvées semble bien avoir été projetée à l'extérieur avant de revenir sur un mode hallucinatoire sous forme de perceptions effractant le pare-excitation. Concernant l'angoisse de la « descente », le psychanalyste ne peut alors décider entre deux options théoriques : résulte-t-elle de la transformation (en angoisse) de l'excitation selon le schéma théorique de la névrose actuelle ; ou bien cette angoisse est-elle de l'ordre d'une « angoisse-signal » *(Inhibition, symptôme* et *angoisse)* provoquée par la mise en œuvre du refoulement et des renforts des contre-investissements nécessités par le mouvement de grandes quantités d'excitation ? « Enjeu théorique que l'on rencontre, précise-t-il dans les suites de tout épisode paroxystique : accès psychotique aigu, état amoureux déchiré, trauma affectif, perte brutale, voyage hallucinogène : nous voilà confronté non pas au vieux débat opposant le trauma et la structure, mais à celui des transformations, possibles ou non, du quantitatif en qualitatif[3] ». Une des parties de l'enjeu analytique est de pouvoir relier ou pas cette angoisse à une angoisse de castration – symbolisable…
- Quatrième temps : celui du « depuis », à savoir celui de la perte. Perte non pas d'un objet investi sous les traits d'une personne, ni, non plus, perte d'amour, mais perte d'un moment paroxystique[4] dont Fabienne garde, refoulé, un souvenir ambivalent fait d'émerveillement et de terreur. L'ombre – ou plutôt, en l'occurrence, l'éclat – de l'objet perdu s'est abattue sur

1. Souligné par J. Cournut.
2. *Ibid.*, p. 60-61.
3. *Ibid.*, p. 62, souligné par J. Cournut.
4. Souligné par J. Cournut.

le moi (...). « L'objet perdu règne maintenant dans le moi, qui s'épuise à en contre-investir les effets dévastateurs » Nous ajouterions ici que nous comprenons, à la suite des développements de J. Cournut, que dans le cadre toxicomaniaque, le narcissisme du moi, effracté et « jouissivement » comblé dans l'élation par « l'éclat de l'objet tombé sur le moi », et dont le deuil ne peut se faire, se retrouve dans une ambivalence qu'une analité défensive tentera compulsionnellement d'investir et contre-investir.

Après cette expérience clinique et ses développements théoriques, faisons un rappel sur les spécificités en termes neurobiologiques des hallucinogènes même si nous souscrivons pleinement à l'opinion de B. Brusset selon laquelle la collusion entre la biologie et la psychologie sociale (le « bio-psycho-social ») concernant les addictions fait disparaître l'objet même de la psychanalyse dont la méthode exclut l'investigation biologique et l'enquête sociale pour donner toute sa place à l'expression transférentielle du pulsionnel inconscient et à la causalité psychique. Les facteurs biologiques, traumatiques, familiaux et culturels sont envisagés dans leurs effets sur l'organisation psychique singulière, sa structure et sa genèse[1], ce que nous reprenons pleinement, les connaissances actuelles sur les sites cérébraux et les neuromédiateurs laissant à penser qu'il s'agit dans ces conduites d'une alternative à la sexualité génitale post-pubertaire. Comme le remarque encore Brusset, « Il ne s'agit [dans ses pathologies addictives] ni de refoulement ni de formation substitutive, mais d'une forme de jouissance et de souffrance qui confisque les investissements et exerce un pouvoir d'attraction et de capture de la vue psychique ainsi appauvrie de manière diverse mais souvent croissante[2] ».

Quels autres rapports faire alors entre les drogues hallucinogènes et le fonctionnement psychique, en particulier sa base « hallucinatoire » que les hallucinogènes tentent d'activer et de remplacer chimiquement ? Le LSD[3] (acide lysergique diéthylamide, appelé aussi « acide », substance semi-synthétique et synthétisée à partir de l'acide lysergique, alcaloïde) entraîne des manifestations hallucinatoires et sympathomimétiques d'origine centrale dominantes à faible dose : nausées, vomissements, hypersudation, tachycardie, hypotension et mydriase. La mescaline, l'alcaloïde du peyotl, la psilocybine (voir H. Michaux et A. Huxley) donnent les mêmes

1. Brusset B. (2010), p. 68.

2. *Ibid.*

3. Sa synthèse fait appel à un certain nombre de composés toxiques et explosifs dont l'hydrazine, l'acide trifluoroacétique et la diethylamine. Le LSD à l'état pur est une poudre cristallisée blanche, inodore et soluble dans l'eau. En raison des quantités infimes nécessaires, le LSD est mélangé à d'autres substances telles que le sucre et vendu en capsules, en petits comprimés, en liquide ou appliqué sur des feuilles de gélatine ou du papier buvard. Sa détection est difficile. L'usage de LSD peut générer des accidents psychiatriques graves et durables qui persistent même après l'arrêt de consommation. La consommation de LSD peut entraîner des complications psychiatriques aiguës pouvant durer 24 heures, des réactions de violence fréquentes, des déficits cérébraux. Également des cas de spasmes vasculaires centraux et de dommages neurologiques irréversibles : flash-back pouvant durer plusieurs années après l'ingestion de la dernière prise, spasmes constatés chez 15 % des consommateurs. À long terme peuvent apparaître chez le consommateur un état dépressif ou anxieux, des troubles psychiques et de la personnalité, surtout sur les personnalités « fragiles » (états limites *versus* schizoïdes), des accidents neurologiques. Il n'y a pas de chiffres sur le nombre de morts en rapport direct avec la consommation de LSD, mais on a constaté des suicides ou des accidents consécutifs à son absorption.

symptômes que le LSD ou certains médicaments : corticoïdes, anticholinergiques, digoxine, digitaliques, etc. Les troubles neurovégétatifs s'observeront au début du « voyage » *(trip)*, qui se caractérise par des hallucinations polysensorielles faites d'une distorsion du champ sensoriel et du temps. Le danger de ces substances hallucinogènes est donc l'entrée dans la psychose, mais aussi de rester « scotché », « collé » à des hallucinations chronicisées, ce qui se voit chez des sujets aux personnalités introverties et angoissées[1] (*cf.* Fabienne, *supra*). Ces *flash-backs* de reviviscence d'hallucinations ou de troubles perceptifs[2], des semaines, voire des mois après avoir pris ces produits, génèrent des angoisses de dépersonnalisation. Ces produits sont ainsi loin d'être inoffensifs pour les structures de personnalité les plus « fragiles ».

Sur le plan neurophysiologique, ces hallucinogènes sont des freins des systèmes sérotoninergiques et des facilitateurs des voies catécholaminergiques (dopa et noradrénergiques). Sur le plan neuro-anatomique, le LSD se fixe sur les aires sensorielles et sur les aires limbiques : hypothalamus et hippocampe. L'hypersensorialité hallucinatoire due aux hallucinogènes se comprendrait, du point de vue neurobiologique, par l'augmentation du rapport signal/bruit dans la transmission noradrénergique (par le locus ceruleus) et l'abaissement des systèmes sérotoninergiques ; reste à savoir si cette hypersensorialité hallucinatoire due aux hallucinogènes est aussi présente chez les psychotiques hallucinés. Avec ces produits, l'entrée des perceptions (activité des aires sensorielles) est diminuée, tandis qu'au contraire, le système limbique est activé.

Les hallucinogènes ont ainsi deux effets : ils accroissent, par l'intermédiaire des systèmes monoaminergiques, le rapport signal/bruit et modifient les entrées des perceptions et donc le fonctionnement intime du système nerveux central. Or, comme le remarque le neurophysiologiste J.-P. Tassin[3], l'abaissement des entrées de perceptions (de l'activité sensorielle) et *l'augmentation de l'activité des aires limbiques rappellent un fonctionnement naturel* et *périodique du* système nerveux central : *le sommeil ;* les activités noradrénergiques et sérotoninergiques diminuent en effet pendant le sommeil et s'arrêtent pendant le sommeil paradoxal. Pendant celui-ci les entrées sensorielles sont diminuées tandis que le seuil de perception est accru. Si on envoie un flash lumineux à quelqu'un qui dort, on le réveille et il rapporte qu'il rêvait d'allumer la lumière.

Le rêve, comme les hallucinogènes, montre ainsi la capacité du système nerveux central à fonctionner dans un sens « régrédient » par où l'équilibre sensoriel-limbique est déplacé dans le sens limbique. Cette « régression » anatomo-physiologique du système nerveux central se superpose à la *régression fonctionnelle* et *topique de l'appareil psychique* proposée par Freud dans l'*Interprétation des rêves* : d'un point de vue neurophysiologique le mode analogique de fonctionnement du système nerveux central des premières années de développement peut réapparaître dans des modalités régressives de fonctionnement.

1. Fliege F. (2003).
2. Sadison R.A., Spencer A.M. (1954) ; Eisner B., Cohen S. (1958).
3. Tassin J.-P. (1992), p. 83.

Or, outre l'activité onirique, ce fonctionnement régressif du système nerveux central existe dans d'autres situations, en particulier chez l'enfant de 0 à 2 ans, *avant* l'acquisition du langage. Le nourrisson, qui n'a pas ou peu de systèmes noradrénergiques et sérotoninergiques matures et peu de neurones cortico-intra-cortico développés, présente en effet peu de possibilités associatives : la non-présence (plutôt que l'absence) de re-présentations, en particulier verbales, « pousse » alors à une pulsionnalisation des sensations-perceptions : il faut du représentable, y compris hallucinatoire, plutôt que du vide...

Enfin, le jeune enfant n'a pas non plus de stock limbique. Il reçoit des informations (les systèmes sensoriels sont fonctionnels) mais elles ne seront que peu codées qualitativement (psychiquement), seulement *quantitativement* (hypnose infantile). L'information sera peu traitée par les systèmes noradrénergiques et sérotoninergiques pour l'être plutôt sur un mode analogique, limbique-sensoriel, avec des répercussions végétatives.

Ce mode de stockage analogique et limbique-sensoriel des informations crée, pour la vie psycho-affective, un véritable « bassin d'attraction », *de même type quoique différent quant aux forces en jeu, que celui que réalise par son cadre* et *son transfert, la cure analytique* et *sa régression topique.* Ainsi, devant toute résistance au transfert, ce bassin d'attraction retrouvera les voies neurosensorielles ou neurovégétatives anciennes d'écoulement.

C'est grâce à ce modèle que J.-P. Tassin[1] tente de comprendre la somatisation et ouvre des voies de compréhension du comportement addictif : si le traitement cognitif d'un affect (angoisse non spécifique par exemple) ne peut être réalisé au sein du psychisme, il se fait selon des modes anciens, analogiques, formés précocement et mémorisés, proches de la sphère somatique que vont donc contre-investir les addictions.

La somatisation, de la même manière que le comportement hyperactif ou addictif, pourrait alors être vue comme une *erreur de catégorisation mnésique, voire perceptive, d'un affect,* celui-ci étant ramené à un « seuil de cohérence » antérieur à celui de son traitement cognitif-psychique (holophrase, *cf. infra*) et perceptivo-hallucinatoire. Le mode de fonctionnement dans lequel se trouve un individu en hypnose pourrait aussi favoriser cette dissociation entre les fonctionnements analogiques et digitaux/cognitifs (*cf. supra*).

5.5 L'hallucination négative et la douleur

Ces constats pathologiques chez les sujets addicts et/ou états-limites de la difficile représentation réflexive et subjective d'affects violents et déchirant le « pare-excitation », au point de mettre « à vif » le fond hallucinatoire, peuvent être compris en termes de défaut d'hallucination négative au sens d'A. Green.

Dans « Le complexe de la mère morte », Green met en effet en évidence qu'une blessure narcissique de la mère entraîne la fin de la période heureuse entre le nourrisson et celle-ci :

1. Tassin J.-P. (1992), *op. cit.*

la perte d'amour équivaut à la perte de sens. Le désinvestissement de la mère déprimée a alors pour conséquence la *constitution d'un trou dans la relation d'objet* et des troubles de la personnalité.

> « Il y a un enkystement de l'objet et effacement de sa trace par le désinvestissement, il y a une identification primaire positive à la mère morte et transformation de l'identification positive en identification négative, c'est-à-dire identification à un trou laissé par le désinvestissement et non à l'objet[1]. »

Plus généralement, chez Green, le « complexe de la mère morte » illustre une fonction du négatif révélatrice d'une structure constitutive du fonctionnement psychique et indispensable à tout processus de subjectivation. La fonction de l'hallucination négative va ainsi devenir partie prenante de l'appareil psychique ; elle va constituer un *fond hallucinatoire négatif donnant accès à la figurabilité des perceptions/pulsions par la représentation psychique de la pulsion, celle-ci étant, chez Green, « la matrice d'activité psychique »*.

Élaborée au contact de la mère et témoin de l'introject de l'objet maternel, l'hallucination négative construit ainsi des contenants (psychiques) aux figurations et représentations, ce qui nous permet d'avoir une réponse à ce que nous avions déjà présenté comme défaillant chez les addictés. L'hallucination négative constitue un écran interface pare-excitation et une barrière de contact, lieu productif de l'opération méta de symbolisation imaginante : c'est le début de cette hallucination négative que tente de combler l'objet ou le comportement addictif. Cette hallucination négative a donc une fonction protectrice et antitraumatique : elle met un blanc, un écran de vide figuratif là où le moi pourrait se voir confronté au pôle perceptif/affectif de ce qui est insupportable au pôle représentatif[2]. L'hallucination négative « est ainsi le revers dont la réalisation hallucinatoire du désir est l'avers[3] ».

En d'autres termes, ce processus d'hallucination négative, à mesure que l'objet maternel s'efface en tant qu'objet primaire de fusion, laisse la place aux investissements propres du moi, fondateur du narcissisme personnel, c'est-à-dire au soi psychique (self) *subjectivable. Reflété* dans la langue et le symbolique, *ce soi pourra ultérieurement s'objectiver subjectivement*, dans un mouvement *autoérotique* d'aller-retour, donnant un moi-sujet reconnaissant l'altérité de l'autre et devenu « moi-observateur » de lui-même[4], en acceptant les reproches du surmoi, ce qui, après un long temps de thérapie, pourra amener un sujet à sortir de la compulsion masochiste de répétition.

1. Green A. (1973), p. 235, ce qui renvoie à l'identification endocryptique dont le rôle dans les somatisations fut souligné par N. Abraham et M. Torok (1978), p. 295-317 et 318-321.

2. Lavallée G. (1994), *op. cit.*, p. 88.

3. Green A. (1973), *op. cit.*, p. 302.

4. Notons que ce Moi-observateur est absent dans la subjectivité des états-limites qui diluent celui-ci dans l'excès affectif et utilisent les réactions émotionnelles à des fins de résistance ; *cf.* Kernberg O. (1975), 1979, p. 114-115.

L'hallucination négative est ainsi la précondition à toute théorie de la représentation[1] : *capacité de représenter l'absence de la chose*, elle n'est pas un problème pathologique, à la différence des psychoses blanches dans lesquelles « l'objet, n'étant jamais absent, ne peut être pensé[2] ». Et si l'affect, dans ce cadre théorique, se découvre dans sa manifestation subjective comme tenant lieu de représentation, *son effet le plus saisissant est l'hallucination négative*[3].

On peut alors avancer que si, comme dans les problématiques états-limites, la toile de fond encadrante maternelle – le con*texte*, le con*sentement*, la con*sensualité* (W. Bion), sa rêverie, son accordage affectif, ont été trop faibles ou trop intrusifs (effroi) et n'ont pu être relayés par des investissements d'objets, des « trous » dans l'investissement narcissique et perceptif du soi laissent le moi « à vif » sans projection de surface. Dans ces conditions apparaît alors un fonctionnement psychique incapable de (*se*) représenter l'absence (défaut d'hallucination négative entraînant un défaut de fond représentationnel). *Ce sont ces cas qui posent le problème de la topique de la perception (cf. infra), celle-ci ne pouvant acquérir la « qualité » hallucinatoire négative indispensable à la construction de la lignée subjective du moi.*

Une des illustrations possibles des ratés de la négativité hallucinatoire pourra être aussi la douleur. La douleur de l'abstinent, celle du « toxico » en manque, ou du somatosique, la douleur des « ados » écorchés permet de créer un point de fixation, un contenant, une « pseudo-pulsion[4] » pour une psyché mal amarrée (« Le bateau ivre » d'A. Rimbaud[5]) et en proie à des vacillements identitaires et à une incapacité de représenter les affects

La douleur pourra ainsi être le gardien de la trace d'un objet perdu ne pouvant pas être représenté hallucinatoirement[6]. À la fois comme « pseudo-pulsion » et perception, elle *serait, dans l'ordre narcissique, ce que la pulsion est dans l'ordre objectal.*

Ainsi, les défauts de constitution du masochisme primaire capable de « différer » (donc de pulsionnaliser) l'excès d'excitation trouveraient dans la douleur maîtrisée par l'emprise une possibilité de gêner l'expression de la pulsion de mort, l'économie de l'appareil psychique se trouvant bien entendu modifiée : « La douleur ne serait plus simple réaction mécanique face à l'effraction, elle engendrerait une nouvelle organisation de l'appareil psychique ne répondant plus au processus de refoulement mais sollicitant par exemple une suppression toxique (par les drogues ou des analgésiques[7]). »

1. Green A. (1967), *op. cit.*, p. 652.
2. Green A. (1973), *op. cit.*, p. 235.
3. Green A. (1973), *op. cit.*, p. 302.
4. Dans « Le refoulement » (1915), Freud écrit sur la douleur : « Il peut arriver qu'une excitation externe, par exemple en corrodant ou détruisant un organe, devienne interne et qu'ainsi naissent une nouvelle source d'excitation constante et une augmentation de tension [...] ressentie comme de la douleur. Mais cette pseudo-pulsion n'a pour but que de faire cesser l'altération de l'organe et le déplaisir qui l'accompagne. »
5. Pirlot G. (2007).
6. Freud S. (1926), p. 100.
7. Ferbos, *op. cit.*, p. 77.

Dans ces conditions, la perception, y compris de douleur, joue bien pour le moi le rôle qui revient à la pulsion dans le ça[1]. Dans les addictions cette perception « incarnée » se fera à l'aide d'une pulsion toute particulière : l'emprise qui sera le véhicule de l'aliénation au toxique ou à la conduite addictive sur le moi de l'addicté.

5.6 Emprise et perception clivée du moi

Les addictions mettent en scène des sensations kinesthésiques, sensorielles et musculaires. Or il faut rappeler que pour Freud, l'appareil musculaire est l'instrument sur lequel s'exerce la pulsion d'emprise. Celle-ci est une pulsion non sexuelle qui ne s'unit que secondairement à la sexualité. Ainsi, « l'appareil d'emprise » *(Bemächtigung-apparät)* décrit par Freud *(Trois essais)* est un moyen de domination dont l'activité est le fait d'une pulsion (archaïque) d'emprise qui est intermédiaire *(Bemeigung)* entre le sexuel et le non-sexuel. « L'emprise serait donc indépendante de la sexualité » ; « ses sources seraient indépendantes par rapport aux zones érogènes » et, dans l'ordre de l'ontogenèse, elle serait *antérieure* à la libido sexuelle[2], ce qui, notons-le, ferait d'elle une candidate pour servir le narcissisme, les pulsions d'autoconservation de l'organisme et la pulsion « épistémophilique ».

Au stade oral, cette pulsion est d'emblée dirigée sur l'objet d'amour extérieur qui sera anéanti et Freud, dans « Le moi et le ça », précise que la musculature permet de dériver sur le monde extérieur des motions destructrices. Cette pulsion d'emprise constitue d'ailleurs le seul élément présent dans la cruauté originaire de l'enfant, de sa « haine » pour l'objet.

Mais avec la position sadique de la primauté génitale, cette pulsion assurera la fonction de maîtrise de l'acte sexuel, comme de l'acte de connaissance épistémophilique. En fait, le terme *Bemächtigungstrieb* signifie autant « pulsion de maîtrise » qu'« instinct de possession ». Il traduit l'idée d'un « avoir à conserver » (dans l'ordre des psychoses, Racamier [1980] a souligné combien la mère du schizophrène entretenait cette *emprise sur la psyché* de son enfant ; dans l'ordre somatique, la vasoconstriction serait la forme désymbolisée de cette pulsion). On pourrait alors avancer que cette pulsion d'un type particulier pourrait être sollicitée lors de difficiles et violents conflits vécus par certains sujets états-limites lors de séparations, de deuils, ou toute forme de blessure narcissique.

Le terme de Freud de *Bemächtigung* (emprise) est voisin d'un autre terme qu'il utilise : celui-ci de *Bewältigung*, que Laplanche et J.-B. Pontalis *(Vocabulaire)* proposent de traduire par « maîtrise » et qui désigne le fait de « se rendre maître de l'excitation », qu'elle soit pulsionnelle ou bien externe *(Reizwältigung)*.

Il existe ainsi, manifestement, un point de passage entre « emprise sur l'objet » et « maîtrise d'excitations », voire « emprise par/dans l'excitation ».

1. Freud S. (1923), « Le moi et le ça », *op. cit.*, p. 237.
2. Freud S. (1905), *Trois essais*, éd. 1962, p. 64.

Freud interprétera d'ailleurs la répétition et sa compulsion (dans le jeu de l'enfant ou dans la névrose traumatique) comme un fait dont « on peut attribuer la tendance à la pulsion d'emprise » (*cf.* l'enfant à la ficelle, enfant devenu addicité ; Winnicott, *supra*). Dans son rapport sur l'emprise, P. Denis[1] pose ainsi que *l'emprise constitue une composante ou un vecteur* qui, nécessaire à la pulsion, assure dans celle-ci la tenue et la constance de la vie pulsionnelle sur l'axe source-poussée-but. L'emprise sur l'objet ira donc de pair avec la liaison par la répétition du souvenir traumatique (et de l'énergie qui investit celui-ci) comme dans l'addiction ou le procédé autocalmant.

6. Addiction et délinquance

Si les sociologues et criminologues ont depuis longtemps souligné les problèmes de délinquance que posent l'alcoolisme et la toxicomanie, Daniel Sanfaçon a quant à lui dressé en 2005 une liste des dommages et problèmes sociaux associés à l'usage de drogues : on y trouve la délinquance et la criminalité[2] (p. 27-188), l'insécurité (p. 189-203), la corruption (p. 203-221), l'économie souterraine et le petit trafic, l'exclusion sociale, la précarité et la prostitution (p. 221-261), l'échec scolaire (261-285), les difficultés familiales, les problèmes d'insertion professionnelle, les accidents du travail et les accidents récréatifs.

Dans cette étude les jeunes présentant des difficultés sociales, comme des conduites déviantes ou de l'absentéisme scolaire, ont une consommation plus importante de substances illicites que la moyenne des jeunes de leur classe d'âge comme c'est également le cas pour ceux qui mènent des activités délinquantes. Pareillement, pour les jeunes adultes, ceux qui sont délinquants avérés consomment plus de drogues que les autres[3].

La synthèse des résultats de ces recherches, note Henri Bergeron, établit que les dommages liés à l'usage sont majorés si : 1) l'âge des premières prises se situe en dessous de l'âge moyen d'initiation ; 2) les usagers précoces se portent sur une plus grande variété de substances que la moyenne ; 3) celui qui consomme présente des difficultés personnelles et sociales (personnalité agressive, pauvreté, etc.) ; 4) les consommateurs sont l'objet de procédures de justice pénale et, en particulier, s'ils connaissent des épisodes de privation de liberté[4].

1. Denis P. (1992).

2. Le 5 mars 2024, lors d'une audition au Sénat, des magistrats tiraient le signal d'alarme concernant le narcotrafic à Marseille, réclamant un « plan Marshall » face à un « risque de délitement de l'État de droit » du fait de l'explosion de tous les indicateurs de violence : « une sorte de gangrène qui abîme le tissu social » et fragilise l'État de droit. Certains des magistrats interrogés sous-entendent que Marseille serait devenue une « narcoville » comme certaines villes du Mexique ou de Colombie.

3. Leclerc J.-M. (2022), « Une étude du ministère de l'Intérieur met en lumière le lien entre drogue et délinquance » (*Le Figaro*, 25/09/2022, p. 12).

4. Bergeron H. (2009), p. 59.

Bergeron fait état de l'enquête multicentrique de Lagrange et Mougotov[1] réalisée en 1995 auprès de 1 703 usagers de drogues injectables, répartis entre des sujets ayant commencé leur usage avant 1988, et d'autres qui l'on fait après, constatant l'existence d'un « retard » du passage du cannabis à l'héroïne et d'un vieillissement de l'âge de la première injection.

Ces données illustrent un décalage dans l'entrée dans la toxicomanie. Il y aurait deux formes de consommation distinctes et deux types de populations différentes. Les sujets des milieux aisés grossiraient moins les rangs des toxicomanes que ceux défavorisés et en marge de la vie professionnelle. Ainsi, « la toxicomanie ne correspond plus à une tentative d'exploration de soi » – « étape liminaire entre l'adolescence et l'âge adulte » propre aux adolescents et aux jeunes adultes « hippies » et autres « junkies » qu'à des sujets issus du milieu ouvrier et des groupes sociaux les plus pauvres.

Enfin, « un nombre considérable d'études aboutissent à la conclusion que le lien entre drogue et délinquance est solidement établi d'un point de vue statistique : beaucoup de délinquants seraient également des usagers (réguliers ou toxicomanes) de substances illicites », relève Bergeron[2].

Ces constats statistiques et sociologiques s'avèrent être en lien avec une « anomisation » de nos sociétés occidentales, en particulier la société française.

1. Lagrange H. et Mougotov A. (1997), p. 295.
2. Bergeron H. (2009), p. 69.

Chapitre 3

La question du rapport psyché-soma dans les addictions

Sommaire

Les chapitres précédents nous incitent à nous interroger sur les liens entre certains fonctionnements psychiques, facilement tournés vers le « perceptif », et le soma du corps. C'est un fait : les conduites addictives engagent le corps et, en ce sens, on ne peut avoir une juste représentation, y compris métapsychologique et psychopathologique, de ces conduites que si on introduit le facteur corporel et somatique. Nous envisagerons donc dans ce chapitre la question des balancements entre somatisation et addiction, celle des rapports entre addiction et procédés autocalmants et enfin celle de la pertinence de l'approche psychosomatique psychanalytique des addictions, qui permet aujourd'hui d'avoir une représentation métapsychologique des différents types de clivages du moi en jeu.

1. Le rapport psyché/soma dans les addictions

1.1 Paradoxes addictions/somatisations

Le rapport addiction/somatisation apparaît complexe et cela nous a engagé à considérer que l'approche psychanalytique des addictions ne pouvait se faire que par l'ajout indispensable de la psychosomatique, singulièrement celles de P. Marty et J. McDougall. Nous avions posé en 1997 la question, comme Kreisler, Fain et Soulé[1], de savoir si, chez certaines personnalités, il n'existait pas une certaine contiguïté entre une défense comportementale, l'addiction, et une autre aboutissant à une pathologie organique[2]. Je suivais à l'époque P. Marty[3] qui se demandait si « des investissements toxicomaniaques modifiant l'économie de certains sujets par des chemins hasardeux et pouvant mettre fin à des dépressions essentielles » n'évitaient pas, à court terme, des désorganisations somatiques. Cette question se pose également 1) devant l'apparent paradoxe qu'est l'absence de sensibilité particulière aux infections de patientes anorexiques en phase aiguë de dénutrition et le retour d'une vulnérabilité normale lors des phases de restauration pondérale[4] ; 2) les études d'U. Otto montrant que les adolescents se suicidant développent à distance plus de maladies organiques que les autres adolescents. Ces observations invitent à penser qu'on ne peut se passer d'une théorie psychanalytique psychosomatique sur ces phénomènes, même si celle-ci doit prendre en compte les différences entre les addictions[5].

« Un genre de toxicomanie est découvert par certains jeunes enfants : le spasme du sanglot. Celui-ci correspond à une véritable manipulation chimique par blocage de la respiration pour parvenir à un état d'inconscience », avait écrit M. Fain (1981). Le goût morbide pour

1. Kreisler L., Fain M. et Soulé M. (1981).
2. Fain M. (1981).
3. Marty P. (1990), note 1, p. 55.
4. Levy-Soussan P., Corcos M., Barbouch R., Avraméas S., Poirier M.-F., Bourdel M.-C., Jeammet P. (1993).
5. Otto U. (1972), p. 233.

l'autocontrôle de la détresse va se retrouver encore dans l'utilisation des solvants (éther, trichloréthylène, acétone, colles...), qui ont pour but, outre l'altération de la conscience, un détournement érotisé de la fonction respiratoire. Or, ce détournement n'est pas sans évoquer une pathologie psychosomatique, le spasme du sanglot, étudié par Kreisler, Soulé et Fain[1].

Ces observations fines de M. Fain se trouvent réactulisées et validées aujourd'hui par certains cliniciens – sans qu'ils citent le psychanalyste. Ainsi, récemment A. Ernoul et coll.[2] ont montré que les asphyxies volontaires et passagères se divisaient en deux catégories : les jeux de non-oxygénation (« jeu du foulard »), assimilés à des « conduites à risque » à l'adolescence, et les hypoxyphilies, assimilées à des conduites masochistes, les deux ayant un réel pouvoir « addictogène » et pouvant conduire à des conduites addictives ultérieures.

Le *sniffing* comme le spasme du sanglot apparaissent en effet être des passages à l'acte réalisant des fantasmes de satisfaction liés aux traces mnésiques laissées par des satisfactions réelles (comme celle de la tétée jusqu'à en perdre haleine et le passage obligé par l'asphyxie physiologique lors de la première inspiration à la naissance). Il y a ainsi, dans la toxicomanie, transgression de lois biologiques comme modalité d'accession à la jouissance, soit une sorte de *perversion de la subversion libidinale* mettant en jeu les lois de l'autoconservation, c'est-à-dire de l'opération sur laquelle repose la sexualité psychique ! Cette atteinte des instincts d'autoconservation qui recouvrent en psychanalyse les fonctions physiologiques se montre par exemple dans l'observation par M. Fain d'une femme de vingt-cinq ans, ayant présenté dans son enfance des crises de spasmes du sanglot et qui en était à sa septième tentative de suicide par barbituriques : « Il se révéla au cours de la psychothérapie que ces tentatives de suicide se présentaient sous forme d'accès aigus équivalents à une véritable toxicomanie. »

Charles-Nicolas relate le cas d'une jeune femme, Élise, héroïnomane, placée dans son enfance en nourrice par sa mère qui ne la reprenait que le week-end et qui disait : « Je vomissais tout le temps, j'étais toujours malade, eczéma sur le visage et psoriasis sur les jambes [...], avec l'héroïne tout a disparu[3]. » On peut encore ajouter le propos de M. Monjauze[4] sur le peintre F. Bacon, qui avait vu son asthme disparaître lorsqu'il s'était mis à peindre et à boire, ou encore celui de B. Brusset[5] relatant des cas de boulimies transformées en pharmacomanies, en toxicomanies et en pratiques alcooliques ou délinquantes.

Il apparaît au regard de ces exemples qu'une addiction pourrait suivre ou formuler autrement une pathologie somatique de l'enfance et qu'une pathologie somatique puisse disparaître avec une addiction[6]. Dans notre ouvrage *Les passions du corps*, nous avions décrit six patients, sur une vingtaine trouvés mais non décrits, ayant présenté des somatisations sévères à la suite d'arrêt de conduites addictives, tous présentant un fonctionnement psychique opératoire et/

1. Kreisler L., Fain M. et Soulé M. (1981).
2. Ernoul A. *et al.* (2012).
3. Charles-Nicolas A., Valleur M. (1987).
4. Monjauze M. (1992).
5. Brusset B. (1985).
6. Scharbach H. et Viard A. (1989).

ou alexithymique et ayant souvent arrêté, de surcroît, leur addiction rapidement, sans préparation, pour diverses raisons (d'ordre médical, pari, etc.).

A. Green, dans son étude sur l'affect, n'alla-t-il pas jusqu'à rapprocher pathologie psychosomatique et *acting-out ?*

> « Ces observations [celles portant sur les patients psychosomatiques] nous ont fait penser que la crise somatique des psychosomatiques (ou de certains d'entre eux) représentait un authentique *acting out*. Un agir au-dehors orienté vers le dedans, car, comme dans l'*acting-out*, le but essentiel est l'expulsion de l'intrus (l'affect) hors de la réalité psychique. C'est ce qui nous incite à rapprocher structure psychosomatique et structures psychopathiques. Le malade psychosomatique serait un psychopathe corporel, qui traite son corps comme les psychopathes traitent la réalité sociale, avec une désinvolture extrême et où le sadomasochisme est de quelque manière non seulement inconscient, mais forclos[1] » (p. 181).

C'est, nous l'avons dit, toute la construction du « corps érotique », de la sexualité psychique, du « masochisme de vie[2] » insuffisamment construits qui se trouve chez ces patients posée ainsi que celle d'un sadisme anobjectal.

Vignette clinique 6 : Julie : le « suicide antérieur ». Asthme, psoriasis, ulcère à l'estomac après arrêt de toxicomanie à l'héroïne

J'ai rencontré Julie, 35 ans, ancienne toxicomane, hospitalisée dans un service de médecine pour un ulcère à l'estomac, lorsque je faisais ma recherche universitaire sur les somatisations après sevrage addictif, observation publiée dans *Les passions du corps* (p. 238-242). Je relate ici notre premier entretien :

Julie. – Pendant six ans je n'avais rien… j'ai eu ma fille qui a cinq ans maintenant… j'ai été agent hospitalier à l'hôpital C… à Lille… en fait j'étais secrétaire, la drogue, l'héro, c'était avec des amis de travail, vers 21-22 ans…

Mais en fait tout cela a commencé quand j'avais quinze ans avec les « joints »… c'était pas bien méchant… et puis avec certains qui avaient été en Inde, au Pakistan, on en est venu à prendre de « l'héro »… pour certains c'était une expérience unique… il y avait des infirmiers, des médecins même… mais moi j'ai continué… quand je manquais « d'héro »… Je pouvais même m'envoyer du whisky dans les veines… ça a duré jusqu'à l'âge de trente ans… jusqu'à y a cinq ans… mais ma toxicomanie je la maîtrisais… quand je « galérais » trop… j'arrêtais un moment… je connaissais la limite… mais j'ai vécu avec des types qui, eux, ne la connaissaient pas… Au début j'étais avec un type qui était toxico et moi, pauvre conne, je me suis mise avec lui en me disant que je le ferais décrocher… et pour finir, vous savez ce que c'est, je me « défonçais » plus que lui !

→

1. Green A. (1973), *op. cit.*
2. Rosenberg B. (1991).

→

J'ai tout arrêté il y a cinq ans quand j'ai été enceinte de ma fille... ma décision a été prise en une journée, *je ne me suis pas posé de questions*... De la banlieue, je suis partie pour l'Auvergne me « mettre au vert »... J'ai travaillé là-bas... j'ai été très déprimée les deux premiers mois de grossesse... alors j'ai sniffé de l'héro pendant le troisième et quatrième mois de grossesse... et puis j'ai arrêté... mais la petite est née avec de l'eczéma partout. Ça devait être la drogue...

J'ai été déprimée après la naissance et aussi de la voir comme ça, alors j'ai « re-sniffé » de temps à autre... C'était très dur à l'époque, je ne vois plus ma famille, ni mon père, ni mon frère... depuis dix ans... Mais depuis que je suis dans la région, dans le Sud, depuis un an j'ai absolument tout arrêté... j'ai un CES et des perspectives de boulot... oh, bien sûr, je continue à fumer quand même, et parfois même du hasch... ça personne me l'interdira (me dira-t-elle avec un ton de défi), mais la « dope », l'héro... là, c'est fini...

G.P. – Et les maladies pour lesquelles vous êtes soignée, depuis quand les avez-vous ?

J. – Le psoriasis c'était il y a neuf mois à peu près, en novembre (1990 ; nous sommes, au moment de l'entretien, en août 1991)... l'asthme, il y a deux mois... c'est venu après un accident, une fracture de la huitième côte, le surlendemain, j'ai eu ma première crise... j'suis soignée à la Ventoline et avec des comprimés... et puis maintenant un ulcère de l'estomac... *(Silence.)*

G. P. – Y a-t-il quelqu'un qui souffre ou qui a souffert de ces maladies dans votre entourage ?

J. – Pour le psoriasis... non, personne que je connaisse... mais mon frère avait de l'asthme quand il était jeune...

G. P. – Aviez-vous auparavant eu d'autres accidents, vous ou des gens de votre famille ?

J. – Ma mère est décédée en 1983, j'avais 26 ans, en août 1983... Avant, en 1982, oui, j'avais eu un grave accident... mon grand-père est mort d'ailleurs juste avant en... non, après, attendez... (elle hésite, calcule mentalement)... J'ai eu l'accident en juillet et mon grand-père est mort en... octobre 1982... ça m'a fait un coup... mon grand-père, je m'entendais bien avec lui... on avait le même caractère, comme avec mon père... mon petit frère était plus mou... il ressemblait à ma mère...

G. P. – Elle est morte de quoi ?

J. – D'un cancer... ça a été assez brutal... j'm'entendais bien avec elle, mais encore mieux avec mon père... il aimait bricoler, moi aussi... il était dans la mécanique, dans l'huile et la graisse jusqu'au cou... moi aussi... il était gentil, mais quand il cognait, ça faisait mal, très mal... mais moi, jamais je ne pleurais... Alors que mon frère, lui pleurait pour un oui, pour un non... *Aussi mon père, pour me toucher, punissait mon frère en me regardant*... Mais en fait, vous savez, chez mes parents, les rôles étaient inversés...

Ma mère travaillait dans un hôpital le soir et même le week-end... Et elle n'avait pas les mêmes vacances que mon père... Le soir c'était souvent lui qui s'occupait de nous et les vacances on partait avec lui, sans ma mère... oui, *les rôles étaient inversés*... Nous vivions dans un deux-pièces pour quatre... avec mon frère, on avait creusé un trou dans la porte des w.-c... c'était à Lille...

G. P. – Rêvez-vous ?

J. – Oui... enfin plutôt des cauchemars... La mort, la mort est partout... ma mère vient me réveiller... ou alors, comme depuis que je suis à l'hôpital, je rêve de sexe, de sexualité mais au moment de réaliser, de concrétiser... ça s'arrête... ou plutôt quelqu'un m'empêche au dernier moment... et je me réveille.

G. P. – Vous pouvez m'en dire plus ?

→

→

J. – Ben… non… Je ne sais pas qui est ce quelqu'un qui m'en veut à ce point… Peut-être ma mère tout compte fait ? (Silence.) En fait, vous savez, je pense que je l'ai toujours gênée… Elle s'est retrouvée enceinte alors qu'elle n'était pas mariée… Elle me l'a dit beaucoup plus tard… Elle a même voulu avorter… Elle a pris des pilules, des machins je crois… Ouais, elle voulait que je crève avant même d'être là… P't'être que j'l'ai senti, moi, ce truc à elle, quand j'étais dans son ventre…

P't'être que moi, même dans son ventre, je voulais déjà me suicider qui sait ? Une espèce de *suicide antérieur* à tout ce qui m'attendait après. Pour preuve, elle ne m'a jamais allaitée, me dit-elle soudain, brutalement, crûment, en me jetant les mots avec ironie comme pour me choquer…

Pendant quelques secondes elle paraissait même un peu « abasourdie » par ce qu'elle avait dit avant de changer de sujet :

« Mon projet serait en fait de monter un centre pour des gens qui sortent de prison, ça m'est venu après avoir connu un "taulard" […] Mais pour ça il faudrait que je reprenne des études… Des études de psycho… Mais, moi, j'aime pas la psychologie… alors… je ne sais pas… »

Notre entretien se termina là, Mlle Julie S… étant demandée pour son examen de gastroscopie.

Plusieurs points apparaissent dans cette observation et cet entretien :

- le rapport au père fait d'une identification puissante et de sadomasochisme. Le lien incestueux entre le père et la fille, nous l'avons remarqué, prenait l'aspect d'une « scène primitive sadique », un acte de violence infligé sur un tiers, son frère plus petit. Le fantasme « Un enfant est battu » (Freud, 1919) se doublait *d'un regard « complice » entre le bourreau et le spectateur passif, Julie. S'identifier à son frère (puisque la punition était pour elle) passait par un acte sadique du père se superposant à une attitude de séduction. Toute séduction prit par la suite pour elle un aspect profondément autosadique :* souvenons-nous, son premier engagement amoureux fut en effet contemporain de sa propre mise en scène destructive, par « transitivisme », identification amoureuse à l'autre ;
- l'inversion des rôles entre parents, remarquée par elle, pendant son enfance alimenta sans doute une position en Œdipe négatif, ce qui lui permit de « protéger » maternellement (analement) son père et, d'un autre côté, de rester soumise à l'emprise mortifère maternelle.

Cette « emprise », on l'a vu, était de plus reliée à une dette (de vie) insolvable parce que trop liée à la pulsion de mort. La formule « lumineuse » de « suicide antérieur » témoigne, d'ailleurs, de ce qui, dans son psychisme naissant, a pu être traumatique : elle n'était pas désirée, plus même, elle était « quelque part haïe » : son lien avec sa mère, son lien avec son corps, furent infiltrés de ces affects primitifs violents qu'elle dut introjecter et qui purent, à notre avis, n'être pas « psychotisants » qu'à pouvoir se dissoudre dans le soma et, à l'adolescence, du fait de la resexualisation des représentations, dans des comportements « attaquant » le soma et l'image corporelle

Vignette clinique 7 : Luc, l'homme de Birmanie : rectocolite hémorragique et arrêt de tabac[1]

Je présente le cas de M. Luc grâce à l'amabilité de M. Aisenstein qui en fit le sujet d'une de ses publications (1987), mais sans insister sur la relation arrêt de tabac/rectocolite hémorragique. En effet, dans son approche clinique et théorique, M. Aisenstein avait apprécié la somatisation comme une *solution* somatique à un état psychique proche de la psychose et de l'impossible travail de deuil. Cependant lors d'une conversation que nous eûmes ensemble, elle fut d'accord avec l'hypothèse selon laquelle l'arrêt (brutal) du tabagisme avait dû avoir un rôle complémentaire à d'autres facteurs dans l'éclosion de la pathologie somatique de ce patient.

Cet homme était un scientifique de haut niveau, orienté vers la technologie, se décrivant comme anxieux et aîné de deux enfants, dont une sœur souffrant d'une pancréatite chronique. Il était marié, sans enfant. Sa femme et lui étant très absorbés par leurs professions respectives.

Suit l'historique de sa maladie. Elle le gêne considérablement, note M. Aisenstein. Il relate la survenue des premiers symptômes telle « un coup de tonnerre dans un ciel serein ». Le seul fait qui lui revienne en mémoire est une consultation antitabac, suivie de quelques séances d'acupuncture qui lui avaient permis de renoncer brutalement à ses deux paquets de cigarettes quotidiens. Cette décision n'avait pas été l'objet d'une réflexion, ni d'un souhait, mais était l'effet d'un pari pris à la légère avec des collègues. Pourtant l'idée venait de lui. Ceci précédait de quelques mois (quatre mois) l'apparition de la rectocolite hémorragique pour laquelle il avait été hospitalisé.

On peut voir ici la construction d'un souvenir-écran qui supposerait une tentative de déni de la castration : il ne veut pas savoir en quoi consiste une colectomie – ne plus fumer est le résultat d'un pari.

M. Aisenstein note le peu d'habitude de parler du patient ne supportant pas, par ailleurs, les silences. La littérature lui paraît futile, et tout ce qui touche au psychisme, « loufoque ». Sa femme et lui sortent très peu et n'ont pas d'amis.

J'apprends au détour de la thérapie relatée par la psychanalyste, et après un lapsus de Luc, que celui-ci avait été marié à une première femme, disparue et morte en Birmanie peu de temps après leur séparation. L'attachement affectif et le non-deuil de sa première femme sur un terrain psychique révélant une extrême fragilité de l'appareil mental, une aconflictualité corrélative à des carences du système préconscient, une impossibilité de toute forme de régression furent notés par la thérapeute ainsi que ses difficultés contre-transférentielles avec ce malade qui ne semble pas supporter le type de lien que la relation thérapique entraîne. C'est après deux rêves successifs et isolés qu'il associera l'attachement nié, et encore vivace, à sa première femme et la culpabilité, non reconnue, de l'avoir quittée, reliant ce fait au départ, puis au décès en Birmanie. En fait il apparaîtra que la crise de rectocolite était contemporaine de la grossesse de la seconde femme, qui plaçait M. Luc devant des remaniements psychiques importants : mutation de la seconde femme en femme-mère, paternité vécue avec anxiété surtout s'il s'agissait d'un fils, difficulté d'abandonner le lien affectif « occulte » avec sa première femme, entraînant un « travail de deuil impossible ».

C'est à cette période aussi qu'un incident avec le nouveau PDG déclencha un épisode délirant, de type paranoïaque, que nous ne relaterons pas ici, mais qui s'offrait comme « contrepoint » à la « solution » somatique à ses conflits psychiques actuels.

→

1. Aisenstein M. (1987).

→

Évidemment, le fait qu'il s'agisse ici d'une observation rapportée par un tiers et dans une optique différente de la mienne rend difficile toute interprétation des faits cliniques. Cependant, comme je l'ai déjà dit, après mon entretien avec M. Aisenstein, il apparut que l'arrêt intempestif du tabagisme pouvait être considéré comme un des facteurs ayant entraîné le déclenchement de la pathologie somatique.

Ce facteur s'ajoutait à la configuration psychique particulière et assez typique d'une « pensée opératoire », et aux éléments événementiels nouveaux, la paternité, les deuils à élaborer, la perte de l'ancien PDG, et cela dans un contexte de non-possibilité d'expression de l'agressivité et de retournement dans une position masochique régressive.

Le tabagisme offrait sans doute des possibilités non négligeables d'entretenir un lien avec la première femme qui fumait, en « réifiant », par le plaisir et la souffrance addictive, sa présence dans un moment de retournement de l'agressivité. Son corps était « attaqué » du fait du maintien d'un lien « adultère » avec une morte (crypte). L'arrêt intempestif, sous couvert de pari, recouvrait peut-être également une tentative déniée de faire le deuil de cette première femme lorsque la seconde était enceinte.

Chez cette personnalité on voyait ainsi se développer deux « stratégies » mettant en jeu le soma lorsque les événements obligèrent à un travail psychique portant sur le deuil et la culpabilité avec, à chaque fois, une identification narcissique, mimétique, et un retournement sur soi de l'attaque agressive envers l'objet d'attachement : le tabac de la première femme avait entraîné le tabagisme de M. Luc, la grossesse de la seconde avait entraîné sa rectocolite hémorragique.

Vignette clinique 8 : La « contrevie » de Claude. Cancer, toxicomanie, alcoolisme, hyperthyroïdie[1]

Claude, âgée de 38 ans, travaille maintenant dans le secteur éducatif, après avoir été prise en charge depuis plus de deux ans par notre équipe d'hôpital de jour. Elle a une fille âgée de 11 ans qui est dans une famille d'accueil car Claude était encore, il y a quatre mois, dans une toxicomanie alcoolique entretenue depuis près de 10 ans au point que diverses rechutes graves après plusieurs sevrages firent craindre le pire pour sa santé physique. Mais actuellement, et pour la première fois, elle est réellement abstinente. Le mérite en revient depuis deux ans, d'une part à la prise en charge de l'équipe soignante et, d'autre part, à la présence depuis six mois d'un homme qui n'est pas alcoolique.

→

1. Pirlot G. (1997), *op. cit.*, p. 150-152.

Or, depuis deux mois nous observons un amaigrissement important de Claude, au point que nous faisons un bilan général qui révèle une hyperthyroïdie importante (TRH normal mais augmentation de TSH et T3, T4). Après l'avoir envoyée en consultation endocrinologique, nous revoyons avec Claude les conditions psychologiques de développement de cette hyperthyroïdie. Nous apprenons ainsi, dans un premier temps, qu'il ne s'agit pas du premier « accident » somatique en période d'abstinence et nous mettons ici le résultat de l'entretien que nous avons eu à ce moment-là et sur ce sujet, dans un ordre qui permet de retrouver une certaine chronologie : *« Vous savez que j'ai été toxicomane avant d'être alcoolique… En fait tout ça a commencé avant même d'être toxicomane :* ma mère désirait un garçon quand je suis née… *Je suis en effet la seconde après une fille… Je crois que, comme fille, je l'ai déçue…* Et *puis je ressemblais physiquement beaucoup à mon père – de caractère aussi. À 11 ans mes parents se sont séparés…* »

« Ma mère n'a rien trouvé de mieux à l'époque que de m'envoyer vivre chez ma grand-mère paternelle, avec ces mots "Toi, de toute façon tu es une L…" (Nom de famille de son père)… *Là, chez ma grand-mère, je voyais ma mère le samedi, une fois par semaine. J'ai commencé d'abord à boire en cachette vers 14 ans… puis après le BEPC, vers 15-17 ans, ça a été le LSD,* et *puis en terminale,* l'héroïne… je m'suis piquée pendant cinq ans… Tout ça, c'est venu après que mon père sorte avec ma meilleure amie… Et que celle-ci devienne sa femme, avec qui il vit maintenant en Espagne depuis huit ans… *J'ai atterri alors au Patriarche… Là, je suis restée deux ans : j'ai pu me défaire complètement de l'héro…* Totalement abstinente, *par contre je continuais à fumer du "H". Après deux ans, je. suis revenue à A… (ville où elle habite).* Deux mois après être là on m'a découvert un cancer de l'utérus (corps de l'utérus)… *Après l'opération, j'ai recommencé à boire… Mais alors là, pas… Vous le savez bien d'ailleurs… Quand je suis arrivée ici (après 5 ou 6 hospitalisations en psychiatrie), ça faisait huit ans que ça durait intégralement… Maintenant, c'est fini… Je suis contente, ça fait trois mois hier… J'espère que je pourrai l'année prochaine retrouver ma petite chez moi tout le temps, je dois voir la juge la semaine prochaine.* » (Suivent ici les problèmes actuels portant sur sa garde d'enfant.)

Dans la synthèse de cette observation, ajoutons que Claude présentait une sensibilité agressive « à fleur de peau », une difficulté à verbaliser ses émotions et une vie balisée par les fréquentations de marginaux ou de toxicomanes. Depuis quatre mois, abstinente et réinsérée socialement, nous ne l'avions vue que deux fois les mois précédents et cela pour la *recrudescence d'angoisses* due à une inquiétude de ne pas s'en sortir dans son travail et à son prochain nouveau rôle de mère d'une préadolescente.

C'est dans ce contexte, de perte de contact avec l'alcool, que la maladie de Basedow était apparue, comme était apparu le cancer du corps utérin quelques mois après le sevrage à l'héroïne.

De l'anamnèse des troubles, nous retiendrons :

- à sa naissance, le deuil de sa mère qu'elle ne soit pas un garçon (le choix du prénom, qui ne permet pas phonétiquement de choisir entre le féminin et le masculin, en est d'ailleurs peut-être la trace). *Faut-il voir ici le premier traumatisme* dans la mesure où, et la suite des événements le confirma, *Claude ne fut pas « investie » par le narcissisme maternel* ;

→

- la séparation des parents et le rejet de Claude par sa mère ; rejet qui se doublait d'une *interdiction de s'identifier à sa mère* puisqu'elle ressemblait à son père. Claude *se voyait donc à cet âge prépubère avoir difficilement accès à la « chose » féminine* et *donc revenir à une position fantasmatique très « androgyne » (ce qu'elle était physiquement : cheveux courts* et *toujours en jean)*. La sexualité psychique ne pouvait-elle que régresser à une forme de sexualité « totipotente » d'avant la génitalité ?
- toute cette problématique a d'ailleurs été passablement accentuée lorsqu'à 17 ans elle voit son père avoir pour maîtresse sa meilleure amie. Dans la culpabilité, les motions œdipiennes nécessitèrent un contre-investissement massif : la toxicomanie ;
- le deuil que fut l'abstinence de l'héroïne ayant suivi la maternité de Claude ne put, visiblement, se faire : un cancer apparut à ce moment-là, contemporain du retour dans la ville de naissance, ville où habitait sa mère.

1.2 Les procédés autocalmants dans les addictions

La recherche de sensations d'excitation a été mise en évidence par Zuckerman afin, pensait-il pour les sujets addictés, de maintenir un niveau élevé d'activation cérébrale[1], ce qui permet de lutter contre la dépression essentielle. Ayant recours à une économie de la perception ces sujets, « esclaves de la quantité[2] », luttent contre le vide psychique ou une dépression « blanche ».

Les addictions apparaissent comme permettant une forme de resomatisation, re-sensorialisation par l'excitation, des affects. Il s'agirait d'une maîtrise traumatolytique autocalmante périodique sur la part excitationnelle-sensorielle de la pulsion relative à la périodicité de la vie instinctuelle, périodicité susceptible de surprendre le narcissisme du sujet à n'importe quel moment. Rappelons que le « procédé autocalmant », que nous avons employé plusieurs fois et évoqué avec la notion de Freud « d'image motrice » (*supra*, p. 81), mérite d'être défini. Isolé par les psychanalystes de l'IPSO, à savoir M. Fain[3], G. Szwec[4] et C. Smadja[5], c'est un procédé de portée générale, présent chez tout individu. Telle personne éprouvera le besoin, pendant qu'elle écrit un texte, de déambuler ; telle autre, pendant une discussion, se mettra à fumer, ou tel adolescent, comme le rapporte G. Szwec, aura besoin de taper très fort sur une batterie pour répéter un trauma aux traces sonores inconscientes encore vivaces.

Dans les exemples cités, le pathologique survient lorsque le procédé autocalmant *(self-soothing)* prend une place exorbitante dans le fonctionnement mental de la personne, signant une *emprise du quantitatif sur le qualitatif.* Certains sports, tel celui du rameur solitaire des

1. Zuckerman M. (1971).
2. M'Uzan M. de (1984), .
3. Braunschweig D. et Fain M. (1975) ; Fain M. (1992).
4. Szwec G. (1993).
5. Smadja C. (1993).

galériens volontaires dont G. Szwec a rapporté les souffrances/jouissances particulières[1], apparaissent ainsi être des procédés autocalmants et de véritables *drogues,* comme le déclarent certains sportifs : nous avions observé en 1997, ce qui a été confirmé depuis par d'autres auteurs, que nombre de toxicomanes avaient souvent, avant leur toxicomanie, une importante activité sportive.

Dans le procédé autocalmant et dans l'addiction, l'excitation-sensation vise ainsi à *contre-investir* toute représentation fantasmatique (représentant-représentation) de la pulsion. On peut comprendre pourquoi certains psychosomaticiens, après M. Fain ont référé ces pratiques autocalmantes à la pratique répétée du bercement maternel pour endormir un bébé insomniaque, bercement visant le plus bas niveau d'excitation et remplaçant la fonction du rêve[2].

La mère calmante, désignée « mère-drogue » par cette activité sensori-motrice incessante, ne permet pas à l'enfant de « trouver/créer » cette aire transitionnelle et de jeu que sont le rêve et l'activité fantasmatique. Ce comportement autocalmant apparaît à l'opposé de ce que fait une mère discrète et couvrant silencieusement l'autoérotisme de son enfant. Satisfaisante, celle-ci projette son narcissisme en donnant assez d'amour à l'enfant tout en n'oubliant pas son rôle d'amante, organisant la « censure de l'amante », matrice fantasmatique permettant une liaison des excitations par les fantasmes et la possession d'un « bon objet interne[3] ».

G. Szwec indique une autre voie possible quant à la compréhension de ces procédés autocalmants, à savoir leur valeur présymbolique : suivant les propositions de M. Fain sur les « néo-besoins » et le bercement mécanique d'une mère qui cherche, par cet acte répétitif, à calmer son enfant, ces comportements seraient en quelque sorte l'intériorisation des traces mnésiques du bercement maternel avec la marque personnelle de la mère dans ce bercement. « C'est la qualité du bercement qui a été intériorisé, qui donne aux procédés autocalmants leur valeur plus ou moins opératoire, selon M. Fain. Il y aurait donc un rapport personnel au bercement portant la marque de la mère. » À un niveau pathologique, ce bercement autocalmant non libidinalisé sidérera la vie mentale et pourra être générateur, d'une part, d'une « enclave » maternelle dans la psyché de l'enfant (faux-self) et, d'autre part, d'un type de pensée assez pauvre sur le plan fantasmatique : la pensée opératoire génératrice de somatisation (cette

1. Szwec G. (1998).

2. Cela peut aussi être le don d'une tétine pour arrêter des pleurs, différentes formes de caresses ou de musiques apaisantes, voire un produit pour faire dormir (le fameux Théralène que, médecin généraliste, nous avons bien connu !). Ces gestes viennent normalement soutenir le contre-investissement du refoulement primaire face à l'excitation érotique que pourrait susciter la sexualité des adultes (ce que M. Fain appelle « la censure de l'amante »). Ils peuvent être automatiques, opératoires, de l'ordre du déni, lorsqu'ils viennent s'opposer à un état d'excitation traumatique que la mère a contribué elle-même à établir, ne supportant pas psychiquement les pleurs, qu'elle interprète comme une détresse insupportable pour elle et son histoire. Ce faisant, cette mère induit chez son enfant des néo-besoins proches d'une attitude toxicomaniaque, d'un déni fétichiste ou d'un comportement opératoire : à un problème psychique (l'endormissement de l'enfant) elle répond par une action chimique (le médicament) ou comportementale dont la trace sera inscrite dans le « psyché-soma » de l'enfant.

3. Braunschweig D. et Fain M. (1975), *op. cit.*, p. 285-296.

sidération mentale est proche du « vide de pensée » cherché par la boulimique [Brusset, 1992[1]], qu'éprouve l'état-limite et que redoute l'obsessionnel).

Relevons par ailleurs que ce balancement incessant et auto-agressif *(banging)* se retrouve chez des enfants carencés affectivement, voire chez l'hyperactif avec troubles du comportement (*cf. infra*), la perception de la douleur comblant ici les failles narcissiques et celles de la constitution du masochisme primaire.

Pour C. Smadja, les comportements autocalmants sont des « procédés antitraumatiques qui utilisent les effets de la pulsion de mort pour protéger le moi d'un état de détresse interne » ; ils font appel à la motricité et à la perception, mais il s'agit d'une perception de la réalité brute, factuelle et sans valeur symbolique. Ils s'opposent en tout point à l'autoérotisme parce qu'ils n'ont aucune valeur ni signifiante ni libidinale et qu'ils ne donnent pas lieu à la constitution de représentations psychiques. Smadja propose ainsi que, pour les « névroses de comportement » et les sujets fonctionnant en « pensée opératoire », ou avec des « désorganisations progressives », ces procédés autocalmants puissent avoir une valeur de protection du moi et être un moyen de faire face à l'excitation (interne pulsionnelle comme externe) traumatique, et, en cela, favoriser la reprise d'un travail mental. Smadja s'inspire des premiers travaux de P. Marty sur « la motricité dans la relation d'objet » (évoqués plus haut) où celui-ci signalait la valeur de la motricité dans la constitution de la vie mentale et fantasmatique.

Le contre-investissement (moteur par un comportement addictif) des représentations fantasmatiques est un investissement en contre. Pour J. Cournut[2], ce contre-investissement est une butée contre la désintrication pulsionnelle : chez les sujets addicts dont nous parlons, ce contre-investissement est chimique, neuromusculaire, sensoriel. *Les procédés autocalmants agissent ainsi en bloquant les effets de l'événement traumatique : ils sont donc paradoxalement traumatolytiques.* Les sujets addictés, désertiques, apparaissent essayer de combler par une activité relevant d'un sadisme anobjectal consécutif à un traumatisme prématuré pour le moi une tension d'excitation impossible à psychiser[3]. F. Duparc *(op. cit.)* souligne que les contributions de G. Szwec et C. Smadja sont convergentes avec la conception de l'hallucination négative d'A. Green et le déni. « Nous sommes en effet ici très proches de l'idée de l'hallucination négative comme hallucination blanche, étayée par une décharge motrice ou chimique : mouvement de fuite motrice, d'investissement latéral et d'appétence toxicomaniaque. »

1. Brusset B. (1992).
2. Cournut J., « Le contre-investissement, butée contre la désintrication ».
3. Freud S. (1920), « Au-delà du principe de plaisir », 1981.

2. Exemple des troubles compulsifs alimentaires (TCA)

2.1 L'appartenance des TCA au champ des addictions

La dimension additive dans l'anorexie mentale et la boulimie (les TCA) est aujourd'hui bien établie[1]. Rappelons qu'il existe deux types d'anorexie :

- type restrictif *(restricting type)* : pendant l'épisode actuel d'anorexie mentale, le sujet n'a pas, de manière régulière, présenté de crises de boulimie ni recouru aux vomissements provoqués ou à la prise de purgatifs (laxatifs, diurétiques, lavements) ;
- type avec crises de boulimie/vomissements ou prise de purgatifs *(binge[2], eating/purging type)* : pendant l'épisode actuel l'anorexique, de manière régulière, présente des crises de boulimie et/ou a recours aux vomissements provoqués ou à la prise de purgatifs.

On a rattaché les différents symptômes de l'anorexie (aménorrhée, perte de poids, restriction alimentaire) à l'hystérie[3] puis à la dépression mélancolique alors qu'aujourd'hui on peut relier les TCA à des formes de maladies psychosomatiques (Corcos, 2005). Certaines caractéristiques de ces patientes, à savoir les difficultés associatives, la pauvreté ou l'absence d'élaboration des fantasmes, la tendance à la réduplication projective, l'entrave aux capacités projectives prisonnières des formations de caractère et de l'adhérence à la réalité objective, évoquent en effet des difficultés de liaison entre processus primaire et secondaire, une carence du rôle du préconscient, que l'on retrouve dans la pensée opératoire (P.O.) des malades décrits par Marty (1976) ou les sujets somatisants ou addictés.

Les TCA relèvent des troubles addictifs pour plusieurs raisons : la structure psychopathologique sous-jacente à ces troubles étant voisine de celle des autres addictions, l'évolution vers d'autres addictions toxiques (drogue, alcool, psychotropes) y est notable, la compulsivité avec obsessions idéatives concernant l'objet et la conduite addictive, le sentiment de manque ou de vide et d'impulsivité précédant le recours à l'objet addictif, la substitution d'une dépendance à l'objet humain pour une dépendance à un objet inanimé, disponible et manipulable, le vécu de dépersonnalisation, sorte d'état second hypnotique avec honte et culpabilité mêlées lors des crises, la dépressivité et la lutte antidépressive lors des intervalles, les manifestations somatiques

1. Brusset B. (2008), *Psychopathologie de l'anorexie mentale,* partie III, p. 161-238.

2. *Binge* qui signifie, en langage populaire, « excès », « bombance ». Ce terme a pourtant reçu ses lettres de noblesse scientifique avec la description en 1959, par Stunkard, du *binge-eating* chez des sujets obèses : prise épisodique de quantités massives de nourriture, sous l'effet, le plus souvent, d'un stress émotionnel : comme dans la boulimie « simple », la perte de contrôle est inconsciemment recherchée, sentiment consécutif de culpabilité, remord, mépris de soi.

3. Freud, dans ses premiers travaux, évoque une forme de conversion par refoulement de l'érotisme oral, thèse qui sera reprise par C. Couvreur et J.-P. Valabrega (1988) d'un symptôme de conversion susceptible de se retrouver sur des structures différentes, Lasègue C. (1873) ; Gull W.W. (1874) ; Valabrega J.-P. (1988) ; Couvreur C. (1991).

lors du sevrage, et enfin le maintien masochique de la conduite malgré les effets du manque et les conséquences délétères psychologiques, biologiques et sociales.

Dans le même sens, B. Brusset a décrit la crise boulimique comme « la mise en œuvre d'un palier de réorganisation par rapport à une régression mortifère, ou une désorganisation susceptible d'entraîner dépression essentielle et somatisation[1] ». Le même auteur avance qu'une des fonctions du comportement addictif (ici anorexique ou boulimique) est l'évitement de l'activité psychique consciente et l'exclusion psychique relative ayant fonction de néo-régulation et de re-liaison : « de nouvelles liaisons semblent rendues possibles par la déliaison qu'il tend [ce fonctionnement adddictif] à instaurer[2] ».

C. Combe[3] écrit ainsi que la patiente peut être continuellement sous l'emprise de la faim mais, d'une part, elle lutte contre la tentation d'y céder, tirant satisfaction de cette maîtrise et, d'autre part, elle a une sensation très précoce de rassasiement dès qu'elle se met à manger, ce qui la conduit à arrêter après quelques bouchées. Elle mange d'autant moins qu'elle est en public, et surtout à la table familiale. La vision de gens qui mangent lui coupe l'appétit. Seule, elle se nourrit plus facilement, mais de préférence par petites quantités à la fois, les prises de nourriture étant espacées les unes des autres, et séparées par une autre activité : souvent, elle marche et s'occupe entre les prises d'aliments. On pourrait croire que l'anorexique a horreur de la nourriture. En réalité, il n'en est rien. Elle fait preuve d'un intérêt profond à ce sujet, qui s'exprime de multiples façons, depuis l'acquisition de connaissances sur la diététique jusqu'au vol d'aliments et leur dissimulation dans des cachettes. En effet, ainsi qu'on peut l'observer fréquemment lorsqu'elle est hospitalisée, l'anorexique ne manquera pas de dérober des aliments qui apparaissent avoir été oubliés ou crus tels par quelqu'un en un lieu quelconque de la salle. D'autre part chez elle comme à l'hôpital, on trouve dans ses armoires, ses tiroirs, parfois même dans de véritables cachettes, des aliments déposés sous le lit ; ces vols peuvent porter aussi sur des objets autres qu'alimentaires et prendre caractère de kleptomanie[4].

Au-delà des différences propres à chaque patiente et à son histoire, ce qui apparaît le plus souvent au clinicien à propos des anorexiques sont les failles narcissiques par défaut d'introjection de la fonction contenante de la mère, ce qui a entraîné une maîtrise précoce des angoisses d'écroulement, de détresse, de vidage (celle-ci étant également retrouvée chez l'alcoolique[5]) et d'effondrement dus à ce défaut de cette fonction de contention. Leur enveloppe corporelle paraît « informe », témoignant d'un « moi-peau » passoire, poreux, et aux limites indéfinies que l'anorexique combat par une conduite ascétique, une « servitude volontaire » du corps et des pratiques sportives intensives, cherchant à enfermer un corps androgyne dans une « seconde peau » musculaire rigide. Nous l'avons dit, l'imaginaire de ces patientes est ainsi hanté, comme

1. Brusset B. (1992).
2. Brusset B. (2008), *op. cit.*, p. 213.
3. Combe C. (2002, 2004).
4. Brusset B. et Jeammet P. (1971).
5. Monjauze M. (1991), *op. cit.*

le rappelle V. Marinov *(op. cit.)*, de corps monstrueux, d'ogres, de géants, de vampires, rappelant les cauchemars d'enfance, et témoignant du mode « oral » et de la dépendance à une mère « archaïque » dans lesquelles vivent ces patientes.

Une des blessures narcissiques de l'anorexique est bien souvent de s'être senti irrémédiablement blessée lors de ses premières règles, de n'être « que » fille, honteuse « après-coup » du regard que l'on a pu poser sur elle dès sa naissance du fait de ce sexe féminin. Inscrite dans une dimension phallique, cette blessure est pour elle une hémorragie narcissique ininterrompue la laissant dans le sentiment d'être quelqu'un d'insignifiant, vide intérieurement, de là cette perception d'être « transparente » au regard des autres. À l'inverse, ce sera le « mannequinat » et l'« objectif » des appareils photos qui la rassureront sur cette identité féminine flottante et cette revendication affective inassouvie, quitte à n'avoir qu'une identité et « un narcissisme d'emprunt » (André Green) imprimé par les autres (l'anorexique étant souvent dépendante de l'investissement du regard de l'autre). Ainsi, ces blessures narcissiques précoces entraînent un narcissisme outrancier : elle se voudra « fascinante », c'est-à-dire phallique[1], visuellement (mannequin), intellectuellement, artistiquement, sportivement... et en mettra « plein la vue », y compris par sa maigreur parfois effrayante. Le mannequin Kate Moss, pesant 44 kg pour 1 m 70, représente aujourd'hui ce type de femme anorexique, « boulimique » d'activités et ayant dû, en 1998, quitter momentanément son métier pour une cure de désintoxication[2].

2.2 TCA et addictions : des aspects cliniques communs

Pour M. Corcos[3], les données cliniques traduisent dans les TCA une problématique narcissique commune avec les pathologies addictives, ce qu'avait déjà remarqué dès 1985 B. Brusset en rapprochant l'anorexie des toxicomanies[4], puis en 1990 de la déambulation addictive[5]. « Si le choix du type de conduite et les effets de l'objet d'addiction sont différents, la genèse et la pérennisation de la conduite ont des points communs : failles narcissiques, structuration psychique précaire, actes anti-éprouvés et antipensées, mécanismes neurobiologiques de dépendance similaires. » La « phobie du relationnel[6] » peut mettre ici en rapport avec la « position phobique centrale » d'A. Green *(supra)* qu'on peut rattacher à une angoisse plus régressive face à l'altérité de l'autre/l'objet. « Elle objective un mode de vie opératoire très tôt organisé. L'évitement de

1. N'oublions pas que le mot *fascination* vient du latin *fascinum* ayant traduit le mot grec *phallos*, le membre sexuel masculin en érection.

2. Tonnac J. Ph., de (2004), « Kate Moss », in *Le Nouvel Observateur*, spécial « Mythologies d'aujourd'hui », juillet-août, p. 66-67.

3. Corcos M. (2005b).

4. Brusset B. (1985).

5. Brusset B. (1990).

6. Jeammet P. (1991).

la pensée mais aussi de l'éprouvé mis en place par le sujet dans ses relations ultérieures a pour fonction essentielle de ne pas mettre en péril une organisation d'être au monde sécurisante. »

M. Corcos conçoit la place, le rôle et la fonction du symptôme addictif dans ces conduites, comme une *défense contre des affects dépressifs non structurés,* pressentis comme dangereux et comme un élément qui permet d'accéder à une *jouissance solitaire* plus ou moins masquée ou qui permet une *autostimulation face à un sentiment de vide désorganisateur.* Ce dernier est largement contemporain d'une puberté dont la pulsionnalité sexuelle devient trauma narcissique et exacerbe l'homosexualité infantile (Gutton, 1989[1]) – ce que nous avions présenté plus haut. L'attitude « rigide » de l'anorexique « arc boutée » sur des préoccupations alimentaires cherche à dompter toute excitation (fantasmatique, pulsionnelle, imaginaire), vécue inconsciemment comme toujours traumatique.

> « Sans avoir l'ampleur et la rapidité d'impact d'une drogue proprement dite, un comportement pathologique alimentaire est susceptible d'en avoir certains des effets psychotropes, que ce soit par l'apaisement qu'il peut procurer ou en étant source d'excitations stimulantes pour le psychisme, avec pour conséquence l'apparition d'un certain degré de dépendance (avec la difficulté de séparer dépendance physique et psychique), mais également d'accoutumance. Ces répercussions peuvent être le fait de phénomènes purement psychiques, en lien avec le sens et la fonction de ce comportement dans l'équilibre mental des patients ; ou résulter des effets psychiques propres des sensations procurées par le comportement (Brusset, 1990) ; ou de ceux des modifications biologiques, en particulier des neuromédiateurs, secondaires à la pratique de ce comportement. *Ainsi, les mécanismes neurobiologiques de la dépendance à un objet toxique se retrouvent dans les addictions comportementales comme les troubles des conduites alimentaires.* »
>
> Tassin J.-P. (1998), « Les mécanismes neurobiologiques des dépendances », communication « Les dépendances ». Semaines de la prévention Ap-Hp, 16-19 nov.

Par l'engagement du corps, les troubles somatiques que l'on y trouve du fait d'un fonctionnement psychique particulier rendent les patientes avec TCA (anorexie/boulimie) proches des descriptions trouvées chez les patients somatisants. M. Corcos[2] légitime ainsi toute approche psychosomatique psychanalytique de ces TCA. Il trouve également des traits de caractère et de comportement communs avec les autres conduites addictives, les modalités habituelles de relation de ces patients étant dominées par une dimension narcissique que traduisent ici la quête du regard des autres, la fréquence des attitudes en miroir de celles d'autrui ou leur brusque renversement dans leur contraire – ce qui renvoie ici au « défaut narcissique et de miroir » que nous avons décrit plus haut.

1. Gutton P. (1989).
2. Corcos M. (2005*a*), *Le corps insoumis ;* (2005b).

Le comportement anorexique-boulimique sert ici à contrôler la distance relationnelle, permettant au sujet de maintenir des relations apparemment satisfaisantes et une vie sociale relativement diversifiée. Mais ceci s'inscrit au prix d'un « faux-self » fruit d'un véritable clivage du moi.

En fait, ce qui domine, c'est le rejet de tout lien affectif, le comportement lui-même devenant de plus en plus délibidinalisé, mécanique, « opératoire » : *la disparition de toute activité fantasmatique* et *de tout autoérotisme est compensée par le besoin de sensations violentes pour se sentir exister* et *non pour éprouver du plaisir.* « Le cadre familial dans ces pathologies (qui s'apparente beaucoup au cadre familial des patients psychosomatiques) me semble marqué, écrit encore M. Corcos (2005b), par un manque de possibilités identificatoires ou par un excès de contraintes qui imposent des identifications inacceptables. Le système familial donnerait à l'extérieur une place prédominante en favorisant l'idéalisation de stéréotypes socioculturels et en court-circuitant les conflits identificatoires nécessaires à la construction du sujet. » Mais ces constructions socioculturelles, à défaut d'être incarnées et donc sources de créativité ne fournissent qu'un plaquage pseudo-identitaire. En d'autres termes, si les actes-symptômes des adolescents demeurent l'écho conformiste de constructions culturelles et sociales, malgré leur anticonformisme de façade, c'est que le filtre et l'imprégnation familiale (au sens d'une généalogie, d'un sentiment de filiation) apparaissent déficients ce qui correspond bien à la clinique à laquelle nous avons été confrontés à l'hôpital puis au cabinet avec ces patientes.

L'équipe de l'IMM[1] a souligné que la majorité des conduites addictives se situaient moins dans un registre névrotique structuré ou dans le monde psychotique que dans *des registres narcissiques ou limites* (psychoses passionnelles froides, toxicomanie d'objet), ou encore névrotiques précaires (névrose de dépersonnalisation), *c'est-à-dire dans un cadre de structuration vacuolaire ou d'astructuration à risque psychosomatique*[2].

Dans une approche dimensionnelle, les recherches de M. Corcos et une majorité de cas d'addiction présentent une dimension alexithymique (TCA : 50 à 80 % des cas ; alcoolisme et toxicomanie, 50 % des cas), à risque psychosomatique.

Ces deux approches renvoient à des pathologies majeures du narcissisme : le rôle de l'étayage environnemental dans l'organisation identificatoire et les impasses développementales à l'origine de ces astructurations (Winnicott, 1974) de la construction identitaire qui se fait en regardant le miroir que constitue le visage de la mère. M. Corcos évoque ainsi une certaine instabilité de l'identité maternelle (mère à personnalité intermittente, incertaine, floue), à référer à une dimension transgénérationnelle qui génère une discontinuité de présence psychique et physique. Dans des moments de désarroi, d'impuissance ou de deuil profond, la mère est empêchée de se porter garante de la vitalité, voire de la réalité de la vie, ce qui renvoie à ce que nous avons souligné plus haut, à savoir le rôle de « l'introjection » précoce de pulsions de mort,

1. Corcos M., Atger, F. ; Flament M., Jeammet Ph. (1995.), Corcos M., Atger F., Flament M., Jeammet (2002) ; Corcos M. (2003 ; 2004).

2. Corcos M. (2000), *op. cit.*

déliantes (incorporation, encryptement mélancoliforme), ne permettant pas de construire une « négativité » psychique suffisante et laissant une grande part de l'appareil psychique en « faux-self » (imitation plaquée-adhérence psychosomatique).

« Une transmission *corps à corps* (sous forme d'engrammes corporels) d'une psychopathologie maternelle (...) a pour conséquence [pour l'enfant] un développement et une gestion *sans contenant* et sans auxiliaire physique et psychique organisateur et liant des éprouvés corporels, et le développement d'autoérotismes non nourris physiquement et psychiquement de l'objet[1] », rejoignant là encore ce que nous décrivions plus haut des problématiques addictives. Ce qui a été transmis du corps à corps est ici ce qui n'a pas été exercé (phobie du toucher) ou qui a été intrusif (soins corporels) par un corps éteint ou effacé. Un corps de bébé, pour la mère, qui n'est que simple organisme sans désir, sans fantasme, hypersensible jusqu'à la douleur ; un corps triste ou « sans qualité », un corps non materné.

Au fil du temps, c'est ainsi un corps « désérotisé » non lié à une psyché au bord du vide et de la dépersonnalisation qui ne se maintient qu'au prix de clivage du moi en « faux-self » et pseudo-conformisme, comme ce que décrit, dans son roman *Mars,* F. Zorn, atteint d'une leucémie qui le conduisit à la mort.

L'événement de vie significatif, là encore comme pour toute conduite addictive, c'est la puberté, inductrice d'une impossibilité de faire face à la bisexualité psychique, à l'abandon d'une toute-puissance phallique bisexuelle infantile ainsi qu'à la *séparation effective des corps mère-fille* (dans un fantasme de « corps pour deux » qu'a aussi décrit J. McDougall dans certaines somatisations), pathologie de la « non-séparation » que nous retrouverons à l'orée de somatisations.

2.3 Troubles psychosomatiques et alexithymie dans les TCA

Rappelons tout d'abord que, sur le plan neurophysiologique, deux systèmes sont responsables de la régulation de la nutrition[2] :

- le système des hormones gastro-intestinales ;
- le système régi par l'hypothalamus et le diencéphale.

Or on sait aujourd'hui que les patients présentant des TCA graves souffrent aussi de perturbations biologiques :

- dérèglement de la réplétion gastrique : modification du volume de l'estomac, à savoir sa diminution de volume (et son agrandissement dans les cas avec boulimie) ;
- perturbation du rythme mensuel des règles et de la fonction hormonale féminine ;
- absence d'alternance faim/satiété qui dérègle la chronobiologie du rythme des repas ;
- perturbation du besoin de se nourrir en supprimant l'alternance tension/détente des repas ;

1. Corcos M. (2005b), *op. cit.*
2. Voir aussi Corcos M., Pirlot G. (2011).

- perturbation du rythme nuit/jour et sensation de fatigue qui se modifie. La lutte contre l'endormissement est grande et souvent le recours à l'hypoglycémie pour sombrer dans un sommeil lourd comme pour s'évanouir. La durée du sommeil est alors réduite ;
- chronobiologie perturbée par des repas insuffisants ou inexistants et des grignotages incessants aux heures des repas, en apparence pour se punir des excès mais en réalité pour dérégler plus sûrement les perceptions de la faim et de la satiété ;
- oscillations glycémiques et de l'insuline (risque de malaise hypoglycémique de type sueurs, tremblements, vertiges, irritabilité, état nauséeux.).

Dans ce cadre bio-somatique, la dépression et l'alexithymie apparaissent être centrales, certaines spécificités de la dépression observées dans les TCA constituant des éléments prédictifs d'un risque évolutif vers un fonctionnement alexithymique, associé ou non à des maladies psychosomatiques[1]. Les travaux de M. Corcos et ses collaborateurs ont ainsi montré depuis quelques années qu'il existait une dimension alexithymique primaire dans les conduites addictives, en particulier alimentaires, comme le suggèrent les données épidémiologiques. *Primaire* signifie pour eux fixation structurelle d'un type de relation d'objet et non pas génétique, et n'exclut donc pas l'installation d'un déficit par arrêt du développement.

Elle correspondrait non pas à un mécanisme névrotique telle l'inhibition, où l'énergie pulsionnelle est barrée par le préconscient, mais à un mécanisme interne (entre conscient et inconscient « primaire » ; *cf.* Marty et Dejours, *infra*) servant de pare-excitation d'affects et de représentations spécifiques risquant de mettre en péril l'organisation narcissique du moi. Si le sujet ne peut dépasser cette modalité de fonctionnement psychique clivée, c'est que les premiers liens noués dans l'enfance se sont nourris, pour une part, dans certaines interactions affectives de carence et d'absence.

« Le défaut maternel de liaison des tensions et de développement de la capacité de rêverie et de satisfaction hallucinatoire fait le lit de l'alexithymie » (Corcos, 2005b) et le refus ou, mieux, l'impossibilité du féminin dans ces conduites relève, par le biais de l'alexithymie, d'une défense contre la menace de l'autre (l'altérité). En ce sens cette pathologie addictive, comme les autres conduites addictives, relève comme nous en posions l'hypothèse en 1997 de « pathologies de l'altérité ».

Lors d'événements sidérants (sur le modèle de la névrose traumatique) ou de conflits psychiques trop en prise avec la sexualité, le sujet s'installerait dans une forme de pensée aveugle à toute décompensation corporelle comme à toute relation affective, ceci pour éviter un risque de désorganisation. « L'évolution, précise M. Corcos, d'une conduite addictive vers une pathologie psychosomatique se ferait après un quasi-épuisement du fonctionnement psychologique (du fait de l'absence de solution délirante ou d'issue caractérielle ou de potentialités perverses) vers un effondrement de la libido tant narcissique qu'objectale (dépression essentielle). (…) Le corps, lieu de décharge pulsionnelle inorganisée, devient la dernière protection » *(idem).*

1. Corcos M. (2000), « Les conduites de dépendance », *EMC*, p. 6.

Ces passages de symptomatologies addictives à des somatisations montrent que quelque chose d'« informe[1] » dans le fonctionnement et la structuration psychique est *profondément clivé.* Cette constatation nous amène sur la question des *topiques du clivage* fréquemment en jeu chez les sujets addicts. Le chemin qui mène à celui-ci peut prendre la forme, outre de l'alexithymie, de la désaffectation.

3. Accident sur le trajet de l'affect : la désaffectation dans l'addiction

« Lorsque ma mère m'appelle au téléphone, il me faut saisir une cigarette pour faire face et calmer le déluge émotionnel que sa parole, son timbre de voix, son débit provoquent sur moi… J'en aurais presque une crise d'asthme si je ne pouvais fumer… » Ainsi s'exprimait Laure. La cigarette était prise pour se « désaffectiver » face à une présence maternelle par téléphone que Laure vivait toujours comme « intrusive », asphyxiante…

Quête de sensations-excitations par un comportement ou un objet, l'addiction mène le sujet addict à se dépendre d'une dépendance affective par une dépendance, une aliénation dont il est l'emprise comme s'il ne se sentait pas « affecté » par elle. Cette « désaffectation », rappelant le *fading* schizophrénique ou l'alexithymie, se traduit sur le plan clinique par une parole qui semble avoir perdu son lien avec la liaison pulsionnelle. J. McDougall fait l'hypothèse que les sujets « désaffectés » « ont fait précocement l'expérience d'émotions intenses qui menaçaient leur sentiment d'identité et il leur a fallu, pour survivre psychiquement, ériger un système très solide pour prévenir un retour de leur vécu traumatique porteur d'anéantissement[2] ». Cet état de choses amène ces personnes à se réfugier dans une prison lugubre, sans affect ni émotion, pour survivre à une terreur sans nom. Pour comprendre ce trajet amenant à ce difficile lien entre représentation verbale, cognitive et affect, faisons quelques rappels succincts sur l'approche psychanalytique de l'affect.

Dans l'*Esquisse/Projet,* l'affect est « produit par une libération soudaine de l'excitation antérieurement emmagasinée par frayage ». Dès cet *Esquisse/Projet*[3], l'affect a aussi valeur de signal : toutes les fois qu'une série de traces mnésiques se trouve activée et qu'elle met en jeu un frayage qui libère des excitations, il en résulte un affect. Le plus souvent, donc, dans la période qui va de 1893 à 1915, la théorie insiste sur l'aspect *quantitatif des investissements en jeu dans l'affect.*

1. Le Poulichet S. (2003).

2. McDougall J. (1989), *Théâtres du corps,* p. 122.

3. Freud S. (1895), « Le Projet d'une psychologie scientifique », in *Lettres à Wilhelm Fliess 1897-1904,* Paris, PUF, 2006, p. 595-697.

Par la suite, dans les écrits métapsychologiques (« Le Refoulement[1] » ; « L'inconscient[2] ») l'affect est défini comme « le facteur *quantitatif* lié à la pulsion ». Freud y distingue l'aspect subjectif – et donc qualitatif – de l'affect (l'émotion) et les processus énergétiques qui le conditionnent.

L'affect est ainsi conçu comme ce rejeton de la pulsion, distinct par essence et par nature des représentations mais comme *moteur de transformation* de celles-ci. L'affect serait ce *reste* qui, de la pulsion, ne peut être réduit par la représentation (Green[3]) et garderait ainsi le pouvoir *toxique* de déclencher des « pulsations » excitationnelles somato-biologiques.

Va dans ce sens l'emploi, par Freud, parallèlement au terme d'affect, de celui de « quantum d'affect », insistant sur l'économique : « Le *quantum* d'affect correspond à la pulsion pour autant que celle-ci s'est détachée de la représentation et trouve une expression adéquate à sa quantité dans des processus qui nous deviennent sensibles comme affects » (« Le refoulement », p. 79-80). Les affects inconscients constitueraient ainsi les stades originaires de ce qui va donner naissance à la trajectoire perceptive et représentative : *l'affect est une émotion en quête de forme.* En tant « qu'acte interne » en mouvement[4] comme la pulsion, il pourrait tendre autant vers la décharge somatique que vers des fractionnements dans des séries de liaisons, des regroupements de sensations, de représentations, d'effets moteurs (Green, 1973[5]).

Ceci rappelé, précisons que la désaffectation suppose un processus, une « action psychique » qui utilise différents mécanismes de défense : refoulement, répression, régression, négativation, dispersion et démantèlement. Pour tout de suite définir les choses, disons d'emblée que la désaffectation serait perdre un acquis, à savoir le processus d'affectation ou, à tout le moins, ne pas en finir la construction (pour des raisons symboliques) alors que l'alexithymie relèverait tout simplement de *la non-construction* et *de l'avortement de la genèse de ce processus d'affectation*[6].

Ainsi, en psychopathologie de la désaffectation, le sens sera plus précisément : *retirer* la possible perception et représentation d'affects, donc le ressenti émotionnel ou plus précisément la qualification des affects. La crainte de l'éprouvé émotionnel de honte ne serait pas ici étrangère à la situation… L'analité propre à la *honte* risquant de refluer sur la génitalité liée au dire verbal ou à la conscientisation de l'éprouvé affectif, serait réprimée, refoulée, clivée…

1. Freud S. (1915), « Le refoulement *(Die Verdrängung)* », GW X, 248-261 ; SE XIV, 146-158 ; in *Métapsychologie*, Gallimard, 1968, p. 45-63.

2. Freud S. (1915), « L'inconscient *(Das Unbewusste)* », GW X, 264-303 ; SE XIV, 166~204 ; in *Métapsychologie*, Gallimard, 1968, p. 65-123, *OCF-P* XIII, PUF, 1988.

3. Green A., 1995, *La causalité psychique*, Paris, Odile Jacob, p. 316.

4. Il conviendrait peut-être de parler, avec M. de M'Uzan, de « processus d'affectation ». Ce processus d'affectation concernerait *le corps et tous les systèmes psychiques* tandis que *l'affect resterait, lui, lié à la conscience (de soi)*, M. de M'Uzan (1970), « Discussion au rapport sur l'affect d'A. Green » ; et (1977) « Affect et processus d'affectation », p. 98-105.

5. Green A. (1973), *Le discours vivant*, chap. v.

6. *Étymologie :* Étymol. Et Hist. 1876 fin : « retirer l'affectation, la destination qu'on avait assignée » (Lar. 19e Suppl.). « Dérivé de désaffecter. Action de désaffecter ; *résultat de cette action*. La désaffectation d'une église, d'une caserne, d'une gare », nous apprend le Littré, puis Dictionnaire de l'Académie française : « *Résultat d'une action* » soulignons-nous, « celle d'un *retrait* ».

On voit qu'avec la désaffectation, à la différence de l'alexithymie qui résulterait de clivages précoces dans le moi, on serait dans de *l'affect déjà là* ou *en voie de constitution*[1] pour lequel des mécanismes de défense seraient soit plus élaborés (refoulement, répression, isolation, régression, négativation), soit plus archaïques (démantèlement).

Narcisse souffre mais se défend alors par l'addiction. Ceci permet de poser que la désaffectation, vise à protéger le « narcissisme de vie » du moi subjectif avec le résultat paradoxal d'aboutir à un « narcissisme de mort » (Green, 1983). L'exemple littéraire de cette problématique[2] est celle exposée par Henry James dans *La Bête dans la jungle*, admirablement analysé par A. Green[3]. *La Bête dans la jungle* met en scène une relation aimable mais profondément cruelle entre le héros John Marcher et une femme qui se languit de l'aimer sans que jamais il ne déclare son attachement pour elle. Elle finit par mourir de l'attente sans autre signe que celle d'une séduction froide de la part de celui-ci. La Bête est le destin de Marcher chez qui la pulsion sexuelle est imprégnée par un sadisme destructeur : aussi, en voulant se défaire de celui-ci, il anéantit en lui toute forme d'amour d'objet. « "La Bête dans la jungle" prendrait alors une signification inattendue : celle d'une variation sur le thème œdipien[4] », mais une variation particulière : le châtiment final ne punit pas un désir transgressif (comme dans l'Œdipe), mais un non-désir de l'objet au profit du seul narcissisme. Cette nouvelle raconte ainsi « une version narcissique du mythe œdipien, pas moins tragique que ce dernier[5] ». « Ce qui est en question ici est d'une autre nature : l'inversion du désir en non-désir[6]. »

L'échec du narcissisme, cette fois, féminin ou celui du sommeil, a été décrit par V. Marinov dans certaines anorexies[7]. Comme dans le mythe, Narcisse est bien celui qui lutte contre toute intrusion de l'affect, en particulier celui suscité en miroir par l'amour et le désir de la nymphe Éros. Le réflexif trouvé dans l'image de soi-même dans lequel Narcisse se complaît vise ici à créer un « écran-miroir » à toute irruption d'affect, à toute « passivation » (Green) qu'entraîne immanquablement l'irruption de celui-ci dans la vie psychique et dans l'organisation narcissique du moi.

Une sorte d'absence de « plasticité » psychique acquise avec un masochisme « gardien de vie » (Rosenberg[8]) manque ici, rigidifiant le tissu narcissique du moi au point de créer un écran protecteur, « pare-excitant », fait soit de clivage, soit d'isolation, soit de quête addictive d'objets : l'adolescent aura souvent recours à ces mécanismes mais, heureusement, de façon non prévalente et parmi d'autres mécanismes de défense.

1. Pirlot G. (2017), p. 9-22.
2. Pirlot G. (2015).
3. Green A. (2009), *L'Aventure négative. Lecture psychanalytique d'Henry James.*
4. *Ibid.*, p. 39.
5. *Ibid.*, p. 40.
6. *Ibid.*
7. Marinov V. (2001), p. 37-70.
8. Rosenberg B. (1991).

Toutefois pour les sujets souffrant de cette désaffectation, nous pouvons postuler qu'une des conditions d'acquisition d'une passivation nécessaire à l'acceptation intrusive de l'affect est la présence d'un tiers paternel qui, chez eux, a été manquante. Or cette fonction paternelle œdipienne, faite à la fois d'amour et d'interdit, est celle qui, *bisexuelle,* rend précisément opératoire un masochisme de vie : celui-ci serait, pour le narcissisme du moi subjectif, une forme de matrice vaginale lui permettant de recevoir et d'épouser les contours de la vie affective et pulsionnelle qu'impose l'objet.

Une des fonctions tierces paternelles (retrouvée dans le cadre analytique) serait donc d'accepter subjectivement pour le moi l'expression « douloureuse-non douloureuse », provoqué par l'affect, ceci par le biais de l'acquisition d'un « masochisme bien tempéré » (ce qui renvoie au « divan bien tempéré » de J.-L. Donnet) des affects conflictuels, violents et passionnels. Si ces conditions ne sont pas présentes, la crainte du point de vue thérapeutique peut être la continuation, l'entretien, chez le sujet d'une topique du clivage lui permettant d'éviter une réouverture de brèches inaléborables pour le narcissisme de son moi.

4. Une topique du clivage chez les addictés

4.1 La topique du clivage

Nous l'avions souligné dans nos premières définitions du fait addictif, un clivage y préside. Ce clivage laisse dévoiler ce que nous pourrions appeler une « troisième topique » après la première (Cs-Pcs-Ics), puis la seconde (moi, ça, surmoi) de Freud. Cette « troisième topique » oppose ici l'inconscient de la 1re topique, celui du refoulé sexuel, et la deuxième topique avec l'inconscient du ça fait de « motion pulsionnelle » pouvant se décharger dans l'action ou l'hallucinatoire. Cette manière de théoriser une troisième topique se trouve contenue dans l'œuvre d'A. Green[1] et les travaux de C. Dejours et B. Brusset[2]. Nous renvoyant à la deuxième topique,

1. Lors du colloque de Deauville de 1984 (1985), A. Green s'interroge : « La nature profonde de l'affect n'est-elle pas d'être un événement psychique lié à un mouvement en attente d'une forme ? » Il répond, montrant toute l'importance de la représentation de chose et introduisant une modification par rapport à ce qu'il avait avancé dans *Le Discours vivant :* « Lorsque le représentant psychique investit la représentation de chose, littéralement l'accapare et l'occupe, cela donne naissance au représentant-représentation de la pulsion. Le représentant psychique qui s'est exprimé sous la forme d'un besoin global (la soif par exemple) se scindera alors en représentant-représentation (boisson fraîche) et en un quantum d'affect qui renseigne sur l'intensité de l'investissement de ce représentant-représentation. » Ici, c'est l'investissement de la représentation de chose qui sépare représentant-représentation et affect (et non plus le refoulement), la différenciation entre le représentant-représentation et l'affect résultant de l'élaboration psychique. La représentation de chose donne à l'affect sa première forme. Le refoulement peut s'opposer à cet investissement, si bien que le représentant-représentation et le quantum seront refoulés et séparés, chacun pouvant connaître un destin spécifique.

2. Comme le remarque B. Brusset. (Métapsychologie des liens et troisième topique. Rapport, Congrès [2006, p. 1232 *sq.*]), l'idée d'une troisième topique avait déjà été avancée par différents psychanalystes : P.-C. Racamier

A. Green rappelle que Freud y supprime toute allusion aux représentations dans les descriptions qu'il donne du ça et que, remplaçant les représentations par les motions pulsionnelles, il privilégie l'enracinement somatique, la force dynamique franchissant les frontières des instances, la compulsion de répétition qui témoigne du faible contrôle du moi sur les pulsions. Freud insiste sur la fonction de la décharge qui est une caractéristique que le ça partage avec l'affect. Au niveau du ça, seules sont présentes des motions pulsionnelles contradictoires, au sein d'une structure organisée par l'opposition pulsions de vie/pulsions de mort. Le ça ne peut être le siège que de phénomènes de tension et de décharge. Le moi n'admet en lui que des fragments du ça « domestiqués », selon Freud. S'appuyant sur « Constructions dans l'analyse », où Freud accole l'affect à la motion pulsionnelle et où apparaît nettement l'hétérogénéité des matériaux, A. Green avance l'idée que « ces fragments du ça sont constitués d'un matériau tel que la division en affect et représentation y est impossible » mais aussi qu'« au niveau du ça, l'affect, indistinct de la représentation, est irreprésentable. Il est en quête de représentation[1] ».

En 1982, le texte d'A. Green sur « la double limite » introduit à un schéma qui situe d'une part les relations de l'appareil de langage dans l'appareil psychique vu précédemment, et d'autre part montre que la séparation interne-externe (DD/DH) se double d'une autre séparation interne-interne (DD/DD). Ainsi, selon A. Green, il est important de prendre en compte deux aires limites dans l'appareil psychique : une aire intermédiaire dans l'espace du dedans, entre l'inconscient et le conscient-préconscient, et un espace potentiel entre le dedans et le dehors[2].

Les sujets états-limites ont besoin d'une distance psychique pour éviter à la fois l'absence et l'intrusion qui entraînent une incapacité à créer un espace potentiel. Les limites importantes sont la limite entre l'objet interne et l'objet externe, la limite entre les angoisses de séparation et d'intrusion. Nous pourrions ainsi ajouter à cette conceptualisation, que, selon la formule de J. McDougall, « l'objet transitoire » qu'est l'objet addictif sera précisément, pour les sujets « limites » et les « organisations non névrotiques », « l'objet-chose » qui va s'imbriquer, jouissivement, à la jonction de cet espace DD/DH et DD/DD, redonnant ainsi à la psyché, au corps, une sensation de reviviscence (*vital-identital* de M'Uzan), d'existence...

Ceci dans la jouissance et la souffrance (douleur plus que masochisme érogène) car, encore une fois, si le plaisir et le « principe de plaisir » relèvent de la 1re topique, *la jouissance* qui

(1992), A. Green (1975, 1983, 1990), C. Dejours (1986), W. Reid (1996), P. Bercherie (2000), R. Cahn (2002) et récemment B. Brusset lui-même (2006).

1. Green A. (1987), p. 114.

2. Répondant au rapport de Bernard Brusset au congrès de Lisbonne, A. Green écrit : « En proposant autrefois le concept de limite, j'avais plus en tête la prise en considération d'une interface. Le modèle de la double limite proposé en 1995 s'efforçait d'articuler la limite dedans-dehors avec celle du dedans-dedans entre inconscient et conscient-préconscient. Cela débouchait sur la nécessaire articulation de l'intersubjectif avec l'intrapsychique. B. Brusset prolonge avec beaucoup de raison ce modèle. En particulier, il montre comment la limite est une véritable interface, lieu d'échanges, lieu d'élaboration transitionnelle et peut-être lieu commun de plusieurs systèmes théoriques féconds qui ont marqué la psychanalyse de la fin du dernier siècle avec les patients de W.R. Bion, D.W. Winnicott et aussi J. Lacan. » ; Green A., « Le tournant des années 2000 », p. 246 ; *cf.* Pirlot G., Cupa D., p. 97.

se trouve « au-delà du principe de plaisir » relève de la *seconde topique,* par où le pulsionnel « plonge » dans les racines somatiques du ça et son « besoin » de décharge, comme dans les addictions ou l'orgasme sexuel, sauf que cette seconde topique se trouve ici à la fois *externalisée sur la conduite* (importance des gestes, de la sensori-motricité, des procédés « autocalmants » : le « dehors ») et, *à l'intérieur, « fractalisée », c'est-à-dire infiltrée en secteurs s'auto-emboîtant,* par des éléments jouant « après-coup » comme des tentatives de ré-étayage (autoérotique) d'une sexualité psychique imprégnée de la première topique et formant ainsi ce que nous pourrions relever d'une troisième topique, plus complexe.

Comme nous le notions à propos de la proximité entre l'« *obj*et transitoire » qu'est l'objet addictif et le « proto-objet autistique » venant assigner au corps, *via* des excitations-sensations en excès, une topique du clivage, le sujet addict paraît ne pas disposer de la voie « par contact direct » *(die Berührung im direckten)* du ça vers le moi (et moi-corps) – voie directe dont *l'affect* représente le véhicule mais qu'une pensée opératoire, une alexithymie et/ou un clivage entravent, l'autre voie directe étant pour Freud, en 1923[1], l'idéal du moi, que l'investissement sur l'objet drogue, le dealer, ou la conduite addict incarne à sa manière. Ceci pose la question des rapports et de la fonction de la conduite addictive, en termes de topique freudienne, la première et la seconde paraissant, dans ses conduites où le corps, le perceptif, l'extérieur et le clivage paraissent être au premier plan, dépassées au point de faire l'hypothèse d'une troisième topique.

Il y a quelques années C. Dejours[2] a explicitement proposé cette troisième topique, dite « topique du clivage », pour comprendre l'organisation psychique et psychosomatique des patients caractérosiques (névroses de caractère ou de comportement), c'est-à-dire de sujets proches de ce que l'on décrit habituellement par « état-limite ». Nous avons par la suite en 1997 développé l'importance de la « topique du clivage » pour en montrer d'autres spécificités en rapport avec l'autoclivage narcissique décrit par S. Ferenczi. L'idée du clivage du moi chez les addictés a d'ailleurs été avancée dans d'autres travaux comme ceux d'O. Lesourne (2007).

Rappelons que ce concept de clivage du moi *(Ichspaltung*[3]*)* fut proposé par Freud à la fin de son œuvre, pour apprécier les perversions comme des constructions psychiques se situant entre névroses et psychoses, dans la mesure où le *déni* de la réalité dans les perversions, portait simplement sur une partie de la réalité, sexuelle, celle de l'absence d'un pénis chez la femme.

La dimension perverse des conduites addictives, nous le verrons dans le chapitre suivant, serait quant à elle à relier à cette recherche de sensations l'emportant sur un tout autre mode de jouissance au prix d'un clivage du moi subjectif qui, d'une part, « sait » qu'il court à sa perte et, de l'autre, ne peut s'en empêcher. Il s'agit par ce mécanisme de maintenir deux éléments contradictoires (reconnaître la réalité et ne rien se laisser interdire) « au prix d'une déchirure

1. Freud S. (1923), 1981, p. 271.
2. Dejours C. (1986) ; (2001).
3. Freud S. (1938), 1985, p. 285.

dans le moi, déchirure qui ne guérira jamais plus, mais grandira avec le temps. Les deux réactions au conflit, réactions opposées, se maintiennent comme noyau d'un clivage du moi[1] ».

Ceci rappelé, précisons que l'élaboration de la « troisième topique » chez C. Dejours s'est faite en partant essentiellement de la première topique freudienne (inconscient, préconscient, conscient) que Dejours élargissait en faisant basculer les lignes de clivage horizontal à la verticale. Comme Freud l'a proposé[2] puis P. Marty, force a été en effet d'admettre l'existence d'un *troisième inconscient, non refoulé* celui-là, violent et proche de la défense de l'autoconservation de l'individu, lié à des « mouvements instinctuels » que Marty qualifie de « de vie et de mort ». Ce sont les échecs de ce que Dejours, reprenant les travaux de J. Laplanche[3], appelle la « subversion libidinale » des fonctions biologiques propres au développement de la psychosexualité (développement du « corps érogène ») qui, dans ce cadre théorique, pourrait avoir rendu muettes des zones et des fonctions de ce corps érogène – par formation de zones non sexuelles du corps.

Pour comprendre la clinique des somatisations mais aussi celle des états-limites (figure 3.1), faux-self, personnalités narcissiques, psychopathes et psychotiques, Dejours met ainsi en scène un clivage vertical et sépare d'un côté une zone comprenant en haut le préconscient (préconscient) et en bas l'inconscient refoulé (secondaire; inconscient II), ces zones étant séparées par le refoulement (processus inconscient) et, de l'autre, une zone où le conscient fait face à un inconscient primitif (instinctuel/ « amential » ; inconscient I) que la répression (mécanisme de défense conscient) des affects sépare.

Ainsi, d'après cette topique, la seule digue mise en face de l'inconscient primaire apparaît être la pensée consciente, opératoire, coupée de l'inconscient secondaire et refoulé et donc du préconscient, lieu de « métissage » des excitations en pulsions.

S'ajoute à ce schéma l'hypothèse de P. Marty et M. Fain d'une « zone de sensibilité de l'inconscient » où celui-ci est séparé de la réalité extérieure (le réel) par une moindre épaisseur du préconscient et du Cs et où l'inconscient est stimulé directement par la réalité *via* la perception (sensation) et non par une représentation. Cette troisième topique a le grand mérite d'offrir une vue d'ensemble cohérente sur les différences entre personnalité « opératoire » et caractérosique (« névroses de caractère » et « névroses de comportement » de P. Marty *[supra]*).

À partir de cette troisième topique (figure 3.1), on peut comprendre comment, en somatisant, le caractéropathe, le faux-self sauve son économie – et sa topique – psychique en évitant tout sentiment de devenir fou ou en n'acceptant pas sa « folie privée » (Green). Le caractéropathe attaque son soma (son moi-somatique) pour sauver son moi psychique de l'intensité

1. Freud, S. (1938), *op. cit.*, p. 285.

2. Au texte de Freud de 1938 sur les perversions qui apporte des précisions en ce qui concerne le clivage du moi aboutissant à la création du fétiche ou à une addiction par clivage opéré sur une perception corporelle (Ferenczi), il faudrait ici préférer la fin du chapitre du texte « Le moi et le ça », où il est fait allusion à un « inconscient d'une autre nature » comme Freud nous y invite (1923, p. 229).

3. Laplanche J. (1970).

violente et destructrice de ses affects (la rage narcissique, y compris dans les sentiments de pertes ou d'abandon fréquemment rencontrés dans l'anamnèse des somatisations).

Dans cette troisième topique le clivage, séparant inconscient refoulé et inconscient primitif, implique une absence de communication entre eux. Éros et Thanatos y semblent séparés, l'un relevant de l'inconscient refoulé, l'autre de l'inconscient primaire/ » amential », alors qu'ils sont liés et indémêlables. On pourrait toutefois « complexifier » cette troisième topique et y inclure la deuxième, celle du moi, ce que fit d'ailleurs Freud à la fin de l'article « La personnalité psychique[1] », dans un schéma où il regroupe les deux premières topiques, ce qui permettrait de prendre en compte le rôle des instances et « agglomérats » psychiques (*via* l'émotion et la libido narcissique, *cf. infra*) dans le déclenchement et l'entretien des somatisations.

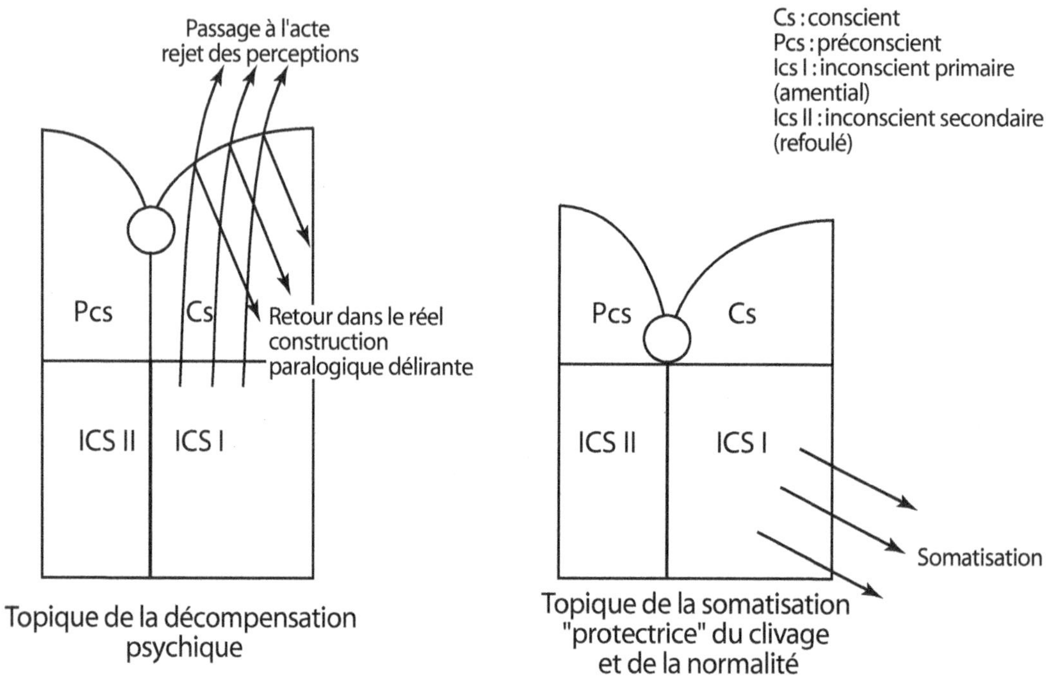

Figure 3.1

Il n'est pas ici superflu de rappeler ce qu'est le moi dans la métapsychologie freudienne :

- le moi est formé par la différenciation d'une partie du psychisme, à partir du corporel ;
- le moi est le siège du « jugement » permettant une effraction du psychisme de l'intérieur vers l'extérieur ;

1. Freud S. (1933), « La décomposition de la personnalité psychique », *Nouvelles conférences d'introduction à la psychanalyse*, Paris, Gallimard, 1984, p. 108.

- le moi est issu du refoulement protégeant le psychisme d'une effraction de l'extérieur. Il dévie les quantités d'excitations d'une voie de frayage qui conduit à un « neurone clé » (partie I) ;
- le moi est doué d'attention (proche de la fonction contenante de Bion) ;
- enfin, en 1921, le moi sera, par Freud, considéré comme « projection de surface ».

S'il y a donc une forme de continuité entre soma et psyché, c'est aussi bien par le ça que par le moi qu'elle passe, mais un moi collé à son fonctionnement somatique, n'ayant donc pas décollé de ses assises « soïques » somatiques et disjoint de sa projection (de surface) subjective. L'addiction montre que le moi n'a pu advenir de façon satisfaisante en tant que « projection de surface » (Laplanche[1] ; Freud[2] ; Anzieu[3]), restant un moi indistinct du ça, au moins dans certaines zones entretenues : cette *indistinction a-topique* entre moi-ça et moi-psychique et moi-objet est à son maximum dans l'excès affectif qui s'est propagé comme un gaz dans les enveloppes et failles narcissiques de ce moi en le désorganisant.

4.2 La topique des clivages autonarcissiques

Nous avions souligné précédemment que l'approche psychogénétique des addictions laissait percevoir l'importance des relations mère-enfant, des pertes d'objets, de la séparation-individuation et de l'analité qui lui est contemporaine, du deuil originaire et de la dimension mélancolique sous-jacente à l'advenue du « je » subjectif, comme des traumatismes narcissiques précoces par défaut de la fonction primaire de *holding* de la « mère-environnement ». Ces différentes configurations intersubjective, interactionnelle et intrapsychique laisseraient perdurer un ancrage somatique et biologique d'un pulsionnel en quête de représentation qui ne trouverait pas (ou éviterait) celle de l'inconscient refoulé du fait de clivages psyché/soma trop précoces. Ces clivages psyché/soma, non globaux mais partiels, micro-localisés, paraissant s'être mis au service, « après-coup », d'une dimension régressive du registre pulsionnel et au service du moi, créant une « zone en secteur » (comme les délires paranoïaques du même nom) où l'étayage sur l'autre sur un moi-soi somatique servirait de « marqueur somatique » mâtiné de libido narcissique, sont les zones (que nous qualifierons de « fractales », *cf. infra*) dans lesquelles s'imbriqueront l'objet ou la conduite addictive comme le tenon et la mortaise.

La notion de « marqueur somatique » avancé par Damasio (1995) et celle de J.-P. Tassin (1994) de « confusion de bassins d'attraction » formés dans les premiers mois de la vie associant zones somatiques et angoisse échappant au traitement cognitif ultérieur de l'émotion peuvent ici aider à saisir l'existence du symptôme comme du recours à l'addiction. Dans le contexte néonatal de prématurité et de non-maturité psychique de la naissance à la puberté, il pourra en effet exister des erreurs dans le traitement de certaines catégorisations d'affects, au point

1. Laplanche J. (1970), p. 108.
2. Freud S. (1923) « Le moi et le ça », *op. cit*, p. 238.
3. Anzieu D. (1985), p. 82.

que le premier mode de catégorisation, le mode analogique (entre perceptions sensorielles et perceptions hallucinatoires), pourrait régresser vers un mode de traitement bio-*logique* de l'affect : par exemple, une diarrhée à la place d'une angoisse non spécifique, ce que Tassin appelle une « confusion de bassin ».

Cette « solution biologique » du traumatisme[1], peut également relever d'un *holding* maternel et parental (*cf.* les mères calmantes de M. Fain, *supra*) brouillant les étapes de différenciations du soi somatopsychique du nourrisson[2] : certaines somatisations laisseraient ainsi apparaître ces défauts de différenciation dus à des forces économiques qui débordent l'appareil psychique lors de tel ou tel événement psychique créant, dans l'appareil psychique, une instabilité dynamique.

Les clivages dont on parle ici sont à entendre dans le sens qu'en donne G. Bayle[3], c'est-à-dire comme des manques, des failles dans les capacités de synthèse du moi ou de tel ou tel système/organisation. À côté des *clivages fonctionnels* mis en place pour défendre l'investissement du moi et des objets contre un remaniement menaçant, les clivages évoqués ici sont plutôt des *clivages structurels* devant suppléer un défaut constitutionnel de symbolisation et d'appropriation subjective et laissant particulièrement le soma ou le passage à l'acte en première ligne pour traiter la souffrance affective déniée.

Le psychanalyste qui peut nous aider à saisir l'importance des liens entre attachement passionnel (« transfert passionnel ») à l'objet addictif, clivages et agonies primitives est, avant R. Roussillon[4], S. Ferenczi. Ceci avec plusieurs concepts : l'introjection ; les sources du trauma liées à l'économique, le trop ou le pas assez, l'excès ou la carence ; l'identification à l'agresseur secondaire par un fantasme traumatique de séduction ; les transferts passionnels comme effets du clivage narcissique (psychotique), lui-même conséquence du traumatisme primaire, ce qui entraîne la création de zones du moi clivées et mortes. D'autres auteurs décrivent avec d'autres concepts certains processus en jeu : le clivage de la pensée et du corps (du somatopsychique) ; la disqualification de l'affect ; personnalités *comme si, as if,* le faux self ; la notion d'effondrement psychique et de dépression anaclitique, voire anobjectale ; l'importance de l'amour ou de la haine primaires ; l'importance des empreintes psychiques maternelles et de la psyché de la mère (la tendresse et la passion maternelles).

Pour ce qui concerne la compréhension du recours à cette quête passionnelle de sensations-perceptions addictives, on peut ainsi souligner le rôle de *divers types de clivages* :

- *clivage dans l'appareil psychique* aboutissant à une rupture de la composante narcissique du moi et de la continuité dans les processus psychiques avec, dans ce cas, advenue d'une pensée opératoire d'un côté, une baisse d'épaisseur et de fluidité dans le préconscient et, échappatoire dans/par la perception ou le passage à l'acte (troisième topique de Dejours) ;

1. Roussillon R. (1995*a*).
2. Winnicott D. W (1952).
3. Bayle G. (1996), rapport du 56e Congrès des psychanalystes de langues romanes.
4. Roussillon R. (1991).

- *clivage du moi* et *transfert passionnel* (fin de cure brutale, passage à l'acte, « court-circuit psychique »...) ;
- *clivage associé à la notion de trauma :* blessure narcissique avec advenue d'un « clivage autonarcissique » (dans l'économie narcissique[1]) ;
- *clivage entre moi corporel* et *moi psychique* ou entre subjectivité/mentalisation et activité sensori-motrice (organisation cénesthésique du moi rudimentaire de Spitz, 1946) où dominent les processus primaires de décharge énergétique ;
- *clivages multiformes* dans la structure mentale du sujet ;
- clivage dans une économie narcissique sur un fond antérieur au moi : le soi[2] ;
- *clivage autonarcissique ou « autoclivage narcissique »* (Ferenczi, *op. cit.*) « fractal » se bouclant sur lui-même et retraitant des *outputs* perceptifs qui, par la suite, peuvent entraîner le sujet dans une économie de la perception dont l'onde de choc peut aller jusqu'à perturber certaines fonctions biologiques, organisations fonctionnelles et systémiques (appareil immunitaire par exemple) et oscillateurs rythmiques physiologiques (fonctions et appareils relevant de l'autoconservation) ;
- clivages instables et « oscillants[3] ».

4.3 Le clivage fractal du soi ancré dans le narcissisme du moi

Les relations psyché/soma obligent à reconsidérer et à élargir considérablement les fonctions, les caractéristiques et les « topiques » des clivages. Ceux-ci, on vient de le dire, forment des « plis », des « cassures », et des « torsions » intrasystémiques dans l'appareil psychique mais aussi « transsystémiques » qui traversent aussi bien des régions psychiques que des systèmes somatiques : les pulsions d'autoconservation et le narcissisme du moi peuvent, à cet égard, être comprises comme des organisations fonctionnelles qui « plongent » leurs racines dans le « vivant » du biologique et, ainsi, peuvent perturber celui-ci au point d'empêcher une subversion libidinale des fonctions somatiques de bon aloi : dans ce cas le risque est la somatisation ou l'addiction.

On peut redouter que l'intensité quantitative – excès ou défaut – d'affects relevant de traumas *prépsychiques* et *présubjectifs* puisse engendrer et entretenir ces types de clivages dans le soi originaire somatopsychique (porteur de la crypte) et dans la « structure encadrante narcissique du moi » (A. Green). Transsystémiques, somatopsychiques, ces clivages auraient cette singulière particularité d'être autosimilaires, fractals et atopiques, typiques des systèmes en phase d'ordre-désordre, comme les gouttes de deux liquides arrivés au point d'ébullition,

1. Ferenczi S., « La naissance de l'intellect ».
2. Bayle G. (1992).
3. Press J. (2000).

que l'on peut comparer au seuil d'intensité affective (*cf.* figure 3.2), mêlant psyché et corps/soma, ceci dans le comportement addictif ou la somatisation.

De nature fractale, ces clivages entretiendraient une faiblesse du moi quant à des contre-investissements (essentiellement chimiques, toxiques ou comportementaux), laissant perdurer des formes indifférenciées (cryptes ou chrones) où le soi psychique (le narcissisme du moi) se trouverait mêlé à différentes fonctions biologiques du soi immunitaire.

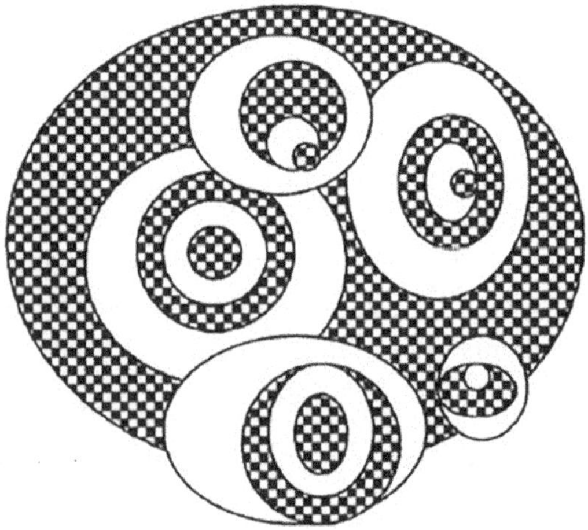

Figure 3.2 – Les gouttes de deux liquides à une température proche de la séparation ont une structure autosimilaire (d'après Brezin, 1982)

Ces problèmes physiques furent résolus mathématiquement avec les fractales, objets mathématiques découverts par B. Mandelbrot.

Lors du dépassement de ces « seuils d'intensité affective » (Cournut) et du débordement des défenses mentales, des excitations pulsionnelles en trop grande quantité pour permettre l'établissement d'un bon « travail du négatif » seraient ainsi susceptibles d'être de façon « autosimilaire » propre aux phénomènes de transition de « phase ordre-désordre » (figure 3.2), c'est-à-dire oscillantes, ramenées, *via* les lignes de clivage citées plus haut, vers leurs *préformes organiques* pulsionnelles (Freud, 1928) : vibratoires, pulsatiles, excitationnelles, hormonales, ce qu'aussi bien certaines somatisations mais aussi addictions entraîneront.

4.4 Le clivage fractal du trauma psychique « prépsychique »

Les cas de somatisations post-abstinence que nous avons pu observer dans notre clinique, laisseraient-ils apparaître une forme de mémoire d'affects (traumatismes) en excès, marqués corporellement et apparus avant leur « appareillage » par le langage, soit avant 2 ans (violence, biberons trop chauds, deuil et dépression de la mère, rhino-pharyngites à répétition, asthme, bronchites[1], etc.) ? Les séquelles économiques de chaque *acting* s'ajoutant les unes aux autres (traumatisme cumulatif) provoqueraient-elles des altérations biologiques comme une déficience ou une perte de tolérance du système immunitaire ? Sont-ce celles-ci que contre-investiraient par voie chimique et comportementale les addictions ?

Ces questions évoquent les dernières réflexions de Freud (*Construction en analyse* [1937] et *L'Homme Moïse* et *la religion monothéiste* [1939]) sur l'élaboration des traumas précoces. Ceux-ci sont enfouis dans les couches profondes de la psyché ; comme d'autres éléments, ils sont conservés, mais ensevelis et inaccessibles à l'individu. L'objet-trauma serait un objet psychique dont l'analyste veut recueillir la préhistoire, objet, pour paraphraser Freud, qui recèle encore beaucoup de mystère. Ces textes montrent qu'il nous faut faire le deuil d'une levée totale de l'amnésie infantile afin de reconstituer une histoire complète qui affirmerait la vérité des traumas infantiles, surtout ceux survenus avant l'acquisition du langage et relevant, pour A. Green, d'une « mémoire amnésique[2] ».

Cette mémoire diffère des autres objets mnésiques, des souvenirs, par l'intensité de son actualisation. La référence situe ces phénomènes moins du côté des souvenirs que comme équivalents de ceux-ci, connotés d'une qualité hallucinatoire, gestuelle et comportementale ou somatique.

L'*intensité quantitative des affects* (« flash » toxique, coup de foudre ou événement réel traumatique de mort d'un proche, d'un abandon) propre à des traumas précoces prépsychiques et présubjectifs oblige ici au maintien de clivages dans le soi originaire somatopsychique (porteur de la crypte) au point d'augmenter des « transferts d'affects » sur des systèmes et sous-systèmes psychiques ou biologiques par la voie des réseaux du self. Du fait de leur aspect psychosomatique, ces clivages auraient cette singulière nature d'être autosimilaires, fractals, atopiques, somatopsychiques propres aux systèmes en phase d'ordre-désordre comme les gouttes de deux liquides arrivés au point d'ébullition (*cf.* figure 3.2, *supra*).

On peut s'inspirer du schéma du physicien E. Brezin (figure 3.2), montrant comment « les gouttes de deux liquides, à une température proche de la séparation, ont une structure autosimilaire ». Nous avons là l'aspect fractal, pour des raisons économiques, de l'écran (le tain) blanc établi par l'hallucination négative.

1. Le « décollement » des sensations somatiques aux représentations psychiques pourrait passer par les « protoreprésentations » caractérisées par l'indistinction soi/objet (Pinol-Douriez, 1984, partie II, p. 113). Ces protoreprésentations, concrétions de percepts sensitifs, somatiques et moteurs, furent décrites comme contemporaines d'une époque où le soi et le non-soi n'étaient pas encore clairement distincts. Elles seraient une « matrice vivante », un « support », sur lequel se greffent (après l'opération de l'hallucination négative) les représentations figurées et verbales « objectalisées ».

2. On peut évoquer une « mémoire amnésique » dans la catégorie des objets mnésiques représentés par la compulsion de répétition, les états de dépersonnalisation, de somatisation… qui diffèrent des autres objets mnésiques surtout les souvenirs, par l'intensité de l'actualisation, la référence situant ces phénomènes moins du côté des souvenirs que comme équivalents de ceux-ci, connotés d'une qualité hallucinatoire ; Green A. (1995), *op. cit.*

Ces formes, que l'on pourrait rapprocher de la notion de « mosaïque de l'inconscient » défendue par P. Marty, auraient acquis lorsque des affects (spécialement agressifs chez des états-limites) atteignent des températures trop hautes, une qualité particulière, celle d'une *structure autosimilaire* faisant « basculer » tout affect agressif relevant de frayeurs *(Hilflosigkeit)* et de défenses de l'autoconversation, ou d'angoisse, dans son expression somatique (somatisation) ou comportementale (décharge).

Ce type de clivage autosimilaire proviendrait de traces (frayages) d'un « traumatisme psychique prépsychique » survenu précocement dans l'ontogenèse mais ayant pour modèle thérapeutique le trauma sexuel – présexuel décrit par Freud en 1895 : « L'hystérie résulte d'un effroi sexuel-présexuel, la névrose obsessionnelle d'une volupté sexuelle-présexuelle transformée ultérieurement en sentiment de culpabilité » (lettre à Fliess du 15 octobre 1895). Toutefois si le trauma sexuel-présexuel (réel ou fantasmatique) porte sur la création d'un « corps étranger » psychique – le refoulé du sexuel infantile –, le trauma psychique prépsychique porterait quant à lui sur l'établissement de la topique psychique dans sa différenciation avec les profondeurs du soma.

En d'autres termes, ce trauma prépsychique, et après-coup présubjectif, perturbera la mise en place du refoulement originaire, contre-investissement permettant à la pensée naissante d'être soulagée de l'excès d'excitations. Quantitativement trop important et aggravé par les traumas présubjectifs, ce trauma psychique prépsychique laissera indifférenciées pensée/pulsion et préforme organique de celle-ci.

Dans ces conditions, et après-coup, tout affect sexuel de dépersonnalisation (orgasme) ou tout affect d'abandon ou de perte de limites pourraient retrouver, sur une perception clivée du moi (S. Ferenczi, 1924), les traces de ce trauma précoce. Cependant, dans une gestion uniquement économique des désirs, les excitations suivront les clivages autonarcissiques et de structure fractale, autosimilaire, touchant la corporéité comme dans les addictions ou des fonctions biologiques dans les somatisations.

Du psychisme originel – excitationnel – peut ainsi rester *imparfaitement* intégré dans la psychosexualité et pourrait, *via* les libidos narcissique et prégénitale mais aussi par le dépassement de seuils affectifs, s'infiltrer *via* les clivages autosimilaires et autonarcissiques dans des systèmes et sous-systèmes biologiques (diencéphalique, limbique) jusqu'à la décharge dans la somatisation ou le comportement addictif. La régression fonctionnelle, y compris chez des sujets névrosés bien mentalisés, pourrait ainsi, lors d'événements réels traumatiques, réemprunter, outre la voie de la perception-hallucination, ou celle de la décharge (addiction) celle d'une « mémoire corporelle », affective et kinesthésique, *via* des dynamismes et voies parallèles qu'a décrits P. Marty.

5. Jeux et perversion dans l'addiction[1]

5.1 Les fantasmes inconscients des toxicomanes et des anorexiques

Cette topique des clivages nous amène vers la clinique des perversions et celle des fantasmes pervers inconscients chez les addicts. Les travaux psychanalytiques d'Earl Hopper[2] sur les toxicomanes ont souligné l'importance du thème des fantaisies inconscientes d'homosexualité et de compulsion de masturbation relevant du contexte de processus traumatiques précoces. La toxicomanie y apparaît comme une défense régressive dans une quête d'excitation de fantasmes inconscients homosexuels. Afin de contourner toute jouissance possiblement perverse du toxique, le prix à payer sera inconsciemment la vie elle-même (ordalie).

Dans son expérience avec les toxicomanes, Hopper avance qu'avant d'être addictés à un produit, ces sujets ont été en quelque sorte *addictés aux fantasmes* et *à nombre de scénarios pervers* qui, « après-coup », furent vécus avec beaucoup de *honte* et *culpabilité.* Ces études rejoignent celles d'A. Rigaud[3] ayant souligné la place du dégoût *(Verpönung)* et de la honte chez les alcooliques, et celle de J. Goldberg[4], ayant remarqué que cette honte participe d'une libido empruntant les voies d'une resexualisation anale dans une sorte de perte partielle et jouissive d'identité. À la différence du pervers que l'excitation sexuelle n'effraie pas, lui l'« expert » dans la connaissance de la machinerie excitationnelle du corps – le sien comme celui de l'autre[5] –, « phallicisant » l'excitation pour sa gloire narcissique à laquelle l'autre doit s'identifier, l'addict semble avoir fait le choix d'un contre-investissement chimique ou comportemental de cette excitation sexuelle perverse. En ce sens l'addiction peut représenter une défense contre l'attrait passionnel de *scenarii* pervers, effrayants dans leur possibilité même de réalisation.

Ainsi, les toxicomanes à l'héroïne ou à la cocaïne que Hopper a pu prendre en cure classique ou en psychothérapie se montrèrent au départ, et pendant un long temps, assez inhibés à associer le matériel psychique portant sur l'homosexualité et la masturbation du fait d'une grande culpabilité teintée d'envie et de honte (et de haine envers l'objet interne). La plupart de ces fantasmes étaient ainsi fondés sur le souhait redouté *(dreaded wish)* de thèmes d'homosexualité entraînant une grande anxiété et venant réanimer celle de perte d'identité. En effet, en deçà de ces thèmes d'homosexualité et de passivité existaient, chez ces sujets, des angoisses de morcellement et de fragmentation importantes. Dans ce contexte, le dealer représentait l'incarnation du père séducteur (diable, Pan), totémique, chargé de la toute-puissance de l'imago

1. Pirlot G. (2006), *op. cit.*
2. Hopper E. (1991, 1995).
3. Rigaud A. (1987).
4. Goldberg J. (1977).
5. Assoun P.-L. (2013), p. 161.

maternelle archaïque, père hors-la-loi auquel homosexuellement ou incestueusement se soumet l'adolescent toxicomane.

Hopper en est venu à différencier des types de fantasmatiques différents selon la drogue. Le cocaïnomane est ainsi souvent envahi par des scènes fantasmatiques violentes, de perte de contrôle, alors que l'héroïnomane est emporté par son désir de fusion à l'océan – la mère (mer) primitive – en revenant à l'état fœtal dans un fantasme d'auto-engendrement. Dans les cures de thérapies qu'il a engagées, E. Hopper souligne que nombre d'héroïnomanes devinrent conscients de leurs fantasmes et purent en parler. Pendant des phases de régression profonde, la cocaïne tendait parfois à remplacer l'héroïne et permettait de vivre encore ces fantasmes d'être une « merde », un *shit-baby*, à la fois parasite et renaissant analement de ses cendres après l'épreuve ordalique où le corps et la vie étaient engagés.

Pour Hopper, la toxicomanie ouvre ainsi à cette conception d'une *maladie de l'intérieur* et *de l'extérieur* d'une « peau psychique », hermaphrodite, vécue comme un rectum vide que le produit est censé colmater, remplir *(full)*; sous la loi *(enactment)* de la ritualisation toxicomaniaque, c'est d'angoisses paranoïdes, psychotiques et de vide dont il est question chez ces sujets. L'effraction – y compris celle de l'aiguille pour le « toxico » – paraît alors comme un moyen d'être la mère, le père, la mère-enfant, le père-enfant : de s'auto-engendrer en risquant la mort. Dans l'anamnèse des toxicomanes, Hopper souligne qu'il a souvent retrouvé l'existence d'un risque fatal à la naissance, pour eux-mêmes ou pour la mère. Ainsi, quand, dès la prime enfance, la vie frôle de si peu la mort, faut-il s'étonner qu'à l'adolescence, moment où l'on engage sa subjectivité dans la vie (sociale), l'attrait de la mort soit aussi intense ?

Cette vie fantasmatique réprimée et déviée a également été décrite chez les anorexiques. C. Combe comme d'autres auteurs ont insisté chez ces jeunes filles sur la présence de fantasmes inconscients et réprimés de fellation. C. Chabert pose quant à elle pour les jeunes filles anorexiques l'hypothèse de la place et de la fonction du sacrifice au sein de ces organisations fantasmatiques singulières, qui semblent renverser la construction hystérique de la séduction et la faire basculer dans une dérive mélancolique par la participation grandissante des mouvements d'auto-accusation presque délirants.

Elle rappelle ainsi les particularités de la construction hystérique des fantasmes de séduction où domine la mise en jeu active de la séduction suscitée dans l'autre, afin de mettre au jour son désir : « Ce n'est pas moi qui le séduis, c'est l'autre qui me désire » : l'autre est ainsi clairement désigné comme agent séducteur au sein d'une scène excitante qui préserve la productrice du fantasme, dans son innocence et dans l'ignorance – apparente – de ses propres mouvements de désirs. Ce qui la « disculpe » également au regard d'un surmoi si présent puisque tellement sexualisé. Or, dans un certain nombre de sujets « limites » ou anorexiques, ce scénario fantasmatique se complique.

> « Les désirs sont ressentis comme des forces mauvaises, impures et donc soumises à une rétorsion drastique, traduite notamment par l'ampleur de la disqualification et la mésestime de soi qui imposent des conduites sacrificielles visant justement le corps dans

> sa capacité à séduire et à en éprouver du plaisir. C'est l'autre versant de la séduction qui prend le pas, non plus le désir de plaire et de charmer mais plutôt la tendance à corrompre, renforçant encore le poids de la déréliction : c'est ce destin-là qui risque de s'enliser dans la mortification d'une sexualité expiatoire. Ainsi, à l'inverse de ce qui se passe dans l'hystérie, ces jeunes femmes cherchent avidement l'état de déréliction, de détresse psychique, sans être pour autant capables de reconnaître et de montrer leur attente, leur besoin d'aide : elles s'efforcent activement, non pas de faire naître le désir de l'autre ou même de provoquer une réponse, mais, tout au contraire, de le désavouer afin de ne pas se penser comme leur objet. Elles se situent, là, en deçà de défenses narcissiques qui s'efforceraient de nier la source interne de la pulsion pour lutter contre la dépendance impliquée par tout mouvement de désir susceptible d'être satisfait par l'autre. »
>
> C. Chabert (2006), « Dépendance et sexualité : singularité des fantasmes de séduction chez les femmes présentant des troubles des conduites alimentaires », *Actes* et *Dépendances*, Paris, Dunod, p. 64-72 (p. 67-69).

Ici la violence destructrice est massivement retournée contre un moi menacé de délabrement et, dans ces conditions, le triomphe sacrificiel n'est fait que de bénéfices transitoires et précaires, parce qu'il se sert de conduites symptomatiques qui s'automatisent progressivement et s'emballent dans des actes itératifs dépersonnalisants. « Les satisfactions autoérotiques initiales, fortement engagées par le fantasme masochiste inaugural, s'éteignent progressivement par l'usure répétitive et l'appauvrissement de l'activité imaginaire » ce qui rejoint les points de vue défendus plus haut de carence narcissique et d'autoérotisme et celui, psychosomatique, sur la pensée opératoire de ces sujets. Toute forme d'investissement libidinal est en effet abolie et, dans le même temps, le corps est privé de tous ses plaisirs, la pensée n'a plus le droit de se déployer, voire de s'exercer. Seuls subsistent la douleur et l'attachement qui lient aux objets d'amour originaires qui sont autant de contre-investissements, au service du clivage du moi, des mouvements pulsionnels.

5.2 Dénis et clivages dans la perversion

L'évocation de ces fantasmes sexuels inconscients chez les anorexiques et les toxicomanes, comme la topique du clivage, nous amène naturellement à la question des perversions et des liens entre celles-ci et les addictions. Freud, nous l'avons rappelé, a isolé un mécanisme de défense, le clivage, associé à celui du déni sur une perception, comme étant à la base des perversions *(supra*[1]*)*.

L'extension du concept de perversion au-delà des pratiques sexuelles, sa légitimité, impliquent d'en rappeler son étymologie. Il vient du latin *pervertere* signifiant retourner,

1. Pirlot G. et Pedinielli J.-L. (2005), *Les perversions.*

renverser, au départ une construction puis, avec une connotation péjorative, les mœurs elles-mêmes : *perversitas* désigne l'extravagance, l'absurdité, la corruption, le dérèglement, la dépravation. On retiendra de ces définitions originelles l'idée de *sortir de la mesure*, de renverser, de détourner. Enfin, le Littré, en 1875, définit la perversion en l'appliquant également à la physiologie : « Perversion : changement de bien en mal... » Est pervers ce qui va détourner une règle, une loi, un fonctionnement, un processus, pour un *surplus de plaisir, de jouissance*, parfois à l'insu du sujet lui-même. L'*hubris*, la démesure, la jouissance, sont les points communs entre addictions et perversions.

Chez Freud, la perversion est, en 1905, conçue comme résultant d'un arrêt dans le développement de la pulsion sexuelle, parfois lié aux événements de l'histoire réelle (et non fantasmatique comme dans la névrose) : séduction par l'adulte entraînant fixation et mode de satisfaction prévalent. La perversion est alors perçue comme une sexualité de caractère infantile, Freud considérant la sexualité de l'enfant comme « perverse polymorphe ». La conception de *la névrose comme négatif de la perversion* est liée à l'hypothèse de composantes *excessives* subissant le refoulement, détournées de leur but, et dirigées « sur d'autres voies jusqu'au moment où elles s'extériorisent sous la forme de symptômes morbides » dans la névrose. Sa formule ne signifie pourtant pas que la perversion soit le positif de la névrose ! Le névrosé refoule ce que le pervers met en acte. Elle révélerait donc une sexualité déculturée puisque non marquée par le refoulement, non névrotisée par l'éducation et la culture. L'acte pervers est ainsi un acte partiel par où *l'obj*et *est rabaissé au rang d'obj*et *partiel* sur lequel s'exerce une pulsion d'emprise, pulsion non sexuelle, archaïque, proche du besoin d'étayage et qui ne s'unit que secondairement à la sexualité.

En 1914, avec *Pour introduire du narcissisme*, les perversions renvoient à une pathologie plus lourde. Avec l'apparition de la problématique narcissique de toutes les perversions, le pervers apparaît comme celui qui n'aime personne d'autre que lui-même. Les notions de *déni* de la réalité perceptive *(Verleugnung)*, isolée dans le fétichisme (1927[1]) puis de *clivage du moi (Ichspaltung)* ouvrent la possibilité d'apprécier les perversions comme des constructions psychiques se situant entre névroses et psychoses, dans la mesure où il y a un *déni* de la réalité dans les perversions, simplement sur une partie de la réalité sexuelle : le sexe de la mère/femme. Mais elles correspondent toujours au schéma : angoisse de castration, déni, clivage, régression sur une fixation à une composante partielle de la sexualité infantile. L'importance du prégénital sera étudiée par les post-freudiens (non-accès au génital, place centrale aux aléas de la phase de séparation-individuation ou de la relation à une mère vécue comme menaçante et envahissante).

Souvenons-nous que Binet suggéra en 1887 que le fétichisme résultait d'une expérience, infantile, dans laquelle l'excitation sexuelle avait été éveillée dans des circonstances particulières qui lui restaient associées de façon permanente. Freud confirma d'abord cette position,

1. Freud S. (1927), « Le fétichisme ».

et fit remarquer ensuite que l'expérience initiale d'excitation exigeait, elle aussi, une explication. En réalité, derrière ce premier souvenir de l'apparition du fétiche, il y a une phase de développement sexuel plus primitive mais oubliée. Il attire en outre l'attention sur la relation symbolique qui, parfois, explique le sens du fétiche, comme dans le cas du pied, de la chaussure ou de la fourrure, tous symboles bien connus des organes sexuels mâles et femelles.

Lorsque Freud écrivit en 1927 son article sur le fétichisme – après avoir remarqué dans une note de 1910 des *Trois essais* le lien entre la pulsion olfactive refoulée et l'odeur ou encore la pulsion de voir dans le fétichisme du pied féminin – il arriva à la conclusion qu'il se trouvait dans l'étiologie du fétichisme un facteur essentiel : l'angoisse de castration et l'incapacité de tolérer l'idée qu'il existe des êtres humains dépourvus de pénis et considérés par le petit garçon comme châtrés. Ainsi, la croyance dans le phallus féminin implique le *déni d'une perception réelle.* L'enfant entretient alors, dans le même temps, deux idées contradictoires, ou plutôt son moi résout ce dilemme en créant un compromis, le fétiche, chose concrète et réelle qui peut être vue et touchée à la différence du phallus féminin, et représente aussi celui-ci, confirmant ainsi son existence et apaisant l'angoisse de castration.

L'impossibilité d'accepter les organes génitaux féminins est contournée :

> « Dans le psychisme de ce sujet, la femme possède certes bien un pénis mais ce pénis n'est plus celui qu'il était avant. Quelque chose d'autre a pris sa place et a été désigné pour ainsi dire comme substitut. Il est devenu l'héritier de l'intérêt qui lui avait été porté auparavant. Mais cet intérêt est encore extraordinairement accru parce que l'horreur de la castration s'est érigé un monument en créant ce substitut. La stupeur devant les organes génitaux réels de la femme qui ne fait défaut chez aucun fétichiste demeure aussi un stigmate indélébile du refoulement qui a eu lieu. On voit maintenant ce que le fétiche accomplit et ce par quoi il est maintenu. Il demeure le signe d'un triomphe sur la menace de castration et une protection contre cette menace, il épargne aussi au fétichiste de devenir homosexuel en prêtant à la femme ce caractère par lequel elle devient supportable en tant qu'objet sexuel. »

Le fétiche représente le pénis manquant de la femme :

> « Le processus était donc celui-ci : l'enfant s'était refusé à prendre connaissance de la réalité de sa perception : la femme ne possède pas de pénis. Non, ce ne peut être vrai car si la femme est châtrée, une menace pèse sur la possession de son propre pénis à lui, ce contre quoi se hérisse ce morceau de narcissisme dont la Nature prévoyante a justement doté cet organe. »
>
> S. Freud, 1927, « Le fétichisme », *La vie sexuelle*, Paris, PUF, 1969, 133-138 ; *Œuvres complètes*, XVIII, Paris, PUF, 1994.

Le *déni de la perception* à la base de ce mécanisme évoque le déni de la réalité du psychotique, mais, chez le fétichiste, seule *une partie de la vie mentale s'oriente de cette façon.* N'est-ce point un déni qui porte non pas sur la perception sexuelle mais sur une autre perception qui concernerait l'alexithymie ou la pensée opératoire ? Ne s'agit-il pas d'un *déni de perception d'affect ?*

5.3 Des aménagements pervers, perversion transitoire ou avortée dans l'addiction ?

Le récit de Catherine Millet *La vie sexuelle de Catherine M.* (2001) illustre l'aspect quantitatif et excessif du sex-addict profondément « vide » affectivement. Elle raconte qu'il lui faut des hommes en quantité pour ressentir et vivre un appel de vie, ceci à partir de leur sexe en érection. Qu'importent leurs visages puisqu'ils sont vus comme porteurs de ce vecteur de vie que l'on peut dire « phallique ». Il faut une multitude d'hommes car chacun d'entre eux ne peut être constamment en érection, ce qui nie leur statut d'« objet-homme » total pour celui d'objet « partiel ».

L'addicté au sexe comme à d'autres objets ou conduites apparaît ainsi chercher à rabattre le désir sur le *besoin* d'une satisfaction d'excitation/pulsion, ceci par une « voie courte », comme celle qu'a décrite J. Chasseguet-Smirgel dans les perversions[1]. Il existe une réelle proximité entre les aspects compulsionnels, passionnels et jouissifs des comportements addictifs et ceux concernant les perversions sexuelles, soit entre « emprise sur l'objet » et maîtrise d'excitations (y compris sexuelles). C'est, on l'a vu, la proposition de P. Denis (1992) d'une emprise constituant une composante du vecteur qui, nécessaire à la pulsion, assure dans celle-ci sa tenue et sa constance sur l'axe source-poussée-but. On comprend ainsi qu'à l'intérieur de la pulsion sexuelle, surtout partielle (scopique, sadique…), propre à la sexualité perverse ou infantile, gît cette pulsion d'emprise qui peut d'autant plus surgir que le narcissisme est profondément blessé (trauma) ou menacé et qui, dans le geste et le comportement addictif, trouvera de quoi réparer celui-ci[2]. L'aspect compulsionnel, passionnel et jouissif du comportement addictif par et dans sa course à l'excitation compense l'absence d'un objet interne « suffisamment bon » et une régulation des processus primaire selon un « principe de plaisir » permettant l'ouverture vers les processus secondaires (et tertiaires) de pensée. Le clivage règne alors en maître pour le « fun » d'un moi dont la « psychose » est ainsi « micro-focalisée » et « traitée » par le déclenchement d'endorphine et enképhaline à l'excès, ceci en préservant la trame narcissique de ce moi de tout débordement d'affect. Aussi peut-on conclure sur l'hypothèse dans ces passions addictives d'un clivage touchant l'affect dans son rapport à la fragilité narcissique du moi.

En d'autres termes, l'aménagement pervers que procure l'acte addictif – y compris chez l'anorexique où la relation aux parents apparaît perversement manipulée – sauvegarde en fait le lien objectal en le réduisant à un lien de contact qui évite les dangers de l'intériorisation comme ceux de la perte, offrant par l'emprise qu'il autorise un contrepoids efficace à la destructivité. La

1. Chasseguet-Smirgel J. (1984).

2. Pirlot G. (2006), *op. cit.*

contrepartie, c'est que la source d'excitation demeure elle aussi externe et doit sans cesse être renouvelée. L'ancrage de cette excitation sur une activité physiologique ou l'apport d'une substance exogène facilite alors sa maîtrise (illusoire) et son apparente indépendance par rapport aux objets investis. Le but des sensations est ici bien entendu de contre-investir le monde interne des émotions avec le lien aux objets que celles-ci véhiculent.

À l'adolescence, le terme de « perversion transitoire » est intéressant à évoquer car permettant de faire un premier lien entre des conduites addictives propres à cet âge et des pratiques que l'on peut qualifier de perverses même transitoires lors de réorganisations ou de moments pathologiques typiques à cet âge : après des phases délirantes ou dissociatives, ou encore des moments d'errance et même de thérapie… L'adolescence et sa pulsionnalité sexuelle qui s'accompagne d'une quête objectale représentent un réel danger antinarcissique pour le moi. Forme de « perversion transitoire » ou « avortée » la conduite addictive offre une régression sur des points de fixation permettant de retrouver une omnipotence (déni de castration[1]), ce que cherchent à faire également nombre d'addictions. De « transitoires » à « avortées » la question se pose car n'a-t-on pas à faire, comme la clinique de E. Hopper le montre, avec les addictions, à des perversions avortées ? Cela est tout à fait vraisemblable…

Du fait d'un narcissisme qui paraît avoir été précocement et répétitivement blessé, la position perverse peut ainsi être considérée comme à la fois contre-dépressive, anticonflictuelle et anobjectale – tout comme le comportement addictif qui joue exactement les mêmes rôles. L'attraction de l'objet (l'autre) étant vécue comme dangereuse, le pervers narcissique – comme l'addicté, singulièrement le sex-addict – fait de cet autre un « objet non-objet », chosifié, sur qui les blessures narcissiques déniées seront largement projetées (*cf.* Catherine Millet). « Les sujets addictés, désertiques, apparaissent essayer de combler par une activité relevant d'un sadisme anobjectal consécutif à un traumatisme prématuré pour le moi, une tension d'excitation impossible à psychiser » écrivions-nous dans *Les passions du corps*[2], même s'il faut remarquer que ce sadisme ou cette perversité anobjectal(e), et les pulsions d'emprise sous-jacentes, prennent cliniquement des chemins différents selon que l'on se situe dans le champ de la perversion narcissique ou celui des addictions : objet « chosifié » et « fécalisé » dans la perversion narcissique, objet-autre non psychisé (faisant avorter tout scénario fantasmatique pervers), dénié[3] et « chosifié » (drogue) dans les addictions.

5.4 Perversion affective et addiction

Dans *La perversion affective*, C. David[4] décrivait la recherche « perverse », chez certains analysants, de l'affect *pour lui-même*, ce qui pouvait être considéré comme consubstantiel

1. Ladame F. (1992).
2. Pirlot G. (1997), *op. cit.*
3. *Cf. Revue française de psychanalyse* n° 3, juillet 2003, tome 67, « La perversion narcissique », Paris, PUF.
4. David C. (1972).

au processus de *psychisation* induit par la cure. Ce processus substitue au plaisir génital de décharge pulsionnelle un plaisir relevant de « l'auto-affectation » du fantasme, du virtuel et de « l'orgasme mental ». On retrouve chez ces patients, comme dans l'état amoureux, une manière de « pervertir l'affect », celui-ci relevant d'une idéalisation de la pulsion sexuelle et d'une inhibition quant à son but, du déplacement du désir sexuel, de la mentalisation extrême de la libido et de la dévalorisation de la génitalité.

C. David notait que la situation analytique elle-même, de par une introversion forcée, se révélait favorable à cette perversion affective : le désir sexuel y rencontre la frustration, de même que son courant antagoniste antisexuel qui le neutralise et le contraint à la métamorphose ce qui n'est pas sans augmenter les résistances aux changements. Il évoquait l'aspect « hyperalexithymique » de cette perversion affective comme pouvant provenir d'une crispation défensive née d'un déséquilibre entre les investissements objectaux et narcissiques. La perversion affective relèverait de pathologies narcissiques qui chercheraient à éviter les affects désagréables (angoisses de castration et de séparation) lors de la rencontre avec l'objet ; en ce sens elle peut amener au comportement addictif autant que l'entretenir. C'est de celles-ci que peuvent relever, au moins en partie, des addictions comme celles aux jeux vidéo, singulièrement sur ceux sur Internet ou encore le cybersexe (*cf.*, *infra*, la question de la « relation à l'objet virtuel » [R.O.V.]).

C'est en effet ce que recherche le sujet s'engageant dans la voie du comportement addictif : trouver un « objet-chose », un « objet du besoin », y compris virtuel, qui « l'inonde » d'affects et lui permet « d'étayer » son besoin de dépendance sans pour autant s'engager dans la vie (angoisse de castration-séparation).

6. Sex-addicts

Le marché libéral, la libération des mœurs, l'éclatement des familles, la « délocalisation » de celles-ci dans des villes garantissant l'anonymat, la présence depuis près de cinquante ans de médicaments et produits anticonceptuels, la présence de plateformes Internet ou dans les iPhones permettant des rencontres amoureuses ou sexuelles faciles, voire spontanées, tout ceci a modifié le rapport de nos contemporains à la sexualité. Le *fast-sex,* ou ce que l'on appelle familièrement le « plan cul », s'est banalisé et même normalisé. Il ne faut pas oublier, dans cet environnement, celui, particulièrement pour les *teenagers,* des radios et médias. Comme le remarque la sociologue M. Dagnaud, ex-membre du CSA (Conseil Supérieur de l'Audiovisuel), après une enquête sur les radios libres, « les propos sexistes continuels reflètent la violence exercée sur les jeunes femmes en banlieue qui peut aller jusqu'aux "tournantes[1]" ». Quoi qu'il en soit de ces graves dérives, l'excitation hypnotique par le petit ou le grand écran, les jeux vidéo, les émissions de radio commerciales, la surconsommation de médicaments (« poppers »

1. Pirlot G. (2009), *Déserts intérieurs.*

[vasodilatateurs, permettant de se lâcher], Viagra [pour les hommes], Lybrido [pour les femmes], antidépresseurs, anabolisants…) ou encore certaines drogues (ecstasy, MDMA, GHB [anesthésiant ultrapuissant]), la multiplication des rencontres, donnent au Narcisse postmoderne l'illusion de vivre intensément, cette intensité cachant mal le vide de pensée, voire la détresse affective.

V. Estellon déclare à juste titre :

> « Si l'on peut parler de sexualité addictive dans le champ de la psychopathologie, c'est surtout parce que le sujet pris dans les filets de la compulsion de répétition s'attache à l'automatisation d'une solution addictive. Ce circuit court, en altérant les possibilités variées de mouvements créatifs, endommage l'équilibre nécessaire dans la balance entre les productions fantasmatiques et les passages à l'acte. Ces derniers viennent envahir la scène de sorte que, privé de rêves, de rêveries, l'individu peut s'aliéner et se déprimer. Pour le clinicien, il s'agit de définir la sexualité addictive hors de l'optique normative des "déviations sexuelles" qui impliquerait l'existence d'une sexualité "normale" sans doute difficile à définir ! De la même façon, il n'y a pas une "sexualité addictive", mais un certain nombre de solutions addictives singulières qui engagent des conduites sexuelles[1]. »

Toutefois force est de constater que dans les différentes formes rencontrées de néosexualité, certaines caractéristiques sont repérables qui témoignent de ces conduites comme appartenant au groupe des conduites addictives.

D'une part dans ces conduites, ce qui est cherché est la quête de sensations, puis la décharge, le partenaire devenant un corps étranger – telle une drogue absorbée – pour un temps apaiser une pénible tension angoissante. La dépendance n'est pas ici une dépendance à un objet toxique (même si les effets endomorphiniques produits durant les phases d'accouplement sont avérés), mais plutôt une dépendance comportementale dans laquelle l'activité sexuelle, ou sa recherche, est vécue sur un mode obsédant et compulsif[2]. La majeure partie du temps est utilisée à chercher un objet (sexuel) qui permettra l'accomplissement de l'acte fantasmé. La sensation croissante de tension précède le début du comportement. Le sujet occupe un temps important à préparer ses épisodes, au détriment de ses activités sociales, professionnelles ou de couple. Il existe une agitation et une irritabilité en cas de non-réalisation du comportement.

Le diagnostic de « sex-addict » n'a longtemps été qu'incertain. Dans l'histoire de la psychiatrie, le sexologue Kraft-Ebing dans *Psychopathia sexualis* (1887) a décrit « l'hyperesthésie sexuelle », pathologie autrement nommée « exaltation morbide de l'instinct sexuel » mais dont les sujets éprouvaient de grandes difficultés à atteindre la satisfaction sexuelle, ce qui redoublait leur « obsession » sexuelle. Par la suite d'autres auteurs ont évoqué « la sexualité compulsive », les « néosexualités » (J. McDougall), la plupart des chercheurs ayant adopté aujourd'hui le

1. Estellon V. (2014), *Les sex-addicts*, p. 35.

2. *Ibid.*

terme de « sexualité addictive » (P. Carnes, J. McDougall, A. Goodman, M. Valleur, R. Weiss, V. Estellon). Le modèle des addictions permet aujourd'hui d'éclairer ces pratiques en mettant l'accent sur la dépendance dans laquelle sont pris ces sujets, l'urgence de la demande, la phase d'obsession – intégrant ces conduites dans des formes de « folies compulsives[1] » – la phase de ritualisation du comportement, la dépendance au *shoot orgasmique*, le sentiment de ne pas exister en dehors du terrain addictif, l'augmentation des doses pour parvenir à la satisfaction, la fuite du quotidien, la recherche de sensations toujours plus fortes : tous ces facteurs rapprochent l'addiction au sexe de la toxicomanie. Comme dans celle-ci et nombre d'addictions, la sensation prend la place de l'affect (*cf. supra*), parfois jusqu'à l'épuisement, voire l'écœurement. Précisons que des échelles et questionnaires ont été construits pour « mesurer » l'ampleur pathologique de la conduite : le *Sexual Addiction Screening Test* (SAST ; R. Weiss), ou encore la Grille de Coleman ou l'autoquestionnaire de Dumonteix[2].

Concernant l'approche psychanalytique que l'on peut avoir de ces conduites, nous sommes en accord avec V. Estellon quant à les appréhender avec une double référence :

- celle de « compulsion de répétition », forme de mémoire amnésique et agissante, allant de la névrose obsessionnelle à l'obsession du sexe, la contrainte répétitive touchant le « corps périphérique » chez l'addict là où chez l'obsessionnel elle relèvera du « corps intérieur », la tête, l'obsédé pouvant être taxé d'« addicté du psychique » ;
- celle de fonctionnement limite chez qui prévalent des sensations autarciques à la place d'émotions objectales (douleurs, jouissances ou excitation plutôt que des affects comme la souffrance, la peine, la joie ou le plaisir), la tendance à la décharge immédiate des tensions, la dépression narcissique masquée ou la destructivité interne ou envers les autres.

Du point de vue de la relation à l'autre, il serait plus opportun de parler, avec la sexualité addictive, de « rencontres » habitées de stratégies phobiques permettant d'éviter la « relation » affective avec cet autre. L'état amoureux, comme l'attachement, qui fragilisent les frontières entre soi et l'autre, sont redoutés ou ne sont acceptés qu'au prix du « jeu » sexuel qui « organise » toute « rencontre ». Mais à la différence du pervers, le sex-addict n'a de relation et ne s'accouple qu'avec des partenaires adultes et consentants. L'emprise n'est pas de mise ici, sauf à être consentie dans des jeux sadomasos, car elle signifierait l'investissement d'un lien auquel se refuse l'addict. Pour autant, même si les conduites sex-addict ne rentrent pas dans le champ des perversions, force est de constater qu'une dimension « perverse » n'en est pas exclue, ne serait-ce que celle d'investir phalliquement l'excitation pour ce qu'elle est, loin de toute dimension « tendre » à laquelle la sexualité humaine a à faire. La devise du sex-addict masculin pourrait être « je bande donc je suis[3] » ou celle de la femme « je jouis sans entrave donc je suis », comme si l'angoisse de castration était toujours vécue comme un réel « déprivatif »,

1. Estellon V. (2016), *Les folies compulsives.*
2. Estellon V., *Les sex-addicts, op. cit.*, p. 39-43.
3. *Ibid.*, p. 57.

abandonnique, de vide de tous les instants, sans possibilité de réassurance. Le pénis, *organe à l'intersection de l'excitation* et *du phallique*, est devenu, chez l'homme comme chez la femme qui en désire la possession, l'ambassadeur d'un moi se sentant ainsi exister[1], le récit de Catherine Millet illustrant bien, nous l'avons vu, l'aspect excessif du sex-addict profondément « vide » affectivement sans ce « phallus ».

C'est ce « phallus excitationnel » que recherchent addictivement les jeunes prépubères s'adonnant, de plus en plus tôt, dans les collèges et même écoles primaires, sur leurs portables, à des « images-choc » et des « scènes » pornographiques. Il s'agit là d'un véritable fléau, qui est parfois couplé avec des scènes de harcèlement moral. Ces pratiques peuvent entraîner de véritables distorsions et fixations potentiellement durables de la sexualité, pour peu que l'environnement accentue le vide, les incertitudes, voire des traumas narcissiques, les détresses infantiles qui, dès lors, peuvent, dans une clinique de l'excès, y compris addictif, chercher à se résoudre sans ainsi rencontrer l'embarrassante question de la conflictualité interne.

7. Addiction à l'image : jeux vidéo, MMORPG, binge watching, porno et portables

Toutes les études et enquêtes le confirment : le phénomène d'addiction aux jeux vidéo, smartphone, écrans divers, ne cesse d'augmenter chez nos enfants, préadolescents et adolescents[2]. À cela s'ajoute l'« addiction » aux séries télévisées, véritable *binge watching*[3]. Regarder ainsi des séries sur Internet est devenu une des activités favorites des adolescents mais également des post-adolescents. Ce *binge watching* est équivalent au *binge drinking* ou au *binge eating* tant la consommation compulsive rend « addict » le spectateur qui ne peut imaginer une seule journée sans son épisode. Dans ma patientèle j'ai ainsi été amené à rencontrer plusieurs jeunes femmes, bien adaptées professionnellement (professeur, orthophoniste, secrétaire, psychologue, étudiante, etc.) qui ne pouvaient se passer de leurs séries télévisées, y découvrant toute la perfidie humaine, les « coups bas », les impasses affectives, en même temps que l'idéalisation de relations aussi bien amoureuses qu'amicales... bref, toute la paradoxalité humaine à portée de main... sans se fatiguer... en spectateur/trice... résurgence d'une curiosité, d'une quête *(Sucht)* pour l'inconnu en nous, de « scènes primitives » toujours renouvelées à (re)découvrir enfoui(e) sous la couette ou entouré(e) d'oreillers... jusqu'à la perte de conscience et la chute dans le sommeil, la TV restant allumée pendant celui-ci...

1. *Ibid.*

2. « L'addiction aux écrans est au même niveau que la dépendance au tabac et à l'alcool », https ://social.shorthand.com/MeyeMando/nyKJNCDKsY/laddiction-aux-ecrans-est-au-meme-niveau-que-la-dependance-aux-tabac-et-a-lalcool

3. Dargent F., Estellon V. (2018), p. 106.

Vignette clinique 9 : Kevin ou les rencontres virtuelles par le jeu

Kevin vient en consultation avec ses parents pour troubles du comportement, incivilité aussi bien en classe qu'à la maison et désinvestissement scolaire. C'est un enfant de 14 ans, casquette vissée sur la tête, qui, dans un premier temps, rechigne à me regarder. Le père, chercheur en mathématiques, est âgé de 56 ans, et la mère, architecte, de 40 ans. Dès le premier entretien, j'apprends que Kevin a été adopté à l'âge d'un an, venant de Colombie après que ses parents ont pendant des années tenté d'avoir un enfant, y compris par procréation médicale assistée. Kevin s'avéra en fait un enfant très intelligent avec qui la thérapie dura trois ans avec de réels moments de bonheur, de trouvaille, voire de complicité. Je relate ici les premiers moments de cette thérapie, en faisant une synthèse.

Les relations entre parents et enfants étaient, verbalement, violentes. Le père reprochait l'addiction de son fils à Internet. Kevin, d'habitude mutique, pouvait dans certains entretiens (lorsque je « faisais le point », une fois par mois avec les parents) être assez péremptoire avec son père, voire blessant avec sa mère. Celle-ci dormait mal et était terriblement anxieuse et dépressive : elle prenait des psychotropes et faisait des séjours « programmés » dans une clinique des environs pour des « cures de repos ». Le père était suroccupé par son travail de chercheur. La vie, pour lui, était simple à partir du moment où on respectait une certaine « logique ». Assurément, il ne comprenait ni sa femme, ni Kevin.

Kevin jouait à des jeux comme *War of Warcraft* (*WoW* ; il commençait le n° 3 pendant la thérapie ainsi qu'un autre jeu en ligne, *Counterstrike*). *WoW* était au départ pour lui un jeu de solitaire même s'il se disait un des meilleurs joueurs, il avouait « manquer de charisme et de force » pour s'imposer. Lors de son arrivée au cabinet il passait près de 6 heures par jour à ce jeu. Ce qu'il aimait dans ses jeux était de « créer des liens virtuels avec des gens du monde entier », des gens « qu'il ne connaissait pas mais qui pouvaient ainsi être ses partenaires ». Évidemment je pensais qu'il s'agissait là de belles métaphores pour parler de ses parents biologiques d'Amérique du Sud.

Ainsi, au fil de la thérapie, il commença à prendre conscience qu'il préférait se refermer sur des jeux et des gens qu'il ne connaissait pas que sur ses « vrais parents », ceux qui l'avaient adopté. Mais comment faire grief, « gérer » l'ambivalence affective, envers des gens – ses parents adoptifs – qui l'avaient sauvé d'une misère certaine et qui, en même temps, étaient eux-mêmes si peu doués pour la relation affective ?

Tel est apparu un des conflits majeurs de Kevin, au moins au début de sa thérapie. Au moins il put, au cabinet, en parler et mettre des mots dessus. Un peu plus tard apparut un autre fantasme que « réalisait », en partie l'addiction au jeu. En fait ses parents lui avaient dit qu'il avait un frère plus vieux que lui de quelques années qu'ils n'avaient pu adopter pour la simple raison qu'il l'avait déjà été par une famille nord-américaine. Aussi, l'autre fantasme était un jour de rencontrer, *via* les jeux vidéo en ligne, ce frère aîné... perdu.

Les études scientifiques montrent depuis des années que les heures passées devant les écrans, diminuent les capacités d'attention et de concentration[1] des enfants et « ados ». Elles montrent

1. « La télévision nuit au développement des capacités d'attention et de concentration d'un enfant de moins de 3 ans s'il joue dans une pièce où elle est allumée, et cela même s'il ne la regarde pas. Cela paraît étrange mais s'explique pourtant très bien. En effet, de la même façon qu'un enfant apprend à nager en nageant, et qu'un adulte apprend à conduire un véhicule en conduisant, le bébé apprend à se concentrer en se concentrant. Plus il est sécurisé dans une ambiance calme et plus ses périodes spontanées de jeu sont longues ; il a été montré

combien la non-possibilité par une activité physique à s'engager soi-même comme agent actif du monde amène une sensorialité amputée et une irritabilité provenant d'une position de passivité continue face à des écrans hyperstimulants. Ces éléments sont autant de facteurs augmentant la tendance à aux agressions, à l'isolement social et à l'hyperactivité avec trouble de l'attention (TDAH[1]).

À un âge, avant trois ans, où les activités interactives et l'utilisation des cinq sens pour appréhender les objets sont importantes, la pratique des jeux (de voitures ou de poupées) permet à l'enfant l'alternance des points de vue des « objets ». Ceci lui permettra d'exercer des simulacres d'expériences sociales essentielles pour développer ses capacités cognitives, ainsi que la symbolisation de ses émotions et l'élaboration d'un futur « je » face au « tu », aux « nous », à « eux ».

Or, une *surexcitation précoce* et *répétée* par les écrans, produit rapidement, particulièrement à la puberté, une *compulsion* à être reconduite par le biais des jeux vidéo. En d'autres termes, elle est « addictogène » et cela jusqu'au *Binge watching,* pratique qui consiste à regarder la télévision ou tout autre écran pendant de plus longues périodes de temps que d'habitude, comme en visionnant à la suite les épisodes d'une même série.

L'un des moyens de sortir du mécanisme compulsif pourra être d'inviter le joueur à s'engager sur la voie de la construction d'une identité narrative en l'incitant à devenir, comme pour l'enfant avec ses jeux, le spectateur de ses propres actions dans le jeu[2].

Cette *mise en narrativité* pourra aider le sujet à se représenter que ses actions dans le jeu ont vraisemblablement eu un sens au regard de son histoire, singulièrement les éléments plus ou moins traumatiques de celle-ci. Car derrière l'addiction aux images peut se trouver une *tentative de répondre à un secret familial* ou encore *se cacher des émotions inexplicables intériorisées dans le contact avec un proche*[3].

Parmi ces dépendances aux écrans, celle au porno se présente volontiers aux pubères et « ados » comme une « promesse de libération » alors qu'elle se fait au prix d'une possible entrée dans une addiction comme le souligne le philosophe Dany-Robert Dufour[4].

d'ailleurs qu'il s'agissait du meilleur indicateur de ses capacités d'attention et de concentration ultérieures », Tisseron S. (2018), p. 110.

1. Ce syndrome est celui d'une instabilité psychomotrice, d'une turbulence continue, d'une *distraction,* d'une incapacité à supporter la frustration avec difficulté de l'attention. Comme l'étymologie nous y invite, cette « *dis*-traction » peut être considérée comme l'existence d'une fuite motrice dans un mouvement latéral *(dis-)* d'une pulsion qui devrait être « tractée » par l'intentionnalité subjective. Il s'agit d'une défense maniaque correspondant à la mobilisation de décharges sensori-motrices, comme celle trouvée dans *nombre d'addictions,* par défaut de capacité de mentalisation c'est-à-dire *défaut à négativer psychiquement les charges affectives* qui ne peuvent ni se subjectiver, ni être échangées dans le dialogue.

2. Tisseron S. (2011), p. 156.

3. Tisseron S. (2005), Quand l'addiction aux images cache une dépendance aux fantômes, p. 31-41.

4. Dufour D.-R. (2016), p. 107.

La pornographie s'est développée à grande vitesse avec Internet : 7 % des Français en consomment quotidiennement selon un sondage de janvier 2014[1]. Or le sexe virtuel rend dépendants quantité d'internautes. D.-R. Dufour rappelle que devant un film porno l'excitation stimule le système dopaminergique à partir du diencéphale (l'hypothalamus), comme pour les différentes drogues *(supra)*, ce qui provoque des poussées pulsionnelles impérieuses, l'envie, le désir ardent – ce qu'on appelle *craving* en anglais, de se masturber.

« Ainsi s'enclenche le cycle addictif que, d'une façon très simplifiée, on peut représenter ainsi : visionnement du film porno → excitation → hausse du niveau de dopamine → envie → masturbation → plaisir immédiat dû aux endomorphines → baisse du niveau de dopamine → dépression plus ou moins longue → recherche de compensation → visionnement de film porno → excitation → hausse du niveau de dopamine → envie → masturbation → plaisir immédiat dû aux endomorphines[2], etc. »

La « drogue » peut donc n'être pas tant due, comme dans les addictions au sport ou au travail, à un produit extérieur que fabriquée de façon endogène, suscitée de façon addictive par la répétition et la recherche *(Sucht)* de films excitants sexuellement.

Vincent Estellon, dans son étude sur les addicts sexuels, le dit autrement, qui parle de « masturbation assistée » chez ces sujets sex-addict[3]. L'excitation sexuelle, ressentie devant des corps nus filmés dans des tenues et des positions érotiques et en action sexuelle, déclenche en effet sur le plan neurophysiologique l'activité de *neurones miroirs*[4] sur lesquels nous reviendrons dans notre chapitre IV. Le rôle de ces derniers est capital. Leur découverte dans le cerveau des macaques par Rizzolatti[5] a été une avancée capitale dans les neurosciences contemporaines.

Ces neurones miroirs s'activent lorsque le singe *fait* une certaine action, *mais aussi lorsqu'il observe quelqu'un faire la même action*, d'où le terme « miroirs ».

Enfin, concernant une autre addiction, celle aux téléphones portable, citons S. Tisseron[6] qui reprend l'étude de l'Américaine Jean M. Twenge qui a eu pour but de mettre en garde contre le danger des smartphones. La chercheuse distingua deux catégories de population parmi les jeunes utilisateurs de portables. La première était constituée des 28-39 ans, nés entre 1984 et 1995, appelés les « milléniaux » : « Ils ont découvert les jeux vidéo avant tout le monde et ont une conception du monde caractérisée par un individualisme plus important que les générations précédentes et un moindre attachement aux règles sociales. »

1. Psycho-Ressource : https://search.freefind.com/find.html?id=9192207&n=0&pageid=r&mode=ALL&query=porno
2. Dufour D.R., p. 109.
3. Estellon V. (2016), p. 33.
4. Pirlot G. (2007).
5. Rizzolatti G. et *al.* (1996).
6. Tisseron S. (2018), « Les smartphones... peut-être », p. 403.

La seconde catégorie de population abusivement intégrée dans les Milléniaux était, pour J. M. Twenge[1], ceux qui sont nés entre 1995 et 2012. À la différence des milléniaux, ils avaient eu le privilège (si on peut dire) de posséder très vite un smartphone. En France cette génération qui ne peut lâcher son portable est appelée les « iGens » ou « iGénération ». La chercheuse les décrit comme immatures plus longtemps, prolongeant leur adolescence et, hyperconnectés, ayant pris l'habitude de se parler *in absentia* (résultat d'un déclin précoce des interactions sociales physiques).

« Mal dans leur peau, comme l'indique la forte hausse des problèmes de santé mentale, ils s'éloignent de la religion, sont moins ouverts d'esprit et souffrent d'une insécurité salariale (par conséquent, leur rapport au travail se modifie). Ils sont à la fois indécis, adoptant de nouvelles attitudes par rapport au sexe, aux relations amoureuses et aux enfants, et inclusifs, valorisant la tolérance, l'égalité et la liberté d'expression. Enfin, ils font preuve d'indépendance dans leurs opinions politiques[2] » *(ibid.)*.

Pour la sociologue américaine ils sont influencés par les sites de pornographie, de publicité en même de temps que présentant une grande tolérance vis-à-vis de la communauté LGBTQIA+, du genre, de la bisexualité et des origines ethniques. C'est, pour elle, cette génération iGen qui fut la première à comprendre dès le plus jeune âge ce que signifiait le terme *transgenre.*

Enfin, elle incrimine la responsabilité des téléphones mobiles dans trois domaines : le défaut d'autonomie de ces « iGens », leurs tendances dépressives et leur risque suicidaire.

7.1 Le miroir maternel (re)trouvé : le jeu vidéo

Le « narcissisme qui est le pain quotidien d'Internet[3] » permet aux ados, avec les pratiques de jeux vidéo, de trouver, manipuler, compulsivement, un « objet-chose », un « objet du besoin » qui « les inonde » d'affects en leur permettant « d'étayer » un besoin de dépendance sans pour autant trouver *réellement, charnellement,* celui-ci dans la vie : les angoisses de castration-séparation comme les angoisses d'intrusion, d'attachement et de perte de l'objet d'attache y sont médiatisées et distanciées par le « virtuel ». « Le "trop charnel" de l'adolescence trouve alors dans le virtuel-non charnel du numérique une issue garantissant un certain équilibre, en termes économiques, dans le fonctionnement psychique. Dans une forme d'ascétisme moderne, les adolescents semblent alors se protéger de cette charge pulsionnelle qui les met en situation de crise[4]. » S. Tisseron émet cette hypothèse : « l'adolescent pourrait bien tenter d'échapper provisoirement à l'angoisse du *virtuel comme devenir* en s'engageant *à corps perdu* dans le *virtuel déjà là* que constituent les jeux vidéo et Internet, vécus comme un éternel

1. Twenge J. (2018), Génération Internet. Comment les écrans rendent nos ados immatures et déprimés.
2. Tisseron S. (2018), *Ibid*, p. 404.
3. Tisseron S. (2006).
4. Vlachopoulou X., Missonnier S. (2015), p. 82.

présent sans aucune conséquence définitive[1] ». Le narcissisme du moi peut en ressortir sauf! Sous forme « d'immersion dans l'excitation » (Tisseron), la réification de l'objet par la technique permet une concentration des affects retrouvée par ailleurs dans la relation hypnotique (celle des écrans autant que celle à l'idole, *cf.* Freud, 1921), amoureuse ou... transférentielle (S. Missonnier [2006] : c'est ce lien entre usage informatique du virtuel et espace de la cure type qu'a fait récemment C. David[2], lien qui accrédite ainsi le concept de la R.O.V. [relation d'objet virtuel]) comme n'étant pas *a priori* à associer à la problématique addictive. Reste que pour certains pubères, adolescents ou sujets limites, espace (psychique) du fantasme et espace ouvert par la R.O.V. peuvent se confondre, se superposer, avec comme effet de suppléer des défauts d'élaboration psychique et de représentance des affects et des conflits, singulièrement ceux touchant le corps et la sexualité naissante. Dans ces cas la « solution » addictive guette l'utilisation de la R.O.V...

Objet marchand en plein boom mondial, le jeu en ligne ou MMORPG *(MultiMassive Online Role Playing Game)* se pratique beaucoup aux États-Unis, en Europe, au Japon et dans les pays émergents de l'Asie. La nouveauté de cette activité, la rapidité de sa propagation (plus de 20 millions de joueurs dans le monde dont 2 millions en Europe) mais aussi l'apparition de pratiques excessives ont renforcé un certain fossé intergénérationnel et sont apparues comme un danger[3].

Le spectre agité par les médias est le redouté phénomène des *hikikomori*, terme japonais désignant des adolescents ou jeunes adultes qui ne sortent plus de chez eux, voire de leur chambre, et dont les seules activités demeurent sur Internet (en particulier le jeu en ligne).

Ainsi, le MMORPG et le terme d'addiction qui lui est parfois associé sont un nouveau domaine d'inquiétude pour les parents d'adolescents et les soignants, qui voient de plus en plus de jeunes sujets isolés socialement, fermés affectivement et désinvestis scolairement

1. Tisseron S. (2004), p. 13.

2. David C. (1999).

3. Bien qu'appelé « jeu », le MMORPG ne comporte pas le concept de « fin de la partie ». *World Of Warcraft* fonctionne par forfait. Le compte d'utilisateur est payé par un forfait mensuel (de 5 à 15 euros par mois), le prix ne dépend pas du temps passé sur le jeu, et caractéristique tout à fait liée au support Internet : le temps de jeu potentiel est tout naturellement appelé « illimité ». L'intérêt financier pour le fournisseur de service (sorte de dealer multinational) est d'étirer le temps d'abonnement sur un maximum de mois. D'où un scénario de jeu qui repousse le plus possible dans le temps le moment de la baisse de tension psychique et la satisfaction qui y serait liée. De la même façon qu'il n'y a pas de victoire, il n'y a pas d'échec dans *World Of Warcraft.* Le jeu ne comptabilise pas le nombre de fois où un personnage meurt. Ramené à un point antérieur de l'aventure et sous forme de fantôme, il retrouve sa dépouille et la réincarne, il garde les objets qu'il a pu récupérer avant de perdre ses « points de vie ». On peut dire que *WoW* comporte le moins possible de marqueurs de deuil et de séparation. La seule vraie « mort » consisterait en un non-paiement de l'abonnement ou bien en une infraction aux règles d'utilisation et donc d'un bannissement des serveurs. C'est là le seul opérateur de la castration, mais il est hors du jeu, il concerne ses règles et ses limites dans le réel. En matière de temps, le MMORPG est tout à fait incontenant. Il n'y a aucune allusion à la chronicité réelle dans *WoW*, ni nuit, jour ou matin. Ainsi, le moment de *la coupure*, de la cessation d'activité ne peut être introduit par ce biais. Fait insupportable pour les joueurs très investis, le jeu continue sans eux, tout temps de sommeil, d'alimentation, d'hygiène – moments emblématiques de repli sur la libido du moi – est vécu comme privatif d'actions, en somme castrateur. L'effet anesthésique du jeu vidéo dont parlent Valleur et Matysiak (2003) fait lui-même perdre au sujet la notion du temps passé devant l'écran.

revendiquer cette passion pour le jeu vidéo en ligne. Il est intéressant de noter que le terme même d'*hikikomori*[1] contient une dimension pathologique d'isolement et d'évitement de la pression sociale, révélant dès lors une étiologie plus riche qu'une simple « passion qui aurait mal tourné ». On peut ainsi se demander dans quelle mesure le virtuel constitue un support adhérent aux divers troubles d'une époque. Le surgissement d'une pratique excessive d'activités sur Internet peut être le marqueur d'une psychopathologie préexistante.

Comme le remarque M. Jouitteau[2], il est intéressant de noter les similitudes de fonctionnement psychique des sujets adonnés aux MMORPG, avec le mode de pensée opératoire et les concepts psychosomatiques en général, notamment en termes de sort réservé au fantasme et de degré de proximité avec la mère. En outre, les MMORPG proposent un désinvestissement du corps réel et une concentration du corps virtuel (celui du personnage qui représente « l'ado ») qui va de pair avec la problématique adolescente déjà citée, à savoir investissement du pôle narcissique et désinvestissement du pôle objectal, situation bien en vue dans les anorexies (*cf. supra*). La passion des jeux vidéo se situe ainsi entre *catharsis* (décharge) et procédés autocalmants.

On peut encore se demander si cette passion du MMORPG, moyen de neutraliser les conflits intrapsychiques, ne risque pas de mener à un appauvrissement de la vie fantasmatique et dans quelle mesure le cadre du jeu en ligne peut être mis en parallèle avec le phénomène de pensée opératoire. Avec l'exemple de Kevin cité plus haut nous pouvons avancer que cette pensée opératoire est d'ordre plus « fonctionnel » que « structurel ». Pour peu, en effet, qu'une prise en charge et une alliance thérapeutique aient réellement lieu, le changement de fonctionnement psychique s'observera. Kevin est en effet redevenu progressivement moins « addict » et, surtout, il a pu réinvestir son travail scolaire et y avoir de réels succès, chance que n'ont pas tous les enfants addicts aux jeux vidéo en ligne.

La manipulation d'un personnage à distance, comme dans *World of Warcraft*, permet d'envoyer dans des situations dangereuses virtuelles ce corps imaginaire sans craindre d'en souffrir dans son corps réel. En fait ne s'agit-il pas là d'une « revanche » des « préados » et « ados » contre la toute-puissance maternelle et sa capacité à « intruser » psychiquement son enfant, surtout lorsqu'il s'agit de famille séparée et de garçons vivant préférentiellement avec leur mère ?

À la différence des addictions aux drogues illicites, les jeux vidéo en ligne se font chez les parents, près de la mère. La tolérance de la famille, en particulier souvent la mère, est souvent étonnante. Une mère dit un jour à M. Jouitteau : « je le préfère encore ici plutôt que dans la rue, à traîner », exprimant là une attitude assez isolante vis-à-vis de l'extérieur. Se pose alors la question des bénéfices secondaires, pour l'adolescent passionné de MMORPG mais aussi pour son environnement familial de maintenir une proximité qualifiable de fusionnelle. Cette proximité à « l'atmosphère maternelle » rejoint les descriptions de P. Marty ou de Sami-Ali sur les liens entre sa mère et l'enfant allergique, asthmatique, tout comme l'anorexique.

1. Mot japonais désignant une pathologie psychosociale et familiale touchant essentiellement les adolescents ou jeunes adultes qui vivent chez leurs parents en refusant le plus possible de parler et communiquer avec ceux-ci.

2. Jouitteau M. (2008), *La passion du jeu vidéo en ligne et les pistes psychosomatiques*, mémoire de Master 1, université Paris X.

La phobie plus ou moins inconsciente de l'extérieur signe la fragilité d'une tiercéité dont le père, dans sa fonction, est le représentant symbolique. En outre, la dépressivité fréquente de ses mères et la persistance inconsciente d'un désir de relation érotique prégénitale avec elles (telle que la décrit Joyce McDougall dans l'économie psychique de l'addiction) peuvent faire comprendre cette « tolérance » familiale et maternelle à l'addiction des enfants.

L'ordinateur lui-même, machine toujours présente, « à disposition », ronronnante, chaude, excitante et débordante de cordons ombilicaux, comme l'écrit M. Jouitteau, n'est-il pas l'analogon, pour ces « préados » et « ados », de la « bonne mère » ? L'usage abusif du MMORPG serait ainsi une sorte de mise en scène renouvelée de la relation de dépendance à la mère et de son échec, sorte d'auto-administration du traumatisme, ou traumatophilie, puisque le miroir maternel enfin (re)trouvé est à disposition, suppléant ainsi toutes les angoisses liées à ce que nous avions particulièrement souligné plus haut, à savoir le défaut d'un miroir maternel au tain suffisamment réflexif.

Valleur et Matysiak *(op. cit.)* évoquent ainsi la *dépendance anesthésique* aux jeux vidéo d'action, c'est-à-dire leur potentiel à absorber totalement leur utilisateur et à lui faire oublier un temps ses souffrances. Comme le remarque M. Jouitteau (2008) :

> « Le caractère abrutissant et tout simplement anesthésiant de la pratique du jeu pendant plusieurs heures de suite avec ses activités d'attaques répétées et violentes, choisies et auto-administrées par le sujet, pourrait être rapproché d'une certaine traumatophilie, en particulier si l'on se concentre sur la pratique assez courante du *binge playing* où les sensations d'engourdissement, de quasi-hypnose et l'automatisme des actions semblent parfois consciemment recherchés par les sujets.
> Exploitant les fantasmes de toute-puissance et des désirs de grandeur infantiles et adolescents, le MMORPG est une allégorie des changements et des épreuves desquels l'adolescence s'assortit. Une importante majorité des adolescents passionnés de MMORPG présentent des difficultés scolaires. Cette confrontation à l'échec peut être très douloureuse à un moment où le narcissisme est très fragile et où la question identitaire se pose sans cesse. »

7.2 Addiction à la fascination par/de l'image, monde sensorialisé de la mère

Certains auteurs ont avancé que certaines situations comme celle du jeu informatique permettaient une levée de certaines inhibitions scolaires et une amélioration[1] significative des performances. Certes mais nous pensons qu'il s'agit là d'une population tout à fait limitée. C'est plutôt, par ces jeux ou « l'addiction à la télévision », un « accrochage » sur le pôle sensoriel

1. Arnaud M.,, Serdidi M. (2003), p. 202.

(visuel) au détriment de l'abstraction qui demande un minimum d'acceptation de retrait sensoriel et de « capacité à être seul » qu'il est question ici. De là les risques que comportent ces jeux sur le développement intellectuel, la capacité d'attention et celle d'être seul avec soi-même.

Cette identification compulsive à un personnage superpuissant qui ne meurt pas vraiment et ne ressent aucune émotion répond au désir de toute-puissance du moi-idéal infantile : éternellement jeune, pensant vite, valorisant l'action et la force sur la passivité et la réflexion, ne connaissant pas l'échec – à l'inverse du travail scolaire – ce qui rejoint les idéaux prônés par les médias, les symboles publicitaires voire, aujourd'hui, le monde symbolique qu'est (pour peu de temps encore) le monde politique.

Car dans notre société au « jeunisme » permanent, il faut être jeune, bien portant, « épanoui » et, surtout, *penser vite* et *simple :* tout doit être dit rapidement, voire, comme dans certaines émissions de radio et de télévision, avec provocation et cynisme, la mode aujourd'hui n'étant plus à l'effort, à la mesure, au tact[1].

Ce « mode de pensée » – ou plutôt de non-pensée – commence dès le plus jeune âge par la fixation régressive de la pensée à la sensorialité de l'image, que celle-ci soit de télévision, d'ordinateur, d'Xbox ou de Game Cube, etc. Or, pour se développer, la pensée réflexive doit quitter la fascination captive et hypnotique vis-à-vis de l'image visuelle – rappelons que le mot fascination vient du latin *fascinum,* ayant traduit le mot grec *phallos,* le membre sexuel masculin en érection. Ce détachement de fascination de l'image suppose le dépassement, chez l'enfant, des angoisses de perte et de séparation (d'avec la mère-environnement), afin que la pensée puisse acquérir la capacité sublimatoire en même temps que les symboles alphabétiques d'écriture.

Pour gagner, il faut savoir perdre : perdre l'univers sensoriel de la mère sans être débordé par des détresses et agonies primitives, des angoisses trop importantes, ne peut se réaliser que s'il existe un « tiers » à proximité, à savoir le plus fréquemment, le père. Or l'attachement, la dépendance à la sensorialité des images (BD, télévision, jeux vidéo, etc.) contribuent à laisser fixée la pensée des enfants et adolescents à cette première forme de pensée qu'est la pensée hallucinatoire proche des réactions sensorielles et somatiques du corps. Lorsque le bébé découvre les images, c'est en effet sous forme d'hallucinations. Dans les moments où il a faim ou soif, il « hallucine » le sein de la mère, ce qui le calme.

C'est donc progressivement, à force de rythme et de réponses rassurantes de la part de la mère et de sa capacité à s'appuyer elle-même sur un tiers entre elle et l'enfant, que ce dernier fait la différence entre images perçues appartenant au réel et images perçues hallucinatoirement (ces dernières étant retrouvées dans les rêves par exemple).

Il faut comprendre que les premières images, hallucinatoires et capables de donner des émotions et sensations corporelles fortes, sont vécues comme « enveloppantes » pour le bébé. Par la suite, les images du poste de télévision auront la même fonction : rassurer, sécuriser. Les images défilent, les paroles avec elles, et cela suffit pour « tapisser » et envelopper le psychisme

1. D'excellentes parodies de communications scientifiques en anglais ont été écrites par Georges Perec (1991).

de l'enfant, le bruit et l'image de la télévision donnant, du jeune enfant à l'adulte, voire au vieillard dans les maisons de retraite, cette illusion d'une présence (maternelle) continue.

Il résulte de ceci que la difficulté à se détacher de ce monde sensorialisé des images témoignera d'un non-détachement de l'univers hautement sensorialisé de la mère. C'est le père et sa fonction tierce symbolique (ou tout représentant de celui-ci), qui introduisent la césure, la « coupure », entre le monde sensoriel de la mère et celui de l'enfant, ceci afin d'« ouvrir » ce dernier, sur le fond d'une présence sécurisante de la mère, au symbolique lui-même (lecture, écriture, grammaire, calcul, etc.), *via* les fonctions cognitives.

Cette fonction du père est, comme Freud l'a montré dans son Moïse[1], d'installer une dynamique intellectuelle et spirituelle : de « donner à penser ». Cette pensée est d'abord celle d'un doute, l'incertitude d'être le fils ou la fille de ce père, puisque *matrem certissima.* Ceci montre que cette fonction paternelle, par le lien symbolique qu'elle recouvre, ouvre au processus de socialisation-subjectivation du jeune enfant. Le père, en reconnaissant symboliquement son enfant, l'installe dans le groupe, dans le *socius*, dans la filiation.

Être de plus en plus immergé dans un monde d'images où le « symbolique » et ses fonctions (de transmission des savoirs, d'autorité, d'ordonnancement, de règles familiales, sociales, etc.) se trouvent progressivement dévalorisés n'est donc pas sans conséquence, à long terme, sur le développement de l'esprit et des fonctions psychiques et cognitives de l'enfant. Une récente étude américaine a ainsi montré l'effet néfaste de la télévision sur les résultats scolaires : les chercheurs ont ainsi pu montrer[2] :

- qu'un enfant de 14 ans qui passe plus d'une heure par jour devant la télévision court un plus grand risque d'échec scolaire que ceux qui la regardent moins longtemps ;
- que c'est bien la consommation télévisuelle qui cause des problèmes d'attention et non l'inverse.

On peut situer ici le rôle délétère de la publicité ou du « tout image » sur le lien entre activité psychique et activité intellectuelle. Rappelons tout d'abord qu'à la fin des années cinquante, si la durée des spots publicitaires projetés en salle de cinéma était d'une à trois minutes, leur temps total de diffusion était de six minutes. Or de nos jours, à la télévision, la durée des spots est de huit à trente secondes[3] mais le temps total dans la journée est de 2 heures par chaîne commerciale !

Le projet ambitieux des publicitaires, à savoir « fabriquer les esprits[4] », est ainsi en voie de réalisation totale : l'évolution de l'omniprésence des spots publicitaires montre que l'objectif,

1. Freud S. (1939).

2. *Archives of Pediatrics & Adolescent Medicine*, mai 2007. L'article du journal *Le Monde* du 13 juin 2007 (p. 34) qui rapporte cette recherche, précise qu'en France la durée devant la télévision est en hausse depuis le début de l'année chez les enfants de 4 à 14 ans (+ 8 minutes/jour). Elle s'établit à 2 h 20/jour.

3. Ramonet I. (2000), p. 52.

4. « Ce à quoi nous travaillons, c'est à fabriquer les esprits » déclarait Ernst Dichter, l'un des plus grands théoriciens de la publicité.

faire « court et clair », est largement atteint socialement et ceci, aujourd'hui, avec l'aide des études en neurosciences cognitives. Un article du journal *Le Monde* du 28 mars 2007 nous révèle ainsi que « les publicitaires s'intéressent à notre cerveau », en utilisant les sciences cognitives pour mettre au point des techniques de « neuromarketing[1] ».

L'industrie publicitaire n'hésite plus à employer l'écriture « jeune » des SMS pour « racoler » l'œil des adolescents et des jeunes adultes. Ainsi, la publicité d'une chaîne de grands magasins dont le slogan était, pour Noël 2005, « Kdos », pour faire part aux consommateurs des « cadeaux » sous forme de prix qui leur seraient offerts s'ils venaient chez eux. De la même manière le nom « Hypnôse » d'un parfum se joue publiquement de l'orthographe du mot hypnose.

Face à ces mésusages autorisés de la langue française, il est inutile d'espérer un énième plan scolaire pour sauver l'apprentissage de notre langue. Selon l'Éducation nationale, 15 % des jeunes entrant en 6e ont des difficultés de lecture ou d'écriture[2].

Combattre un tel échec passe de toute évidence par autre chose qu'une réforme enseignante et pédagogique : un changement des mœurs sociales, médiatiques et, on vient de le voir, publicitaires. On ne peut malheureusement que constater dans ces domaines une augmentation du « formatage » des esprits vers la facilité.

Certes, l'excitation hypnotique et addictive par le petit ou le grand écran, les jeux vidéo, les émissions de radio commerciale ou la surconsommation de médicaments (antidépresseurs, anabolisants...) donnent au Narcisse postmoderne l'illusion de vivre intensément. Mais cette intensité cache mal le vide de pensée, voire la détresse affective même si elle se trouve suppléée par des « regroupements » identitaires qui redonnent un « tonus de base » (identitaire ; *cf.* M. de M'Uzan, *op. cit.*) :

- dans les jeux vidéo Internet (MMORPG) par le sentiment d'appartenance à une communauté virtuelle, appelé Guilde[3], avec son langage propre extrêmement hermétique ou, sur le Net avec le développement de sites comme Facebook, etc. ;
- dans l'alcoolisme par la fréquentation assidue du « bistrot » ;
- dans la toxicomanie par l'appartenance identitaire à un groupe fermé, celui des « toxicos ».

1. *Cf.* Pirlot G. (2010), *Déserts intérieurs.*

2. www.Libres.org., Lettre du 12 août 2002.

3. La Guilde est la communauté virtuelle qui a pour but de regrouper les joueurs et peut servir à aider les plus faibles (rôle d'étayage), faire du commerce et du troc (solidarité et déni de ce « convertisseur universel symbolique » qu'est l'argent), se faire des amis (liens et refuge identitaire).

Chapitre 4

Des conceptions neurobiologiques à la passion addictive

Sommaire

La biologie est vraiment un domaine aux possibilités illimitées : nous devons nous attendre à recevoir d'elle les lumières les plus surprenantes et nous ne pouvons pas deviner quelles réponses elle donnerait dans quelques décennies aux questions que nous lui posons.

S. Freud (1920), « Au-delà du principe de plaisir », chapitre IV.

Ce dernier chapitre ouvre sur la communauté de destin passionnel des pulsions, aussi bien dans les addictions que dans certaines somatisations ou attitudes psychiques comme celle de l'amour ou de la mystique, cette communauté étant aujourd'hui en partie vérifiée par l'imagerie médicale et neurobiologique. De même qu'il serait vain pour le psychanalyste de ne s'attacher à la compréhension du psychisme, en particulier en situation d'addiction, qu'à partir de sa seule pratique clinique, ignorant la littérature analytique ou les études sociologiques ou encore les trouvailles créatrices des romanciers, il ne peut ignorer aujourd'hui, pour son appréhension du phénomène additif, les avancées des neurosciences sur ce sujet. Les « passerelles » en termes épistémologiques existent aujourd'hui permettant une double lecture de certains phénomènes, en particulier ceux touchant à l'affect et l'émotion. En guise de transition avec les chapitres précédents, nous partirons donc de cette question de l'affect, déjà évoquée plus haut, pour en découvrir certains développements du point de vue neurobiologique et de ce que l'on appelle en particulier « la neurologie affective ».

1. Transfert d'affects et neurologie affective

S'appuyant sur les travaux de Greimas[1], le psychanalyste C. David a avancé l'idée *d'un pouvoir de transformation de l'affect*[2] qui, permettant un travail psychique participant de la métamorphose de sens, *méta*boliserait ainsi les pulsions en leur servant d'interprète. Cependant, trop violent ou sexualisé, l'affect pourrait être gelé, rejeté, éjecté, de l'appareil psychique en crevant « l'écran blanc » (Lewin) formé par l'hallucination négative. L'affect, resté impulsionnalisable, forclos ou gelé comme le prétend J. McDougall, conduit-il alors la psyché à émettre des signaux somatiques : somatisation ou conversion ? Et sur quel mode ?

Introduisons ici un début de réponse, celui du « transfert d'affect » sur des fonctions déhiérarchisées (psychomotrices) ou des fonctions de systèmes en réseaux (neurohormonaux, immunitaires). Pour comprendre cette proposition, rappelons que si, dans l'*Esquisse/Projet*, Freud considère la relation somatopsychique qu'est la pulsion comme un état de seuil au-delà duquel se déclenche une activité psychique, aujourd'hui, comme le rappelle J.-M. Thurin[3],

1. Greimas A.-J. (1966) ; 1970, p. 15.
2. David C. (1971), chap. x.
3. Thurin J.-M. (1996), p. 170.

on est passé d'une logique de structure « câblée » à celle d'une approche de traitement de l'information faisant intervenir différents centres intégrés dans un *réseau* ; on a ainsi découvert que les signaux pouvaient être communs d'un sous-système biologique à l'autre, voire, ajoutons-nous, du système psychique à ceux somatiques.

On a découvert par exemple des récepteurs aux neuropeptides (que l'on croyait seulement des récepteurs du système nerveux) dans les lymphocytes. Dans certaines conditions, ces signaux (en principe nerveux) sont exprimés par des lymphocytes pour coordonner certaines actions au cours d'une infection bactérienne. À la limite, note Thurin (ce fut la théorie de Blalok et Smith[1]), chaque cellule serait capable d'exprimer à peu près tous les signaux et on dispose là d'une base mécaniste de la communication entre les organes. Cette approche est formalisée sous le terme « réseau » qui traduit la structure que constituent à un moment donné *des transferts d'information* et *qui peut, par exemple, inclure plusieurs systèmes ou parties de système* (nerveux et immunitaire).

Des chercheurs ont fait l'hypothèse selon laquelle l'action du système nerveux central sur les processus immunitaires serait médiatisée par des mécanismes de type neurohumoral véhiculés par des neuropeptides (Pert, 1985) : « les neuropeptides sont les messagers d'un réseau psychosomatique, leurs effets s'appuient sur le réseau immunitaire » déclare le biologiste G. Gachelin, ajoutant : « ces neuropeptides sont des médiateurs de l'émotion[2] ».

Les hormones, qui sont des signaux « à longue distance », interviennent ainsi dans les différents réseaux et systèmes somatiques, modifiant les paramètres biologiques participant tant du réseau neuronal que celui du soi immunitaire, réalisant des formes de transferts d'affect ! Ce rejeton de la pulsion qu'est l'affect, n'atteignant pas un seuil d'intensité permettant sa re-présentation (du fait de son défaut ou de son excès), et évitant tout « saut » vers la représentance pulsionnelle, pourra-t-il alors demeurer dans une composante excitationnelle transférable sur un « réseau » – cognitif – biologique (immunitaire par exemple, *cf.* F. Varela) ou moteur (passage à l'acte, rituel addictif) ?

Les recherches de Marion F. Solomon et Daniel J. Siegel (2003[3]) permettent aujourd'hui de proposer le concept de « neurologie affective » et de lier trauma précoce, désorganisation de l'attachement et traces neurologiques. Sur son site Internet, Diana Fosha présente la traduction

1. Blalok J. E., Smith E. M. (1985), « The immun system, our mobile brain ».

2. On peut classer les neuropeptides en deux catégories :
– ceux qui stimulent l'immunité : la substance P, la b-endorphine, la neuro-tensine ;
– ceux qui inhibent l'immunité : le VIP (Vaso-active Intestinal Peptide), la somatostatine.
Le fait important est qu'il existe des récepteurs à neurohormones (y compris opivoïdes : morphine, méthionine, enképhaline) sur les lymphocytes et des récepteurs à certaines lymphokines, ce qui suggère l'existence d'une modulation des deux systèmes par des messagers, bref l'existence de *boucles de régulation* (démontrée par l'interleukine 1). *Cf.* aussi G. Gachelin (1986 ; 1991 ; 1995). Le *feed-back (retro-actio)*, c'est-à-dire *la modulation du système nerveux par le système immunitaire, se fait par l'intermédiaire d'une immuno-hormone*, le GIF, d'une partie constance (Fc) des immunoglobulines qui peut se lier aux cellules antihypophysaires productrices d'ACTH, de certaines protéines de complément : les lymphokines et thymocines.

3. Siegel D.-J. et Solomon M.-F., eds. (2003).

d'un chapitre de l'ouvrage de D. J. Siegel et M. F. Solomon dont nous faisons ici un résumé. Les auteurs insistent sur le fait que les processus neurobiologiques impliqués dans le traitement de l'émotion montrent l'importance du cerveau droit, hémisphère dominant pour l'émotion et dominant dans les trois premières années de la vie. Cela indique la supériorité de l'émotion et la nature essentiellement émotive du fonctionnement mental en les premières années de la vie. La qualité de l'esprit naissant comporte ainsi des processus qui sont essentiellement émotifs, visuels, et sensori-moteurs ; la langue dans laquelle une expérience émotive est codée est non linéaire et empirique.

Des aspects cruciaux du développement du cerveau sont formés dans de premières expériences (Damasio, 1994) entre l'enfant en bas âge et celle/celui qui prend soin de lui (le *care-giver*[1]). Pendant les deux premières années de la vie, le cerveau se développe à une vitesse plus rapide que pendant sa vie ultérieure. Les processus émotifs sont contemporains de ceux dyadiques entre les nourrissons et enfants en bas âge, ce qui implique l'attachement, l'empathie, la résonance affective, le regard fixe partageant, les rythmes vocaux et le plaisir mutuellement partagé[2].

Ces processus sont principalement négociés par le cerveau droit et associés aux états affectifs positifs[3]. « Le cerveau du bébé est non seulement affecté par ces interactions, sa croissance exige littéralement des interactions de cerveau à cerveau et se produit dans le contexte d'un rapport positif entre la mère et l'enfant en bas âge[4]. » Ces expériences affectives sont la substance même permettant la fixation de l'attachement[5], ce qui sera à la base de la santé et de résilience mentale optimale, protectrice de tout développement de trauma.

L'attachement désorganisé – ce que P. Denis (2014) appelle *la discontinuité relationnelle* – semble prédisposer fortement le sujet à une vulnérabilité au trauma, ce qui se retrouve dans l'anamnèse de nombre d'états-limites. L'éveil « des émotions véhémentes[6] », si elles sont intenses, interfère avec le traitement de l'expérience émotive et empêche son intégration dans un récit/la narrativité. Il a été observé que les niveaux élevés de l'éveil qui définissent les émotions véhémentes interfèrent sur le fonctionnement de secteurs du cerveau comme le lobe frontal, le cortex préfrontal et l'hippocampe, qui sont impliqués dans des processus d'évaluation (van der Kolk, 2001). Les conséquences de la négligence et de la privation émotives sont aussi rigides et graves que ceux du trauma manifeste. La participation chronique dans de tels états mène au rétrécissement et à l'atrophie dendritique réelle de certaines régions du cerveau[7].

1. Schore A.-N. (1996).
2. Beebe B., Lachmann F. (1994) ; Panksepp J. (2000) ; Stern D.-N. (1985) ; Trevarthen C. (2000) ; Tronick E.-Z. (1989 ; 1998).
3. Schore A.-N. (1996) ; Siegel D.-J. (1999).
4. Schore A.-N. (1996), p. 62, voir également Trevarthen C., Aitken A.-K. (1994).
5. Schore A.-N. (2000).
6. Van der Kolk B.-A. (2001), p. 3.
7. Schore A.-N. (2001) ; Siegel D.-J. (1999).

Dans l'enfance, des interactions dyadiques conflictuelles, opposées, aboutissent à la mort neuronale de cellules « de centres affectifs » comme le système limbique, et ceci en raison des niveaux élevés de corticostéroïde produits, tout comme existent des perturbations dans les neurotransmetteurs opioïdes (endorphines, enképhaline), la dopamine, la noradrénaline et la sérotonine (Lyons-Ruth, 2001[1]; Schore, 2003; Siegel, 1999). Il apparaît en outre que les liens entre cerveau droit, structures limbiques et cortex orbitofrontal, soit les structures de cerveau impliquées dans le traitement d'une expérience émotive, sont compromis. La capacité de l'individu de traiter et de régler l'émotion devient substantivement affectée.

Ceci est vraisemblablement à mettre en relation avec les caractéristiques de l'anamnèse de la plupart des sujets états-limites, *en particulier les futurs addicts*, et leurs réelles difficultés à « gérer » la qualité et l'intensité de leurs émotions, en particulier celles liées à des angoisses (d'abandon, d'instrusivité, de passivité) ou des terreurs d'exister.

2. Neurobiologie de l'addiction

2.1 Géographie du plaisir : du cerveau à la psyché

La conception de la biologie de Freud, science à laquelle il était très attaché (Sulloway[2]) et qui a donné dès le départ à la psychanalyse ses assises scientifiques, l'a amené à affirmer que la biologie donnerait plus tard des réponses sur des mécanismes somatiques à la base de la vie pulsionnelle. En 1908, dans un courrier à K. Abraham, le père de la psychanalyse fait ainsi l'hypothèse qu'il existe des substances chimiques identiques à la base du « philtre d'amour » et de l'ivresse : « le philtre du soma contient certainement l'intuition la plus importante, à savoir que tous nos breuvages enivrants et nos alcaloïdes excitants ne sont que les substituts de la toxine unique, encore à rechercher, de la libido, que l'ivresse de l'amour produit[3] ». Freud avait vu juste ! Sauf que ce n'est pas une mais une multitude de substances qualifiées aujourd'hui de « neurochimiques » qui sont à la base des mécanismes biologiques entraînant aussi bien la passion amoureuse que la passion addictive (aux toxiques, drogues, alcool, etc.) ou la « passion d'attachement » de la mère à son bébé : endorphines, enképhaline, testostérone, lulibérine, ocytocine (impliquée dans l'attachement), dopamine sont aujourd'hui autant de neurohormones et neuromédiateurs relevant d'une « géographie cérébrale du plaisir » (et du déplaisir) au centre de chaînes neuro-anatomiques diverses entraînant comportements et attitudes psychiques relevant de la passion. Sur le plan neurochimique, le « philtre d'amour » est

1. Lyons-Ruth K. (2001).
2. Sulloway F.J. (1979), 1981.
3. Freud S. (1908), Lettre du 7/06/1908, *Freud-K. Abraham Correspondance* (1907-1926), 1967, p. 47.

composé d'un mixte d'hormones : testostérone + lulibérine + opioïdes + ocytocine + dopamine[1]. La testostérone met en route du désir sexuel, la lulibérine est l'hormone de l'acte sexuel, qui entraîne lors de l'orgasme la libération d'endorphine (les hormones de l'extase et du bien-être) et de l'ocytocine qui « fixe » sous forme de trace mnésique d'attachement le plaisir.

> « Chacune de ces hormones vient stimuler les voies dopaminergiques, renforçant ainsi le désir, le plaisir, sa mise en mémoire et l'envie de le répéter. Elles permettent l'installation de cet état psychologique si particulier qu'est l'état amoureux, sensation d'être envoûté, hypnotisé, focalisé sur l'objet d'amour (Freud). L'implication des voies dopaminergiques est ainsi retrouvée dans les différents éléments caractéristiques de la passion amoureuse[2]. »

La « géographie du plaisir » qui se dégage des explorations et cartographies neuro-anatomiques du plaisir et du déplaisir offre ainsi aujourd'hui la « visualisation » de ce que certains psychanalystes ont décrit, à savoir les liens entre conduite addictive, lien passionnel et attachement. Ainsi, de ce point de vue, *les phénomènes d'addictions, associés à des renforcements de circuit dopaminergiques* – réseau qu'A. R. Damasio dit être impliqué dans la production d'un « proto-soi », de sentiments primordiaux reflétant l'état du corps –, *seraient superposés aux mécanismes d'attachement sociaux* et *familiaux*[3]. Les circuits plaisir/éviction (souffrance) ne sont pas sans évoquer le principe de plaisir/déplaisir de Freud, voire la dualité pulsionnelle freudienne. Ces découvertes, qui auraient certainement pu intéresser Freud lui-même[4], ne peuvent pas ne pas retenir l'attention du psychanalyste quant à la connaissance des soubassements neurobiologiques propres aux conduites addictives et qui jouent un grand rôle dans les particularités à représenter et verbaliser les affects des sujets addicts.

Précisons que nous ne cherchons pas, ici, à montrer l'existence d'une corrélation directe entre le fonctionnement cérébral et les processus psychiques aussi complexes que ceux décrits par la psychanalyse[5] mais, comme le souligne Widlöcher (1996[6]), de montrer que l'existence de dysfonctionnements neurobiologiques joue, en plus des conflits et des dynamismes psychiques, un rôle difficile à quantifier et qualifier mais réel dans la mise en représentations inconscientes, ce qui aboutit à des passages à l'acte (comportements), à des somatisations ou encore à des symptômes psychiques comme les délires.

1. Esch T., Stefano G.B. (2005).
2. Reynaud M. (2010).
3. Curtis J.-T. et coll. (2006).
4. « Je suis très heureux de constater, d'après votre lettre, que vous ne faites pas partie de ceux qui opposent l'analyse à l'endocrinologie, comme si les processus psychiques pouvaient s'expliquer directement par des effets glandulaires ou comme si l'intelligence des mécanismes psychiques pouvait remplacer la connaissance du chimisme sous-jacent. » (Freud S., Lettre au Pr Lipschuetz du 12 août 1931 (*Correspondance, 1873-1939*, Paris, Gallimard, p. 444)).
5. Cela rejoint en quelque sorte la théorie biologique des modes de pensée secondaire et primaire que J.-P. Tassin (1989) a tenté d'identifier implicitement aux notions freudiennes de processus primaire et secondaire relevant tous deux de mode de pensée associatif.
6. Widlöcher D. (1996).

Aujourd'hui, du point de vue biologique, comme le déclare J.-D. Vincent (1996, p. 30) : « Le plaisir, [...] loin d'être une retombée accessoire de l'acte reproducteur, est peut-être chez les vertébrés supérieurs (oiseaux et mammifères) la cause proximale qui fait le succès et le triomphe évolutif des espèces. » Fruit de l'Évolution, une « chimie du plaisir » existe ainsi dans l'encéphale. Les neurones *dopaminergiques* (situés dans le diencéphale : l'hypothalamus latéral) servent, nous allons le voir, l'obtention du plaisir pendant que ceux *sérotoninergiques* (situés dans le mésencéphale et les régions médianes de l'hypothalamus) sont liés à l'aversion et au déplaisir. Un troisième système, dit *noradrénergique*, est impliqué dans la *modulation* des deux systèmes précédents (*cf. infra*).

Cet ensemble, mésencéphale et diencéphale (hypothalamus), forme une structure moyenne, *intermédiaire* entre le cortex et la structure profonde que sont le rhinencéphale et le système limbique (cingulum, septum, hippocampe, amygdale) ; représentations et actions sont associées au niveau supérieur dans ce que J.-D. Vincent appelle des représent*actions*, néologisme qui pourrait s'appliquer aux pulsions/fantasmes.

Pour ce qui est des expériences de réactions aux traumatismes, citons les *processus opposants* évoqués par J.-D. Vincent (*cf. supra*, p. 61), à partir d'expériences faites sur des chiens. Ceux-ci, suspendus à des harnais, voient leurs pattes soumises à des chocs électriques. Aussitôt, une situation de « stress » (Seyle) apparaît avec accélération des battements cardiaques ; à l'arrêt des chocs on assiste à une *réaction après-coup* qui s'accompagne d'une chute brutale de la fréquence cardiaque, celle-ci revenant toutefois progressivement à son rythme de base ; l'augmentation de l'intensité des chocs se traduit par une réponse cardiaque plus marquée et une *réaction après-coup* plus contrastée ; « On suppose que la fréquence du cœur est un reflet de l'état affectif du chien et que son élévation traduit le mal-être de l'animal qui reçoit des chocs douloureux » (Vincent, p. 120).

Si on reproduit l'expérience quelques jours après, une habituation affective se produit, se traduisant par l'impassibilité des chiens aux nouvelles décharges électriques. Le chien est *devenu tolérant aux excitations !* Or, la *réaction après-coup* non seulement ne disparaît pas, mais s'accroît à l'arrêt des stimulations : la fréquence cardiaque chute et ne revient que plus lentement encore à sa valeur de base. « L'habituation entraîne donc un affaiblissement progressif de la réaction affective et une augmentation de la réaction après-coup. »

Le cerveau qui régit ces processus s'oppose à toute activation émotionnelle ; au niveau humain, on pourrait dire que lors de traumas, il y a une sidération de la vie psychique et, de façon plus chronique, le risque d'installation d'une *alexithymie ou d'une pensée opératoire*, défensivement coupée des affects et fantasmes traumatiques.

Pour A. Green,

> « ce modèle apporte, en dépit de ses limites, des données intéressantes sur les correspondances biologiques des rapports entre plaisir et déplaisir ; il montre en fait que l'habituation apparente aux états de déplaisir causés par des traumas produit un allongement de la période compensatoire où le plaisir est recherché. Les psychanalystes savent que dans un

> grand nombre d'états vécus par des sujets à très faible tolérance à la frustration, apparemment aucune réaction psychique observable ne se produit dans la relation. En revanche c'est à une rechute quasi immédiate à laquelle on assiste. Tel est le cas des structures qui réagissent par un court-circuit de l'élaboration psychique dans le passage à l'acte : alcooliques, ou autres toxicomanes, pervers compulsifs, etc. On peut aussi se demander si un mécanisme comparable ne s'installe pas chez les psychosomatiques, l'*acting* (ou la décharge) se produisant dans le soma de manière différée[1] ».

À propos des processus opposants évoqués plus haut, précisons l'hypothèse de leur lien possible avec le sadomasochisme, voire l'ambivalence. Selon le principe des processus opposants, le plaisir succède en effet à la douleur et, dans ses expériences, R. L. Solomon[2] a montré que la pendaison du chien par le harnais lui faisait fabriquer des endorphines pour se défendre de la douleur. Une fois l'animal détaché, le soulagement entraîne une hypersécrétion d'endorphines telle que le chien manifeste son plaisir ! Ceci corrobore ce que l'on constate quotidiennement dans la clinique à savoir, chez certains sujets dont l'enfance a été émaillée de traumatismes, comme chez certains toxicomanes, la *quête de sensations douloureuses comme seules capables de calmer* et *d'apaiser les souffrances psychiques* (et un surmoi totémique et maternel sadique et vengeur) : ceci explique, au moins en partie, les cas d'automutilation à l'adolescence[3] (douleur qui est aussi le prix à payer au surmoi pour la jouissance ou plaisir « interdit »).

L'apparition des processus opposants, c'est-à-dire de mécanismes internes d'apaisement de la souffrance, a lieu pour aider à supporter la vie[4]. Seulement, comme le remarque M. Reynaud[5], elle nous aide aussi à supporter la vie insupportable…

Comme le remarque cet auteur « si, de plus, la douleur infligée est de l'ordre du manque, le plaisir qui lui succède sera encore multiplié par le fait que l'attente d'un plaisir suffit, en soi, à augmenter le débit de dopamine, avant de surmultiplier le plaisir lui-même. L'imagerie médicale a ainsi permis de visualiser, chez de jeunes sujets alcooliques, l'illumination des zones du cerveau que traverse le circuit de récompense, en les plaçant tout simplement face à des images de bouteilles d'alcool[6] ». On a visualisé de la même façon l'effet décuplé d'une prise de cocaïne chez des sujets dépendants quand on les avait auparavant conditionnés en leur promettant leur substance[7].

1. Green A. (1997), « Biosexualité », p. 236.
2. Solomon R.L. (1980).
3. Pirlot G., Cupa D. (2006).
4. Tapert S. (2004).
5. Reynaud M. (2005*a*), *op. cit.*
6. Reynaud M. (2005*a*), *ibid.*, p. 239.
7. Volkow N. D., Fowler J.S., Wang G.J. et Goldstein R.Z. (2002).

2.2 La neurochimie des addictions toxicomaniaques

Les théories neurochimiques ont d'abord mis en avant la dopamine, en grande partie du fait de l'action des amphétaminiques sur cette voie à neurotransmission ; la cocaïne est un inhibiteur quasi spécifique du transporteur présynaptique de la dopamine. Malgré tout, les travaux considérables consacrés au LSD ont placé la théorie sérotoninergique en avant, la plupart des hallucinogènes bloquant les récepteurs 5 HT (sérotonine) notamment au niveau du raphé médian.

Il est probable que la noradrénaline et l'acétylcholine interviennent indirectement sur la 5 HT. Les sous-types de récepteurs 5 HT les plus incriminés dans l'induction des hallucinations sont à l'étude. Plus récemment la découverte de ligands endogènes à certains types de récepteurs du cerveau a relancé la théorie biologique des hallucinations au profit d'un déséquilibre ou d'une surproduction en ces ligands spécifiques, suspectés depuis longtemps (DMT, OMB) ; un exemple récent est celui de la découverte de l'anandamide[1], substance endogène qui se lie spécifiquement aux mêmes récepteurs que le cannabis[2].

À ce propos citons ici les principaux hallucinogènes[3] d'origine naturelle ou synthétique[4]. Ces substances distordent la perception et peuvent amplifier les horizons de l'expérience et des sensations (psychédéliques). Chacune d'elles peut induire un certain type d'expérience hallucinatoire. Nous ne ferons que citer :

- les substances psychédéliques : LSD ; mescaline ; cannabis ; psilocybine ; harmine ; diméthyltryptamine ;
- la phencyclidine ;
- la marijuana ;
- la cocaïne ;
- les amphétamines ;
- les opiacés ;
- la méthaqualone ;
- les solvants volatils.

2.3 Dépendance addictive : circuit du plaisir et renforcement positif

L'étude des mécanismes de la dépendance addictive pose la question de savoir pourquoi seuls certains sujets qui rencontrent un produit addictif le consomment alors qu'ils ne peuvent en ignorer les risques. Pourquoi seuls certains de ces consommateurs développent-ils une

1. Richard D., Senon J.-L. (1996).
2. Di Marzo V., Fontana A., Cadas H. et coll. (1994).
3. Smythies Jr, Ireland C.B. (1989).
4. Schultes R.E., Hofmann A. (1981).

dépendance psychique ? La dépendance n'est-elle que l'aboutissement des processus de tolérance qui font que les effets du produit se réduisent, en ampleur comme en durée, lors de sa consommation prolongée ? La dépendance relève-t-elle de la mise en action précoce et déterminante de l'ocytocine, neurohormone impliquée dans l'attachement ? Abstraction faite de la facilité à se procurer le produit et de son coût, pourquoi élit-on un toxique plus qu'un autre ? Les effets neurobiologiques des produits addictifs sont variés et, essentiellement pour des raisons conjoncturelles, certains ont été plus étudiés que d'autres. D'autre part différents processus s'intriquent dans le phénomène de dépendance : renforcement positif (effets hédoniques), renforcement négatif (aversion, sédation d'un déplaisir, d'une douleur morale ou physique), tolérance (phénomènes adaptatifs s'opposant aux effets du produit).

Enfin la dépendance n'est pas le fruit des seuls effets pharmacologiques des produits addictifs mais de *leur interaction avec leur histoire propre, leur fonctionnement psychique,* l'équipement neurobiologique des individus, génétiquement déterminé puis soumis aux influences de l'environnement. On voit là les limites de la modélisation animale, préalable pourtant indispensable à toute étude neurobiologique des comportements.

Nora Volkow (figure 4.1) a schématisé les interactions entre :

- l'aire tegmentale ventrale et le nucleus accumbens, voie archaïque du plaisir et des sensations ;
- en interrelation avec le cerveau limbique, lieu de perception et d'analyse des émotions ;
- le thalamus, lieu d'analyse des perceptions externes et internes, en lien avec l'axe corticotrope de la gestion du stress ;
- l'amygdale et l'hippocampe qui relient les émotions à l'analyse de celles-ci et à leur mise en mémoire (rappelons l'utilité de cette architecture vitale pour la perception et la mémorisation des situations) ;
- enfin, le circuit dopaminergique mésocortical (qui inclut le cortex préfrontal, le cortex orbitofrontal et le cingulum antérieur) est, quant à lui, très largement impliqué et notamment dans la perception de l'expérience émotionnelle ou d'intoxication par les drogues : il analyse la saillance perçue (la valeur donnée à cette perception, en particulier par rapport aux autres désirs, besoins et perceptions), l'attente de l'émotion de la drogue, et le programme, la réponse à apporter à cette perception du besoin.

Rappelons qu'au cours des années cinquante, les travaux d'Olds et Milner[1] ont permis d'identifier un ensemble de structures cérébrales, regroupées sous le nom de « système de récompense », à partir desquelles on *peut induire un conditionnement d'autostimulation :* lorsqu'une électrode est implantée dans l'une de ces structures et qu'elle est reliée à un stimulateur qui peut être déclenché en appuyant sur un levier, l'animal s'autostimule, souvent aux dépens de la satisfaction de besoins vitaux tels que la faim et la soif.

Trois structures paraissent déterminantes :

- *l'aire tegmentale ventrale,* située dans le mésencéphale, qui contient les neurones dopaminergiques (aire A10) qui innervent le système limbique et le cortex préfrontal ;

1. Olds I., Milner P.M. (1954).

- *le nucleus accumbens ou striatum ventral,* situé dans la région septale, innervé par l'aire A10 dont les connexions ont une interface entre le système limbique et le système moteur ;
- *le cortex préfrontal* dont le rôle dans les processus attentionnels, motivationnels et directionnels est bien démontré.

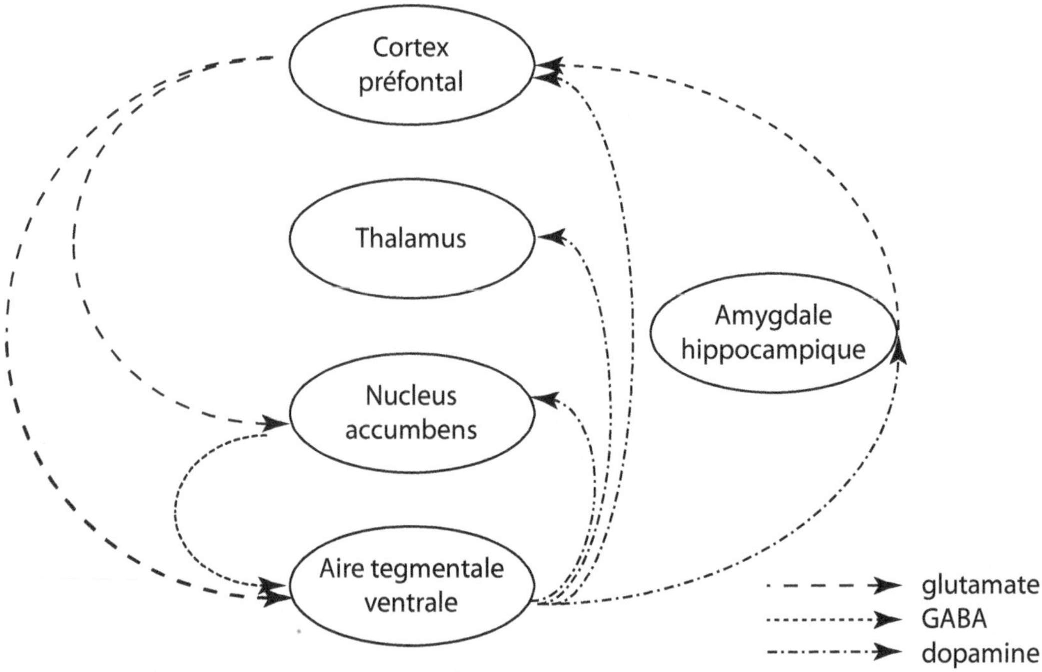

Figure 4.1 – Interactions entre les circuits mésocortical et mésolimbique dans l'addiction à la drogue (d'après N. Volkow, cité par M. Reynaud, 2005a, p. 24)

Les études neurobiochimiques ultérieures ont fait du système de récompense un substratum important de la dépendance psychique. On a en effet montré que la plupart des produits addictifs pouvaient activer le système de récompense[1]. Par exemple, l'amphétamine et la cocaïne sont de puissants agonistes dopaminergiques, la première parce qu'elle stimule la libération de dopamine, la seconde parce qu'elle en inhibe la recapture.

Les opiacés et les agonistes GABAergiques (éthanol, benzodiazépines, barbituriques...) dépriment l'activité des interneurones inhibiteurs de l'aire tegmentale ventrale et du nucleus accumbens, donc désinhibent les neurones dopaminergiques méso-limbo-corticaux. Enfin, il existe sur les corps cellulaires et les terminaisons axonales des neurones dopaminergiques mésencéphaliques des récepteurs nicotiniques, dont l'activation (respectivement) stimule l'activité cellulaire et augmente la libération présynaptique de dopamine (figure 4.3, p. 243).

1. Koob G.F. (1992) ; Cesaro P., Keravel Y., Ollat H., Peschnaski M., Sindou M. (1994) ; Besson M.-J. (1992).

Par son action compulsive, répétitive et excitante, le comportement addictif – comme le « procédé autocalmant » (PAC) – va ainsi mettre en action le circuit dopaminergique mésolimbique, les neurones A10 situés dans le tronc cérébral, au niveau de l'aire tegmentale ventrale (ATV) qui projette, *via* le faisceau médian, d'un côté vers des structures du système limbique comme le noyau accumbens, l'amygdale et l'hippocampe mais aussi, de l'autre, vers le cortex préfrontal (figure 4.2, p. 242).

Les modèles d'auto-administration intraveineuse de différentes drogues chez l'animal (rappelons que toxicomane, *suchtig*, vient de *suchen*, chercher[1]), et d'autres travaux, ont pu mettre en évidence le rôle de la dopamine comme neurotransmetteur clé dans le renforcement du comportement addictif, mais aussi le rôle du glutamate, des récepteurs GABA A et GABA B, du système opioïde, des endocannabinoïdes, de la noradrénaline et de l'acétylcholine. La plasticité synaptique se trouve aussi impliquée (Karila et *al.*[2]).

2.4 Le circuit du plaisir et de la souffrance, de l'approche ou de l'évitement

Revenons sur ce que les neurosciences biologiques appellent « le système de récompense ». Comme l'écrit M. Reynaud[3], les sources du plaisir sont les récompenses naturelles : nourriture, boisson, sexe, affection. Selon le principe des processus opposants, proposé par Solomon dès 1980[4] (*cf. supra*), le plaisir ne peut être séparé de son contraire, l'aversion ou la douleur. Chez l'animal, le couple plaisir/aversion peut être modélisé par des systèmes physiologiques de récompense et de punition proches sur le plan neuro-anatomique.

Le système de récompense/punition (approche/évitement, plaisir/souffrance) est un circuit anatomique correspondant au système mésocorticolimbique[5] (figure 4.4, p. 245).

1. Un groupe de chercheurs franco-américains a ainsi montré que des souris transgéniques *knock-out*, c'est-à-dire à qui l'on a enlevé un gène de la protéine transportant la dopamine, étaient, faute de ce transporteur, incapables d'évacuer celle-ci dans les synapses. Ceci avait un effet spectaculaire sur le comportement puisque l'activité de ces souris était six fois plus élevée que celui de souris normales. Outre que cela souligne que la maladie de Parkinson résulte d'un déficit en dopamine, cette observation permet de comprendre le mode d'action de la cocaïne et des amphétamines. On sait que la cocaïne augmente la dopamine en agissant sur le récepteur. Aussi, l'administration de cocaïne (ou d'amphétamine) n'affecte nullement la souris *knock-out*, l'animal se comportant comme s'il était *trop* intoxiqué pour que la drogue fasse effet ! Trop d'excitations « soigne » ainsi l'excitation, notion que la psychanalyse et les thérapeutiques vaccinales utilisent. Au 149e congrès de l'Americain Psychiatric Association du 5 mai 1996, l'équipe de B. Fox a proposé un vaccin anticocaïnomanie, idée reprise par D. Landry (1997), « L'immunothérapie des cocaïnomanes ».

2. Karila L. *et al.* (2004).

3. Reynaud M. (2005a), *op. cit.*, p. 22.

4. Solomon R.L. (1980).

5. Koob G. F., Nestlery E.J. (1997), « The neurobiology of drug-addiction », *J. Neuropsychiatry Clan., Neurosciences*, 9 (3) p. 482-497.

Nous l'avons vu, le circuit mésolimbique implique un ensemble de neurones dopaminergiques (appelés neurones A10, *supra*) situé, dans le tronc cérébral, au niveau de l'aire tegmentale ventrale (ATV), qui projettent, *via* le faisceau médian, vers des structures du système limbique telles que le noyau accumbens, l'amygdale et l'hippocampe[1]. Ce circuit est impliqué dans les effets de renforcement, la mémoire et les réponses conditionnées liées aux conséquences motivationnelles et émotionnelles du manque et du besoin d'affection et de relation... aussi de drogues.

Le circuit mésocortical inclut des projections de l'ATV vers le cortex préfrontal, orbitofrontal et cingulaire antérieur. Il serait, quant à lui, impliqué dans les conséquences cognitives de l'imprégnation émotionnelle et en ce qui concerne la prise de drogues, dans la recherche compulsive de ces drogues[2] au détriment d'autres intérêts et désirs.

Comme l'avance M. Reynaud, « des liens fonctionnels existent donc entre le cortex cingulaire antérieur (lieu d'analyse des émotions), le noyau accumbens (zone plus archaïque du plaisir), les souvenirs mémorisés dans l'hippocampe et l'analyse corticale s'effectuant au niveau préfrontal » (2005*a*). En effet, les circuits dopaminergiques mésolimbique et mésocortical fonctionnent en parallèle et interagissent à la fois entre eux et également avec d'autres aires, par le biais de projections neuronales GABAergiques du noyau accumbens vers l'ATV et le cortex préfrontal et par le biais de projections neuronales glutamatergiques du cortex préfrontal vers le nucleus accumbens et l'ATV[3].

La dopamine est ainsi le neurotransmetteur clé du système de récompense. Les récompenses naturelles – aliments, boissons, activité sexuelle – et la majorité des drogues addictives modifient la transmission dopaminergique[4]. En effet, ils en stimulent la libération par les neurones de l'ATV (l'Aire Tegmentale Ventrale) dans le nucleus accumbens[5]. Les régions médianes du mésencéphale, l'hypothalamus et les voies du stress sous-tendent les phénomènes d'aversion et de punition. *Un équilibre existe en permanence entre le système de récompense/plaisir* et *le système aversion/punition.*

Des données plus récentes définissent l'addiction comme un trouble caractérisé par un processus récurrent, comprenant l'intoxication répétée puis l'installation progressive d'une dépendance s'accompagnant d'une tolérance (se traduisant par des signes de sevrage) et d'un besoin compulsif de consommer[6]. C'est la répétition, le « rappel », qui accroît le risque d'addiction ou de réponse inappropriée, la surstimulation de zones ou de terrains déjà sensibilisés. Le corps garde la mémoire de ces impressions précoces.

1. Wise R.A. (1996) ; Koob G. F. (1999) ; Goldstein R.Z., Volkow N.D., Wang G.J. *et al.* (2001).
2. Maldonado R., « The neurobiology of addiction », *J. Neural Transm.*, 2003 ; suppl. (66) : 1-14.
3. Qureshi N.A., al-Ghamdy Y.S. et al-Habeeb T.A. (2000) ; Hyman S. E. et Malenka R.R.C. (2001).
4. Nestler E. L. (2001) ; Gardner E.L. (2002).
5. Hurd Y. L., Svensson P., Ponten, M. (1999).
6. Volkow N.D., Fowler J.S., Wang G.J. et Goldstein R.Z. (2002).

Le marquage précoce, depuis la vie intra-utérine jusqu'au sortir de l'enfance, imprime un premier chemin désir-plaisir-manque, l'adolescence reprogrammant, en les sexualisant « après-coup », ces « traces » et marquages somatopsychiques précoces.

On décrit ainsi les mécanismes d'installation des addictions : la prise chronique et répétée de drogues entraîne une activation anormale et répétée du système dopaminergique méso-corticolimbique. Pour compenser cette sursimulation répétée, des systèmes de compensation sont activés ; c'est ce que l'on appelle classiquement les mécanismes opposants. Ces anomalies du système dopaminergique mésocorticolimbique sont désormais clairement identifiables en neuro-imagerie, ainsi que les mécanismes d'adaptation qui en découlent, on peut donc ainsi clairement imager les circuits altérés par la prise chronique de drogues. En d'autres termes, le cerveau subit une neuro-adaptation, pendant laquelle il y a un changement dans l'importance de neurotransmetteurs différents. La dopamine joue un rôle important dans la dépendance, fournissant le plaisir initial à une drogue avec un renforcement positif qui mène par la suite à la recherche de la drogue et à la motivation. Lorsqu'un individu devient tolérant, il y a un changement hors les voies dopaminergiques pour un engagement vers les voies glutamatergiques excitationnelles. Bien que la dépendance puisse être observée pour toutes drogues, les neurotransmetteurs sous-jacents et les adaptations peuvent varier entre des drogues[1].

2.5 Les drogues dérèglent le système dopaminergique de récompense

L'augmentation des taux de dopamine sécrétée dans le nucleus accumbens est un élément clé dans la médiation des effets de récompense ou du renforcement positif dus à la drogue[2] : cette augmentation de la sécrétion de dopamine a tout d'abord été mise en évidence dans le nucleus accumbens par Di Chiara et Imperato en 1988[3]. Puis elle a été retrouvée dans les autres structures du système mésocorticolimbique. Toutes les substances psychoactives susceptibles d'entraîner une dépendance notamment avec l'héroïne, le tétrahydrocannabinol, la cocaïne ou la nicotine augmentent la sécrétion de dopamine dans le nucleus accumbens.

1. Lees R., Lingford-Hughes A. (2012).
2. Koob G.F. et Le Moal M., (1997), *op. cit.*; Kalivas P.W. et Nakamura M. (1999).
3. Di Chiara G., Imperato A. (1988).

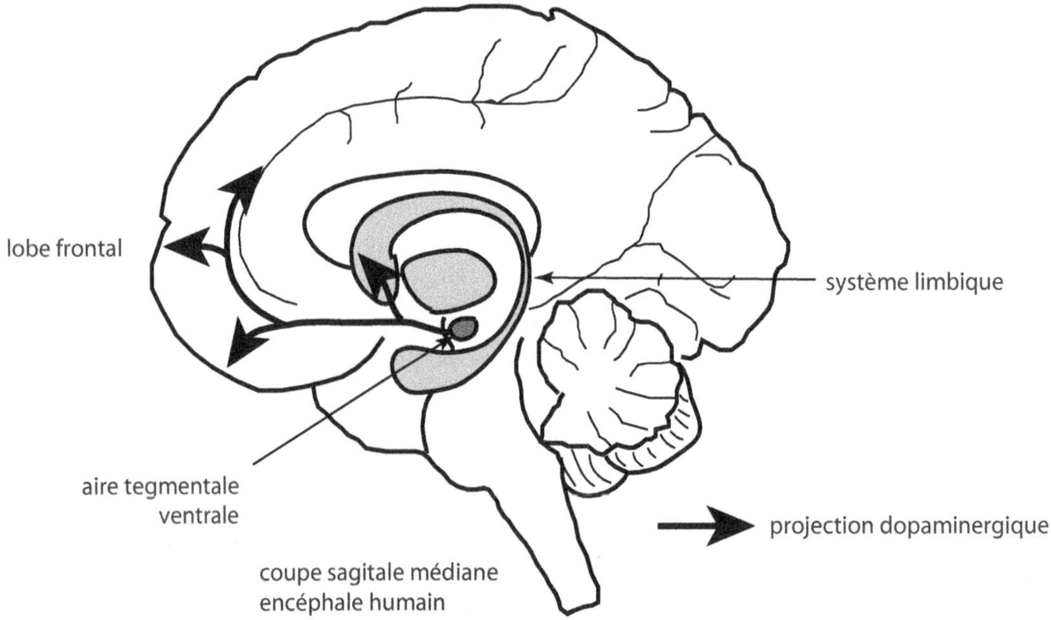

Figure 4.2 – Les projections encéphaliques dopaminergiques

Il est tout à fait intéressant de noter que ce pic d'augmentation extrêmement important survient quelques minutes après la prise et dure entre 40 et 60 minutes.

Sur la figure 4.2, on peut voir que toutes les substances psychoactives susceptibles d'entraîner une dépendance amènent une hyperdopaminergie, soit directement dans le cas de la cocaïne, de l'ecstasy ou des amphétamines (par inhibition de la recapture) ; soit de façon plus indirecte par une action sur les interneurones et sur les récepteurs GABA et opioïdes qui viennent moduler ce fonctionnement du neurone dopaminergique. De façon physiologique, la sécrétion dopaminergique est modulée par le système opioïde sur lequel agissent les opiacés, par les interneurones GABA sur lesquels agit notamment l'alcool par le biais des récepteurs GABA et NMDA, par les récepteurs à l'acétylcholine sur lesquels agit la nicotine et enfin par les récepteurs CB1 situés sur ces interneurones GABA et sur le système opioïde.

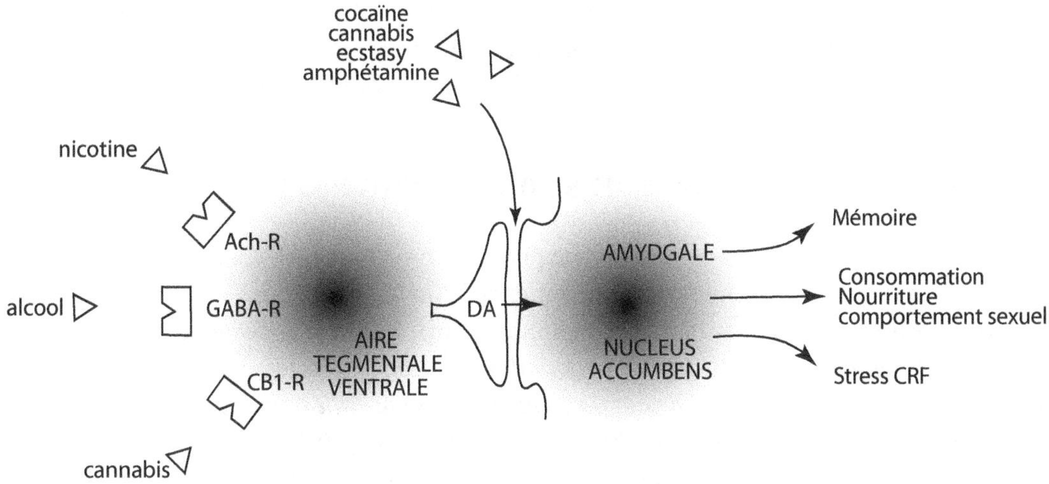

Figure 4.3 – Modalités et lieux d'activation dopaminergiques des principales substances psychoactives (d'après Reynaud, 2005a, p. 22)

Le système dopaminergique mésocorticolimbique est donc ainsi modulé en permanence par les neuromédiateurs endogènes agissant sur des récepteurs spécifiques. Cette neuromodulation permet d'adapter finement la sécrétion dopaminergique aux différentes situations susceptibles de stimuler le circuit de récompense. Ainsi, par exemple, ce circuit de la récompense est mis en route lorsque l'on a faim ou soif, lorsque l'on a un désir sexuel mais aussi, en cas d'adaptation au stress et lorsqu'il est nécessaire de répondre à des situations émotionnelles. Les réponses naturelles modulées par nos neuromédiateurs naturels ont une amplitude limitée et une durée de l'ordre de quelques millisecondes.

Cette neuromodulation naturelle, avec les « drogues » endogènes, est beaucoup plus fine et souple que l'action massive, brutale et prolongée qu'entraînent les substances psychoactives. De plus, la réponse à la prise de drogues n'est pas influencée par un phénomène d'habituation à l'opposé des récompenses naturelles. Chaque nouvelle prise de produit entraînera une libération dopaminergique.

C'est cette surstimulation anormale et répétée qui entraînera les processus d'adaptation et la mise en route de ce qu'on appelle les systèmes opposants afin d'essayer de réduire les effets de cette surstimulation. Mais c'est bien parce que les drogues agissent en mimant les neuromédiateurs naturels et en venant forcer les serrures qui modulent les sécrétions dopaminergiques que s'effectuera leur action délétère. On a, en général, découvert les récepteurs aux drogues psychoactives (tels que les récepteurs opioïdes, les récepteurs cannabinoïdes, les récepteurs GABAergiques, les récepteurs cholinergiques) avant de découvrir les neuromédiateurs endogènes correspondant à ces récepteurs (enképhaline, GABA, glutamate, acétylcholine, endocannabinoïde...).

Les drogues agissent comme un leurre pharmacologique et si elles agissent si bien, c'est parce qu'elles touchent des mécanismes fondamentaux de gestion du plaisir et de la souffrance, de l'approche et de l'évitement. Et, il n'est donc pas étonnant que l'intuition clinique qui consistait à dire que dans l'addiction, les sensations remplaçaient les émotions, se trouve ainsi confirmée : l'effet brutal du produit venant ainsi à la place de la modulation subtile des émotions.

2.6 Dérèglement du système de souffrance-évitement

Les études à l'aide de modèles animaux ont permis non seulement de mettre en évidence des phénomènes de dysrégulation neurobiologiques spécifiques (dopamine, glutamate, peptides opioïdes, GABA) impliquant le circuit de récompense mais également de montrer que *les voies du stress impliquant l'axe corticotrope hypothalamo-hypophysaire,* et *en lien avec le système d'évitement, jouaient un rôle important notamment dans l'installation de l'état motivationnel négatif retrouvé dans les processus addictifs* (Koob G.F., 1998-2003).

Enfin deux types d'études comportementales ont été utilisés afin de préciser les effets des produits addictifs sur le système de récompense[1]. Les unes sont des études *d'auto-administration* où l'animal, rongeur ou primate, a la possibilité, en appuyant sur un levier, de s'auto-injecter le produit par un cathéter intraveineux ou implanté dans une structure cérébrale du système de récompense : l'auto-administration du produit est considérée comme un témoin de ses effets de renforcement positif[2].

1. Stolerman I.P. (1992).

2. Les autres sont des études de *Conditionned Place Preference* qui se déroulent en deux phases. Dans un premier temps, celui du conditionnement, le rongeur est placé de façon répétée dans l'un ou l'autre des deux compartiments d'une cage qu'il peut reconnaître facilement (marques sur les parois, etc.) ; dans l'un de ces compartiments, il reçoit systématiquement un véhicule placebo, dans l'autre il reçoit le produit étudié. Au cours de la seconde phase, on laisse à l'animal le libre choix du compartiment. S'il choisit celui où il a reçu le produit actif, on peut penser que celui-ci a des effets de renforcement positif. Si au contraire il choisit celui où il a reçu le véhicule on conclut que le produit a eu des effets aversifs. Enfin si l'animal pénètre au hasard dans l'un ou l'autre compartiment, il en est déduit que le produit était neutre, n'ayant ni effets plaisants, ni effets aversifs. Les études d'auto-administration, comme celles de la *Conditionned Place Preference,* ont souvent donné lieu à des résultats contradictoires dus en grande partie à des problèmes méthodologiques (conditions expérimentales, espèces et souches utilisées, doses administrées, etc.) mais globalement elles montrent que chez l'animal comme chez l'homme, les produits addictifs n'ont pas tous des effets plaisants et que certains ont même des effets aversifs.

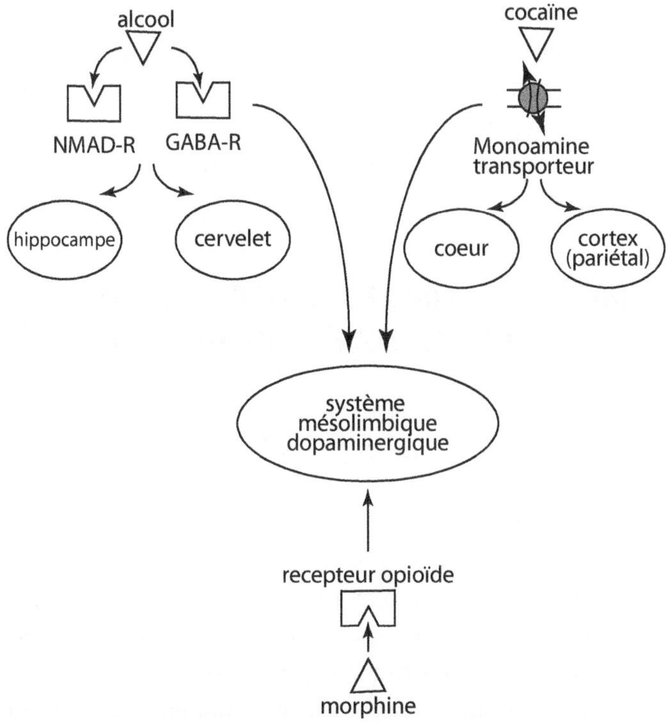

Figure 4.4 – Les circuits de l'addiction

L'action principale est au système dopamine mésolimbique qui contient la dopamine des neurones dans le secteur ventral et leurs projections axonales dans les champs terminaux dans le noyau accumbens et le cortex préfrontal.

Finalement, la comparaison des profils pharmacologiques et des effets comportementaux des produits addictifs chez l'homme permet de distinguer trois groupes. Le premier est celui des produits qui activent le système de récompense et qui ont des effets de renforcement positif: amphétamines, cocaïne, opiacés. Dans le deuxième groupe les produits n'ont pas (ou peu) d'effets sur le système de récompense mais exercent des effets de renforcement positif: nicotine, alcool, benzodiazépines. Enfin, le troisième groupe est celui des produits qui n'ont apparemment pas d'effets de renforcement positif: c'est le cas des hallucinogènes tel que le LSD (antagoniste des récepteurs sérotoninergiques de type 5 HT 2) ou la kétamine (antagoniste des récepteurs pour les acides aminés excitateurs de type NMDA).

Comme l'indique Hélène Ollat il n'est cependant pas possible d'expliquer la dépendance psychique par les seuls effets de renforcement positif des produits addictifs (et donc par l'activation du système de récompense). Les limites de cette modélisation sont clairement marquées par des données cliniques et expérimentales. Chez l'homme nombre de produits addictifs, dont la nicotine, n'ont pas d'effets hédoniques, euphorisants; certains, dont les hallucinogènes, induisent même des états dysphoriques. Par ailleurs les effets plaisants des toxiques sont rapidement effacés par les conséquences néfastes de leur consommation prolongée (problèmes socioprofessionnels et familiaux, dépendance physique...) et le discours du toxicomane traduit bien la souffrance d'avoir perdu son libre arbitre. On sait également que l'appétence pour le toxique perdure après de longues périodes d'abstinence, alors que se sont effacées les traces de sa consommation dans les réseaux neuronaux du renforcement positif.

3. Approche intégrative des addictions permise par des découvertes neurobiologiques récentes ?

Aujourd'hui, l'on sait que la dopamine et les circuits de récompense ne sont pas les seuls à être concernés dans les phénomènes neurobiologiques de l'addiction. D'autres neuromédiateurs, on l'a vu, mais aussi d'autres systèmes, d'autres structures cérébrales, d'autres fonctionnalités de celles-ci sont impliqués dans ces mécanismes addictifs. De plus, le stress (les drogues dérégulent l'axe du stress et celui-ci rend les animaux plus vulnérables aux phénomènes de dépendance), la plasticité cérébrale, comme la mémoire interagissent avec les processus addictifs[1]. La dopamine qui intervient dans l'apprentissage de stimulations nouvelles le fait en agissant sur l'amygdale et l'hippocampe en orientant le comportement vers un seul but : retrouver l'objet de plaisir, fût-il un être humain dont on est amoureux[2] : cet objet « unique » se surimprime aux souvenirs hédonistes, son absence étant alors synonyme de douleur, détresse, manque existentiel.

À la suite de travaux récents de J.-P. Tassin[3], deux notions essentielles, l'une clinique, la *conduite additive comme diminution de souffrances* et *de formes de dépressions autant que quête du plaisir,* et l'autre, neurobiologique, à savoir l'existence d'un *découplage fonctionnel entre neurones sérotoninergiques* et *noradrénergique* (deux neuromédiateurs impliqués dans la dépression) favorisant l'addiction (et favorisé par elle en plus de la perturbation des systèmes dopaminergiques), permettent de jeter un pont selon nous[4] entre une approche biologique et celle psychanalytique de l'addiction.

J.-P. Tassin et son équipe ont en effet montré que la variabilité thymique observée chez la majeure partie des toxicomanes s'expliquait par *la disparition d'une régulation mutuelle entre les neurones noradrénergiques (Nd)* et *sérotoninergiques (5 HT)* due à la prise répétée de produits toxiques. Ainsi, *seule la drogue permettrait de rendre supportable au toxicomane cette disparition du couplage entre les deux ensembles neuronaux.*

1. Salomon L. (2010).
2. Adinoff B. (2004).
3. Tassin J.-P., Lanteri C. et Salomon L. (2006) ; Tassin J.-P. (2007).
4. Pirlot G. (2014), « Les addictions entre psychanalyse et neurosciences ».

Du point de vue du développement ontogénétique, remarquons que les réseaux noradrénergiques et sérotoninergiques mettent du temps à maturer : ils ne seront véritablement individualisés et fonctionnelle qu'à la fin de la phase pubertaire.

Or, ce *découplage*, et ce serait là notre hypothèse intégrative, *ne traduirait-il pas, dans l'organisation neurobiochimique, l'impact d'affects de détresse liés à des traumas précoces touchant la construction narcissique* (du self ; des pulsions d'autoconservation) ? Ceux-ci n'auraient-ils pas pu suffisamment dérégler la maturation de ces réseaux noradrénergiques et sérotoninergiques au point qu'à partir de la puberté les affects d'angoisse de séparation-individuation retrouveraient – *via* des autoclivages « fractals » narcissiques – le « couplage » impossible de ces réseaux, entraînant dès lors ceux-ci dans un réel « découplage » entre neurones Nd (noradrénergiques) et 5 HT (sérotoninergiques) ?

En d'autres termes, des affects de détresse *(Hilflosigkeit)* liés à ces brèches/traumas précoces (« psychiques-prépsychiques ») ne dérégaleraient-ils pas précocement, et de manière prolongée, *la maturation* de ces réseaux noradrénergiques et sérotoninergiques ? Cette détresse, ce vide interne, ne seraient-ils pas chez certains sujets fragilisés narcissiquement par ces brèches/traumas répétés survenus dans leur enfance, puis répétés à la puberté (époque de confrontation avec des angoisses d'intrusion, de pénétration ou de perte provoquées par la rencontre avec l'objet sexuel), accentués et réactualisés ? Ces perturbations d'affects archaïques (détresse, stress, peur, etc.) ne favoriseraient-ils pas l'impossible couplage des réseaux 5 HT/noradrénaline, cette impossibilité se voyant alors combattue, de manière *traumatophilique*, par des conduites addictives, la quête de sensation-excitation addictive créant alors une véritable « enveloppe » narcissique réassurante quant à la continuité du self du sujet ? Ceci permettrait d'éviter à l'addict d'éprouver la détresse intrusive ou abandonnique due à la dépendance affective par le contrôle compulsivement répété *(Zwang)* de l'objet du besoin addictif.

L'« au-delà » du principe de plaisir, l'excès et la jouissance comme l'état de manque soulignent l'aspect *passionnel* de ces conduites. En d'autres termes, sur le plan métaphorique, psychique et subjectif, le régime économique contemporain de ce découplage sérotonine-noradrénaline et du « bassin d'attraction » qu'il exerce sur la psyché se traduirait (frayage) par le dérèglement du principe de plaisir/déplaisir, qui est, rappelons-le, la matrice de la symbolisation primaire des catégorisations d'affects. Ce découplage biologique et du principe de plaisir-déplaisir entraînerait des tensions, angoisses, émotions caractéristiques de ce que « l'automédication », le *Pharmakon* addictif est alors censé contre-investir chimiquement et « soigner ». En d'autres termes, ce dérèglement entretiendrait des « préformes organiques » et excitationnelles de mouvements pulsionnels restés (passionnellement) intriqués (Freud, 1928) et se déchargeant dans la compulsion *(Zwang)* comportementale addictive.

Véritables « passions du corps » soulignées par les psychanalystes et confirmées aujourd'hui par la neuro-imagerie cérébrale *(infra)*, la « passion addictive », comme tout mouvement passionnel (amoureux ou maternel), témoignerait d'une activation de certaines aires cérébrales lors d'affects de fusion avec un objet dont on peut d'autant moins se séparer qu'il colmate une blessure narcissique profonde, mélancoliforme qu'aucun mécanisme de défense psychique n'a pu parvenir à contre-investir, sinon par le clivage et déni. *Dans la passion addictive comme dans toute passion, l'opposition pulsion/objet s'efface* et *l'activité pulsionnelle, dans ses débordements, draine avec elle le fond,* dans l'intrication pulsionnelle, des débuts de la vie psychique marquée par l'indistinction *(l'atopie) des instances psychiques,* et *la vivance*[1] *excitationnelle* dans laquelle l'autre (maternel), indispensable à l'autoconservation du psychisme, est un *objet de besoin* qui, venant à manquer, suscite une réelle détresse *(Hilflosigkeit).*

3.1 Neurobiologie du craving

Nous avons évoqué dans notre première partie ce comportement particulier, de plus en plus fréquent chez les adolescents, de *craving.* Voyons ici les soubassements neurologiques de ce type de conduite. Il existe trois types de *craving* identifiés en fonction des systèmes neurobiologiques sous-jacents induits par les différentes drogues.

Le craving de récompense *(reward craving)*

Il a pour fonction de stimuler les aires du plaisir. La cocaïne ou le crack sont des drogues induisant un fort *craving* de récompense, lié au système dopaminergique, singulièrement dans une structure sous-corticale, le noyau accumbens, dont on sait qu'il est impliqué dans la neurobiologie des dépendances toxiques (amphétamine, cocaïne, morphine, héroïne, cannabis, tabac, etc.). On a pu imaginer que, durant le *craving* à la cocaïne, les régions limbiques, région de perception de l'émotion, étaient activées. De la même manière on voit que s'illuminent pendant ce *craving* le cortex orbitofrontal et le cortex préfrontal, région d'analyse et de planification des réponses à l'émotion, traduisant cette hyperactivation. Ces expériences ont été reproduites avec toutes les autres drogues susceptibles d'entraîner une dépendance[2].

Ce type de *craving* concerne aussi l'alcoolisme de type 2 décrit par Cloninger. Son début est plus précoce et l'évolution péjorative. Il dépendrait du *système dopaminergique/opioidergique.* Ce *craving* serait sensible aux stimuli appétitifs et servirait à compenser un déficit hédonique et d'éveil. Les traitements neuroleptiques pourraient avoir une efficacité sur l'aspect impulsif des comportements d'alcoolisation ou de prise de drogues répétées (crack, cocaïne). Dans les ivresses aiguës à répétition, le *binge drinking,* comme dans le *binge playing,* voire également le *binge eating disorder,* on a un *craving* de type récompense.

Le craving de soulagement *(relief craving)*

Il correspond plutôt à un besoin de réduction du stress et de soulagement d'une tension. C'est un trouble anxieux généralisé où la drogue vient soulager le sujet (une sorte d'automédication).

1. Cupa D. (2006), *Tendresse et cruauté,* p. 16.
2. Reynaud M. (2005*b*), p. 24.

Ce système serait sous la dépendance des neurones gabaergiques et *glutamatergiques* inhibant la prise de décision d'arrêter l'intoxication. On retrouve ces phénomènes de *craving* dans l'intoxication chronique au cannabis (plus de 5 joints par jour) où la drogue vient masquer des angoisses identitaires fréquentes à l'adolescence. On retrouve ici l'alcoolisme de type 1 de Cloninger. Le syndrome amotivationnel chez les grands fumeurs de cannabis montre l'évitement d'une réalité angoissante avec repli sur un monde imaginaire souvent magique.

Le craving obsédant *(obsessive craving)*

Il représente un type de pensées obsédantes envahissant le sujet nécessitant la mise en acte pour obtenir le soulagement. La prise de drogues vient calmer ici ses obsessions. Ce *craving* résulterait, pour les neurobiologistes, d'un *dysfonctionnement sérotoninergique* proche de ce que l'on observe dans les TOC (avec levée d'inhibition, déficit du contrôle émotionnel et attentionnel ; impossibilité de contenir des impulsions devant des stimuli appétitifs ou aversifs). On retrouve ici des conduites addictives telles que l'addiction à Internet, les jeux vidéo, la boulimie ou bien encore une sexualité addictive. Il existe en effet une perte du contrôle qui aboutit à un alcoolisme compulsif. C'est ainsi que ce *craving* se trouverait être sensible aux antidépresseurs inhibiteurs sérotoninergiques (IRS).

4. Vers la passion addictive

4.1 Addiction et amour passionnel[1]

Il est stimulant, intellectuellement, pour le psychanalyste de s'apercevoir que la science moderne découvre, par l'imagerie médicale, des vérités qu'il avait élaborées laborieusement à partir de sa clinique. Ainsi, dans le premier chapitre des *Passions du corps*, et à la suite de ce qui vient d'être rappelé sur les travaux de Freud, j'avais avancé l'idée d'une réelle proximité entre la « passion du toxique » et l'amour passionnel mystique ou amoureux (voire maternel). Or, ce rapprochement, la technologie médicale, plus particulièrement l'imagerie médicale, l'a aujourd'hui confirmé. Je remarquais à l'époque que c'est lorsque nous vivions, dans le contre-transfert avec certains patients addictés et/ou toxicomanes, la coupure d'une subjectivité encore sidérée par des événements traumatiques et répétés, que nous nous trouvions avec eux parfois proches de cette *unio mystica* dont a parlé O. Fenichel .

1. Nous avons développé récemment ce thème dans « L'extrême des extases mystiques et addictives : le corps libidinal au service de la subversion des limites subjectives » in *L'expérience des limites*, dir. V. Estellon, Paris, A. Colin, 2012, p. 59-81.

Lors d'un de ces moments contre-transférentiels avec une toxicomane me revinrent les propos de G.A. Goldschmidt[1] sur la langue de Freud, singulièrement les métaphores de la mer, de ses flux et reflux, comme image liquidienne de la libido, et aussi les métaphores de Thérèse d'Avila sur les relations entre l'esprit, le désir et l'eau : « l'eau est la chose désirée ». Une pensée m'assaillit alors : le cadre analytique, y compris dans une psychothérapie face à face, peut-il réellement aider à mettre en mots ces jouissances toxicomaniaques, addictives et dépossessives de soi-même comme celle éprouvée « mystiquement » dans le ravissement d'une jouissance sexuelle indicible ? Désir amoureux, désir de l'Un (androgynie primitive), désir d'une relation originaire possessive de l'autre, jouissivement retrouvée et incarnée dans l'addiction... et le transfert passionnel. On le pressent, un champ d'amour passionnel, mystique et compassionnel se déploie dans les addictions, situé toutefois sur le terrain de la quête sensorielle, en deçà des autoérotismes secondaires, par collage à l'objet-sensation (bouche-sein) en deçà de toute élaboration de la position dépressive selon M. Klein.

« Je l'ai dans la peau », dit l'amoureux (se) – comme l'héroïnomane qui se pique. L'objet idéalisé confondu à la force de l'affect écrase alors la pulsion et, avec elle, le sujet. Dans la passion amoureuse, l'opposition pulsion/objet n'existe plus et l'activité pulsionnelle retrouve le « fond » *(self)* passif passionnel des débuts de la vie psychique marquée par la détresse et par l'indistinction (atopie) des instances psychiques. L'amour fou se stigmatise, s'incarne alors dans cette topique atopique dans laquelle aucune représentation d'absence et du manque ne peut advenir. Il suffit d'une coïncidence, d'une rencontre « hasardeuse », comme celle entre A. Breton et Nadja[2], pour que des nappes du désir se répandent dans la psyché.

La quête d'âme, depuis l'origine du « monde psychique », s'y trouve rassasiée... le psychisme humain se bâtit d'ailleurs dans cette quête, en s'y aliénant – les stupéfiants n'ont-ils pas été appelés des « suppléments d'âme », ce que le français commun exprime dans le terme « spiritueux » à propos des vins forts ?

L'amour de l'excès et la passion (excès d'amour) guettent toutefois celui qui se sent « mal habité » narcissiquement et/ou par le père œdipien et totémique et qui se retrouve ainsi déprimé, exsangue, sans repère établi. La passion amoureuse exprimera chez lui (elle) *le refus de toute séparation-individuation-castration* d'avec les objets d'attachement primaires jusqu'à la dissolution de l'esprit dans un interdit fusionnel incestueux (Pirlot, 1997).

Comme le déclare la mystique Hadewijch d'Anvers[3] : « Ivre précisément de ce qu'elle n'a jamais bu et ne boira jamais, [...] le vin pur de la bonde suprême » (déplacement, ici théologique, du désir de sperme « transmué » en lait et vin comme dans le Cantique des Cantiques).

De même les descriptions des jouissances buccales d'Angèle de Foligno, celle de l'allaitement au sein maternel de saint Jean de la Croix (« *De mi amado bebi... Am me dio pecho* »), celles

1. Goldschmidt G.A. (1988), p. 83.
2. Breton A., *Nadja,* 1928.
3. Hadewijch d'Anvers, p. 133.

de la *Transverbération* de Thérèse d'Avila, le *Dictionnaire de langue inconnue* de Hildegard von Bingen (1132) montrent que les mots employés sont toujours insuffisants pour rendre compte de la charge sensuelle, charnelle du verbe atopique de ces mystiques[1] dont la pulsion s'enracine dans l'écho du royaume des mères de Faust. Ceci nous indique aussi combien la subjectivité se résout mal à la « sexion » du symbolique/sexuel puisqu'au fond, Éros, « l'amour », déborde le sexuel-génital. Le *Pharmakon* et l'ivresse qu'il procure ne sont phalliques qu'à être vécus corporellement pour suturer le « trou » qu'impose l'entrée dans la sexuation et le monde symbolique du langage. Un proverbe dogon ne dit-il pas que « l'homme a découvert la mort en même temps que le langage » ?

4.2 Similitudes neurophysiologiques entre l'amour passionnel, l'amour maternel et l'« amour » du toxique

Aujourd'hui, comme le rappelle M. Reynaud en 2005[2], il est tout à fait fascinant de remarquer qu'il existe des preuves neuro-anatomiques des similitudes entre la passion amoureuse et l'addiction même si, dans un article ultérieur, l'auteur garde une certaine prudence sur ce sujet. En effet,

> « bien qu'il n'y ait pas de définition validée ou de critère diagnostique de "l'addiction amoureuse", sa phénoménologie présente des similitudes avec celles des dépendances aux substances : euphorie et désir incoercible en présence de l'objet d'amour ou de stimuli associés, humeur triste, anhédonie, trouble du sommeil en cas de manque de l'objet d'amour, focalisation de l'attention et pensées intrusives vers l'objet d'amour, et, dans certains cas, comportements amoureux inadaptés ou problématiques amenant à une détresse ou à des altérations cliniquement significatives, avec poursuite de ce comportement malgré la connaissance des effets négatifs[3] ».

Des études humaines et animales indiquent que les régions cérébrales (insula, cingulum antérieur, cortex orbitofrontal) et les neurotransmetteurs (en particulier la dopamine) impliqués dans la dépendance aux substances le sont également dans la passion amoureuse, de même pour le jeu pathologique. Dès 2004, les travaux pionniers d'A. Bartles et S. Zeki[4] ont montré en effet que dans l'amour, certaines zones cérébrales « s'illuminaient » : l'insula (zone de perception et d'analyse sensorimotrice : qui renseigne sur l'état du corps) ; le cingulum antérieur ; le noyau caudé et le putamen (élément du cerveau limbique) ; l'hypothalamus (reflétant

1. Bastide R. (1931).
2. Reynaud M. (2005*a* et *b*).
3. Reynaud M. (2010).
4. Bartels A., Zeki S. (2004).

la mise en route des sécrétions hormonales, notamment sexuelles) ; pendant que, dans le tronc cérébral, s'illumine parallèlement l'aire tegmentale ventrale, point de départ des voies dopaminergiques, mésocorticales et mésolimbiques qui s'activent également lors de l'activité addictive ou de la prise de toxique.

Dans l'imagerie de l'amour maternel, l'activation de la cingula, du cingulum antérieur et du striatum (noyau caudé et putamen) a été retrouvée. Mais, s'il n'y a pas eu d'activité particulière dans l'hippocampe et l'hypothalamus, en revanche des zones riches en neurones récepteurs à l'ocytocine et à la vasopressine – hormone de l'attachement – (substance grise péri-aqueducale, partie du tronc cérébral, comme point de départ et cortex orbitofrontal comme point d'arrivée, et qui sont des voies dopaminergiques du désir) se trouvent activées.

Dans le même temps, et dans les deux situations (passion amoureuse et amour maternel), on observe l'inactivation du cortex préfrontal droit (hyperactif, au contraire, dans la dépression), du cingulum postérieur (émotions négatives) et de l'amygdale (peur), de la partie antérieure des lobes temporaux et du sillon temporal supérieur (activés dans les tâches analytiques complexes) : « l'amour est aveugle », en effet, comme dit le dicton.

À l'opposé, les zones des émotions positives, en particulier le cingulum antérieur, sont très activées, plus encore dans l'amour passion que dans l'amour maternel. Ainsi, dans l'amour maternel ou amoureux passionnel, les zones associées aux perceptions négatives d'autrui sont désactivées, témoignant de l'extrême confiance liée à l'objet de dépendance. « Ces rapprochements permettent de mieux comprendre certains des mécanismes de l'addiction qui viennent dérégler, ou s'immiscer dans des mécanismes vitaux pour l'espèce : ceux du plaisir, de la sexualité, des émotions et des sentiments. On comprend également pourquoi le manque de produit est vécu avec une telle souffrance, comme un manque vital de quelque chose d'absolument nécessaire » (Reynaud, 2005*a*, p. 29).

L'imagerie fonctionnelle par résonance magnétique nucléaire a d'ailleurs permis de visualiser les impacts neurologiques de la rupture amoureuse :

> « Les images recueillies lors de la radiographie d'un sujet abandonné sont strictement en symétrie inverse à celles réalisées sur un sujet passionnément amoureux. Toutes les zones du cerveau qui étaient en état d'alerte du temps de la passion sont désormais amorphes, et toutes celles qui étaient en sommeil sont en revanche sollicitées[1] : hypofonctionnement du striatum ventral, du cingulum antérieur et des cortex orbitofrontaux et préfrontaux, du thalamus et de l'insula, en particulier du côté gauche, et hyperfonctionnement des zones du cortex associées à la théorie de l'esprit[2]. »

Cette « géographie du plaisir » qui se dégage des explorations et cartographies neuroanatomiques du plaisir et du déplaisir offre de plus la « visualisation » de ce que certains

1. Najib A. *et al.* (2004), cité par M. Reynaud (2010).
2. Reynaud M. (2010).

psychanalystes ont décrit, à savoir le rapprochement entre le comportement addict, l'acte « passionnel » et l'acte pervers (ou l'addiction comme forme « perverse » de la sexualité – en dehors même du *sex-addict*). L'oralité constitutionnelle peut d'ailleurs expliquer les liens entre addictions et perversion orale, de même que la non-reconnaissance de l'objet, la présence de réelles angoisses de castration, de fantasmes pervers clivés (Hopper) ou d'une composante homosexuelle repérée chez l'alcoolique (Abraham ; Ferenczi). Mijolla et Shentoub soulignent une problématique identitaire (de self) antérieure à celle de la différence sexuelle ce qu'a ultérieurement développé M. de M'Uzan dans « le tonus identitaire de base » chez le toxicomane, ce que nous avons mis en lien avec le renforcement de circuits dopaminergiques impliqués dans le « système de récompense » et mécanismes d'attachement familiaux et sociaux. Dans les addictions, ces circuits, selon A. R. Damasio[1], interviennent dans l'émergence d'un « sentiment de proto-soi » (pas encore conscience de soi), de sentiments reflétant les états du corps en diverses occasions sur une échelle allant du plaisir à la douleur.

Comme l'a écrit J. McDougall, l'objet addictif permet une illusion bisexuelle et hermaphrodite construite sur le rempart de la différence des sexes qui « trouve son soubassement dans la relation primordiale, dans le désir toujours actuel d'annuler cette séparation d'avec l'Autre, de nier cette impossible altérité[2] » sur laquelle nous fait déboucher l'Œdipe. De l'identité sexuelle (angoisse de castration) à l'identité subjective « d'être soi » (angoisse de séparation) jusqu'à l'identité adhésive (angoisse d'annihilation, de non-être), le désir de l'addicté dans son « ivresse » est de rebrousser le chemin jusqu'au moment mythique de la naissance psychique, jusqu'au moment préhistorique de son in-dividuation – in-divis (G. Groddeck[3]), indivisible, in-sécable, c'est-à-dire un clone narcissique non sexué (faut-il rappeler que le mot « sexe » vient du latin *secare*, couper).

1. Damasio A. R. (2010), p. 31 *sq.*
2. McDougall J. (1978), p. 64.
3. Groddeck G., *Ça et moi*, Paris, Gallimard, 1977.

Conclusion
Ouverture sur le soin psychique

Dans les problématiques de prise en charge psychothérapique des addictés, les approches psychanalytique et psychosomatique permettent de saisir les enjeux tant psychiques que corporels que le praticien et le patient rencontrent. La fragilité (la plupart du temps, mais pas toujours) du fonctionnement psychique de ces patients addictés pose la question du choix de ce cadre psychothérapique.

Il n'est pas question ici de remettre en cause les avancées dans les prises en charge institutionnelles. L'existence de services et de consultations dits « d'addictologie » va dans le bon sens afin d'éviter que ces patients soient confrontés à d'autres sujets ayant des troubles psychiques beaucoup plus graves. Pour autant, la prise en compte de la différence spécifique propre à chaque technique de soin s'avère nécessaire. Je dois dire que dans nombre de cas elles sont complémentaires. Une prise en charge psychothérapique ou analytique peut avec bénéfice se trouver conjuguer avec celle d'une diététicienne dans les cas d'anorexie-boulimie, avec celle médicamenteuse d'un psychiatre dans les cas d'autres addictions ou encore avec celle d'un service d'addictologie ou médico-psychologique.

Comme les toxicomanes, nombre de personnalités états-limites avec des comportements d'addiction sont par ailleurs difficiles à prendre en charge sur le plan psychothérapique : le désengagement subjectal du moi[1] dans lequel le patient adopte une attitude de retrait quant à un travail psychique qui demande de l'*insight*, en montre souvent les limites. Avec ces sujets addicts, la technique de prise en charge, en face-à-face comme pour des sujets somatisants nécessite une « psychanalyse avec cadre aménagé ». La connaissance des spécificités du soin des patients somatisants, avec la prise en compte de l'importance du perceptif et de la problématique narcissique dans le transfert comme dans le contre-transfert, est pour des patients addicts d'un apport incontournable.

Pour ce qui est du cadre à donner à ces prises en charge, ajoutons que celui proposé pour les patients somatisants à l'Institut psychosomatique de Paris nous paraît être une bonne base de réflexion et de pratique. Comme le rappelle C. Smadja dans *La vie opératoire* (2003), lorsqu'il s'agit de patients qui présentent des somatisations critiques bénignes et dont le fonctionnement psychique est proche d'un fonctionnement névrotique, le choix du divan peut être indiqué mais, au contraire, lorsqu'il s'agit de patients qui présentent une affection somatique évolutive, avec un fonctionnement psychique dominé par une pensée opératoire, un défaut de vie fantasmatique et de réelles insuffisances et blessures narcissiques, le choix du fauteuil en face-à-face est indiqué, la fréquence des séances pouvant aller d'une à trois fois par semaine.

Il en est de même pour les patients addictés et ceux, comme le dit B. Brusset, fonctionnant psychiquement « en extériorité[2] ». Le dispositif analytique est dans ce cas établi de manière souple dans le détail et ferme dans l'essentiel, par exemple de manière progressive, ou, à l'inverse, très fréquent au début de la prise en charge du fait de la massivité des symptômes, pour

1. Green A. (2002*b*), *Idées directrices pour une psychanalyse contemporaine*, p. 287.

2. Brusset B. (2013), *Au-delà de la névrose*, p. 158 *sq.*

aller *decrescendo*. La fréquence des séances est, évidemment, décidée d'un commun accord et le face-à-face est généralement préférable. L'analyste doit échanger avec le patient sur les conditions de la réalisation d'un but explicite : celui de comprendre, par les détours de l'association des idées et l'analyse des rêves, les difficultés personnelles et les contradictions internes que la « solution additive » tente de « lier » dans l'aliénation qu'elle génère.

> « L'expérience est supportable parce qu'elle est contenue par le cadre, dont la durée fixe des séances, la neutralité de l'analyste, ses refus d'entrer dans les communications interactives (et de répondre aux provocations qui, souvent au début de la cure, le mettent à l'épreuve pour s'assurer de sa force). (…) La bonne distance est à trouver dans chaque cas et à chaque moment pour éviter l'inanition psychique comme l'excitation excessive[1]. »

L'avantage du face-à-face, dans ces cas, est la présence perceptive et vivante du psychanalyste qui représente alors un véritable étayage narcissique et perceptif rétablissant en quelque sorte les « enveloppes psychiques », les limites *contenantes* du psychisme dans son étayage au corps. Dans ce contexte, l'activité interprétative du psychanalyste, du psychiatre ou du psychologue doit être prudente et s'adapter aux différents niveaux du fonctionnement psychique de son patient, laissant à celui-ci le bénéfice narcissique de la compréhension de ses symptômes, lui donnant les éléments pour qu'elle devienne accessible. Il faut veiller à porter l'attention, voire l'interprétation, sur des conflits non loin de la conscience dans ses liaisons possibles au préconscient, en prenant soin à ce que toute interprétation ou intervention ne soit pas vécue comme intrusive, ne renforce pas les défenses caractérielles ou narcissiques, bref, les clivages.

De même, le « groupe de parole » est d'une grande efficacité thérapeutique. Tout groupe possède une base narcissique, engendre une identification (ou contre-identification) de nature identitaire, deux problématiques usuelles des sujets addicts. Le non-jugement de toute parole dans un groupe (de parole ; exemple chez la personne alcoolique, *cf.* les travaux d'H. Gomez), la reconnaissance du sujet dans ce qu'il dit de ses affects, souffrances, actes, vicissitudes de la vie, ne peut que renforcer son narcissisme et, plus encore, le sentiment d'appartenance à une communauté humaine capable de penser et panser ses blessures.

Il y a pour le thérapeute avec ces sujets, comme avec les états-limites et borderline, à avoir une nécessaire rétention de tout travail interprétatif sur les « contenus » psychiques, ce qui demande une réelle formation psychanalytique et psychosomatique. Ce qui fait en effet défaut, ne l'oublions pas, chez ces types de patients, ce sont les « enveloppes psychiques », les « contenants » psychiques. Nous l'avons vu, les défauts de pare-excitation, les blessures narcissiques précoces à un moment où se constituent les enveloppes psychiques du moi font de ces sujets de véritables « écorchés vifs » qui n'évitent des décompensations psychiques plus graves (mélancoliformes, violentes, etc.) qu'à avoir recours à des conduites et/ou objets d'étayage substitutifs à leur narcissisme « troué » et au défaut de « régulation interne », symbolisable subjectivement, de leur appareil psychique.

1. Brusset B. (2008), p. 232.

Ce qu'il faut ainsi comprendre c'est que, du fait d'enveloppes psychiques trop faibles et à la structure trop poreuse, la moindre interprétation sur les « contenus » psychiques, c'est-à-dire sur les conflits internes, les souvenirs et fantasmes conflictuels, ne pourra qu'entraîner une tension morbide sur ces « contenants » psychiques, tension vite intolérable (conflit surmoi-moi, moi idéal-moi, pulsion/interdit, pulsion/besoin [du toxique], etc.) et risquant rapidement d'amener au raptus d'une nouvelle décharge par le comportement addictif d'affects désagréables provenant de cette tension iatrogène. À la suite d'interprétations ou interventions par trop centrées sur le matériel œdipien ou inconscient névrotique (scènes de séduction, scène primitive, castration, etc.), le moi risque de se trouver soumis à des conflits et affects « indigérables psychiquement », non symbolisables, et n'aboutissant qu'à augmenter la tension interne de l'appareil psychique comme à aggraver les clivages inter et trans-topiques et « fractales ». Le risque est alors dans ce cas de voir les enveloppes psychiques voler en éclat, ce qui ne manquera pas de provoquer le passage à l'acte comportemental, voire le recours à une activité hallucinatoire ou délirante, pour peu que le recours au besoin du produit d'addiction ou de la conduite ne puisse se faire.

En 1979[1], A. Green rappelait que l'invention du cadre par Freud découlait du modèle du rêve, mais que la clinique des états non névrotiques montrait des aspects de ce cadre dépassant largement ce seul référent onirique. Chez les cas limites, la fonction de représentation, y compris onirique, est chroniquement soumise à un travail de déliaison, l'activité psychique du patient restant tournée vers le maintien d'un rapport à un objet interne/externe, hormis l'objet d'addiction évidemment, toujours porteur d'une menace de destruction réciproque.

Pour l'analyste, une vigilance constante à l'égard des limites, supposée protéger une autonomie difficilement acquise, est au premier plan. En ce sens, la visée de réassurance narcissique du travail analytique ne doit pas être oubliée ou sous-estimée. En effet les motions pulsionnelles font continuellement émergence de manière violente et effractive pour le narcissisme du moi et les capacités de représentation et de sublimation. Aussi, dans ce cadre, l'attention du psychanalyste doit être sensible au *maintien d'une identité* située au centre de ces relations d'objet et d'une autonomie de pensée comme à la réceptivité à ses interventions et interprétations ou à son silence. À M. Corcos, A. Green dit :

> « Je crois que les patients ont plus besoin d'un analyste vivant que d'autre chose. Et quelqu'un qui leur dit certaines vérités inacceptables que personne n'ose leur formuler leur donne l'occasion du corps à corps dont je vous ai parlé. C'est mille fois plus précieux qu'une absence de contact : "J'ai dit ça à ma psy ou mon psy, il n'a pas réagi, il n'a rien dit", voilà qui est plus traumatique qu'un échange verbal trop vif[2]. »

1. Green A. (1979), « L'enfant modèle », *Nouvelle Revue de psychanalyse*, n° 19, p. 27-48 ; repris in *La Diachronie en psychanalyse*, 2000, p. 145-169.

2. Green A. (2006b), *Associations (presque) libres d'un psychanalyste...*, p. 200.

Il n'est pas rare avec ces sujets que la difficile « psychisation » de tout un pan des actes, excitations, émotions, sentiments et pensées qui se dévoilent derrière des « réactions thérapeutiques négatives » et des récidives et rechutes, ainsi que le mur narcissique, redoutable de résistance, derrière lequel se retranchent ces types de patients, montrent combien les clivages, les « passions », le recours à la perception-sensation plutôt qu'à la parole et les représentations (absence de toute « perception interne » [conscience de l'état corporel], Freud), la fragilité narcissique et d'identité, l'importance de la fonction désobjectalisante propre à la pulsion de mort, la perpétuelle revendication affective et de reconnaissance infiltrée d'*hainamoration* (Lacan) sans que soit reconnu le sentiment d'amour passionné qui gît derrière les récriminations, bref, ce qu'A. Green a appelé « le travail du négatif » ou J. McDougall des *anti-analysants*[1], sont des figures habituelles rencontrées dans la prise en charge thérapeutique des patients addictés. C'est sans doute du fait de ces difficultés de prise en charge que les modèles neurobiologiques, avec leurs données anatomo-biochimiques ou celles comportementalo-cognitives et leurs données épidémiologiques, voudraient supplanter les prises en charge psychothérapique et psychanalytique qui, c'est évident, restent aussi difficiles que les différentes théorisations qui en sont issues.

Il ne faut pas oublier que le cadre psychanalytique – la cure type allongée – risque de mettre le patient dans une situation traumatique. En ce sens, lorsque la cure type est inappropriée ou impossible, l'analyste doit proposer un cadre différent, plus approprié, se rapprochant néanmoins du modèle de la cure. La référence au *jeu* winnicottien ou celle du « groupe de parole » sont de mise.

Avec la plupart de ces patients addicts, particulièrement ceux avec un « profil » état-limite, le dispositif du face-à-face, avec l'appui perceptif du regard offert au travail psychique, s'avère nécessaire pour embrayer et soutenir une activité de représentance.

Le cadre se doit d'être, comme le souligne R. Roussillon (1993), un « attracteur » de la symbolisation, induisant un transfert de celle-ci, y compris pour le sujet, dans sa dimension historique jusqu'à ses aléas, y compris traumatiques, dans son émergence. Ainsi, quand le cadre est menacé dans sa fonction symbolisatrice, c'est que le processus a atteint un point de développement où il rencontre le transfert sur le dispositif à un moment où il exprime une atteinte historique dans le développement chez le sujet de la symbolisation : il s'agit là d'une réminiscence d'une conjecture traumatique qu'il convient d'interpréter comme ce qui, de la fonction symbolisante, a pu être entravé à un moment ontogénétique de son développement et s'étant transféré sur le cadre.

Dans ses divers travaux et un de ses récents ouvrages F. Duparc repose la question du « dispositif d'accueil[2] » que se doivent de représenter le cadre et ses aménagements. Il propose l'introduction d'une dose de corporéité : soit dans l'écoute des propos du patient (le faire parler

1. McDougall J. (1974).

2. Duparc F. (2017*b*), *Le travail du psychanalyste.*

de ses ressentis physiques[1]), soit par des techniques comme la relaxation dans un premier temps. Duparc rappelle la valeur des « paramètres » (M. Bouvet) qui doivent définir le cadre (cure-type, cure aménagée en face-à-face, psychodrame) : association libre, abstinence et neutralité, régularité du dispositif divan-fauteuil, interprétation et mise en jeu transféro-contre-transférentielle. Le transfert sur le cadre est défini par lui comme un « transfert *du* négatif » plus que transfert négatif, un mode de transfert préférentiel pour le matériel traumatique irreprésentable ou peu élaboré[2].

Ce sont les problématiques des conditions de l'originaire et de la représentance dont serait porteur le cadre. A. Green[3] écrit :

> « À travers le rapport transférentiel au cadre, apparaissent des conditions/préconditions/préhistoriques de la représentation qui, dès lors, seront plus à construire qu'à interpréter. Car l'enjeu est bien celui de la représentation à condition de resituer à ce concept l'étendue de son hétérogénéité, de la pulsion au langage. La visée est celle de la construction de la topique interne : Roussillon présente une idée précieuse : celle de la capacité à être seul en présence du couple, prolongement inattendu et fécond de la formule winnicotienne très connue. Capacité à être seul dans le cadre, effet d'une analyse réussie[4]. »

Je m'arrêterai sur le référentiel de « la fonction de représentation », du « travail de représentance[5] », c'est-à-dire de « l'émergence » représentative des processus psychiques, intrasubjectifs et intersubjectifs à l'intérieur d'un cadre « dialogique » produit par la relation transfert-contre-transfert. Ce référentiel est proposé par A. Green dans la logique de ses travaux sur les états-limites et il me paraît aujourd'hui d'une grande fécondité dans l'action analytique. Ceci a amené A. Green à passer du trépied « cadre/rêve/interprétabilité », utile pour les patients névrotiques, à celui « cadre interne/acte ou rêve traumatique/travail vers l'intériorisation », articulé au premier chez les états-limites. Le but est de faciliter la mise en œuvre d'un processus psychique rendant représentables, pensables et analysables des conflits psychiques situés à la

1. Duparc F. (2017*a*), *La clinique du psychanalyste aujourd'hui.*

2. Duparc F. (2017*b*), p. 143.

3. Roussillon R. (1995*c*), *Logiques et archéologie du cadre psychanalytique.*

4. Green A. « Préface », *in* Roussillon R. (1995*c*), p. 11.

5. Le processus de *représentance* comporte : a) le représentant psychique de la pulsion. Dans la dialectique pulsion-représentation, le représentant psychique de la pulsion n'a que peu de lien avec la représentation, il est une émanation – la première sans doute – d'une expression psychique qui paraît proche de son substrat pulsionnel et n'est rattachable à la représentation que par inférence ; b) le « représentant-représentation » *(Vorstellungrepräsentanz)* est composé par la représentation psychique de la pulsion associée à des restes perceptifs. C'est déjà une représentation de mot, mais A. Green préfère maintenir ce double mot, car l'opposition entre la représentation de chose et de mot n'est pas concevable dans le ça ; c) la représentation de chose (ou d'objet) ; d) les représentations de mots (dans le Pcs et Cs) et de *signifiance* relèvent de l'expérience quotidienne du psychanalyste.

limite de l'analysabilité[1]. C'est évidemment le « travail du négatif » qui chez ces sujets est en cause, comme si, du fait des forces pulsionnelles du ça, jusque-là « dynamitées » chimiquement par la conduite et/ou l'objet d'addiction, ils ne pouvaient suffisamment « négativer » celles-ci pour aller, *via* un « principe de plaisir-déplaisir » « bien tempéré », vers la représentation.

Évidemment cette conquête de la représentance ne peut se faire qu'accompagner d'empathie ; celle-ci, « connaissance affective », ne néglige pas la neutralité psychanalytique. D'apparence aconflictuelle et éludant les points de vue dynamique, économique et topique de la métapsychologie, elle n'est pas tant une « ordonnance maternante » que, comme dans l'expérience rapportée par S. Tisseron[2] dans le compte rendu de sa « psychanalyse empathique », une capacité d'écoute à efficacité *réparatrice* des effets négatifs de ce qui a été par trop traumatique. Pour S. Tisseron ce traumatique avait été celui d'une première analyse avec un analyste silencieux qui ne lui avait pas permis de faire face aux traumatismes précoces de son histoire contrairement à sa deuxième analyse en face-à-face avec D. Anzieu.

Enfin, une des difficultés des prises en charge psychothérapeutiques de ces sujets est en outre la confrontation aux « obligations de soin » ou au « placement par tiers » avec, pour effet, un non-consentement du patient quant aux soins proposés. Dans la pratique, on s'aperçoit que, bien souvent, les patients réclament inconsciemment que soient mises des limites à leur destructivité, quand ce n'est pas leur destruction tout court. Après quelque temps de prise en charge hospitalière, on voit bien souvent les « transferts » envers l'équipe ainsi changés vers un sens positif.

Toutefois ce n'est pas toujours le cas et, de plus, ces patients mettent les équipes à rude épreuve quant à leur contre-transfert et contre-attitude. En effet le goût de la transgression, de la « rechute », de la récidive, est plus que souvent rencontré, du fait de la force démoniaque de la compulsion de répétition (pulsion de mort). Le « manque » de la conduite ou de l'objet « drogue » est souvent trop grand face au vide interne lors des périodes de sevrage et, bien après. Il y a donc tout un travail de « supervision », de compréhension des équipes, qui devient nécessaire pour éviter les contre-attitudes parfois « réactives » des personnels soignants.

La haute technicité et la formation poussée que nécessitent les prises en charge sur le plan psychothérapique, en particulier psychanalytique, ne sont malheureusement pas valorisées et stimulées de la part des administrations hospitalières ou privées : elles sont bien souvent absentes des divers programmes de formation permanente proposés par les administrations hospitalières ou privées. Vingt-quatre ans passés à être, en tant que psychiatre des hôpitaux, immergé dans cette réalité hospitalière nous ont assez convaincu de la difficulté d'innover, de prendre son temps, d'amener dialogue et confiance, de supporter les rechutes des patients, les malaises et les contre-attitudes négatives et coercitives des équipes pour que nous mesurions

1. Dans « La double limite » (1982), A. Green note que « la fonction de représentation m'est apparue progressivement comme le référent du travail analytique », 1990, p. 341.

2. Tisseron S. (2013), *Fragments d'une psychanalyse...*

la difficulté des enjeux de soin auxquels sont conviées les équipes face à une administration qui demande toujours plus de « résultats » et de (pseudo)-« évaluations ».

Concernant le travail psychothérapique, tant institutionnel, individuel, artistique que rééducatif, la réponse à donner amène immanquablement à souligner la nécessaire existence de personnel soignant en nombre suffisant. Or, aujourd'hui et pour des raisons de coûts budgétaires, l'orientation va de plus en plus vers des prises en charge chimiques adossées à celles de « thérapies courtes » comportementales, là où le dialogue, la compréhension psychopathologique, la diversité des soins, la « désaccoutumance » à tout traitement chimique de substitution s'imposeraient.

Je pense que ces prises en charge psychothérapiques gagneraient à ne pas être centrées sur le seul « changement [superficiel] de comportement » par des programmes de « rééducation » ou à être « soulagées » par les seuls médicaments psychotropes (autres « drogues ») – qui ne font que traiter le symptôme mais non la ou les « causes » de celui-ci, avec tous les risques de rechute que cela comporte – mais auraient tout intérêt à être faites par des « psys » (psychiatres, psychologues, infirmiers) formés à la psychanalyse, ainsi qu'à la psychopathologie et psychosomatique afin de saisir tous les enjeux psychiques, voire corporels, qui prévalent pour ces conduites comme pour les rechutes lors du sevrage.

Annexe

Selon le rapport du professeur É. Zarifian sur la surconsommation de somnifères et tranquillisants en France, présenté dans le journal *Le Monde* du 30 mars 1996, les Français consomment un peu plus de trois fois plus de médicaments psychotropes que les Allemands et les Britanniques. Dans le Rapport plus récent concernant la santé mentale dans la population en général et en France en particulier (1998-2000), le professeur Yves Lecubrier (INSERM U 302) nous apprend que près de 30 % des personnes interviewées déclarent avoir déjà pris des médicaments pour les nerfs (essentiellement des anxiolytiques) contre 5 à 10 % dans les sites de l'Océan indien. *Cf.* Pirlot G. (2009), *Le vide psychique.* Un article de Paul Benkimoun et Yves Mamou du journal *Le Monde* du 28 février 2008 nous apprend ainsi qu'une étude comparative menée en décembre 2007 par la Caisse nationale d'assurance maladie révèle qu'en 2006 un Français consommait 29 comprimés d'antidépresseurs par an en moyenne, contre 28 au Royaume-Uni, 21 en Espagne, 17 en Allemagne et 14 en Italie. Les Français sont aussi de gros consommateurs de tranquillisants. En 2006, ils en avalaient en moyenne 40 comprimés contre 36 en Espagne, 22 en Italie, 6 au Royaume-Uni et 5 en Allemagne. C'est en France que les antidépresseurs coûtent le moins cher : 0,31 euro par comprimé contre 0,50 en Espagne ou 0,39 euro en Italie. Un tranquillisant coûte 5 centimes en France et en Espagne, contre 18 en Italie et 11 au Royaume-Uni. L'étude d'Irving Kirsch, de l'université de Hull (Grande-Bretagne), et de ses collègues, ne dit pas que les antidépresseurs n'ont aucun effet observable. Même sous placebo, il peut d'ailleurs exister un bénéfice. L'étude constate que, hormis pour les dépressions extrêmement sévères, les antidépresseurs n'apportent qu'un faible bénéfice supplémentaire. Et encore, selon les auteurs, « les bénéfices les plus importants pour les patients les plus sévèrement déprimés paraissent attribuables à une diminution de la réponse au placebo plutôt qu'à une augmentation de la réponse au médicament ». Sur le plan de la méthode, l'étude ne prête pas le flanc à la critique. Elle évite les biais possibles en ne s'intéressant qu'aux molécules de la dernière génération pour lesquelles les autorités sanitaires américaines de la Food and Drug Administration (FDA) disposaient de données complètes sur l'ensemble des essais menés par les industriels pour obtenir la mise sur le marché de leurs produits. Les quatre antidépresseurs concernés sont la fluoxétine (Prozac, laboratoires Eli Lilly), la venlafaxine (Effexor, Wyeth), la nefazodone (Serzone, Bristol-Myers Squibb) et la paroxétine (Deroxat, GlaxoSmithKline). L'étude britannique n'apporte pas de révélation brutale. Quelques analyses précédentes montraient déjà que les bénéfices les plus importants de ces médicaments survenaient face aux dépressions les plus sévères. Le fait que certains essais cliniques n'aient pas montré de différence avec un placebo était également connu depuis plusieurs années. Le livre de Guy Hugnet *Antidépresseurs, la grande intoxication,* paru en 2004 aux éditions Le Cherche-Midi, en signalait deux qui figuraient dans le dossier soumis à la FDA pour le Prozac, chef de file de ces nouveaux antidépresseurs. Le principal mérite du travail d'Irving Kirsch est d'avoir rassemblé de manière systématique – dans ce que l'on appelle une méta-analyse – les données disponibles, et non de choisir celles allant dans tel ou tel sens. « Cette étude est bien faite et montre que quand les dépressions ne sont pas sévères, l'effet chimique est quasi inexistant, indique le professeur Hélène Verdoux, psychiatre et épidémiologiste à l'université Bordeaux-II. Elle conforte les recommandations françaises pour les dépressions modérées, qui sont de proposer en premier lieu une psychothérapie, et de réserver les antidépresseurs aux cas pour lesquels cette prise en charge ne marche pas. »

Bibliographie

Abraham K., 1907, « Les traumatismes sexuels comme forme d'activité sexuelle infantile », *Œuvres complètes*, t. 1, P. B. Payot, 1977, p. 24-35.

Abraham K., 1908, « Les relations psychologiques entre la sexualité et l'alcoolisme », *Œuvres complètes*, t. 1, *Rêve* et *mythe*, P. B. Payot, 1977, p. 48-55.

Abraham K., 1916, « Les états maniaco-dépressifs et les étapes prégénitales d'organisation de la libido », *Œuvres complètes*, t. II, Paris, P. B. Payot, 1966, p. 255-313.

Abraham K., 1924, « Esquisse d'une histoire du développement de la libido basée sur la psychanalyse des troubles mentaux », *Œuvres complètes*, t. 2, P. B. Payot, p. 255-313.

Abraham N. et Torok M., 1978, *L'écorce* et *le noyau*, Paris, Flammarion.

Ades J., 1993, « Peut-on se droguer sans drogue ? », *Revue dépendance*, 3, p. 42-46.

Ades J., Lejoyeux M., 2001, *Encore Plus !* Paris, Odile Jacob.

Ades J., Lejoyeux M, Rondepierre C., Dauchy S., 1991, « Les achats pathologiques », *Entretiens de Bichat*, Psychiatrie, Paris, p. 202-206.

Adinoff B., 2004, « Neurobiologic processes in drug reward and addiction », *Harv. Rev. Psychiatr.*, 12, p. 305-320.

Aisenstein M., 1987, « Solution somatique issue somatique ?, Notes cliniques : L'homme de Birmanie », *Cahiers du Centre de Psychanalyse* et *de Psychothérapie du* xiiie, 14, Paris, p. 73-98.

Allouch E., 2010, « Autisme, addiction et somatisation : les psychopathologies de l'étayage », *in* Cupa D., Reynaud M., Marinov V., Pommier F (dir.), *Entre corps* et *psyché : les addictions*, Paris, EDK, p. 165-185.

Alvin P., 2001, *Anorexies* et *boulimies à l'adolescence*. Paris, Doin.

Andreoli A., 1993, « À la découverte d'une clinique du corps au travers de la relaxation », *in* Pasini W. et Andreoli A., *Le corps en psychothérapie*, Payot.

Angel P., Richard D., Valleur M., 2000, *Toxicomanies*. Paris, Masson.

Angel S. et Angel P., 1989, *Famille* et *Toxicomanies*, Paris, Éd. Universitaires.

Anzieu D., 1985, *Le Moi-peau*, Paris, Dunod.

Anzieu D., 1988, *L'auto-analyse de Freud*, Paris, PUF.

Apollinaire G., 1965, *Poèmes divers*, Paris, Gallimard, « La Pléiade ».

Arasse D., 1983, « La peinture de la Renaissance italienne et les perspectives du Moi », *Image* et *signification*, La Documentation française, p. 233-244.

Arasse D., 1996, *Le détail*, Paris, Flammarion.

Arènes J. et *al.*, 1999, *Baromètre Santé Jeunes 1997-1998*, CFES Éd., Paris.

Arfouilloux J.C., 1990, « Mon corps sans Moi », *Rev. franç. de Psychanalyse* (3), p. 651-669.

Arnaud M., Serdidi M., 2003, « Conditions favorables à la construction des connaissances avec les jeux de rôles sur Internet », *in* Missonnier S., Lisandre H. (dir.), *Le virtuel, la présence de l'absent*, Paris, EDK, p. 201-211.

Assoun P.-L., 2013, *L'excitation* et *ses destins inconscients*, Paris, PUF.

Aulagnier P., 1989, « Se construire un passé », *Journal de psychanalyse de l'enfant*, 7, p. 191-219 ; rééd. *Adolescence*, 2015, 33, 4, p. 713-740.

Austin J.-L., 1961, *Quand dire, c'est faire*, Paris, Seuil, 1973.

Avila Thérèse d', *Le château intérieur, Œuvres complètes*, Paris, Gallimard, t. II, 1963.

Bacon E., Lalanne-Tongio L., 2012, « Addiction et cognition : quelques données de la littérature scientifique », *La Lettre du psychiatre*, VIII, 2, p. 51-53.

Bader M., Mazet Ph., Pierrehumbert B., Plancherel B., Halfon O., 2004, « Composantes transgénérationnelles dans les toxicomanies et les troubles des conduites alimentaires à l'adolescence », *Psychiatrie de l'enfant*, 47, 2, p. 393-441.

Bailly A. (1901), *Abrégé du dictionnaire grec-français*, Paris, Hachette

Baldacci J. L., 1984, « Passage à l'acte et fonction onirique », *Informat. psychiat.*, n° 10, p. 1231-1241.

Balier C., 1996, *Psychanalyse des comportements sexuels violents*, Paris, PUF.

Balint M., 1963, *Le défaut fondamental*, Paris, Payot, 1971.

Barbas S., 2007, « Scarifications chez l'adolescent : une nouvelle forme d'addiction ? », *Neuronale*, 33, p. 3.

Bartels A., Zeki S., 2004, « The Neural Correlates of Maternel and Romantic Love », *Neuroimage*, 21 : 1155-1166.

Bastide R., 1931 *Les Problèmes de la vie mystique*, Paris, rééd. PUF, coll. Quadrige, 1995.

Bataille G., 1961, *Les larmes d'Éros*, Paris, J.-J. Pauvert.

Bayle G., 1992, « La carence narcissique », *Revue française de psychanalyse*, LVI, 3, p. 701-716.

Bayle G., 1996, Rapport du 56e Congrès des psychanalystes de langues romanes : « Les clivages », *Revue française de psychanalyse, 60*, 5, p. 1303-1547.

Beebe B. et Lachmann F. M., 1994, « Representation and internalization in infancy : three principles of salience », *Psychoanalytic Psychology*, 11 (2), p. 127-165.

Bell R.M., 1985, *L'anorexie sainte*, Paris, PUF, 1987.

Bellodi L. et *al.*, 1992, « The nature depression in borderline depressed patients », *Comprehensive Psychiatry*, 33 (2), p. 128-133.

Bergeret J., 1976, *Dépressions des états-limites*, Paris, Payot.

Bergeret J., 1981, « Aspects économiques du comportement d'addiction », *Le Psychanalyste à l'écoute du toxicomane*, Paris, Dunod, p. 9-26.

Bergeret J., 1984, *La Violence fondamentale*, Paris, Dunod.

Bergeron H., 2009, *Sociologie de la drogue*, Paris, La Découverte.

Besson M.J., 1992, « Nicotine et systèmes de récompense du cerveau », *La Semaine des Hôpitaux de Paris*, 68 : 1270-1276.

Bick R., 1976, *De la cocaïne*, Bruxelles, Éd. Complexe.

Binder P., 2004, « Consommation problématiques à l'adolescence : comportements relationnels et représentations », *Synapse*, 210, p. 21-28.

Bion W. R., 1962, *Aux sources de l'expérience*, Paris, PUF, 1973.

Bion W.R., 1962, « A Theory of Thinking », *Intern. J. of Psycho-Analysis*, 43 ; « Théorie de la pensée », *Revue française de psychanalyse*, 1, 1964, p. 75-84.

Blalok J. E., Smith E. M., 1985, « The immun system, our mobile brain ? », *Immunology Today*, 6 : 115.

Blanchot M., 1955, *L'espace littéraire*, Paris, Gallimard.

Blanquier A., Veyrat J.G., 1995, « Le corps malade du psychotique », *Annales médico-psychol.*, 153 (1), p. 1-18.

Blos P., 1967, « The Second Individuation Process », *The Psychoanalytic Study of Child*, 22 : 162-186.

Bolzinger A., Bouillault J.-P., 1990, « La nostalgie dans les thèses de médecine de 1820 à 1830 », *Évolution psychiatrique, 55*, 3, p. 619-631.

Boszormenyi-Nagy I., 1980, « Une théorie des relations : expérience et transaction », *in* Boszormenyi-Nagy I., Framo J. L., *Psychothérapies familiales*, Paris, PUF, p. 57-109.

Boszormenyi-Nagy I., Park G.M., 1973, *Invisibles Loyalties*, N.Y., Harper & Row.

Botbol M., 2003, « La dépression, maladie de l'autonomie ? Interview d'Alain Ehrenberg », *Nervure*, XVI, numéro spécial, p. 35-40.

Botella C. et S., 1997, « Le perceptif en tant que concept limite en psychanalyse », *in* E. Schmid-Kitsikis et A. Sanzana (dir.), *Concepts limites en psychanalyse*, Lausanne, Delachaux & Niestlé, p. 137-186.

Botella S. et C., 1992, « Névrose traumatique et cohérence psychique », *Revue française de psychosomatique*, 2, p. 25-36.

Bourguignon A., 1972, « Fonction du rêve », *Nouvelle Revue de psychanalyse*, 5, p. 181-195.

Bourguignon A., 1981, « Fondements neurobiologiques pour une théorie de la psychopathologique », *Psychiatrie de l'enfant*, 24, 2, p. 445-540.

Bourguignon A., 1986, « Articulation de la complexité du SNC et de la complexité de l'organisation psychique », *Informat. psychiat.*, 62 (6), p. 748-758.

Bourguignon A., Laplanche J. Cotet P., Robert F., 1989, *Traduire Freud*, Paris, p. 85-86.

Bournova K., Miedzyrzecki J., 2004, « Argument », *Revue française de psychanalyse*, « Addiction et dépendance », 68, 2, p. 396-401.

Braconnier A., 1986, « La dépression à l'adolescence : un avatar de la transformation de l'objet d'amour », *Adolescence*, 4, 2, p. 263-273.

Bradley S., 1979, « The relationship of early maternal separation to borderline personality disorder in children and adolescents : A pilot study », *American Journal of psychiatry*, 136 : 424-426.

Braunschweig D., Fain M., 1975, *La Nuit, le Jour. Essai psychanalytique sur le fonctionnement mental*, Paris, PUF.

Bréjard V., Bonnet A., Pedinielli J.-L., 2008, « Régulation des émotions, dépression et conduites à risques : l'alexithymie, un facteur modérateur », *Annales médico-psychol.*, 166, p. 260-268.

Breton A., 1928, *Nadja*, Paris, Gallimard, coll. Poche.

Brezin E., 1982, « La transition ordre-désordre », *Pour la Science*, 174, p. 6-8.

Brisset Ch., 1978, « Une structure de déficit narcissique observée chez les alcooliques graves », *Revue Alcoologie*, 24 (3), p. 159-164.

Brochier J.-J., 1990, *Je fume* et *alors ?*, Paris, Les Belles Lettres.

Brook J.-S. et coll., 1992, « Psychosocial risk factors in the transition from moderate to heavy use or abuse of drugs », *Vulnerability to drug abuse*, Washington D.C., American Psychological Association, p. 359-388.

Bruch H., 1988, *Les Yeux* et *le ventre, L'obèse, L'anorexique*, Paris, Payot.

Bruner J. S., 1987, *Comment les enfants apprennent à parler*, Paris, Retz.

Brusset B., 1977, *L'assiette* et *le miroir*, Toulouse, Privat.

Brusset B., 1984, « Anorexie et toxicomanie », *Adolescence*, II, 2, p. 285-314.

Brusset B., 1985, « Anorexie et boulimie dans leurs rapports à la toxicomanie », *Anorexie mentale aujourd'hui*, La pensée sauvage, p. 285-314.

Brusset B., 1990, « Les vicissitudes d'une déambulation addictive (essai métapsychologique) »,

Revue française de psychanalyse, 54, p. 671-687.

Brusset B., 1991, « Psychopathologie et métapsychologie de l'addiction boulimique », in *La boulimie*, Monographies de la Revue française de psychanalyse, Paris, PUF, p. 105-132.

Brusset B., 2001, « De la boulimie au vomissement addictif », *in* S. Le Poulichet (dir.), *Les addictions*. Monographie de la Revue française de psychanalyse, p. 105-132.

Brusset B., 2004, « Dépendance addictive et dépendance affective », *Revue française de psychanalyse*, 68, 2, p. 405-420.

Brusset B., 2005, « L'or et le cuivre », *in* Richard F. (dir.), *Le travail du psychanalyste en psychothérapie*, Paris, Dunod, p. 35-70.

Brusset B., 2006, « Métapsychologie des liens et troisième topique », Rapport, Congrès des psychanalystes de langues romanes, Lisbonne, *Revue française de psychanalyse*, 70, 5, p. 1213-1282.

Brusset B., 2008, *Psychopathologie de l'anorexie mentale*, Paris, Dunod.

Brusset B., 2010, « Entre corps et addiction : la psyché éclipsée », *in* Cupa D., Reynaud M., Marinov V., Pommier F. (dir.), *Entre corps* et *psyché : les addictions*, Paris, EDK, p. 65-73.

Brusset B., 2013, *Au-delà de la névrose. Vers une troisième topique*, Paris, Dunod.

Brusset B., Jeammet P., 1971, « Les périodes boulimiques dans l'évaluation de l'anorexie mentale de l'adolescente », *Revue neuropsychiatrie de l'enfant*, 19, p. 661-690.

Buvat J., Buvat-Herbaut M., 1978, « Dysperception de l'image corporelle et dysmorphophobies dans l'anorexie mentale », *Annales médico-psychol.*, 136, p. 547-592.

Buvat J., Buvat-Herbaut M., 1979, « L'anorexie mentale ou les difficultés de devenir femme », *La médecine praticienne*, T. 733, p. 43-50.

Cahn R., 1985, « Les déliaisons dangereuses : du risque psychotique à l'adolescence », *Topique*, 33-36, p. 15-205.

Cahn R., 1991, « Du sujet (Rapport ») , *Rev. fr. de psychanalyse*, 6, p. 1353-1491.

Cahn R., 2002, « Les identifications à l'adolescence », Monographies de la Revue française de Psychanalyse, Paris, PUF.

Cami J., Farré M., 2003, « Drug addiction », *New England J. Med*, 349 : 975-986.

Carnes P., 1983, *Out of the shadows : understanding sexual addictions*, Minneapolis, Compcare Publishers.

Carton S., Chabert C., Corcos M., 2011, *Le silence des émotions. Clinique psychanalytique des états vides d'affects*, Paris, Dunod.

Castaneda C., 1968, *The teachings of Don Juan. A Yaki way of Knowledge*, Regent of University of California, USA, *L'herbe du diable* et *La petite fumée*, Paris, U.G. Édition, 1972, 10/18 n° 1113.

Célérier M.-C., 1977, « La boulimie compulsionnelle », *Trajets analytiques*, *Topique*, 18, p. 95-115.

Célérier M.-C., 1986, « Maladie auto-immune, événement de vie et personnalité psychopathologiques », *Revue de Médecine psychosomatique*, 6, p. 29-35.

Cesaro P., Keravel Y., Ollat H., Peschnaski M., Sindou M., 1994, « Système limbique », *Neuroanatomie fonctionnelle*, vol. 2, p. 241-298.

Chabert C., 2003, *Féminin mélancolique*, Paris, PUF.

Chabert C., 2006, « Cliniques », *in* Chabert C., Ciavaldini A., Jeammet P., Schenckery S. (dir.), *Actes* et *Dépendances*, Paris, Dunod, p. 61-110.

Chabrol H., 1991, *L'anorexie* et *la boulimie de l'adolescente*, Paris, PUF, « Que sais-je ? », n° 2603.

Chambry J., 2004, « L'anorexie mentale masculine existe-t-elle ? », *Abstract Psychiat.*, 2: 20-22.

CHANGEUX J.-P., 1977, « L'inné et l'acquis dans la structure du cerveau », *La recherche en neurobiologie*, Paris, Seuil, p. 325-346.

CHANGEUX J.-P., 1983, *L'homme neuronal*, Paris, Fayard.

CHARLES-NICOLAS A., VALLEUR M., 1987, « Les conduites du toxicomane », *La vie du toxicomane*, Paris, PUF, coll. Nodule.

CHARLOT V., 1994, « L'addiction au travail », *Neuro-Psy*, 6, n° 1-2, p. 48-50.

CHASSEGUET-SMIRGEL J., 1984, *Éthique* et *esthétique de la perversion*, Paris, Champ-Vallon.

CHASSING J.-L. (coord), 1998, *Écrits psychanalytiques classiques sur les toxicomanies*, Paris, Éditions de L'association Freudienne Internationale.

CHERTOK L., *L'hypnose*, Paris, Payot, P.B.P., n° 76.

CHOQUET M. et coll., 1997, « Les adolescents et leur santé : repères épidémiologiques » *in* P.-A. Michaud, P. Alvin, J.-P. Deschamps, J.-Y. Frappier, D. Marcelli, A. Tursz, *La santé des adolescents. Approches, soins, prévention*, Lausanne, Paris-Montréal, Éditions Payot, Doin Éditeurs, Les Presses de l'Université, p. 65-80.

CHUGANI H., BEHEN M.E. et *al.*, 2001, « Local brain functional activity following early deprivation : A study of postintituionalized Romanian orphans », *Neuroimage*, vol. 14 (6) : 1290-1301.

CIORAN E., 1956, *La tentation d'exister*, Paris, Gallimard.

COMBE C., 2002, *Comprendre* et *soigner l'anorexie*, Paris, Dunod.

COMBE C., 2004, *Comprendre* et *soigner la boulimie*, Paris, Dunod.

CORCOS M., 2000, « Les conduites de dépendance », *Encyclopédie médico-chirurgicale*, Psychiatrie, 37-216-G-30.

CORCOS M., 2000, *Le Corps absent, Approche psychosomatique des TCA*, Paris, Dunod.

CORCOS M., 2004, « Conduites de dépendance à l'adolescence. Le circulaire ou les métamorphoses secrètes de l'absence », *Revue française de psychanalyse*, 68, 2, p. 469-493.

CORCOS M., 2005*a*, *Le Corps insoumis*, Paris, Dunod.

CORCOS M., 2005*b*, « Approche psychosomatique des conduites addictive alimentaires », *Dialogue*, 3e trimestre, 97-109.

CORCOS M., 2013, *La terreur d'exister*, Paris, Dunod.

CORCOS M., ATGER F., FLAMENT M., JEAMMET Ph., 1995, « Boulimie et dépression », *Revue de neuropsychiatrie de l'enfant* et *de l'adolescent*, p. 391-400.

CORCOS M, FLAMENT M., JEAMMET P., 1999, « Individualisation des dimensions psychopathologiques communes aux conduites de dépendance », *Communication SFPEA*, L'adolescent et les drogues.

CORCOS M., JEAMMET P., 2002, « Expression névrotique. États-limites. Fonctionnement psychotique à l'adolescence », *Encyclopédie médico-chirurgicale : psychiatrie/pédopsychiatrie*, 37-215-B-20.

CORCOS M., PIRLOT G., 2011, *Qu'est-ce que l'alexithymie ?* Paris, Dunod.

CORCOS M., SPERANZA M., 2003, *Psychopathologie de l'alexithymie - Approche des troubles de la régulation affective*, Paris, Dunod.

CORDIER B., 1992, « La sexualité addictive », *Dépendance*, 4, p. 3-10.

COSTENTIN J., 2012, « Neurobiologie du cannabis », *La lettre du psychiatre*, VIII, 2, p. 60-67.

COURNUT J., « Le contre-investissement, butée contre la désintrication », Conférence SPP, *Propositions théoriques*, site Internet de la SPP.

Cournut J., 1991, *L'ordinaire de la passion*, Paris, PUF., rééd. 2001.

Cournut J., 1992, « Les seuils d'intensité affective », *Revue française de psychanalyse*, 61 (3), p. 645-651.

Cournut J., 1999, « L'énergie de la passion », *in* J. André (dir.), *La passion*, Paris, PUF, Petite Bibliothèque de la psychanalyse, p. 7-26.

Couteron J.-P., 2006, « Toxicomanie, addictions, quel(le)s mode(s) de sortie », *Psychotropes*, 3, 12, p. 11-19.

Couvreur C., 1991, « Sources historiques et perspectives contemporaines », *La boulimie*, Monographies de la Revue française de Psychanalyse, Paris, PUF, p. 13-46.

Cupa D., 2007, *Tendresse* et *cruauté*, Paris, Dunod.

Cupa D., 2016, « Quelque chose de l'inconscient », *Revue française de psychanalyse*, 81, 5, p. 1273-1338.

Curtis J.-T., Liu Y., Aragona B.-J., Wang Z., 2006, « Dopamine and monogamy », *Brain Research*, 1126, 1, p. 76-90.

Damasio A. R., 1994, *L'erreur de Descartes, La raison des émotions*, trad. fr., Paris, Odile Jacob, 1995.

Damasio A. R., 2002, *Spinoza avait raison : joie* et *tristesse. Le cerveau des émotions*, Paris, trad. fr., Odile Jacob, 2003.

Damasio A. R., 2010, *L'Autre moi-même. Les nouvelles cartes du cerveau*, Paris, Odile Jacob.

Dargent F., Estellon V., 2018, *Les 100 mots de l'adolescent*, Paris, PUF, « Que sais-je ? ».

Daugé V., 2003, *Médecine/sciences*, p. 607-611.

David C., 1972, « La perversion affective », *La Sexualité perverse*, Paris, Payot, p. 195-227.

David C., 1983, « Souffrance, plaisir, pensée : un mixte indissociable », *Souffrance, Plaisir, Pensée*, Paris, Les Belles Lettres, p. 15-59.

David C., 1999, « Le travail de l'affect, contribution permanente à la mentalisation. Remarque autour de la perversion affective », *Rev. fr. psychanalyse*, 1, LXIII : 13-26.

De Bonis M. et *al.*, 1998, « Self-concept and mood : A comparative study between depressed patients with and without borderline personality disorder », *Journal of Affective Disorder*, 48 : 194-197.

de La Rosière J., 2021, *40 ans d'égarements économiques*, Paris, O. Jacob.

Deburge A., 2006, « Les conduites à risque, autocalmants ou jouissance du calme » *in* Duparc F. et Vasseur C., *Les conduites à risque*, Paris, In Press, p. 113-134.

Deburge A., 2010, « Conduite à risque et addiction », *in* Cupa D., Reynaud M., Marinov V., Pommier F. (dir.), *Entre corps* et *psyché : les addictions*, Paris, EDK, p. 105-116.

Decety J., Grezes N., Costes D., Perani E., Procyk F., Grassi M., Jeannerod M., 1997, « Brain activity during observation of actions. Influence of action content and subject's stratégie », *Brain*, 120 : 1763-1777.

Dejours C., 1986, *Le corps entre biologie* et *psychanalyse*, Paris, Payot.

Dejours C., 1987, « Économie de la perception et processus de somatisation », *Psychanalyse à l'université*, 12 (47), p. 417-435.

Dejours C., 1988, « Les psychoses par somatisation », *Psychiatrie française*, mai, p. 569-579.

Dejours C., 2001, *Le Corps d'abord. Corps biologique, corps érotique* et *sens moral*, Paris, P. B. Payot.

Delrieu A., 1988, *L'inconsistance de la toxicomanie*, Paris, Éd. Navarin.

Demange J.-P., 1989, « L'apport de Winnicott à une clinique de la toxicomanie », *Cahiers de l'ANREP* 5, p. 19-24.

Denis P., 1992, « Emprise et théorie des pulsions », *Revue française de psychanalyse*, 61, 6, p. 1297-1421.

Denis P., 2014, « Emprise et destructivité », *in* A. Cohen de Lara et L. Danon-Boileau (dir.), *La destructivité chez l'enfant*, Paris, PUF, Monographie de la SPP, p. 25-38.

Derrida J., 1968, *La différence*, Tel Quel, Paris, Seuil.

Descombey J.-P., 1992, « Alcoolisme : dépression ou addiction », *Informat. Psychiat.*, 68 (4), p. 338-345.

Detienne M., 1986, *Dionysos à ciel ouvert*, Paris, Lib. Hachette.

Deutsch H., 1934, « Un type de pseudo-affectivité ("comme si") », *Les « comme si » et autres textes*, Paris, Seuil, 2007, p. 53-72.

Di Chiara G., Imperato A., 1988, « Drug abused by humans preferentially increase synaptic dopamine concentrations in the mesolimbic system of freely moving rats », *USA Proc. Nat. Acad. Science*, 85 (14), p. 5274-5278.

Di Marzo V., Fontana A., Cadas H. et *al.*, 1994, « Formation and inactivation of endogenous cannabinoid anandamide in central neurons », *Nature*, 372 : 686-690.

Diatkine G., 1997, « Syndrome hyperkinétique de l'enfant et position dépressive », *Le Mal-Être (Angoisse* et *violence)*, Monographie de la SPP, p. 115-129.

Dichter E., 1958, *La stratégie du désir*, Paris, Fayard, 1961.

Donnet J.-L., Green A., 1973, *L'enfant de ça*, Paris, Minuit.

Dopchie N., 1968, « Le syndrome hyperkinétique », *La Psychiatrie de l'enfant*, II, 2, p. 589-619.

Dufour D.-R., 2016, Addiction sexuelle et économie de marché, *Psychotropes* (22), 3-4, p. 97-116.

Duparc F. et Vasseur C., 2006, *Les conduites à risque*, Paris, In Press.

Duparc F., 1997, « Hallucination négative, formes motrices et comportements autocalmants », *Cliniques Psychosomatiques*, Monographie de la Revue Française De Psychanalyse, p. 91-115.

Duparc F., 2005, « Traitement de noyaux fétichiques, autistiques, ou autocalmants ? », Conférence d'introduction à la psychanalyse de l'enfant et de l'adolescent du 17 mars 2005, Cure Psychanalytique de l'addiction.

Duparc F., 2017*a*, *La clinique du psychanalyste aujourd'hui : une pratique ouverte, un cadre sur mesure*, Paris, In Press.

Duparc F., 2017*b*, *Le travail du psychanalyste. Accueil de la diversité* et *stratégie clinique*, Paris, Ithaque.

Ehrensweig A., 1967, *L'ordre caché de l'art*, Paris, Gallimard, coll. Tel, 1974.

Eisner B., Cohen S., 1958, « Psychotherapy with lysergic and acid diethylamide », *J. of Nervous and Mental Disease*, 127 : 528-539.

Eliade M., 1959, *Initiations, rites, sociétés secrètes*, Paris, Gallimard.

Ernoul A., Orsat M., Mesu C., Gare J.-B., Richard-Devantoy S., 2012, « Les jeux de non-oxygénation et l'hypoxyphilie : de l'asphyxie volontaire passagère à l'addiction ? », *Annales médico-psychol.*, 170 : 231-237.

Esch T., Stefano G.B. (2005), « The neurobiology of love », *Neuro Endocrinol Lett.*, 26, p. 175-192.

Estellon V., 2010, *Les états-limites*, Paris, PUF, « Que sais-je ? ».

Estellon V., 2014, *Les sex-addict*, Paris, PUF, « Que sais-je ? ».

Estellon V., 2016, *Les folies compulsives*, préface de C. Chabert, Paris, Dunod.

Estellon V., 2016, Approche psychodynamique des addictions sexuelles, *Psychotropes* (22), 3-4, p. 29-46.

Estellon V., 2020, *Les sex-addicts*, Paris, Puf, « Que sais-je ? ».

Evans K., Sullivan J.-M., 1995, *Treating Addicted survivors of Trauma*, N.Y., Guilford Press.

Ey H., 1934, *Hallucinations* et *Délire*, Paris, Alcan réédité : L'Harmattan, 2000.

Fain M., 1971, « Prélude à la vie fantasmatique », *Rev. fr. de psychanal.*, 35, 2-3, p. 291-364.

Fain M., 1981, « L'approche métapsychologique du toxicomane », *Le Psychanalyste à l'écoute du toxicomane*, Paris, Dunod, p. 27-36.

Fain M., 1992, « Vie opératoire et potentialités de névroses traumatiques », *Revue française de psychosomatique*, p. 5-24.

Faure H., 1969, *Hallucination* et *réalité perceptive*, Paris, PUF.

Fenichel O., 1945, « Perversions et névroses impulsives » *in* J.-L. Chassaing (dir.), *Écrits psychanalytiques classiques sur les toxicomanies*, Paris, Éditions de l'Association freudienne internationale, 1988, p. 500-578.

Ferbos C., Magoudi A., 1993, *Approche psychanalytique des toxicomanies*, Paris, PUF.

Ferenczi S., 1911*a*, « Le rôle de l'homosexualité dans la pathogénie de la paranoïa », in *Œuvres complètes I*, Paris, Payot, 1968, p. 146-149.

Ferenczi S., 1911*b*, « L'alcool et les névroses », *O.C. I (1908-1912)*, Paris, Payot, p. 189-193.

Ferenczi S., 1919, « Phénomènes de matérialisation hystérique », *O.C. III*, Paris, Payot, 1974, p. 53-65.

Ferenczi S., 1923, « Le rêve du nourrisson savant », *Psychanalyse 3, O.C. III : 1919-1926*, Paris, Payot, 1974.

Ferenczi S., 1924, *Thalassa, Psychanalyse des origines de la vie sexuelle*, Payot, 1966.

Ferenczi S., 1927-1933, « Présentation abrégée de la psychanalyse », *O.C. IV*, Paris, Payot, 1982, p. 148-194.

Ferenczi S., 1927-1933, « La naissance de l'intellect », *O.C. IV*, Paris, Payot, 1982, p. 285-288.

Fernandez L. (dir.), 2009, *Les addictions du sujet âgé*, Paris, In Press.

Fernandez L. (dir)., 2010, *Psychopathologie des addictions*, Paris, In Press.

Fine A., 1996, « Psychopathologie des Addictions » *in* A. de Mijolla (dir.), *Psychanalyse*, Paris, PUF, p. 550.

Fliege F., 2003, « Les scotchés : enjeux topiques de l'expérience hallucinogène », *Synapse*, octobre n° 1988, p. 17-24.

Fouquet P., 1951, « Réflexions cliniques et thérapeutiques sur l'alcoolisme », *L'Évolution psychiatrique*, 16, 2, p. 231-251.

Freud A., 1958, « On adolescence », *The psychoanalytic Study of the Child*, 13 : 255-278, in *L'enfant dans l'adolescence*, Paris, Gallimard, 1976, p. 244-266.

Freud S., 1887-1904, *Briefe an Fliess (1887-1904)*, Herausgegeben von Jeffrey M. Masson, 1986, S. Fischer Verlag GmbH, Frankfurt am Main.

Freud S., 1890, « Traitement psychique (traitement d'âme) », *Résultats, idées, problèmes, I*, Paris, PUF, 1984 ; S.E., 7 : 283-302.

Freud S., 1891, *Contribution à la conception des aphasies. Une étude critique*, Paris, PUF, 1983 ; S.E., 14 : 206-215.

Freud S., 1893, « Un cas de guérison hypnotique avec des remarques sur l'apparition de symptômes hystériques par la contre-volonté », *Résultats, idées, problèmes - I*, Paris, PUF, 1984, p. 31-43 ; S.E., I : 117-128.

Freud S., 1894, « Les névropsychoses de défense », *Névroses, Psychoses* et *Perversions*, Paris, PUF, 1973, p. 1-14 ; *Œuvres Complètes de Freud (OCF)-III*, Paris, PUF, 1989, p. 3-18.

Freud S., 1895, *Le Projet d'une psychologie*, bilingue, trad. Hommel S., Le Troquet J., Liégon A., Samson F., Toulouse, Érès, 2011.

Freud S., 1895, « Le Projet d'une psychologie », *Lettres à Wilhelm Fliess 1897-1904*, Paris, PUF, 2006, p. 595-697.

Freud S., 1898, « La sexualité dans l'étiologie des névroses », PUF, 1984, p. 75-9 ; *OCF-III* (1989), p. 217-240.

Freud S., 1900, *L'interprétation des rêves, OCF-IV*, Paris, PUF, 2003.

Freud S., 1905, « Fragment d'une analyse d'hystérie (Dora) », *Cinq psychanalyses*, Paris, PUF, 1981, p. 1-91 ; *OCF-VI* (2006), p. 183-301.

Freud S., 1905, *Trois essais sur la théorie sexuelle*, in *OCF-VI* (2006), p. 59-181.

Freud S., 1909 « Remarque sur un cas de névrose obsessionnelle (L'Homme aux rats) », *OCF-IX* (1998), p. 132-214.

Freud S., 1909, *L'Homme aux rats : journal d'une psychanalyse*, Paris, PUF, 1974.

Freud S., 1911, « Formulation sur les deux principes du cours des événements psychiques », *Résultats, idées, problèmes*, t. II, PUF, 1984, p. 135-143 ; *OCF-XI* (1998), p. 13-21.

Freud S., 1911, « Remarques psychanalytiques sur l'autobiographie d'un cas de paranoïa » (*Dementia paranoides*, le président Schreber), *Cinq psychanalyses*, PUF, 1954, p. 263-324 ; *OCF-X* (1993), p. 277-304.

Freud S., 1912, « Contribution à la psychologie de la vie amoureuse » (2) : Sur le plan général des rabaissements de la vie amoureuse, *La vie sexuelle*, PUF, 1969, p. 55-65 ; *OCF-XI* (1998), p. 127-141.

Freud S., 1912-1913, *Totem* et *tabou*, P.B.P., n° 77 ; *OCF-XI* (1998), 189-385.

Freud S., 1914, « Pour introduire le narcissisme », *La vie sexuelle*, PUF 1969, p. 81-105 ; *OCF-XII* (2005), p. 215-245.

Freud S., 1915, « Pulsions et destins des pulsions », *Métapsychologie*, 1968, Paris, Gallimard, p 11-44 ; *OCF-XIII* (1988), p. 163-185.

Freud S., 1915, *Métapsychologie*, Paris, Gallimard, Idées.

Freud S., 1916, « Quelques types de caractère dégagés par la psychanalyse », *L'inquiétante étrangeté* et *autres essais*, Paris, Gallimard, 1985, p. 112-133 ; *OCF-XV* (1996), p. 15-40.

Freud S., 1916, *Introduction à la psychanalyse* (1969), P.B. Payot ; *OCF-XIV* (2000), p. 9-480.

Freud S., 1917, « Complément métapsychologique à la théorie du rêve », *Métapsychologie*, Gallimard, 1968, p. 125-146, *OCF-XIII* (1988), p. 245-258.

Freud S., 1919, « On bat un enfant *(Ein Kind wird geschlagen)* », *Névrose, psychose* et *perversion*, Paris, PUF, 1973, p. 219-244 ; *OCF-XV* (1996), p. 119-146.

Freud S., 1920, « Au-delà du principe de plaisir », *Essais de psychanalyse*, Paris, Payot, 1981 ; *OCF-XV* (1996), p. 277-338.

Freud S., 1921, « Psychologie des masses et analyse du Moi », *Essais de Psychanalyse*, Paris, P.B. Payot, 1981, p. 175-181 ; *OCF-XVI* (1991), p. 5-83.

Freud S., 1923, « Le moi et le ça *(Das Ich und das Es)* », *Essais de psychanalyse*, Paris, CNP. Payot, 1981 ; *OCF-XVI* (1991), p. 257-301.

Freud S., 1924, « Le problème économique du masochisme », *OCF-XVII* (1992), p. 11-23.

Freud S., 1925, « La négation », *OCF-XVII* (1992), p. 167-171.

Freud S., 1926, *Inhibition, symptôme* et *angoisse*, *OCF-XVII* (1992), p. 205-286.

Freud S., 1928, « Dostoïevski et le problème du parricide », *Résultats, idées, problèmes, II*, Paris, PUF, 1985, p. 161-179 ; *OCF-XVIII* (1994), p. 207-225.

Freud S., 1930, *Malaise dans la civilisation*, Paris, PUF, 1971 ; *OCF-XVIII* (1994), p. 249-233.

Freud S., 1932, « Sur la prise de possession du feu », *Résultats, idées, problèmes II*, Paris, PUF, 1985, p. 191-196.

FREUD S., 1933, *Nouvelles conférences sur la psychanalyse*, Paris, Gallimard, 1989; *OCF-XIX* (1995), p. 85-208.

FREUD S., 1938, « Le clivage du moi dans les processus de défense », *Résultats, idées, problèmes II*, Paris, PUF, 1985, p. 283-286; *OCF-XX* (2010), p. 219-224.

FREUD S., 1939, *L'Homme Moïse et le monothéisme*, Gallimard, 1981; *OCF-XX* (2010), p. 75-218.

FREUD S., 2006, *Lettres à Wilhelm Fliess 1897-1904*, Paris, PUF.

FREUD S., ABRAHAM K., *Correspondance 1907-1926*, Paris, Gallimard, 1969.

FREUD S., BREUER J., 1895, *Études sur l'hystérie*, Paris, PUF, 1967; *OCF-II* (2009), p. 9-332.

FREUD S., *Correspondance 1873-1939*, Paris, Gallimard, 1976.

FREUD S., FERENCZI S., *Correspondance 1908-1914*, Paris, Calmann-Lévy, 1992.

FREUD S., *Les premiers psychanalystes, Minutes (I) de la Société psychanalytique Vienne* (1906-1908), Paris, Gallimard, 1976.

FREUD S., *Les premiers psychanalystes, Minutes (II) de la Société psychanalytique Vienne* (1908-1910), Paris, Gallimard, 1978.

FREUD S., *Naissance de la Psychanalyse*, Paris, PUF, 1956.

FREUD S., 1927, « Le fétichisme », *La vie sexuelle*, Paris, PUF, 1969, p. 133-138; *OCF-XVIII* (1994), p. 125-131.

GACHELIN G., 1986, « Vie relationnelle et immunité », *Corps* et *histoire*, Paris, Les Belles Lettres, p. 45-97.

GACHELIN G., 1991, « Émotions et immunité », *La Recherche*, 17, n° 177, spécial: « Les défenses du corps humain », mai, p. 662-666.

GACHELIN G., 1995, « Psychosomatique et modèles biologiques », *Revue française de psychosomatique*, 8, p. 7-23.

GAFFIOT F., 1934, *Dictionnaire Latin-Français*, Paris, Hachette.

GAMPEL Y., 1983, « Growing up in the holocaust culture », *Israel journal of psychiatry and related sciences;* 20 (1-2): 129-146.

GAMPEL Y., 1992, « Thus, being a survivor... », *Psychology: Research and Practice*, 21: 325-330.

GARDNER E.L., 2002, « Addictive potential of canabinoïds: the underlying neurobiology », *Chem. Phys. Lipids*, 121 (1-2): 267-290.

GAUTIER M., 2023, Drogues: nombre d'overdoses mortelles liées aux opioïdes aux États-Unis 1999-2021, 21 févr., Statista, consulté le 9/02/2024.

GEBEROVICH F., 2003, *No Satisfaction: Psychanalyse du toxicomane*, Paris, Albin Michel.

GILLIBERT J., 1977, « De l'auto-érotisme », *Revue française de psychanalyse*, 61, 5/6, p. 763-949.

GLOVER E., 1932, « On the Aetiology of Drug-Addiction », *Int. J. of Psychoanalysis*, 13: 298-328.

GOETHE J.W. von, 1809, *Les Affinités électives*, Paris, L'Union Générale d'Éditions, 1963, coll. 10/18, 1963.

GOLDBERG J., 1977, « Culpabilité et volupté de la honte », *Psychanalyse à l'université*, 3 (9), p. 167-183.

GOLDSCHMIDT G.A., 1988, *Quand Freud voit la mer*, Paris, Buchet-Chastel.

GOLDSTEIN C., 1995, « Maîtrise de la pulsion ou maîtrise *par* la pulsion », *Revue française de psychanalyse*, 3, p. 811-830.

GOLDSTEIN R.Z., VOLKOW N.D., WANG G.J. et *al.*, 2001, « Addiction changes orbitofrontal gyrus fonction: involvement in response inhibition », *Neuroreport*, 12 (11) 2: 595-99.

GOMEZ H., 1999, *La personne alcoolique*, Paris, Dunod.

GOMEZ H., 2011, *Les groupes de parole en alcoologie*, Toulouse, Érès.

GOODMAN A., 1990, « Addiction : definition and implications ». *Br. J. Addict.*, 85 (II) : 1403-1408.

GREEN A., 1970, « L'affect », *Revue française de psychanalyse*, 5-6, p. 884-1169.

GREEN A., 1973, *Le discours vivant*, Paris, PUF.

GREEN A., 1974, « L'analyste, la symbolisation et l'absence », *Revue française de psychanalyse*, 5-6, p. 1191-1230.

GREEN A., 1979, « L'enfant modèle », *Nouvelle Revue de psychanalyse*, n° 19, p. 27-48 ; repris in *La diachronie en psychanalyse*, Paris, Minuit, 2000, p. 145-169.

GREEN A., 1980, « La mère morte », in *Narcissisme de vie, narcissisme de mort*, Paris, Minuit, p. 222-253.

GREEN A., 1980, « Passions et destins des passions : sur les rapports entre, folie et psychose », *Nouvelle Revue de psychanalyse*, 21, p. 5-42.

GREEN A., 1982, « La double limite », *Revue française de psychanalyse*, 25, I, p. 267-283.

GREEN A., 1983, *Narcissisme de vie, Narcissisme de mort*, Paris, Minuit.

GREEN A., 1985, « Réflexions libres sur la représentation de l'affect », *Revue française de psychanalyse*, 49 (3), p. 773-778.

GREEN A., 1986, « Pulsion de mort, narcissisme négatif et fonction désobjectalisante », in *La pulsion de mort*, Paris, PUF, p. 49-59.

GREEN A., 1987, « La représentation de chose entre pulsion et langage », *Psychanalyse à l'université*, 12, p. 357-372 ; *Propédeutique...*, Seyssel, Champ Vallon, 1995, p. 109-124.

GREEN A., 1990, *La folie privée. Psychanalyse des cas limites*, Paris, Gallimard.

GREEN A., 1993, « L'analité primaire dans la relation anale », *La névrose obsessionnelle*, Monographie de la SPP, PUF, p. 61-86.

GREEN A., 1993, *Le travail du négatif*, Paris, Minuit.

GREEN A., 1994, « Psychique, somatique, psychosomatique », *Somatisation, Psychanalyse* et *Science du vivant*, Paris, EsHeL, 167-185.

GREEN A., 1995, *La causalité psychique*, Paris, Odile Jacob.

GREEN A., 1997, *Les chaînes d'Éros : Actualité du sexuel*, Paris, Odile Jacob.

GREEN A., 2002*a*, *La pensée clinique*, Paris, Odile Jacob.

GREEN A., 2002*b*, *Idées directrices pour une psychanalyse contemporaine*, Paris, PUF.

GREEN A., 2002*c*, « La position phobique centrale : Avec le modèle de l'association libre », *La pensée clinique*, Paris, Odile Jacob, p. 149-186.

GREEN A. (dir.), 2006*a*, *Les voies nouvelles de la thérapeutique psychanalytique. Le dedans* et *le dehors*, Paris, PUF.

GREEN A., 2006*b*, *Associations (presque) libres d'un psychanalyste... Conversation avec Maurice Corcos*, Paris, Albin Michel, 2006.

GREEN A., 2009, « Le tournant des années 2000 », *Unité* et *diversité des pratiques psychanalytique*, Paris, PUF, p. 229-247.

GREEN A., 2009, *L'Aventure négative. Lecture psychanalytique d'Henry James*, Paris, Hermann.

GRÉGOIRE M., 2016, Slam, chemsex et addiction sexuelle, *Psychotropes* (22), 3-4, p. 83-96.

GREIMAS A.-J., 1970, *Du sens*, Paris, Seuil.

GREZES N., DECETY J., 2001, « Functional anatomy of execution, mental simulation, observation and verb generation of actions : a meta-analysis ». *Human Brain Mapping*, 12, 1-19.

GRIFFIN R.E., GROSS G.A., TEITELBAUM H.S., 1993, « Delirium tremens : a review », *JAMA*, 93 : 928-932.

GRINKER R., WERBLE B., DRYE R., 1968, *The Borderline Syndrome*, New York, Basic Book, Inc.

Groddeck G., 1977, *Ça* et *moi*, Paris, Gallimard.

Guillaumin J., 1985, « Besoin de traumatisme et adolescence. Hypothèse psychanalytique sur une dimension cachée de l'instinct de vie », *Adolescence*, 3, 1, 127-137.

Guillaumin J., 2001, *Adolescence* et *désenchantement*, Le Bousquat, L'esprit Du Temps.

Gull W.W., 1874, « Anorexia nervosa (asepsia hysterica, anorexia hysterica) », *Transactions of the clinical Society of London*, 7: 22-28.

Gunderson J. G., 1981, « The diagnostic interview for borderline patients », *American Journal of Psychiatry*, 138, p. 896-903.

Gunderson J. G., 1984, *Borderline personality disorder*. New York, American Psychiatric Press.

Gutton P., 1984, « Pratiques de l'incorporation », *Adolescence*, 2, 2, p. 315-338.

Gutton P., 1989, « Transactions homosexuelles d'adolescence », *Adolescence*, p. 7-17.

Guyotat J., 1980, *Mort/Naissance* et *filiation. Études de psychopathologie sur le lien de filiation*, Paris, Masson.

Haag G., 1984, « Autisme et phénomènes autistiques », *Psychiatrie de l'enfant*, 27, 2, p. 293-354.

Haag G., 2006, « La psychanalyse et la recherche sur l'autisme », site Société Psychanalytique de Paris : https://www.spp.asso.fr/la-psychanalyse-et-la-recherche-sur-lautisme/

Hachet P., 1997, « La toxicomanie, une pseudo-introjection d'expériences traumatisantes », *Information psychiatrique*, 2, p. 151-157.

Hadewijch d'Anvers, *Écrits mystiques des Béguines*, Paris, Seuil, coll. Sagesse, 1995.

Hardy P., Dantchev N., 1989, « Épidémiologie des troubles des conduites alimentaires », *Conf. Psych.*, 31, p. 133-163.

Haviland M.G., McMurray J.P., Cummings M.A., 1988, « Validation of The Toronto Alexithymia Scale with Substance Abuser », *Psychoter, Psychosoma.*, 50 : 81-87.

Hegel G.-W.-F., 1831, « Préface », *Phénoménologie de l'esprit*, Paris, Aubier.

Heidegger M., 1927, *Être* et *Temps*, Paris, Gallimard, 1986, trad. Vezin.

Helgeland M., Torgersen S., 2004 « Developmental antecedents of borderline personality disorder », *Comprehensive Psychiatry* 45 (2) : 138-147.

Herzberg N., *Le Monde* 19 septembre 2023 ; https://fr.statista.com/statistiques/1366099/overdose-opioides-heroine-etats-unis/

Herzog D.B. et *al.*, 1999, « Recovery and relapse in anorexia and bulimia nervosa : A 7.5 year follow-up study », *J. Am. Acad. Child Adolesc. Psychatry*, 38, 7 : 829-837.

Hoffmann J.-P. et coll., 1995, « The effects of family structure and family relations on adolescent marijuana use », *International Journal of Addiction*, 30 : 1207-41.

Hopper E., 1991, « Encapsulation as a Defence against Fear of Annihilation », *Intern. J. Psycho-Analysis*, 72 : 607-624.

Hopper E., 1995, « A Psychoanalytic Theory of Drug Addiction : Un Unconscious Fantasies of Homosexuality, Compulsions and Masturbation within the context of traumatic Process », *Intern. J. Psycho-Analysis*, 76 : 1121-1141.

Horesch N., 2003, « Comparison of the suicidal behaviour od adolescent inpatients with borderline personality disorder and major depression », *The Journal of Nervous and Mental Disease*, 191 (9), p. 582-588.

Hubbard E., 2006, « La synesthésie ou comment les neurones poétisent le monde », *Absract Psychiatrie*, 17 mai, p. 12-13.

Hurd Y. L., Svensson P., Ponten M., 1999, « The role of dopamine, dynorphine, and CART systems in the ventral striatum and amygdala in cocaine abuse », *Ann. NY Acad. Sci.*, 877 : 499-506.

Huxley A., 1954, *Les portes de la perception*, Paris, Ed. du Rocher, 2001, 10/18, n° 1122.

Hyman S. E. et Malenka R.R.C., 2001, « Addiction and the brain : the neurobiology of compulsion and its persistence », *Nat. rev. Neurosciences*, 2 (10) : 695-703.

Igoin F., 1976, *La boulimie* et *son infortune*, Paris, PUF.

Jacquet M.-M., Rigaud A., 2001, « Émergence de la notion d'addiction dans l'histoire de la psychanalyse », *in* V. Marinov (dir.), *Anorexie, addictions* et *fragilités narcissiques*, Paris, PUF, P.B. Psychanalyse, p. 159-187.

Jasmin C., 1990, « Cancer et psyché : le renouveau », *Revue française de psychanalyse*, *54*, 3, p. 827-842.

Jaynes J., 1976, *La naissance de la conscience dans l'effondrement de l'esprit*, Paris, PUF, 1994.

Jeammet P., 1991, « Dysrégulations narcissiques et objectales dans la boulimie », *La boulimie*. Monographie de la Revue française de psychanalyse, Paris, PUF, p. 81-104.

Jeammet P., 1997, « Vers une clinique de la dépendance. Approche psychanalytique », *in* R. Padieu et *al.*, *Dépendance* et *conduites de consommation, Questions en santé publique*, Intercommissions INSERM, Éditions de l'INSERM, p. 33-56.

Jeammet P., Corcos M., 1999, *Évolution des problématiques adolescents. La dépendance* et *ses aménagements*, Paris, Doin.

Jenkins J. E. et *al.*, 1998, « The relationship of family structure to adolescent drug use, peer affiliation, and perception of peer acceptance of drug use », *Adolescence*, 33 (132), p. 811-22.

Joly F., 1996, « Figures contemporaines et formes limites des instabilités chez l'enfant », *Les formes contemporaines du malaise dans la civilisation*, Toulouse, Presses Universitaires du Mirail, p. 73-101.

Jones E., 1953, « L'épisode de la cocaïne », *La vie* et *l'œuvre de Freud*, tome I, PUF, 1958.

Jouvet M., 1974, « Neurobiologie du rêve », *L'Unité de l'homme*, t. 2 : *Le cerveau humain*, Paris, Seuil, p. 102-126.

Kaës R., 1985, « La catégorie de l'intermédiaire chez Freud », *Évolution psychiatrique*, 50, 4, p. 893-926.

Kalivas P. W. et Nakamura M., 1999, « Neural system of behavioral activation and reward », *Curr. Opin. neurobiology*, 9 (2) : 223-227.

Karila L. et *al.*, 2004, « Mécanismes neurobiologiques des addictions », *Synapse*, 206, p. 13-19.

Kernberg O., 1967, « Borderline personality organization », *J. Am. Psychoanal. Assoc.*, 15 (3):641-685.

Kernberg O., 1975, *Les troubles limites de la personnalité*, Toulouse, Privat, 1979.

Kestemberg E., 1962, « L'identité et l'identication chez les adolescences. Problèmes théoriques et techniques », *La Psychiatrie de l'enfant*, 5, 2, p. 441-522.

Kestemberg E., 1999, *L'adolescence à vif*, Paris, PUF.

Kestemberg J., Kestemberg E., Decobert S., 1972, *La faim* et *le corps*, Paris, PUF.

Khan M., 1974, *Le soi caché*, Paris, Gallimard, 1976.

Kohut H., 1971, *Le soi*, Paris, PUF, 1974.

Koob G. F, Nesder E. J., 1997, « The neurobiology of drug addiction », *Neuropsychiatry Clin. Neurosci.*, 9 (3) : 482-497.

Koob G. F., 1999, « The role of striatopallidal and extended amygdala systems in drug addiction », *Ann. N.Y. Academy of Science*, 877 : 445-460.

Koob G.F., 1992, « Drugs of abuse : anatomy, pharmacology and function of reward pathways », *TIFS*, 13 : 177-185.

Koob G.F., Le Moal M., 2001, « Drug addiction, dysregulation of reward, and allostasis », *Neuropsychopharmacology*, 24 (2) : 97-129.

Koob G.F., Nesder E. J., 1997, « The neurobiology of drug addiction », *Neuropsychiatry Clin. Neurosci.*, 9 (3) : 482-497.

Kreisler L., Fain M. H, Soulé M., 1981, *L'enfant du désordre psychosomatique*, Toulouse, Privat.

Kreisler L., Fain M., Soulé M., 1974, *L'enfant* et *son corps*, Paris, PUF.

Lacan J., 1949, « Le stade du miroir comme formateur de la fonction du Je », *Écrits*, Paris, Le Seuil, 1966, p. 93-100.

Ladame F., 1992, « Adolescence et solution perverse » *Revue française de psychanalyse*, 61, p. 1679-1684.

Lagrange H. et Mogoutov A., 1997, Un retardement de l'entrée en toxicomanie, Déviance et Société, (21), 3, p. 289-302.

Landry D., 1997, « L'immunothérapie des cocaïnomanes », *Pour la science*, avril, p. 64-67.

Lane C., 2007, *Comment la psychiatrie* et *l'industrie pharmaceutique ont médicalisé les émotions*, Paris, Flammarion, 2009.

Laplanche J., 1970, *Vie* et *mort en psychanalyse*, Paris, Flammarion.

Laplanche J., 1987, *Nouveaux Fondements pour la psychanalyse*, Paris, PUF.

Laplanche J., Pontalis J.-B., 1967, *Vocabulaire de la psychanalyse*, Paris, PUF.

Lasègue C., 1873, « L'anorexie hystérique », *Archives générales de médecine*, 316-385.

Lasègue C., 1881, *Le délire alcoolique n'est pas un délire mais un rêve*, Paris, Asselin, réed. Théraplix Annalecte, 1969.

Laufer M., 1983, « The breakdown », *Adolescence*, I, 1 : 63-70.

Laufer M., Laufer E., 1989, *Adolescence* et *rupture du développement, Une perspective psychanalytique*, Paris, PUF.

Lavallée G., 1994, « L'écran hallucinatoire négatif de la vision », *Les contenants psychiques*, Paris, Dunod, p. 68-143.

Le Breton D., 2000, *Passions du risque*, Paris, Odile Jacob.

Le Guen C., 1974, *L'Œdipe originaire*, Paris, PUF.

Le Guen C., 1992, *Le refoulement*, Paris, PUF, coll. « Que sais-je ? ».

Le Poulichet S., 1987, *Les narcoses de désir : psychanalyse* et *toxicomanie*, Paris, PUF.

Le Poulichet S., 2000, « De la substance psychique au paradigme de l'addiction », *in* Le Poulichet (dir.), *Les addictions*, Paris, PUF, Monographie de psychopathologie.

Le Poulichet S., 2003, *Psychanalyse de l'informe. Dépersonnalisation, addictions, traumatismes*, Paris, Aubier.

Le Poulichet S., 2011, « L'addiction est un traitement de substitution », *L'Évolution psychiatrique*, 76, p. 485-491.

Lechevalier B. et B., 1998, *Le corps* et *le sens : Dialogue entre une psychanalyste* et *un neurologue*, Lausanne, Delachaux et Niestlé.

Leclerc J.-M., 2022, Une étude du ministère de l'Intérieur met en lumière le lien entre drogue et délinquance (*Le Figaro*, 25/09/2022, p. 12).

Lees R., Lingford-Hughes A., 2012, « Neurobiology and principles of addiction and tolerance », 40, 12, p. 633-636.

Lekeuche Ph., 1987, « Trouage du Moi et pare-excitation dans la toxicomanie », *Fortuna*, p. 249-263.

Lesourne O., 2007, *La genèse des addictions*, Paris, PUF.

Lévinas E., 1979, *Le temps* et *l'autre*, Paris, PUF, 1983.

Lévinas E., 1982, *Humanisme de l'autre homme*, Paris, Fata-Morgana.

Lévi-Strauss C., 1992, *La pensée sauvage*, Paris, Plon, Agora.

Lev-Wiesel R., Amir M., 2003, « The Effects of Similarity Versus Dissimilarity of Spouses' Traumatic Childhood Events on Psychological Well-Being and Marital Quality », *Journal of Family Issues*, 24, 6 : 737-752.

Levy-Soussan P., Corcos M., Barbouch R., Avrameas S., Poirier M-F., Bourdel M.-C., Jeammet P., 1993, « Anorexie mentale et vulnérabilité aux infections : rôle des auto-anticorps naturels », *Neuropsychiatrie de l'enfant* et *l'adolescent*, 41, 5/6, p. 309-315.

Lewin L., 1927, *Phantatica*, Paris, 1970, P. B. Payot n° 164.

Louët E., Chabert C., 2011, « La mélancolie, un destin de la passivité », *L'Évolution psychiatrique*, 76, 1, p. 31-42.

Lowenstein W., 2005, *Ces dépendances qui nous gouvernent. Comment s'en débarrasser ?* Paris, Calmann-Lévy.

Lyons-Ruth K., 2001, « The two-person construction of defenses : disorganized attachment strategies, unintegrated mental states and hostile/helpless relational processes », *Psychologist/Psychoanalyst*, XXI (1), p. 40-45.

M'Uzan M. de, 1970, « Discussion au Rapport sur l'Affect d'A. Green », et (1977) « Affect et processus d'affectation », in *De l'art à la mort*, Paris, Gallimard, coll. « Tel », p. 98-105.

M'Uzan M. de, 1984, « Les esclaves de la quantité », *op. cit.*, p. 129-138.

M'Uzan M. de, 2005, « Addiction et problématique identitaire : le "tonus identitaire de base" », *Aux confins de l'identité*, Paris, Gallimard, p. 132-140.

M'Uzan M. de, 2005, *Aux confins de l'identité*, Paris, Gallimard.

M'Uzan M. de, 2010, « Créativité et addiction », *in* Cupa D., Reynaud M., Marinov V., Pommier F. (dir.), *Entre corps* et *psyché : les addictions*, Paris, EDK, p. 119-123.

Madiou J.-P., 2012, « Traitement de la dépendance à l'alcool », *La lettre du psychiatre*, Compte rendu du 11th Intern. Forum on Mood and Anxiety Disorders (IFMAD), Budapest, 9-11/11/2011 : 4-5.

Maldonado R., 2003, « The Neurobiology of Addiction », *J. Neural Transm Suppl.*, 66 : 1-14.

Marcelli D., 1980, *Les états-limites en psychiatrie*, Paris, PUF, « Nodule ».

Marcelli D., 1986, *Positions autistiques* et *naissance de la psyché*, Paris, PUF.

Marinov V., 2001, « Le narcissisme dans les troubles de conduites alimentaires », *Anorexie, addictions* et *fragilités narcissiques*, Paris, PUF, p. 37-69.

Marinov V., 2010, « L'ivresse dionysiaque : Giacometti, Brel », *in* Cupa D., Reynaud M., Marinov V., Pommier F. (dir.), *Entre corps* et *psyché : les addictions*, Paris, EDK, p. 137-148.

Marks I., 1990, « Behavorial (non-chemical) addiction », *British J. of Addiction, 85* (11) : 1403-1408.

Marsicano G., 2016, « A cannabinoid link between mitochondria and memory », *Nature*, nov., 539 : 555-559.

Marty P., 1955, « Importance de la motricité dans la relation d'objet », *Revue française de psychanalyse*, 19, 1-2, p. 205-284.

Marty P., 1976, *Les mouvements individuels de vie* et *de mort*, Paris, Payot.

Marty P., 1980, *L'ordre psychosomatique*, Paris, Payot.

Marty P., 1990, *La psychosomatique de l'adulte*, Paris, PUF, « Que sais-je ? ».

Marty P., 1991, « Organisation et désorganisation psychosomatiques », *Les théories de la complexité, Colloque autour d'H. Atlan*, Paris, Seuil, p. 328-335.

Marty P., 1991, « Processus de somatisation », *Corps malade et corps érotique*, Paris, Masson, p. 106-107.

Marty P., M'Uzan M. de, David C., 1963, *L'investigation psychosomatique, Sept observations cliniques*, Paris, PUF, rééd. coll. Quadrige, 2003.

Masson J. M., 1982, *Le réel escamoté : le renoncement à la théorie de la séduction de Freud*, Paris, Aubier, 1984.

Maulpoix J.-M., 1996, *La poésie malgré tout*, Paris, Mercure de France.

McDougall J., 1974, « Le psyché-soma et le psychanalyste », *Nouvelle Revue de psychanalyse*, 10, p. 131-142.

McDougall J., 1978, *Plaidoyer pour une certaine anormalité*, Paris, Gallimard.

McDougall J., 1988 « De la sexualité addictive », *Psychiatrie française*, 91, p. 29-51.

McDougall J., 1989, *Théâtre du corps*, Paris, Gallimard.

McDougall J., 1991, « Entretien sur la boulimie », avec Alain Fine, *La boulimie*, Paris, PUF, Monographies de la Revue française de psychanalyse, p. 143-151.

McDougall J., 1996, *Éros aux mille* et *un visages*, Paris, Gallimard.

McDougall J., 2001, « L'économie psychique de l'addiction », *Anorexie, addictions* et *fragilités narcissiques*, Paris, PUF, p. 11-36.

Meier M.H., Caspi A., Ambler A., Harrington H.E., Houts R. et *al.*, 2012, « Persistent cannabis users show neuropsychological decline from childhood to midlife », www.pnas.org/content/109/40/E2657.

Meltzer D., 1975, « La psychologie des états autistiques et de l'état mental post-autistique », *Explorations dans le monde de l'autisme*, Paris, Payot (1980, 2002), chap. ii, p. 23-51.

Meltzer D., 1985, *Le monde de l'autisme*, Paris, Seuil.

Menahem R., 1997, *Joyce McDougall*, Paris, PUF, coll. « Psychanalystes d'aujourd'hui ».

Menecier P., 2009, « Aspects institutionnels du mésage d'alcool chez les sujets âgés : à l'hôpital ou en établissement d'hébergement pour personnes âgées », *in* L. Fernandez (dir.), *Les addictions du sujet âgé*, Paris, In Press, p. 61-80.

Merleau-Ponty M., 1945, *Phénoménologie de la perception*, Paris, Gallimard, coll. « Tel ».

Merlet A., 1986, « Tout organe détermine devoir », *Le phénomène psychosomatique* et *la psychanalyse*, Paris, GREPS, Éd. Navarin, p. 22-23.

Michaud P.-A., Alvin P., Deschamps J.-P., Frappier J.-Y., Marcelli D., Tursz A., 1997, *La santé des adolescents. Approches, soins, prévention*, Lausanne, Payot, p. 65-80.

Michaux H., 1966, *Les grandes épreuves de l'esprit*, Paris, Gallimard.

Michaux H., 1975, *L'infini turbulent*, Paris, Mercure de France.

Miel C., 2005, *Toxicomanes* et *hypnose. À partir d'une clinique psychanalytique des toxicomanes*, Paris, L'Harmattan.

Mijolla A. de, 1975, « La désertion du capitaine Rimbaud, enquête sur un fantasme d'identification inconscient d'A. Rimbaud », *Revue française de psychanalyse*, 39, 3, p. 427-458.

Mijolla A. de, 1981, « L'ombre du capitaine Rimbaud », *Les visiteurs du moi*, Paris, Les Belles Lettres, p. 35-80.

Mijolla A. de, 2000, « Les fantasmes d'identification et leurs histories », *in* O. Halfon,

F. Anserrmet (dir.), *Filiations psychiques*, Paris, PUF, p. 103-115.

Mijolla A. de, Shentoub S.A., 1973, *Pour une psychanalyse de l'alcoolisme*, Paris, Payot.

Missonnier S., 2006, « Psycho(patho)logie psychanalytique du virtuel quotidien », *L'enfant au risque du virtuel*, Paris, Dunod, p. 39-86.

Modestin J., 1998, « Possible antecedent of DSM-III R personality disorders », *Acta Psychiatrica Scandinavia*. 97 : 260-266.

Monjauze M., 1992, *La problématique alcoolique*, Paris, Dunod.

Morhain Y., 1994, « L'errance du toxicomane », *Évolution psychiatrique*, 59, 3, p. 469-478.

Najib, A. et Lorberbaum, J., 2004, « Regional brain activity in women grieving a romantic relationship breakup », *American Journal of Psychiatry*, 161, p. 2245-2256.

Nemiah J.-C., 1977, « Alexithmia, theorical considerations », *Psychotherapy psychosomatic*, 28 : 199-206.

Nestler E. L., 2001, « Molecular neurobiology of addiction », *Am. J. Addict*, 10 (3) : 201-217.

Newton B., 1982, « The use of hypnosis in the traitment of cancer patients », *Am. J. Clin. Hypn.*, 251 (2/3), p. 104-113.

Nuss P., 2012, « Addiction : un autre regard », *La lettre du psychiatre*, VIII, 2, p. 47-49.

Olds I., Milner P.M., 1954, « Positive reinforcement produced by electrical stimulation of septal area and other regions of rat brain », *J. Comp. Physiol. Psychol.*, 47 : 419-427.

Olivenstein C., 1982, *La vie du toxicomane*, Paris, PUF, « Nodule ».

Orford J., 2001, *Excessive appetites : A Psychological View of Addictions* (2nd ed.), Chichester, Wiley.

Otto U., 1972, « Suicidal acts by children and adolescents : a follow-up study », *Acta Psychiatric. Scandinavia*, suppl.

Panksepp J., 2000, « The long-term psychobiological consequences of infant emotions », *Infant Mental Health Journal*, 22 : 132-173.

Parker J.D.A., Keightley M. L. et *al.*, 1999, « Interhemispheric Transfer Deficit in Alexithymia : An Experimental Study », *Psychosomatic Medicine*, 61, p. 464-468.

Pedinielli J.-L., 1991, « Statut clinique et épistémologique du concept d'addiction » *in* J.-L. Venisse (dir.), *Les Nouvelles Addictions*, Paris, Masson.

Pedinielli J.-L., 1992, *Psychosomatique* et *alexithymie*, Paris, PUF, « Nodule ».

Pedinielli J.-L., Bonnet A., 2008, « Apport de la psychanalyse à la question de l'addiction », *Psychotropes*, 14, p. 41-54.

Pedinielli J.-L., Ferran A., Grimaldi M.A., Salomone C., 2012, *Les troubles des conduites alimentaires*, Paris, A. Colin, « 128 ».

Pedinielli J.-L., Rouan G., Bertagne P., 1997, *Psychopathologie des addictions*, Paris, PUF, Nodules.

Pedinielli J.-L., Rouan G., Gimenez G., Bertagne P., 2005, « Psychopathologie des conduites à risques », *Annales médico-psychologiques*, 163, 1, p. 30-36.

Peele S., 1975, *Love and addiction*, New York, Taplinger.

Perec G., 1991, *Cantatrix Sopranica* et *autres écrits scientifiques*, Paris, Seuil.

Perez-Sanchez M., 1981, *L'observation des bébés*, Paris, Éd. Clancier-Guenaud.

Perrier F., 1981, *L'alcool au singulier*, Paris, InterEditions.

Perron-Borelli M., Perron R., 1987, « Fantasme et action », *Revue française de psychanalyse*, 51, 2, p. 539-638.

Perron-Borelli M., Perron R., 1993, *La dynamique du fantasme*, Paris, PUF.

Pibram K.H., McGill M.M., 1976, *Le « Projet de Psychologie Scientifique » de Freud : un nouveau regard*, Paris, PUF, 1986.

Picat J., 1980, *Psychophysiologie du système nerveux central*, Lyon, Ellipses.

Pinol-Douriez M., 1984, *Bébé agi-bébé actif*, Paris, PUF.

Pinol-Douriez M., 1986, « Émergence des représentations et régulations épigénétiques », *Confrontations psychiatriques*, n° 27, p. 89-109.

Pirlot G., 1997, *Les Passions du corps. La psyché dans les addictions* et *les pathologies auto-immunes*, Paris, PUF.

Pirlot G., 1998, « De la névrose obsessionnelle aux T.O.C. ? De l'heuristique psychanalytique à l'anomie psychiatrique post-moderne », *L'Évolution psychiatrique*, 3, p. 433-450.

Pirlot G., 2001, *Violences* et *souffrances à l'adolescence*, Paris, L'Harmattan.

Pirlot G., 2005, « Les addictions entre psychanalyse, psychosomatique et psychiatrie neurobiologique », *Synapse*, 220, p. 17-26.

Pirlot G., 2006, « Perversions et addictions : les affinités sélectives » *in* Aïn J. (dir.), *Perversions, aux frontières du trauma*, Ramonville Sainte Agne, Érès, p. 111-133.

Pirlot G., 2007, *Poésie* et *cancer chez A. Rimbaud*, Paris, EDK.

Pirlot G., 2007, La pensée neurophysiologique de S. Freud peut-elle aider au dialogue entre psychanalyse et neurosciences ?, *Rev. fr. de psychanalyse* (vol. 71), 2, p. 479-500.

Pirlot G., 2010, *Déserts intérieurs. Le vide négatif dans la clinique contemporaine*, Toulouse, Érès.

Pirlot G., 2010, *Contre l'uniforme mental. Scientificité de la psychanalyse face au neurocognitivisme*, Paris, Douin.

Pirlot G., 2011, « De la honte corporelle à la culpabilité psychique : à propos de patientes anorectiques-boulimiques », Conférences SPP-Amphi Vulpian Université Paris V, 3 mars 2011 (non publié).

Pirlot G., 2011, « Subjectivation-action chez A. Rimbaud », *Adolescence*, 78, p. 913-926.

Pirlot G., 2014, « Les addictions entre psychanalyse et neurosciences », *Psychotrope*, 20, 1-2, p. 169-182.

Pirlot G., 2015, *André Green. Dialogues* et *cadre psychanalytiques*, Paris, PUF.

Pirlot G., 2016, « Moi inconscient, contre-transfert et "sens en latence" », *Revue française de psychanalyse*, 81, 5, p. 1348-1353.

Pirlot G., 2017, « La désaffectation et sa différence avec l'alexithymie », *Corps* et *psychisme*, 71, p. 9-22.

Pirlot G., 2018, *La colère de Rimbaud. Le chagrin d'Arthur*, Paris, Imago.

Pirlot G., Corcos M., 2012, « Understanding alexithymia within a psychoanalytical framework », *International Journal of Psychoanalysis*, 93, 6 : 1403-1425.

Pirlot G., Cupa D., 2006, « La douleur peut-elle être perçue et cherchée plus "vivement" dans une culture postmoderne en perte de sens ? » *L'Évolution psychiatrique*, 71, 4, p. 729-743.

Pirlot G., Pedinielli J.-L., 2013, *Les perversions sexuelles* et *narcissiques*, 3e éd., Paris, A. Colin.

Press J., 2000, « Traumatismes et mécanismes de défense », *Traumatismes, Actualités psychosomatiques*, 3, p. 17-30.

Prieur C., 2006, « Le subutex ne devrait pas être classé comme stupéfiant », *Le Monde*, 15 juillet.

Quignard P., 1994, *Le sexe* et *l'effroi*, Paris, Gallimard.

Qureshi NA., Al-Ghamdy Y.S. et Al-Habeeb T.A., 2000, « Drug addiction : a general review of new concept and futur challenge », *East Mediterr. Health J.*, 6 (4), p. 723-33.

Racamier P.-C., 1980*a*, *Les schizophrènes*, Paris, P. B. Payot.

Racamier P.-C., 1980*b*, « De l'objet non-objet : entre folie, psychose et passion », *Nouvelle Revue de psychanalyse*, 21, p. 235-242.

Racamier P.-C., 1986, « Agonie psychique, déni psychotique, perversion narcissique », *Revue française de psychanalyse*, 5, p. 1299-1309.

Racamier P.-C., 1992, *Le génie des origines*, Paris, Payot.

Rado S., 1926, « Les effets psychiques de l'intoxication ; un projet de théorie psychanalytique de l'addiction aux drogues », *in* J.-L. Chassaing (dir.), *Écrits psychanalytiques classiques sur les toxicomanies*, Paris, Éditions de l'Association freudienne internationale, 1998.

Rado S., 1933, « La psychanalyse des pharmacothymies », *in* J.-L. Chassaing (dir.), *Écrits psychanalytiques classiques sur les toxicomanies*, Paris, Éditions de l'Association freudienne internationale, 1998, p. 396-413.

Rado S., 1933, « La psychanalyse des pharmacothymies », *Revue française de psychanalyse*, 1975, 39, p. 603-618.

Ramonet I., 2000, *Propagandes silencieuses : masse, télévision, cinéma*, Paris, Éd. Galilée, p. 52.

Rausch P., 1985, « La "nostalgie" chez P. Pinel », *Évolution psychiatrique, 50*, 3, p. 759-763.

Reinberg A., 1983, *Les rythmes biologiques*, Paris, PUF, coll. « Que sais-je ? ».

Revue française de psychanalyse, 2004, « Dépendance & Addiction », 68, 2, Paris, PUF.

Reynaud M., 2010, « L'addiction amoureuse existe-t-elle ? », *Annales médico-psychologiques*, 168, p. 516-523.

Reynaud M., 2001, *Usage à risque – Usage nocif*, Paris, La Documentation française.

Reynaud M., 2005*a*, *L'amour est une drogue douce… en général*, Paris, Flammarion.

Reynaud M., 2005*b* (dir.), *Addictions* et *psychiatrie*, Paris, Masson.

Richard F., 2015, « La pensée du psychanalyste dans la cure : le travail avec les cas-limite », *in* M. Emmanuelli, F. Nayrou (dir.), *La destructivité chez l'enfant*, Paris, PUF, Monographie et débats de psychanalyse, p. 111-128.

Richard D., Senon J.-L., 1996, *Le cannabis*, Paris, PUF, « Que sais-je ? ».

Rigaud A., 1987, « Réflexion sur la problématique alcoolique à partir d'une contre-attitude soignante : l'opprobre *(die Verpönung)* », *Information psychiatrique, 63*, 1, p. 33-41.

Rilke R.M., *Poésie*, Éd. Émile-Paul, 1942.

Rizzolatti G. et *al.*, 1996, « Premotor cortex and the recognition of motor actions », *Cognit. Brain Res.*, 3, 131-141.

Rosenberg B., 1991, *Masochisme mortifère, Masochisme gardien de la vie*, Paris, PUF, Monographie de la SPP.

Rosolato G., 1974, « L'oscillation métaphoro-métonymique », *La relation d'inconnu*, Paris, Gallimard, 1978, p. 52-80.

Roussillon R., 1990, « Clivage du moi et transfert passionnel », *Revue française de psychanalyse*, 54, 2, p. 345-363.

Roussillon R., 1991, *Paradoxes* et *situations limites en psychanalyse*, Paris, PUF.

Roussillon R., 1995*a*, « Perception, hallucination et solution biologique du traumatisme », *Revue française de psychosomatique*, 8, p. 105-117.

Roussillon R., 1995*b*, « La métapsychologie des processus et la transitionnalité », Rapport 55e Congrès de Psychanalyse, *Revue française de psychanalyse*, 59, p. 1351-1521.

Roussillon R, 1995c, *Logiques et archéologie du cadre psychanalytique*, Paris, PUF.

Roussillon R., 2004, « La dépendance primitive et l'homosexualité primaire "en double" », *Revue française de psychanalyse*, 2, p. 421-440.

Roussillon R., 2010, « Précarités et vulnérabilité identitaires à l'adolescence », *Adolescence*, 2, p. 241-252.

Roustang F., 1990, *Influence*, Paris, Éd. de Minuit.

Sacerdote P., 1966, « The uses of hypnosis in cancer patients », *Ann. N.Y. Acad. Sc.*, 125 : 1011-1019.

Sadison R.A., Spencer A.M., 1954, « The therapeutic value of lysergic and dethylamide in mental illness », *Journal of Mental Science*, 100 : 491-507.

Saïet M., 2011, *Les addictions*, Paris, PUF, « Que sais-je ? ».

Salomon D., 2010, *Cerveau, drogues et dépendances*, Paris, Belin.

Sami-Ali M., 1987, *Penser le somatique ; imaginaire et pathologie*, Paris, Dunod.

Sargueil S., 2012, « La médicalisation des émotions banales », *La Recherche*, n° 465, p. 44-48.

Scharbach H., Viard A., 1989, « Approche psychopathologique de l'asthme infantile », *Annales médico-psychol.*, 147 (2), p. 200-204.

Schmid-Kitsikis E. et Sanzana A., 1997, *Concepts limites en psychanalyse*, Lausanne, Delachaux & Niestle.

Schmitz B., 1967, « Les états-limites ; introduction pour une discussion », *Revue française de psychanalyse*, 31, 2.

Schmitz B., 1972, « Narcissisme et toute puissance phallique », *Revue française de psychanalyse*, 36, 2, p. 249-264.

Schore A.-N., 1996, « The experience-dependent maturation of a regulatory system in the orbital prefrontal cortex and the origins of developmental psychopathology », *Development and Psychopathology*, 8 : 59-87.

Schultes R E, Hofmann A., 1981, *Les plantes des dieux*, Paris, Berger-Levrault.

Selvini-Palazzoli M., 1963, *L'anoressia mentale*, Biblioteca de psichiatrica i de psicologia clinica, Milan, Feltini.

Selvini-Palazzoli M., Viaro M., 1988, « The anorectic process in the family : A six-stage model as a guide for individual therapy », *Family Process*, 27, 2 : 129-14.

Seulin C., 2003, « Conférence Vulpian du 18 décembre 2003 », en ligne sur le site Internet de la SPP.

Seulin C., 2015, « Émergence et transformations de la sexualité infantile dans la cure » (Rapport), *Revue française de psychanalyse*, 79, 5, p. 1333-1407.

Siegel D.-J., 1988, « Drug anticipation and drug tolerance », *in* M. Lader (ed.), *The Psychopharrnacology of Addiction*, New York, Oxford University Press, p. 73-97.

Siegel D.-J. 1999, *The developing mind : Toward a neurobiology of interpersonal experience*, New York, Guilford.

Siegel D. J. et Solomon M. F. (eds), 2003, *Healing trauma : Attachment, mind, body, and train*, New York, Norton.

Sifneos P. E., 1967, « Clinical observations on some patients suffering from a variety of psychosomatic diseases », in Antonelli Proceeding of the 7th European Conf. Of Psychosomatic Research, Rome, *Acta Méd. Psychosom* : 1-10.

Sinanian A., Edel Y., Pirlot G., Cupa D., 2010, « Clinique d'une addiction à la caféine à partir de l'observation de 52 sujets et d'une revue de la littérature », *Annales médico-psychologiques*, 168 : 495-501.

Slavicek M., Vinogradoff L., 2021, Composition, effets, dangers, sevrage... qu'est-ce que le crack ?, *Le Monde*, 8 novembre 2021.

Smadja C., 1993, « Les procédés autocalmants ou le destin inachevé du sadomasochisme », *Revue française de psychosomatique*, 8, 1995, p. 57-89.

Smadja C., 2012, « Introduction à une clinique du silence », *Revue française de psychosomatique*, p. 169-183.

Smythies Jr., Ireland C.B., 1989, « Hallucinogenic drugs », *Abnormal states of brain and mine*, Boston (USA), Birkaüser, p. 58-59.

Soloff P. H., 2000, « Characteristics of Suicide Attempts of Patients With Major Depressive Episode and Borderline Personality Disorder : a Comparative Study », *American J. of Psychiatry*, 157 : 601-608.

Solomon R.L., 1980, « The opponent-process theory of acquired motivation : the coast of pleasure and the benefits of pain », *American Psychologist*, 35 : 691-712.

Spitz R., 1946, *De la naissance à la parole*, Paris, PUF, 1968.

Squire L. et Kandel E. R., 2002, *La mémoire de l'esprit aux molécules*, Paris, Flammarion.

Stern D.N., 1985, *Le monde impersonnel du nourrisson*, Paris, PUF, 1989.

Stierlin H., 1980, *Von der Psychoanalyse zur Familientherapie*, Stuttgart, Klett-Cotta.

Stolerman I.P., 1992, « Drugs of abuse : behavioural principles, methods and terms », *TIFS*, 13 : 170-177.

Strober M., 1981, « The relation of personnality caracteristics to body image disturbances in juvenile anorexia nervosa : a multivariate analysis », *Psychosomatic Medicine*, 43 : 323-330.

Sulloway F.J., 1979, *Freud, biologiste de l'esprit*, Paris, Fayard, 1981.

Szwec G., 1991, « De la crise d'asthme à la crise de fou rire », *Revue française de psychosomatique*, 1, p. 119-132.

Szwec G., 1993, « Les procédés autocalmants », *Revue française de psychosomatique*, 1995, 8, p. 27-51.

Szwec G., 1998, *Les galériens volontaires*, Paris, PUF.

Tapert S.F., Schweinsburg A.D., Barlett V.C., Brown S.A., Frank L.R., Brown G.G., Meloy M.J., 2004, « Blood oxygen level dependent response and spatial working memory in adolescents with alcohol use disorders », *Alcohol. Clin. Exp. Res.*, 28 : 1577-1586.

Tassin J.-P., 1989, « Peut-on trouver un lien entre l'inconscient psychanalytique et les connaissances actuelles en neurobiologie », *Neuropsy*, 4.

Tassin J.-P., 1992, « Hypothèses neurobiologiques des hallucinations », *Psychiat. Biol.* (22/23), p. 79-87.

Tassin J.-P., 1994, « La maladie psychosomatique ; une confusion de "bassin" non traitée ? », *Somatisation, Psychanalyse* et *Science du vivant*, Paris, EsHeL, p. 245-259.

Tassin J.-P., 1998*a*, « Les mécanismes neurobiologiques des dépendances », Communication. *Les dépendances*. Semaines de la Prévention Ap-Hp, 16-19 nov.

Tassin J.-P., 1998*b*, « Drogues, dépendance et dopamine », *La recherche*, 306, p. 48-53.

Tassin J.-P., 2007, « Neurobiologie de l'addiction : proposition d'un nouveau », *Informat. Psychiat.*, 83, 2, p. 91-97.

Tassin J.-P., Lanteri C., Salomon L., 2006, « Uncoupling between noradrenergic and serotonergic neurons : As a mechanism for drug addiction », *Med Sci* (Paris), oct 22 (10) : 798-800.

Thurin J.-M., 1996, *Une vie sans soi ; clinique* et *interprétation des maladies psychosomatiques*, Paris, Éd. Frison-Roche.

Tisseron S., 1997, *Tintin* et *le secret d'Hergé*, Paris, Hors collection.

Tisseron S., 2004, « Le virtuel à l'adolescence, ses mythologies, ses fantasmes et ses usages », *Adolesence*, 22, 1, p. 11-19.

Tisseron S., 2005, Quand l'addiction aux images cache une dépendance aux fantômes, *Dépendances* (dir. J. Aïn), Toulouse, Eres, p. 31-41.

Tisseron S., 2006, « Les quatre ressorts d'une passion », *L'enfant au risque du virtuel*, Paris, Dunod, p. 7-37.

Tisseron S., 2010, « Et si Haddock avait connu les jeux vidéo ? » *in* Cupa D., Reynaud M., Marinov V., Pommier F. (dir.), *Entre corps* et *psyché : les addictions*, Paris, EDK, p. 149-155.

Tisseron S., 2011, *L'image* et *la pensée*, Toulouse, Eres.

Tisseron S., 2013, *Fragments d'une psychanalyse empathique*, Paris, Albin Michel.

Tisseron S., 2018, *Les dangers de la télé pour les bébés*, Toulouse, Eres.

Tisseron S., 2018, Les smartphones… peut-être, Postface in Génération Internet (2018), Génération Internet. Comment les écrans rendent nos ados immatures et déprimés, Bruxelles, Mardaga Ed., p. 401-416.

Touzeau D., Lagrue G., 2012, « Pour une stratégie holiste du traitement des addictions : de la pensée unique à la pluralité des modèles ? », *La lettre du psychiatre*, VIII, 2, p 54-58.

Trevarthen C., Aitken K. J. (1994), « Brain development, infant communication, and empathy disorders : intrinsic factors in child mental health », *Development and Psychopathology*, 6, p. 597-633.

Trevarthen C., 2000, « Intrinsic motives for companionship in understanding : their origin, development, and significance for infant mental health », *Infant Mental Health Journal*, 22, p. 95-131.

Tronick E. Z., 1998, « Dyadically expanded states of consciousness and the process of therapeutic change », *Infant Mental Health Journal*, 19 (3), p. 290-299.

Tronick E. Z., 1989, « Emotions and emotional communication in infants », *American Psychologist*, 44 (2), p. 112-119.

Tustin F., 1980, « Les objets autistiques », *Lieux de l'enfance (Approche psychanalytique de l'autisme)*, 3, p. 199-220.

Tustin F., 1984, « Les formes autistiques », *Lieux de l'enfance (Approche psychanalytique de l'autisme)*, 3, p. 221-246.

Tustin F., 1989, *Le trou noir de la psyché*, Paris, Le Seuil.

Tustin F., 1990, *Autisme* et *protection*, Paris, Points/Seuil.

Twenge J. (2018), *Génération Internet. Comment les écrans rendent nos ados immatures* et *déprimés*, Bruxelles, Mardaga Ed., Collection : PSY-Théories, débats, synthèses.

Tymieniecka A.-T. et *al.*, 1988, *Maurice Merleau-Ponty, le psychique* et *le corporel*, Paris, Aubier.

Tyzsblat J., 1990, « L'analyse interrompue », *Revue française de psychanalyse*, 54, 2, p. 511-519.

Valabrega J.-P., 1988, « L'hystérie aujourd'hui », *Psychiatrie française*, p. 31-54.

Valleur M., 2010, « Quelques remarques sur l'addiction et la créativité : À propos de F. Dostoïevski et Ph. K. Dick », *in* D. Cupa, M. Reynaud, V. Marinov, F. Pommier (dir.), *Entre corps* et *psyché : les addictions*, Paris, EDK, p. 125-135.

Valleur M., Bucher C., 1997, *Le jeu pathologique*, Paris, PUF, « Que sais-je ? ».

Valleur M., Matysiak J.-C., 2003, *Les nouvelles formes d'addiction : L'amour, le sexe, les jeux vidéo*, Paris, Flammarion, coll. « Champs », n° 576.

Valleur M., Matysiak J.-C., 2006, *Les pathologies de l'excès*, Paris, J.-C. Lattès.

Valleur M., Matysiak J.-C., 2009, « Jeu pathologique et personnes âgées », *in* L. Fernandez (dir.), *Les addictions du sujet âgé*, Paris, In Press, p. 105-117.

Van der Hal-Van Raalte, Elisheva, Van Ijzendoorn, Marinus H., Bakermans-Kranenburg, Marian J., 2003, « Quality of care after early childhood trauma and well-being in later life: Child Holocaust survivors reaching old age », *American J. of Orthopsychiatry*, 77 (4): 514-522.

Van der Kolk B.-A., 2001, « Beyond the talking cure: Somatic experience, subcortical imprints and the treatment of trauma », *in* F. Shapiro (ed.), *EMDR: Toward a paradigm shift*, New York, APA Press, 2001.

Varela F, Thompson E., Rosch E., 1994, *L'inscription corporelle de l'esprit*, Paris, Seuil.

Varga K., 1996, *L'adolescent violent* et *sa famille*, Paris, Payot.

Vernant J.-P., 1983, « De la présentification de l'invisible à l'imitation de l'apparence », *Image* et *signification*, Paris, La Documentation française, p. 25-37.

Vincent J.-D., 1986, *Biologie des passions*, Paris, Odile Jacob.

Vindreau C., 1991, « La boulimie dans la clinique psychiatrique », in *La boulimie*, Monographie de la RfP, Paris, PUF, p. 63-79.

Vlachopoulou X., Missonnier S., 2015, *Psychologie des écrans*, Paris, PUF, « Que sais-je ? ».

Volkow N.D., Fowler J.5., Wang G.J. et Goldstein R.Z., 2002, « Role of dopamine, the frontal cortex and memory circuits in drug addiction: insight from imaging studies », *Neurobiol. Learn Mem.*, 78 (3): 610-624.

Watzlawick P., 1978, *Le Langage du changement*, Paris, Seuil, 1980.

Watzlawick P., Helmick Beavin J., Jackson don D., 1967, *Une logique de la communication*, Seuil, 1972.

Weinberger D.R., 1995, « From neuropathology to neuro-developpment », *Lancet*, 346: 552-557.

Westen D. et *al.*, 1990, « Physical and sexual abuse in adolescents girls with borderline personality disorder », *Amer. J. of Orthopsychiatry*, 60: 55-66.

Widlöcher D., 1981, « Les concepts d'états-limites », *in* P. Pichot (dir.), *Actualités de la schizophrénie*, Paris, PUF, p. 55-72.

Widlöcher D., 1996, *Les nouvelles cartes de la psychanalyse*, Paris, Odile Jacob.

Winnicott D.W., 1945, « Le développement affectif primaire », *De la pédiatrie à la psychanalyse*, Paris, Payot, 1971, p. 37-38.

Winnicott D.W., 1951-1953, « Objets transitionnels et phénomènes transitionnels », *De la pédiatrie à la psychanalyse*, 1969, Payot, p. 109-134.

Winnicott D.W., 1952, « L'angoisse associée à l'insécurité », *De la pédiatrie à la psychanalyse*, p. 126-130.

Winnicott D.W., 1971, « Objets transitionnels et phénomènes transitionnels », *Jeu* et *réalité*, Paris, Gallimard, 1975, p. 27-64.

Winnicott, D.W., 1960, « Distorsion du Moi en fonction du vrai et du faux self », *Processus de maturation chez l'enfant*. Paris, Payot, p. 115-132.

Winnicott, D.W., 1967, « Le rôle de miroir de la mère et de la famille dans le développement de l'enfant », *Nouvelle Revue de Psychanalyse*, 10, *Aux Limites de l'analysable*, 1974, p. 79-86.

Wise R. A., 1996, « Neurobiology of addiction », *Curr. Opin. Neurobiol.*, 6 (2): 243-51.

Wulff M., 1932, « Sur un intéressant complexe symptomatique oral et sa relation à l'addiction », trad. Granjeon A. et Rose M.-C., *La boulimie*, PUF, Monographie de la SPP, 1992, p. 47-62.

Yehuda R. A. et *al.*, 1993, « Enhanced suppression of cortisol following a low dose of dexamethasone with posttraumatic stress disorder », *Am. J. Psychiatry*, 150 : 83-86.

Yun-Bo-Shi et *al.*, 1996, « Les gènes de la métamorphose », *La Recherche*, n° 286, p. 58-64.

Zanarini M.C. et *al.*, 2002, « Severity of reported childhood sexual abuse and its relationship to severity of borderline psychopathology and psychosocial impairment among borderline inpatients », *The Journal of Nervous and Mental Disease*, 190 (6) : 381-387.

Zuckerman M., 1971, « Dimension of sensation-senking », *J. Clin. Psychol.*, 36 (1) : 45-52.

Index

W

Y

Z

87177 – (I) – OSB 80° – SOF – BTT
Dépôt légal : janvier 2025
N° d'impression : 2024113795
Achevé d'imprimer par Dupliprint
www.dupliprint.fr

Imprimé en France